博雅英华／汤用彤学术精选集

印度佛教汉文资料选编

汤用彤 选编
李建欣 强 昱 点校

图书在版编目(CIP)数据

印度佛教汉文资料选编/汤用彤选编;李建欣,强昱点校.—北京:北京大学出版社,2010.11
(博雅英华·汤用彤学术精选集)
ISBN 978-7-301-17760-0

Ⅰ.①印… Ⅱ.①汤…②李…③强… Ⅲ.①佛教-中文-资料-汇编-印度 Ⅳ.①B94

中国版本图书馆 CIP 数据核字(2010)第 176339 号

书　　　　名:	印度佛教汉文资料选编
著作责任者:	汤用彤　选编　李建欣　强昱　点校
责 任 编 辑:	田　炜
标 准 书 号:	ISBN 978-7-301-17760-0/B·0923
出 版 发 行:	北京大学出版社
地　　　　址:	北京市海淀区成府路 205 号　100871
网　　　　址:	http://www.pup.cn　电子邮箱:pkuphilo@163.com
电　　　　话:	邮购部 62752015　发行部 62750672　出版部 62754962　编辑部 62752022
印　刷　者:	世界知识印刷厂
经　销　者:	新华书店
	650mm×980mm　16 开本　28.5 印张　442 千字
	2010 年 11 月第 1 版　2010 年 11 月第 1 次印刷
定　　　价:	50.00 元

未经许可,不得以任何方式复制或抄袭本书之部分或全部内容。
版权所有,侵权必究
举报电话:010-62752024　电子邮箱:fd@pup.pku.edu.cn

目 录

汤用彤先生《印度佛教汉文资料选编》序 …………………… 黄心川（1）

一、原始佛教……………………………………………………（1）
    1.《沙门果经》…………………………………………………（1）
    2.《梵动经》……………………………………………………（6）
    3.《箭喻经》……………………………………………………（15）
    4.《五阴譬喻经》………………………………………………（18）
    5.《度经》………………………………………………………（19）
    6.《法句经》第三十七………………………………………（21）
    7.《大缘方便经》………………………………………………（22）
    8.《四姓经》……………………………………………………（26）

二、分部及一切有部……………………………………………（31）
  分部及一切有部之一…………………………………………（31）
    1.《〈异部宗轮论〉述记》（卷中）……………………………（31）
    2.《〈异部宗轮论〉述记》（卷下）……………………………（41）
  分部及一切有部之二…………………………………………（55）
    1.《入阿毗达磨论》（卷上）…………………………………（55）
    2.《入阿毗达磨论》（卷下）…………………………………（62）
    3. 附录：《〈入阿毗达磨论〉通解》……………………………（70）
    4.《杂心论》摘录………………………………………………（79）

三、般若空宗……………………………………………………（93）
  般若空宗之一…………………………………………………（93）
    1.《道行般若波罗蜜经·分别品》……………………………（93）
    2.《大般若经（第十会）·般若理趣分》……………………（95）
    3. 第十六般若波罗蜜多分……………………………………（105）
    4. 第十六般若波罗蜜多分之二………………………………（111）

般若空宗之二 …………………………………………………… (122)
  1.《中论·观因缘品》………………………………………… (122)
  2.《中论·观本住品第九》…………………………………… (127)
  3.《中论·观法品第十八》…………………………………… (130)
  4.《中论·观涅槃品第二十五》……………………………… (134)
  5.《中论》校勘说明 ………………………………………… (138)
  6.《百论·破情品》…………………………………………… (140)
  7.《百论·破尘品》…………………………………………… (142)

四、经部及其发展 …………………………………………… (144)

经部及其发展之一：《成实论》摘抄（一）………………… (144)
  1. 论门及立论 ……………………………………………… (144)
  2. 三世有无问题 …………………………………………… (146)
  3. 一切有、一切无问题 …………………………………… (150)
  4. 有中阴、无中阴问题 …………………………………… (159)

经部及其发展之二：《成实论》摘抄（二）………………… (160)
  5. 心性本净因客尘故不净问题 …………………………… (160)
  6. 有我、无我（有人、无人）问题 ………………………… (160)
  7. 根知、识知 ……………………………………………… (164)
  8. 成实关于假名之学说 …………………………………… (168)
  9. 附录：金陵刻经处版本叙文 …………………………… (172)

经部及其发展之三：《俱舍论》（附《光记》）摘录（一）…… (175)
  1. 无为法 …………………………………………………… (175)
  2. 无表色的有无 …………………………………………… (181)
  3. 从眼、耳、鼻谈到蕴、处、界三项假实问题 …………… (187)
  4. 根见、识见之讨论 ……………………………………… (193)

经部及其发展之四：《俱舍论》（附《光记》）摘录（二）…… (205)
  5. 论俱生法之一——色法俱生 …………………………… (205)
  6. 论俱生法之二 …………………………………………… (212)
    （1）心、心所法俱生 ……………………………………… (212)
    （附录：《成实论·立无数品》）…………………………… (215)

(2)论不相应行——得非得 …………………………………(216)
　经部及其发展之五:《俱舍论》(附《光记》)摘录(三) ………(225)
　　7. 论不相应行——四相 ………………………………………(225)
　　(附录:《成实论·不相应行品》)………………………………(238)
　　8. 无为非因非实有 ……………………………………………(239)
　　9. 论有表、无表…………………………………………………(247)
　经部及其发展之六:《俱舍论》(附《光记》)摘录(四) ………(259)
　　10. 论无表之有无 ………………………………………………(259)
　　11. 三世有之讨论 ………………………………………………(269)
　经部及其发展之七:《俱舍论·破我执品》(附《光记》)摘录(五)
　　………………………………………………………………(282)
　经部及其发展之八:《俱舍论记》卷第九十九、一○○ ………(296)
五、唯识　法相学说……………………………………………(323)
　(一)唯识　阿赖耶识缘起 ……………………………………(323)
　(二)法相　百六法 ……………………………………………(340)

附录一　印度非外道的或关于佛教的资料(备存) ……………(348)
附录二　印度哲学的资料(非外道或有关佛教、另存的) ………(366)
附录三　存档 ………………………………………………………(374)
附录四　有关资料汇编 …………………………………………(386)
　1. 关于用彤先生编选《印度佛教汉文资料选编》的说明
　　……………………………………………………汤一介(386)
　2. 佛典举要 ………………………………赵建永整理校注(389)
　3. 汤用彤先生谈印度佛教哲学 …………………武维琴整理(396)
　4. 汤用彤先生对印度佛教思想的研究 ……………武维琴(402)
　5. 汤用彤有关印度佛教的研究 ……………………屈大成(410)
　6. 汤用彤哈佛大学时期宗教学文稿探赜 …………赵建永(422)
　7. 回忆汤用彤先生的治学精神及其两篇逸稿 ……石　峻(436)

《印度佛教汉文资料选编》整理说明 ………………李建欣(444)

汤用彤先生《印度佛教汉文资料选编》序

黄心川

著名学者汤用彤先生已经辞世近50年,但是他的音容笑貌至今还在我的脑海里不能忘怀。1956年我考上北京大学哲学系副博士研究生后,从此就与汤先生结下了深厚的师生情谊。我进学校以后,开始被分配跟随任华先生学习希腊哲学,后来又根据教学需要,转到了汤先生门下学习印度哲学与佛教,由于任先生和汤先生都是当代哲学大家,所以我从他们那里学到了系统而深入的知识,为我后来的东西方哲学研究打下了基础。

20世纪50年代后期,我国的政治形势已经受到极"左"思想的影响,知识分子接受思想改造的运动开始发起,之后,"反右运动"接着发生,我的同事里面有好几位都被错划成右派。北大哲学系历来是人才集中的地方,像陈独秀、张国焘等著名人物,都与哲学系有着密切的联系,在中国现代史上留下了痕迹。汤先生是哲学系的老教师,他曾经讲过西方哲学,也讲过印度哲学,还讲过中国哲学,是一位全才型的老师。由于他的博学,这时他被推举为北京大学的副校长,让他主持学校的行政工作,而我则被任命为系秘书,为校内外的教授(当时有的教授虽然工作关系属于哲学系,但是从不来系里,如熊十力即是其一)服务,除了授课、做服务工作之外,就是跟着汤先生学习,这让我耳濡目染地学到了不少的知识,更重要的是学习了他的治学方法和高尚的情操。

汤先生是我国学术一大家,他的学术功力深厚,基础扎实,早在美国留学时就已经得到导师的称赞,所选的课程门门都是优秀。汤先生的博闻强记是非常惊人的,从他撰写的佛学名著《汉魏两晋南北朝佛教史》一书就可以看到这一点。在这本书里,他几乎搜罗了所能见到的各种史料,在加以排比、综合分析后,得出了令人信服的结论。我随他学习佛教,也深深地领会到他的学术功底。当时他给我讲《金刚经》和印度部派佛教的经籍，除了逐句讲解外，还要介绍广阔的历史背景，使我系统地了解了印度佛教的知识。记得有一次，为了追索佛经阿修罗的出处和含义，我去找汤先生询问，他告诉我，你到书架某排找哪本书，然后翻到第几页，右下角有一个注，你可以参考。事后果然按照他的提示，我解决了这个问题。这件事情虽然是件小事，但是对我来说记忆犹深，如果没有读到这本书，汤先生是不可能给我提示的。汤先生的博闻强记让我终生不忘，他这种认真的学术研究态度与方法，也是我后来做研究工作时的指南。

多年前，宫静女士曾经帮助汤先生整理了一本《汉文佛经中的印度哲学史料》一书，此书由商务印书馆出版。现在出版的这本《印度佛教汉文资料选编》一书，就是汤先生整理的资料的续篇。从此书里可以看出，汤先生搜集与整理资料是有想法的，他大量关注的是印度部派佛教里的有关史料，特别是对佛教的空宗与有宗的两大派的史料作了很详尽的整理。另外他特别注意印度散佚而在中国佛教典籍中仍然保存的各派哲学的史籍，如《胜宗十句义论》等，这说明汤先生是想以此来作为撰写印度哲学的史料基础。印度佛教传入我国两千年了，但是我国对印度佛教的研究还做得很不够，现在汤先生的书出版，能够弥补这方面研究的史料不足，对未来的印度佛教研究不无裨补之功用。

汤一介教授是汤先生的公子，也是我同事多年的朋友。承蒙他的厚意，嘱我写序，恭敬不如从命，特撰序一篇，以示感谢，也借此表达对汤老先生的怀念之情。本书的整理者李建欣先生是我的学生，专攻印度哲学，获印度哲学博士学位。另一整理者强昱是一介先生的学生，从事道教研究。借此机会，也向二位整理者表示谢意。

2008 年 10 月 15 日于北京潘家园寓所

一、原 始 佛 教

1.《沙门果经》
竺佛念 译

如是我闻:一时佛在罗阅祇,耆旧童子菴婆园中,与大比丘众千二百五十人俱。尔时王阿阇世韦提希子,以十五日月满时,命一夫人,而告之曰:今夜清明,与昼无异,当何所为作? 夫人白王言:今十五日,夜月满时,与昼无异,宜沐发澡浴,与诸婇女,五欲自娱。时王又命第一太子优耶婆陁,而告之曰:今夜月十五日,月满时,与昼无异,当何所施作? 太子白王言:今夜十五日,月满时,与昼无异,宜集四兵,与共谋议,伐于边逆,然后还此,共相娱乐。时王又命勇健大将,而告之曰:今十五日,月满时,其夜清明,与昼无异,当何所为作? 大将白言:今夜清明,与昼无异,宜集四兵,按行天下,知有逆顺。时王又命雨舍婆罗门,而告之曰:今十五日,月满时,其夜清明,与昼无异,当诣何等沙门、婆罗门所,能开悟我心? 时雨舍白王:今夜清明,与昼无异,有富兰迦叶,于大众中而为导首,多有知识,名称远闻,犹如大海,多所容受,众所供养,大王宜往,诣彼问讯,王若见者,心或开悟。王又命雨舍弟须尼陁,而告之曰:今夜清明,与昼无异,宜诣何等沙门、婆罗门所,能开悟我心? 须尼陁白言:今夜清明,与昼无异,有末伽梨瞿舍梨于大众中,而为导首,多有知识,名称远闻,犹如大海,无不容受,众所供养,大王宜往,诣彼问讯,王若见者,心或开悟。王又命典作大臣,而告之曰:今夜清明,与昼无异,当诣何等沙门、婆罗门所,能开悟我心? 典作大臣白言:有阿耆多翅舍钦婆罗,于大众中而为导首,多有知识,名称远闻,犹如大海,无不容受,众所供养,大王宜往,诣彼问讯,王若见者,心或开悟。王又命伽罗守门将,而告之曰:今夜清明,与昼无异,当诣何等沙门、婆罗门所,能开悟我心? 伽罗守门将白言:有波浮陀迦旃那于大众中而为导首,多有知识,名称远闻,犹如大海,无不容受,众所供养,大王宜往,诣彼问讯,王若见者,心或开悟。王又命优陀夷漫提子,而告之曰:今夜清明,与昼无异,当诣何等沙门、婆罗门所,能开悟我心?优陀夷白言:有散若夷毗罗梨沸,于大众中而为导首,多所知识,名称远闻,犹如大海,无不容受,众所供养,大王宜往,诣彼问讯,王若见者,心或开悟。王又命弟无畏,而告之曰:今夜清明,与昼无异,当诣何等沙门、婆罗门所,能开悟我心?弟无畏白言:有尼乾子于大众中,而为导首,多所知识,名称远闻,犹如大海,无不容受,众所供养,大王宜往,诣彼问讯,王若见者,心或开悟。王又命寿命童子,而告之曰:今夜清明,与昼无异,当诣何等沙门、婆罗门所,能开悟我心?寿命童子白言:有佛世尊,今在我菴婆园中,大王宜往,诣彼问讯,王若见者,心必开悟。王敕寿命言:严我所乘宝象及余五百白象。耆旧受教,即严王象及五百象讫,白王言:严驾已备,唯愿知时。阿阇世王自乘宝象,使五百夫人,乘五百牝象,手各执炬,现王威严,出罗阅祇,欲诣佛所,小行进路,告寿命曰:汝今诳我,陷固于我,引我大众,欲与怨家。寿命白言:大王!我不敢欺王,不敢陷固,引王大众,以与怨家,王但前进,必获福庆。时王少复前进,告寿命言:汝欺诳我,陷固于我,欲引我众,持与怨家,如是再三。所以者何?彼有大众千二百五十人,寂然无声,将有谋也。寿命复再三白言:大王!我不敢欺诳、陷固,引王大众持与怨家,王但前进,必获福庆。所以者何?彼沙门法常乐闲静,是以无声。王但前进,园林已现,阿阇世王到园门,下象,解剑,退盖,去五威仪,步入园门,告寿命曰:今佛世尊为在何所?寿命报言:大王!今佛在彼高堂上,前有明灯,世尊处师子座,南面而坐,王少前进,自见世尊。尔时阿阇世王往诣讲堂所,于外洗足,然后上堂,默然四顾,生欢喜心,口自发言:今诸沙门,寂然静默,止观具足,愿使我太子优婆耶亦止观成就,与此无异。尔时世尊告阿阇世王曰:汝念子故,口自发言,愿使太子优婆耶亦止观成就,与此无异,汝可前坐。时阿阇世王即前,头面礼佛足,于一面坐,而白佛言:今欲有所问,若有闲暇,乃敢请问。佛言:大王!欲有问者便可问也。阿阇世王白佛言:世尊!如今人乘象、马车,习刀、矛、剑、弓矢、兵杖、战斗之法,王子、力士、大力士,僮使、皮师、剃须发师、织鬘师、车师、瓦师、竹师、苇师,皆以种种伎术,以自存生,自恣娱乐;父母、妻子、奴仆、僮使,共相娱乐,如此营生,现有果报。今诸沙门现在所修,现得果报不？佛告王曰：汝颇曾诣沙门、婆罗门所，问如此义不？王白佛言：我曾诣沙门、婆罗门所，问如是义。我念一时至富兰迦叶所，问言：如人乘象、马车，习于兵法，乃至种种营生，现有果报。今此众现在修道，现得果报不？彼富兰迦叶报我言：王若自作，若教人作，斫伐残害，煮炙切割，恼乱众生，愁忧啼哭，杀生偷盗，淫泆妄语，逾墙劫贼，放火焚烧，断道为恶。大王！行如此事非为恶也！大王！若以利剑脔割一切众生，以为肉聚，弥满世间，此非为恶，亦无罪报。于恒水南岸脔割众生，亦无有恶报；于恒水北岸为大施会，施一切众，利人等利，亦无福报。王白佛言：犹如有人问瓜报李，问李报瓜，彼亦如是。我问现得报不？而彼答我无罪福报。我即自念言：我是刹利王，水浇头种，无缘杀出家人，系缚驱遣时我怀忿结心，作此念已，即便舍去。又白佛言：我于一时，至末伽梨拘舍梨所，问言：如今人乘象、马车，习于兵法，乃至种种营生，皆现有果报。今者此众现在修道，现得报不？彼报我言：大王！无施无与，无祭祀法者，亦无善恶，无善恶报；无有今世，亦无后世；无父无母无天，无化众生；世无沙门、婆罗门平等行者，亦无今世、后世，自身作证，布现他人；诸言有者，皆是虚妄。世尊！犹如有人问瓜报李，问李报瓜，彼亦如是。我问现得报不，彼乃以无义答。我即自念言：我是刹利王，水浇头种，无缘杀出家人，系缚驱遣时我怀忿结心。作此念已，即便舍去。又白佛言：我于一时，至阿夷多翅舍钦婆罗所，问言：大德！如人乘象、马车，习于兵法，乃至种种营生，皆现有果报。今者此众现在修道，现得报不？彼报我言：受四大人取命终者，地大还归地，水还归水，火还归火，风还归风，皆悉坏败，诸根归空。若人死时，床舁举身，置于冢间，火烧其骨如鸽色，或变为灰土；若愚若智，取命终者，皆悉坏败，为断灭法。世尊！犹有人问李瓜报，问瓜李报，彼亦如是。我问现得报不，而彼答我以断灭法。我即念言：我是刹利王，水浇头种，无缘杀出家人，系缚驱遣时我怀忿结心，作此念已，即便舍去。又白佛言：我昔一时，至波浮陀迦旃延所，问言：大德！如人乘象、马车，习于兵法，乃至种种营生，皆现有果报。今者此众现在修道，现得报不？彼答我言：大王！无力、无精进人无力、无方便；无因无缘，众生染著；无因无缘，众生清净。一切众生、有命之类皆悉无力，不得自在，无有怨雠，定在数中，于此六生中受诸苦乐。犹如问李瓜报，问瓜李报，彼亦如是。我问现得报不，彼以无力答我。我即自念言：我是刹利王，水浇头种，无缘杀出家人,系缚驱遣时我怀忿结心。作此念已,即便舍去。又白佛言:我昔一时至散若毘罗梨子所,问言:大德!如人乘象、马车,习于兵法,乃至种种营生,皆现有果报。今者此众现在修道,现得报不?彼答我言:大王!现有沙门果报。问如是,答此事如是;此事实,此事异;此事不异;此事非异、非不异。大王!现无沙门果报。问如是,答此事如是;此事实,此事异;此事非异、非不异。大王!现有无沙门果报。问如是,答此事如是;此事实,此事异;此事非异、非不异。大王!现非有、非无沙门果报。问如是,答此事如是;此事实,此事异;此事非异、非不异。世尊!犹如人问李瓜报,问瓜李报,彼亦如是,我问现得报不,而彼异论答我。我即自念言:我是刹利王,水浇头种,无缘杀出家人,系缚驱遣时我怀忿结心,作是念已,即便舍去。又白佛言:我昔一时至尼乾子所,问言:大德!犹如人乘象、马车,乃至种种营生,现有果报。今者此众现在修道,现得报不?彼报我言:大王!我是一切智、一切见人,尽知无余,若行若住,坐卧觉寤,无余智常现在前。世尊!犹如人问李瓜报,问瓜李报,彼亦如是。我问现得报不,而彼答我以一切智。我即自念言:我是刹利王,水浇头种,无缘杀出家人,系缚驱遣时我怀忿结心,作此念已,即便舍去。是故,世尊!今我来此问是义:如人乘象、马车,习于兵法,乃至种种营生,皆现有果报。今者沙门现在修道,现得报不?佛告阿阇世王曰:我今还问,王随意所答。云何,大王!王家僮使、内外作人皆见王于十五日月满时,沐发澡浴在高殿上,与诸婇女共相娱乐,作此念言:咄哉!行之果报乃至是乎?此王阿阇世以十五日月满时,沐发澡浴于高殿上,与诸婇女五欲自娱。谁能如此及是行报者?彼于后时,剃除须发,服三法衣,出家修道,行平等法。云何,大王!大王遥见此人来,宁复起念言:是我僮使不耶?王白佛言:不也,世尊!若见彼来,当起迎请坐。佛言:此岂非沙门现得报耶?王言:如是,世尊!此是现得沙门报也。复次,大王!若王界内,寄居客人,食王禀赐,见王于十五日月满时,沐发澡浴于高殿上,与诸婇女五欲自娱,彼作是念:咄哉!彼行之报乃如是耶!谁能如此及是行报者?彼于后时,剃除须发,服三法衣,出家修道,行平等法。云何,大王!大王若遥见此人来,宁复起念言:是我客民食我禀赐耶?王言:不也,若我见其远来当起迎礼敬,问讯请坐。云何,大王!此非沙门现得果报耶?王言:如是,现得沙门报也。复次,大王!如来至真、等正觉出现于世,入我法者,乃至三明,灭诸暗冥,生大智明,所谓漏尽智证,所以者何?斯由精勤,专念不忘,乐独闲静,不放逸故。云何,大王!此非沙门得现在果报也?王报言:如是,世尊!实是沙门现在果报。尔时阿阇世王,即从座起,头面礼佛足,白佛言:唯愿世尊受我悔过,我为狂愚,痴冥无识。我父摩竭瓶沙王以法治化,无有偏枉,而我迷惑五欲,实害父王,唯愿世尊,加哀慈愍,受我悔过。佛告王曰:汝愚冥无识,但自悔过;汝迷于五欲,乃害父王,今于贤圣法中能悔过者,即自饶益。吾愍汝故,受汝悔过。尔时阿阇世王礼世尊足已,还一面坐,佛为说法,示教利喜。王闻佛教已,即白佛言:我今归依佛,归依法,归依僧,听我于正法中为优婆塞,自今已后,尽形寿,不杀、不盗、不淫、不欺、不饮酒。唯愿世尊及诸大众明受我请。尔时世尊默然许之。时王见佛默然受请已,即起礼佛,绕三匝而还。其去未久,佛告诸比丘言:此阿阇世王过罪损减,已拔重咎。若阿阇世王不杀父者,即当于此座上得法眼净;而阿阇世王今自悔过,罪咎损减,已拔重咎。时阿阇世王至于中路,告寿命童子言:善哉!善哉!汝今于我多所饶益,汝先称说如来,指授开发,然后将我诣世尊所,得蒙开悟,深识汝恩,终不遗忘。时王还宫办诸肴膳,种种饮食,明日时到,惟圣知时。尔时世尊著衣持钵,与众弟子千二百五十人俱,往诣王宫,就座而坐。时王手自斟酌,供佛及僧。食讫去钵,行澡水毕,礼世尊足,白言:我今再三悔过,我为狂惑,痴冥无识;我父摩竭瓶沙王以法治化,无有偏枉,而我迷于五欲,实害父王,唯愿世尊,加哀慈愍,受我悔过。佛告王曰:汝愚冥无识,迷于五欲,乃害父王,今于贤圣法中能悔过者,即自饶益。吾今愍汝,受汝悔过。时王礼佛足已,取一小座于佛前坐,佛为说法,示教利喜。王闻佛教已,又白佛言:我今再三归依佛,归依法,归依僧,唯愿听我于正法中为优婆塞,自今已后,尽形寿,不杀、不盗、不淫、不欺、不饮酒。尔时世尊为阿阇世王说法,示教利喜已,从座起而去。尔时阿阇世王及寿命童子闻佛所说,欢喜奉行。

(金陵版《长阿含经》卷十七,又见《汉文佛经中的印度哲学史料》中)

2.《梵动经》
竺佛念 译

如是我闻：一时佛游摩竭国，与大比丘众千二百五十人俱，游行人间，诣竹林，止宿在王堂上。时有梵志，名曰善念，善念弟子，名梵摩达，师徒常共随佛后行。而善念梵志以无数方便毁谤佛、法及比丘僧，其弟子梵摩达以无数方便称赞佛、法及比丘僧。师徒二人各怀异心，共相违背。所以者何？斯由异习、异见、异亲近故。尔时众多比丘于乞食后集会讲堂，作如是论：甚奇！甚特！世尊有大神力，威德具足，尽知众生志意所趣，而此善念梵志及其弟子梵摩达随逐如来及比丘僧，而善念梵志以无数方便毁谤佛、法及与众僧，弟子梵摩达以无数方便称赞如来及法、众僧，师徒二人各怀异心、异见、异习、异亲近故。尔时世尊于静室中，以天耳净过于人耳，闻诸比丘有如是论。世尊于静室起，诣讲堂所，大众前坐，知而故问：诸比丘！汝等以何因缘集此讲堂？何所论说？时诸比丘白佛言：我等于乞食后集此讲堂，众共议言：甚奇！甚特！如来有大神力，威德具足，尽知众生心志所趣，而今善念梵志及弟子梵摩达常随如来及与众僧，而善念以无数方便毁谤如来及法、众僧，弟子梵摩达以无数方便称赞如来及法、众僧。所以者何？以其异见、异习、异亲近故。向集讲堂，议如是事。尔时世尊告诸比丘：若有方便毁谤如来及法、众僧者，汝等不得怀忿结心，害意于彼。所以者何？若诽谤我、法及比丘僧，汝等怀忿结心起害意者，则自陷溺。是故汝等不得怀忿结心，害意于彼。比丘若称誉佛及法、众僧者，汝等于中亦不足以为欢喜庆幸。所以者何？若汝等生欢喜心，即为陷溺。是故汝等不应生喜。所以者何？此是小缘威仪戒行，凡夫寡闻，不达深义，直以所见如实赞叹。云何小缘威仪戒行，凡夫寡闻，直以所见如实称赞？彼赞叹言：沙门瞿昙灭杀，除杀，舍于刀仗，怀惭愧心，慈愍一切。此是小缘威仪戒行，彼寡闻凡夫以此叹佛。又叹沙门瞿昙舍不与取，灭不与取，无有盗心。又叹沙门瞿昙舍于淫欲，净修梵行，一向护戒，不习淫泆，所行清洁。又叹沙门瞿昙舍灭妄语，所言至诚，所说真实，不诳世人。沙门瞿昙舍灭两舌，不以此言坏乱于彼，不以彼言坏乱于此。有诤讼者能令和合，已和合者增其欢喜。有所言说，不离和合，诚实入心，所言知时。沙门瞿昙舍灭恶口,若有粗言伤损于人,增彼结恨,长怨憎者,如此粗言,尽皆不为。常以善言悦可人心,众所爱乐,听无厌足。但说此言:沙门瞿昙舍灭绮语,知时之语、实语、利语、法语、律语、止非之语。但说是言:沙门瞿昙舍离饮酒,不著香华,不欢歌舞,不坐高床,非时不食,不执金银;不畜妻息、僮仆、婢使,不畜象、马、猪、羊、鸡、犬及诸鸟兽,不畜象兵、马兵、车兵、步兵;不畜田宅,种植五谷。不以手拳与人相加,不以斗秤欺诳于人,亦不贩卖券约断当,亦不取受抵债,横生无端。亦不阴谋,面背有异。非时不行,为身养寿,量腹而食;其所至处,衣钵随身,譬如飞鸟,羽翮身俱。此是持戒小小因缘,彼寡闻凡夫以此叹佛。如余沙门、婆罗门,受他信施,要求储积衣服、饮食,无有厌足;沙门瞿昙无有如此事。如余沙门、婆罗门,食他信施,自营生业,种植树木,鬼神所依;沙门瞿昙无如此事。如余沙门、婆罗门,食他信施,更作方便,求诸利养,象牙、杂宝,高广大床,种种文绣,氍毹、毾㲪,绽綖被褥,沙门瞿昙无如此事。如余沙门、婆罗门,食他信施,更作方便,求自庄严,酥油摩身,香水洗浴,香粖自涂,香泽梳头,著好华鬘,染目绀色,拭面庄饰,镮纽澡洁,以镜自照,著宝革屣,上服纯白,戴盖执拂,幢麾庄严,沙门瞿昙无如此事。如余沙门、婆罗门,专为嬉戏,棋局博弈,八道、十道至百千道,种种戏法,以自娱乐,沙门瞿昙无如是事。如余沙门、婆罗门,食他信施,但说遮道无益之言,王者、战斗、军马之事,群僚、大臣骑乘出入,游戏园观,及论卧起、行步、女人之事,衣服、饮食、亲理之事,又说入海采宝之事,沙门瞿昙无如是事。如余沙门、婆罗门,食他信施,无数方便,但作邪命,谄谀美辞,现相毁訾,以利求利,沙门瞿昙无如此事。如余沙门、婆罗门,食他信施,但共诤讼,或于园观,或在浴池,或于堂上,互相是非,言我知经律,汝无所知;我趣正道,汝趣邪径;以前著后,以后著前,我能忍汝,汝不能忍;汝所言说,皆不真正,若有所疑,当来问我,我尽能答,沙门瞿昙无如是事。如余沙门、婆罗门,食他信施,更作方便,求为使命,若为王、王大臣、婆罗门、居士通信使,从此诣彼,从彼至此,持此信授彼,持彼信授此,或自为,或教他为,沙门瞿昙无如是事。如余沙门、婆罗门,食他信施,但习战阵斗诤之事,或习刀仗、弓矢之事,或斗鸡、犬、猪、羊、象、马、牛、驼诸兽,或斗男、女,或作众声、吹声、鼓声、歌声、舞声、缘幢倒绝,种种技戏,无不玩习,沙门瞿昙无如是事。如余沙门、婆罗门,食他信施,行遮道法,邪命自活,占相男女,吉凶好丑,及相畜生，以求利养，沙门瞿昙无如是事。如余沙门、婆罗门，食他信施，行遮道法，邪命自活，召唤鬼神，或复驱遣，种种襜祷，无数方道。恐热于人，能聚能散，能苦能乐，又能为人安胎出衣，亦能咒人使作驴马，亦能使人聋盲瘖痖，现诸技术，叉手向日月，作诸苦行，以求利养，沙门瞿昙无如是事。如余沙门、婆罗门，食他信施，行遮道法，邪命自活，或为人咒病，或诵恶术，或诵善咒。或为医方、针炙、药石，疗治众疾，沙门瞿昙无如此事。如余沙门、婆罗门，食他信施，行遮道法，邪命自活，或咒水火，或为鬼咒，或诵刹利咒，或诵鸟咒，或支节咒，或安宅符咒，或火烧、鼠啮能为解咒，或诵知死生书，或诵梦书，或相手面，或诵天文书，或诵一切音书，沙门瞿昙无如此事。如余沙门、婆罗门，食他信施，行遮道法，邪命自活，占相天时，言雨不雨，谷贵谷贱，多病少病，恐怖安隐，或说地动彗星，月蚀日蚀，或言星蚀，或言不蚀，方面所在，皆能说之，沙门瞿昙无如此事。如余沙门、婆罗门，食他信施，行遮道法，邪命自活，或言此国当胜，彼国不如；或言彼国当胜，此国不如。占相吉凶，说其盛衰，沙门瞿昙无如是事。诸比丘！此是持戒小小因缘，彼寡闻凡夫以此叹佛。佛告诸比丘：更有余法，甚深微妙大法光明，唯有贤圣弟子能以此法赞叹如来。何等是甚深微妙大光明法，贤圣弟子能以此法赞叹如来？诸有沙门、婆罗门，于本劫本见，末劫末见，种种无数，随意所说，尽入六十二见中。本劫本见，末劫末见，种种无数，随意所说，尽不能出过六十二见中。彼沙门、婆罗门以何等缘，于本劫本见，末劫末见，种种无数，各随意说，尽入此六十二见中，齐是不过？诸沙门、婆罗门于本劫本见，种种无数，各随意说，尽入十八见中。本劫本见，种种无数，各随意说，尽不能过十八见中。彼沙门、婆罗门以何等缘于本劫本见，种种无数，各随意说，尽入十八见中，齐是不过？诸沙门、婆罗门于本劫本见起常论言：我及世间常在，此尽入四见中。于本劫本见，言我及世间常存，尽入四见，齐是不过。彼沙门、婆罗门，以何等缘于本劫本见起常论言：我及世间常存，此尽入四中，齐是不过？或有沙门、婆罗门，种种方便，入定意三昧，以三昧心，忆二十成劫、败劫，彼作是说：我及世间是常，此实余虚。所以者何？我以种种方便，入定意三昧，以三昧心忆二十成劫、败劫，其中众生不增不减，常聚不散，我以此知：我及世间是常，此实余虚，此是初见。沙门、婆罗门因此于本劫本见，计我及世间是常，于四见中齐是不过。或有沙门、婆罗门种种方便，入定意三昧，以三昧心忆四十成劫、败劫,彼作是说:我及世间是常,此实余虚。所以者何?我以种种方便,入定意三昧,以三昧心忆四十成劫、败劫,其中众生不增不减,常聚不散,我以此知:我及世间是常,此实余虚,此是二见。诸沙门、婆罗门因此于本劫本见,计我及世间是常,于四见中齐是不过。或有沙门、婆罗门以种种方便,入定意三昧,以三昧心忆八十成劫、败劫,彼作是言:我及世间是常,此实余虚。所以者何?我以种种方便,入定意三昧,以三昧心忆八十成劫、败劫,其中众生不增不减,常聚不散,我以此知:我及世间是常,此实余虚,此是三见。诸沙门、婆罗门因此于本劫本见,计我及世间是常,于四见中齐是不过。或有沙门、婆罗门有捷疾相智,善能观察,以捷疾相智,方便观察,谓为审谛,以己所见,以己辩才,作是说言:我及世间是常,此是四见。沙门、婆罗门因此于本劫本见,计我及世间是常,于四见中齐是不过。此沙门、婆罗门于本劫本见,计我及世间是常,如此一切尽入四见中。我及世间是常,于此四见中齐是不过。唯有如来知此见处,如是持,如是执,亦知报应;如来所知又复过是,虽知不著,以不著则得寂灭,知受、集、灭、味、过、出要,以平等观,无余解脱,故名如来,是为余甚深微妙大法光明,使贤圣弟子真实平等,赞叹如来。复有余甚深微妙大法光明,使贤圣弟子真实平等,赞叹如来。何等是诸沙门、婆罗门于本劫本见起论,言我及世间半常、半无常?彼沙门、婆罗门因此于本劫本见计我及世间半常、半无常,于此四见中齐是不过。或有是时,此劫始成,有余众生福尽、命尽、行尽,从光音天命终,生空梵天中,便于彼处生爱著心,复愿余众生共生此处。此众生既生爱著愿已,复有余众生命、行、福尽,于光音天命终,来生空梵天中。其先生众生便作是念:我于此处是梵、大梵,我自然有,无能造我者,我尽知诸义典,千世界于中自在,最为尊贵,能为变化,微妙第一;为众生父,我独先有,余众生后来,后来众生我所化成。其后众生复作是念:彼是大梵,彼能自造,无造彼者,尽知诸义典,千世界于中自在,最为尊贵,能为变化,微妙第一;为众生父,彼独先有,后有我等;我等众生,彼所化成。彼梵众生命、行尽已,来生世间,年渐长大,剃除须发,服三法衣,出家修道,入定意三昧,随三昧心,自识本生,便作是言:彼大梵者能自造作,无造彼者,尽知诸义典,千世界于中自在,最为尊贵,能为变化,微妙第一,为众生父,常住不变。而彼梵化造我等,我等无常、变易,不得久住。是故当知:我及世间半常、半无常,此实余虚,是谓初见。沙门、婆罗门因此于本劫本见起论我及世间半常、半无常,于四见中齐是不过。或有众生喜戏笑、懈怠,数数戏笑,以自娱乐;彼戏笑娱乐时,身体疲极便失意,以失意便命终,来生世间,年渐长大,剃除须发,服三法衣,出家修道,彼入定意三昧,以三昧心,自识本生,便作是言:彼余众生不数戏笑娱乐,常在彼处,永住不变,由我数戏笑故,致此无常,为变易法。是故我知:我及世间半常、半无常,此实余虚,是为第二见。沙门、婆罗门因此于本劫本见起论我及世间半常、半无常,于四见中齐此不过。或有众生展转相看已便失意,由此命终来生世间,渐渐长大,剃除须发,服三法衣,出家修道,入定意三昧,以三昧心,识本所生,便作是言:如彼众生以不展转相看,不失意故,常住不变;我等于彼数相看,数相看已便失意,致此无常,为变易法,我以此知:我及世间半常、半无常,此实余虚,是第三见。诸沙门、婆罗门因此于本劫本见起论我及世间半常、半无常,于四见中齐此不过。或有沙门、婆罗门有捷疾相智,善能观察,彼以捷疾观察相智,以己智辩,言我及世间半常、半无常,此实余虚,是为第四见。诸沙门、婆罗门因此于本劫本见起论我及世间半常、半无常,于四见中齐是不过。诸沙门、婆罗门于本劫本见起论我及世间半常、半无常,尽入四见中,齐是不过。唯佛能知此见处,如是持,如是执,亦知报应。如来所知又复过是,虽知不著,以不著则得寂灭,知受、集、灭、味、过、出要,以平等观无余解脱,故名如来,是为余甚深微妙大法光明,使贤圣弟子真实平等,赞叹如来。复有余甚深微妙大法光明,使贤圣弟子真实平等,赞叹如来。何等法是?诸沙门、婆罗门于本劫本见起论我及世间有边、无边。彼沙门、婆罗门因此于本劫本见起论我及世间有边、无边,于此四见中齐是不过。或有沙门、婆罗门,种种方便,入定意三昧,以三昧心观世间,起边想,彼作是说:此世间有边,此实余虚。所以者何?我以种种方便,入定意三昧,以三昧心观世间有边,是故知世间有边。此实余虚,是谓初见。沙门、婆罗门因此于本劫见起论我及世间有边,于四见中齐是不过。或有沙门、婆罗门以种种方便,入定意三昧,以三昧心观世间,起无边想,彼作是言:世间无边,此实余虚。所以者何?我以种种方便,入定意三昧,以三昧心观世间无边,是故知世间无边,此实余虚,是第二见。诸沙门、婆罗门因此于本劫本见起论我及世间无边,于四见中齐是不过。或有沙门、婆罗门以种种方便入定意三昧,以三昧心观世间,谓上方有边,四方无边。彼作是言:世间有边、无边,此实余虚。所以者何？我以种种方便入定意三昧,以三昧心观上方有边,四方无边。是故我知世间有边、无边,此实余虚,是为第三见。诸沙门、婆罗门因此于本劫本见起论我及世间有边、无边,于四见中齐是不过。或有沙门、婆罗门有捷疾相智,善于观察,彼以捷疾观察智,以己智辩,言我及世间非有边、非无边,此实余虚,是为第四见。诸沙门、婆罗门因此于本劫本见起论我及世间有边、无边,此实余虚,于四见中齐是不过。此诸沙门、婆罗门于本劫本见起论我及世间有边、无边,尽入四见中,齐是不过,唯佛能知此见处,如是持,如是执,亦知报应。如来所知又复过是,虽知不著,以不著则得寂灭,知受、集、灭、味、过、出要,以平等观无余解脱,故名如来,是为余甚深微妙大法光明,使贤圣弟子真实平等,赞叹如来。复有余甚深微妙大法光明,使贤圣弟子真实平等,赞叹如来。何者是？诸沙门、婆罗门于本劫本见,异问异答,彼彼问时,异问异答,于四见中齐是不过。沙门、婆罗门因此于本劫本见异问异答,于四见中齐是不过。或有沙门、婆罗门作如是论,作如是见：我不见不知善恶有报耶？善恶无报耶？我以不见不知故作如是说：善恶有报耶？无报耶？世间有沙门、婆罗门广博多闻,聪明智慧,常乐闲静,机辩精微,世所尊重,能以智慧善别诸见。设当问我诸深义者,我不能答,有愧于彼,于彼有畏,当以此答,以为归依,为洲为舍,为究竟道。彼诸设问者,当如是答：此事如是,此事实,此事异,此事不异,此事非异、非不异,是为初见。沙门、婆罗门因此问异答异,于四见中齐是不过。或有沙门、婆罗门作如是论,作如是见：我不见不知为有他世耶？无他世耶？诸世间沙门、婆罗门以天眼知、他心智,能见远事,己虽近他,他人不见,如此人等能知有他世、无他世。我不知不见有他世、无他世。若我说者则为妄语,我恶畏妄语,故以为归依,为洲为舍,为究竟道。彼设问者,当如是答：此事如是,此事实,此事异,此事不异,此事非异、非不异,是为第二见。诸沙门、婆罗门因此问异答异,于四见中齐是不过。或有沙门、婆罗门作如是见,作如是论：我不知不见何者为善？何者不善？我不知不见如是说是善,是不善,我则于此生爱,从爱生恚,有爱有恚,则有受生。我欲灭受,故出家修行,彼恶畏受,故以此为归依,为洲为舍,为究竟道。彼设问者,当如是答：此事如是,此事实,此事异,此事不异,此事非异、非不异,是为第三见。诸沙门、婆罗门因此问异答异,于四见中齐是不过。或有沙门、婆罗门愚冥暗钝,他有问者,彼随他言答：此事如是,此事实,此事异,此事不异,此事非异、非不异,是为四见。诸沙门、婆罗门因此异问异答,于四见中齐是不过。或有沙门、婆罗门于本劫本见,异问异答,尽入四见中,齐是不过。唯佛能知此见处,如是持,如是执,亦知报应。如来所知又复过是,虽知不著,已不著则得寂灭,知受、集、灭、味、过、出要,以平等观无余解脱,故名如来,是为甚深微妙大法光明,使贤圣弟子真实平等,赞叹如来。复有余甚深微妙大法光明,使贤圣弟子真实平等,赞叹如来。何等是?或有沙门、婆罗门于本劫本见,谓无因而出,有此世间,彼尽入二见中。于本劫本见无因而出,有此世间,于此二见中,齐是不过。彼沙门、婆罗门因何事于本劫本见,谓无因而有,于此二见中,齐是不过?或有众生无想无知。若彼众生起想则便命终,来生世间,渐渐长大,剃除须发,服三法衣,出家修道,入定意三昧,以三昧心识本所生。彼作是语:我本无有,今忽然有,此世间,本无今有,此实余虚,是为初见。诸沙门、婆罗门因此于本劫本见,谓无因有,于二见中齐是不过。或有沙门、婆罗门有捷疾相智,善能观察,彼以捷疾观察智观,以己智辩,能如是说:此世间无因而有,此实余虚,此第二见。诸有沙门、婆罗门因此于本劫本见,无因而有,有此世间,于二见中齐是不过。诸有沙门、婆罗门于本劫本见,无因而有,尽入二见中,齐是不过。唯佛能知,亦复如是。诸有沙门、婆罗门于本劫本见,无数种种,随意所说,彼尽入是十八见中。本劫本见,无数种种,随意所说,于十八见齐是不过。唯佛能知,亦复如是。复有余甚深微妙大法光明,何等是?诸有沙门、婆罗门于末劫末见,无数种种,随意所说,彼尽入四十四见中。于末劫末见,种种无数,随意所说,于四十四见齐是不过。彼沙门、婆罗门因何事于末劫末见,无数种种,随意所说,于四十四见齐此不过?诸有沙门、婆罗门,因何事于末劫末见生想论,说世间有想,彼尽入十六见中?于末幼末见生想论,说世间有想,于十六见中齐是不过。诸有沙门、婆罗门作如是论,如是见,言我此终后,生有色、有想,此实余虚,是为初见。诸沙门、婆罗门因此于末劫末见生想论,说世间有想,于十六见中齐是不过。有言我此终后,生无色、有想,此实余虚。有言我此终后,生有色、无色有想,此实余虚。有言我此终后,生非有色、非无色有想,此实余虚。有言我此终后,生有边有想,此实余虚。有言我此终后,生无边有想,此实余虚。有言我此终后,生有边、无边有想,此实余虚。有言我此终后,生非有边、非无边有想,此实余虚。有言我此终后,生而一向有乐有想,此实余虚。有言我此终后,生而一向有苦有想,此实余虚。有言我此终后,生有乐、有苦有想,此实余虚。有言我此终后,生不苦、不乐有想,此实余虚。有言我此终后,生有一想,此实余虚。有言我此终后,生有若干想,此实余虚。有言我此终后,生少想,此实余虚。有言我此终后,生有无量想,此实余虚,是为十六见。诸有沙门、婆罗门于末劫末见生想论,说世间有想,于此十六见中齐是不过。唯佛能知,亦复如是。复有余甚深微妙大法光明,何等法是?诸有沙门、婆罗门于末劫末见生无想论,说世间无想,彼尽入八见中。于末劫末见,生无想论,于此八见中齐此不过。彼沙门、婆门因何事于末劫末见生无想论,说世间无想,于八见中齐此不过?诸有沙门、婆罗门作如是见,作如是论:我此终后,生有色无想,此实余虚。有言我此终后,生无色无想,此实余虚。有言我此终后,生有色、无色无想,此实余虚。有言我此终后,生非有色、非无色无想,此实余虚。有言我此终后,生有边无想,此实余虚。有言我此终后,生无边无想,此实余虚。有言我此终后,生有边、无边无想,此实余虚。有言我此终后,生非有边、非无边无想,此实余虚,是为八见。若沙门、婆罗门因此于末劫末见生无想论,说世间无想,彼尽入八见中,齐是不过。唯佛能知,亦复如是。复有余甚深微妙大法光明,何等法是?或有沙门、婆罗门于末劫末见生非想、非非想论,说此世间非想、非非想,彼尽入八见中。于末劫末见作非想、非非想论,说世间非想、非非想,于八见中齐是不过。诸沙门、婆罗门因何事于末劫末见生非想、非非想论,说世间非想、非非想,于八见中,齐是不过?诸沙门、婆罗门作如是论,作如是见:我此终后,生有色非有想、非无想,此实余虚。有言我此终后,生无色非有想、非无想,此实余虚。有言我此终后,生有色、无色非有想、非无想,此实余虚。有言我此终后,生非有色、非无色非有想、非无想,此实余虚。有言我此终后,生有边非有想、非无想,此实余虚。有言我此终后,生无边非有想、非无想,此实余虚。有言我此终后,生有边、无边非有想、非无想,此实余虚。有言我此终后,生非有边、非无边非有想、非无想,此实余虚,是为八见。若沙门、婆罗门因此于末劫末见生非有想、非无想论,说世间非有想、非无想,尽入八见中,齐是不过。唯佛能知,亦复如是。复有余甚深微妙大法光明,何等法是?诸有沙门、婆罗门于末劫末见起断灭论,说众生断灭无余,彼尽入七见中。于末劫末见起断灭论,说众生断灭无余,于七见中齐是不过。彼沙门、婆罗门因何事于末劫末见起断灭论,说众生断灭无余,于七见中齐是不过?诸有沙门、婆罗门作如是论,作如是见:我身四大、六入,从父母生,乳哺养育,衣食成长,摩扪拥护,然是无常,必归磨灭,齐是名为断灭,第一见也。或有沙门、婆罗门作是说,言此我不得名断灭,我欲界天断灭无余,齐是为断灭,是为二见。或有沙门、婆罗门作是说,言此非断灭,色界化身,诸根具足,断灭无余,是为断灭。有言此非断灭,我无色、空处断灭。有言此非断灭,我无色、识处断灭。有言此非断灭,我无色、不用处断灭。有言此非断灭,我无色、有想、无想处断灭,是第七断灭,是为七见。诸有沙门、婆罗门因此于末劫末见言此众生类断灭无余,于七见中齐是不过。唯佛能知,亦复如是。复有余甚深微妙大法光明,何等法是?诸有沙门、婆罗门于末劫末见,现在生泥洹论,说众生现在有泥洹,彼尽入五见中。于末劫末见说现在有泥洹,于五见中齐是不过。彼沙门、婆罗门因何事于末劫末见说众生现有泥洹,于五见中齐是不过?诸有沙门、婆罗门作是见,作是论,说我于现在五欲自恣,此是我得现在泥洹,是第一见。复有沙门、婆罗门作是说:此是现在泥洹,非不是。复有现在泥洹,微妙第一,汝所不知,独我知耳,如我去欲,恶不善法,有觉、有观,离生喜、乐,入初禅,此名现在泥洹,是第二见。复有沙门、婆罗门作如是说:此是现在泥洹,非不是。复有现在泥洹,微妙第一,汝所不知,独我知耳,如我灭有觉、观,内喜、一心,无觉、无观,定生喜、乐,入第二禅,齐是名现在泥洹,是为第三见。复有沙门、婆罗门作是说,言此是现在泥洹,非不是。复有现在泥洹,微妙第一,汝所不知,独我知耳,如我除念、舍、喜、住乐,护念一心,自知身乐,贤圣所说,入第三禅,齐是名现在泥洹,是为第四见。复有沙门、婆罗门作是说,言此是现在泥洹,非不是。复有现在泥洹,微妙第一,汝所不知,独我知耳,如我乐灭、苦灭,先除忧喜,不苦不乐,护念清净,入第四禅,此名第一泥洹,是为第五见。若沙门、婆罗门于末劫末见生现在泥洹论,于五见中齐是不过。唯佛能知,亦复如是。诸有沙门、婆罗门于末劫末见,无数种种,随意所说,于四十四见中齐是不过。唯佛能知,此诸见处亦复如是。诸有沙门、婆罗门,于本劫本见,末劫末见,无数种种,随意所说,尽入此六十二见中。于本劫本见,末劫末见,无数种种,随意所说,于六十二见中,齐是不过。唯如来知此见处,亦复如是。诸有沙门、婆罗门于本劫本见生常论,说我、世间是常。彼沙门、婆罗门于此生智,谓异信、异欲、异闻、异缘、异觉、异见、异定、异忍,因此生智,彼以布现,则名为受,乃至现在泥洹,亦复如是。诸有沙门、婆罗门生常论,言世间是常。彼因受缘起爱、生爱,而不自觉知,染著于爱,为爱所伏,乃至现在泥洹,亦复如是。诸有沙门、婆罗门于本劫本见生常论,言世间是常,彼因触缘故,若离触缘而立论者,无有是处,乃至现在泥洹,亦复如是。诸有沙门、婆罗门于本劫本见,末劫末见,各随所见,说彼尽入六十二见中。各随所见,说尽依中在中,齐是不过,犹如巧捕鱼师,以细目网覆小池上,当知池中水性之类,皆入网内,无逃避处,齐是不过。诸沙门、婆罗门亦复如是,于本劫本见,末劫末见,种种所说,尽入六十二见中,齐是不过。若比丘于六触集、灭、味、过、出要,如实而知,则为最胜。出彼诸见,如来自知生死已尽,所以有身,为欲福度诸天、人故;若其无身,则诸天、世人无所恃怙,犹如多罗树,断其头者,则不复生,佛亦如是,已断生死,永不复生。当佛说此法时,大千世界,三反六种震动,尔时阿难,在佛后执扇扇佛,偏露右臂,长跪叉手,白佛言:此法甚深,当以何名?云何奉持?佛告阿难:当名此经为义动、法动、见动、魔动、梵动。尔时阿难闻佛所说,欢喜奉行。

(《大正藏》卷一页八十八至页九十四,又见《汉文佛经中的印度哲学史料》中)

3.《箭喻经》
僧伽提婆 译

我闻如是:一时佛游舍卫国,在胜林给孤独园。尔时,尊者鬘童子独安静处,宴坐思惟,心作是念:所谓此见,世尊舍置除却,不尽通说。谓世有常,世无有常;世有底,世无底;命即是身,为命异身异;如来终,如来不终;如来终、不终;如来亦非终亦非不终耶。我不欲此,我不忍此,我不可此。若世尊为我一向说世有常者,我从彼学梵行;若世尊不为我一向说世有常者,我当难诘彼,舍之而去。如是世无、有常;世有底,世无底;命即是身,为命异身异;如来终,如来不终;如来终、不终;如来亦非终亦非不终耶。若世尊为我一向说此是真谛,余皆虚妄言者,我从彼学梵行;若世尊不为我一向说此是真谛,余皆虚妄言者,我当难诘彼,舍之而去。于是尊者鬘童子则于晡时从宴坐起,往诣佛所,稽首作礼,却坐一面,白曰:世尊!我今独安静处,宴坐思惟,心作是念:所谓此见,世尊舍置除却,不尽通说。谓世有常,世无有常;世有底,世无底;命即是身,为命异身异;如来终,如来不终;如来终、不终;如来亦非终亦非不终耶。我不欲此,我不忍此,我不可此。若世尊一向知世有常者,世尊当为我说;若世尊不一向知世有常者,当直言不知也。如是世无、有常;世有底,世无底;命即是身,为命异身异;如来终,如来不终;如来终、不终;如来亦非终亦非不终耶。若世尊一向知此是真谛,余皆虚妄言者,世尊当为我说;若世尊不一向知此是真谛,余皆虚妄言者,当直言不知也。世尊问曰:鬘童子!我本颇为汝如是说世有常,汝来从我学梵行耶?鬘童子答曰:不也,世尊。如是世无、有常;世有底,世无底;命即是身,为命异身异;如来终,如来不终;如来终、不终;如来亦非终亦非不终耶。我本颇为汝如是说:此是真谛,余皆虚妄言,汝来从我学梵行耶?鬘童子答曰:不也,世尊。鬘童子!汝本颇向我说:若世尊为我一向说世有常者,我当从世尊学梵行耶。鬘童子答曰:不也,世尊。如是世无、有常;世有底,世无底;命即是身,为命异身异;如来终,如来不终;如来终、不终;如来亦非终亦非不终耶。鬘童子!汝本颇向我说:若世尊为我一向说此是真谛,余皆虚妄言者,我当从世尊学梵行耶。鬘童子答曰:不也,世尊。世尊告曰:鬘童子!我本不向汝有所说,汝本亦不向我有所说。汝愚痴人,何故虚妄诬谤我耶?于是尊者鬘童子为世尊面诃责数,内怀忧戚,低头默然,失辩无言,如有所伺。于是,世尊面诃鬘童子已,告诸比丘:若有愚痴人作如是念:若世尊不为我一向说世有常者,我不从世尊学梵行。彼愚痴人竟不得知,于其中间而命终也。如是世无、有常;世有底,世无底;命即是身,为命异身异;如来终,如来不终;如来终、不终;如来亦非终亦非不终耶。若有愚痴人作如是念:若世尊不为我一向说此是真谛,余皆虚妄言者,我不从世尊学梵行。彼愚痴人竟不得知,于其中间而命终也。犹如有人身被毒箭,因毒箭故,受极重苦。彼有亲族怜念愍伤,为求利义、饶益、安隐,便求箭医。然彼人者方作是念:未可拔箭,我应先知彼人如是姓,如是名,如是生,为长短、粗细,为黑白、不黑不白,为刹利族、梵志、居士、工师族,为东方、南方、西方、北方耶;未可拔箭,我应先知彼弓为柘、为桑、为槻、为角耶;未可拔箭,我应先知弓扎为是牛筋、为麈鹿筋、为是丝耶;未可拔箭,我应先知弓色为黑、为白、为赤、为黄耶;未可拔箭,我应先知弓弦为筋、为丝、为纻、为麻耶;未可拔箭,我应先知箭簳为木、为竹耶;未可拔箭,我应先知箭缠为是牛筋、为麇鹿筋、为是丝耶;未可拔箭,我应先知箭羽为飘鹨毛、为鵰鹫毛、为鹍鸡毛、为鹤毛耶;未可拔箭,我应先知箭镝为錍、为鐴、为矛、为铍刀耶;未可拔箭,我应先知作箭镝师如是姓、如是名、如是生,为长短、粗细,为黑白、不黑不白,为东方、西方、南方、北方耶。彼人竟不得知,于其中间而命终也。若有愚痴人作如是念:若世尊不为我一向说世有常者,我不从世尊学梵行。彼愚痴人竟不得知,于其中间而命终也。如是世无、有常;世有底,世无底;命即是身,为命异身异;如来终,如来不终;如来终、不终;如来亦非终亦非不终耶。若有愚痴人作如是念:若世尊不为我一向说此是真谛,余皆虚妄言者,我不从世尊学梵行。彼愚痴人竟不得知,于其中间而命终也。世有常,因此见故从我学梵行者,此事不然。如是世无、有常;世有底,世无底;命即是身,为命异身异;如来终,如来不终;如来终、不终;如来亦非终亦非不终耶。因此见故从我学梵行者,此事不然。世有常,有此见故不从我学梵行者,此事不然。如是世无、有常;世有底,世无底;命即是身,为命异身异;如来终,如来不终;如来终、不终;如来亦非终亦非不终耶。有此见故不从我学梵行者,此事不然。世有常,无此见故从我学梵行者,此事不然。如是世无、有常;世有底,世无底;命即是身,为命异身异;如来终,如来不终;如来终、不终;如来亦非终亦非不终耶。无此见故从我学梵行者,此事不然。世有常,无此见故不从我学梵行者,此事不然。如是世无、有常;世有底,世无底;命即是身,为命异身异;如来终,如来不终;如来终、不终;如来亦非终亦非不终耶。无此见故不从我学梵行者,此事不然。世有常者,有生有老,有病有死,愁戚啼哭,忧苦懊恼,如是此淳大苦阴生。如是世无常;世有底,世无底;命即是身,为命异身异;如来终,如来不终;如来终、不终;如来亦非终亦非不终者,有生有老,有病有死,愁戚啼哭,忧苦懊恼,如是此淳大苦阴生。世有常,我不一向说此。以何等故我不一向说此?此非义相应,非法相应,非梵行本;不趣智,不趣觉,不趣涅槃,是故我不一向说此。如是世无常;世有底,世无底;命即是身,为命异身异;如来终,如来不终;如来终、不终;如来亦非终亦非不终。我不一向说此。以何等故我不一向说此?此非义相应,非法相应,非梵行本;不趣智,不趣觉,不趣涅槃,是故我不一向说此也。何等法我一向说耶？此义我一向说：苦,苦集,苦灭,苦灭道迹,我一向说。以何等故我一向说此？此是义相应,是法相应,是梵行本；趣智,趣觉,趣于涅槃,是故我一向说此。是为不可说者则不说,可说者则说。当如是持,当如是学。佛说如是,彼诸比丘闻佛所说,欢喜奉行。

（常州本《中阿含经》卷六十页十二右行五至页十七右行七）

4.《五阴譬喻经》

安世高　译

闻如是：一时佛游于靡胜国,度河津见中大沫聚随水流,即告比丘言：诸比丘！譬如此大沫聚随水流,目士见之观视省察,即知非有,虚无不实,速消归尽。所以者何？沫无强故。如是,比丘！一切所色,去来现在,内外粗细,好丑远近,比丘！见此当熟省视,观其不有,虚无不实。但病但结,但疮但伪,非真非常,为苦为空,为非身为消尽,所以者何？色之性无有强。譬如,比丘！天雨渧水一泡适起,一泡即灭。目士见之观视省察,即知非有,虚无不实,速消归尽。所以者何？泡无强故。如是,比丘！一切所痛,去来现在,内外粗细,好丑远近,比丘见知,当熟省视,观其不有,虚无不实。但病但结,但伪但疮,非真非常,为苦为空,为非身为消尽,所以者何？痛之性无有强故,譬如,比丘！季夏盛热日中之炎,目士见之观视省察,即知非有,虚无不实,速消归尽。所以者何？炎无强故。如是,比丘！一切所想,去来现在,内外粗细、好丑远近,比丘见是当熟省视,观其不有,虚无不实。但淫但结,但疮但伪,非真非常,为苦为空,为非身为消尽。所以者何？想之性无有强,譬如,比丘！人求良材,担斧入林,见大芭蕉鸿直不曲,因断其本,斩其末,劈其叶,理分分剧而解之。中了无心,何有牢固？目士见之观视省察,即知非有,虚无不实,速消归尽,所以者何？彼芭蕉无强故。如是,比丘！一切所行,去来现在,内外粗细、好丑远近,比丘见此当熟省视,知其不有,虚无不实。但淫但结,但疮但伪,非真非常,为苦为空,为非身为消尽,所以者何？行之性无有强,譬如,比丘！幻师与幻弟子于四衢道大人众中现若干幻化,作群象、群马、车乘、步从。目士见之观视省察,即知不有,虚无不实,无形化尽,所以者何?幻无强故。如是,比丘!一切所识,去来现在,内外粗细,好丑远近,比丘见此当熟省视,观其不有,虚无不实。但淫但结,但疮但伪,非真非常,为苦为空,为非身为消尽,所以者何?识之性无有强。

(《频伽藏经》辰六页十四右行一至页十四右行十六)

5.《度经》

僧伽提婆　译

我闻如是:一时,佛游舍卫国,在胜林给孤独园。尔时,世尊告诸比丘有三度处:异姓异名、异宗、异说。谓有慧者善受极持而为他说,然不获利。云何为三?或有沙门、梵志如是见、如是说,谓人所为一切皆因宿命造;复有沙门、梵志如是见、如是说,谓人所为一切皆因尊祐造;复有沙门、梵志如是见、如是说,谓人所为一切皆无因无缘。于中若有沙门、梵志如是见、如是说,谓人所为一切皆因宿命造者,我便往彼。到已即问:诸贤!实如是见、如是说,谓人所为一切皆因宿命造耶?彼答言尔,我复言彼:若如是者,诸贤等皆是杀生。所以者何?以其一切皆因宿命造故。如是,诸贤皆是不与取、邪淫、妄言乃至邪见。所以者何?以其一切皆因宿命造故。诸贤!若一切皆因宿命造,见如真者,于内因内,作以不作,都无欲、无方便。诸贤!若于作以不作,不知如真者,便失正念,无正智,则无可以教如沙门法。如是说者乃可以理伏彼沙门、梵志。于中若有沙门、梵志如是见、如是说,谓人所为一切皆因尊祐造者,我便往彼。到已即问:诸贤!实如是见、如是说,谓人所为一切皆因尊祐造耶?彼答言尔,我复语彼:若如是者,诸贤等皆是杀生。所以者何?以其一切皆因尊祐造故。如是,诸贤皆是不与取、邪淫、妄言乃至邪见。所以者何?以其一切皆因尊祐造故。诸贤!若一切皆因尊祐造,见如真者,于内因内,作以不作,都无欲、无方便。诸贤!若于作以不作,不知如真者,便失正念,无正智,则无可以教如沙门法。如是说者乃可以理伏彼沙门、梵志。

于中若有沙门、梵志如是见、如是说，谓人所为一切皆无因无缘者，我便往彼。到已即问：诸贤！实如是见、如是说，谓人所为一切皆无因无缘耶？彼答言尔，我复语彼：若如是者，诸贤等皆是杀生。所以者何？以其一切皆无因无缘故。如是，诸贤皆是不与取、邪淫、妄言乃至邪见。所以者何？以其一切皆无因无缘故。诸贤！若一切皆无因无缘，见如真者，于内因内，作以不作，都无欲、无方便。诸贤！若于作以不作，不知如真者，便失正念，无正智，则无可以教如沙门法。如是说者乃可以理伏彼沙门、梵志。我所自知、自觉法为汝说者，若沙门、梵志，若天、魔、梵及余世间皆无能伏，皆无能秽，皆无能制，云何我所自知、自觉法为汝说？非为沙门、梵志，若天、魔、梵及余世间所能伏，所能秽，所能制。谓有六处法我所自知、自觉为汝说，非为沙门、梵志，若天、魔、梵及余世间所能伏，所能秽，所能制；复有六界法我所自知、自觉为汝说，非为沙门、梵志，若天、魔、梵及余世间所能伏，所能秽，所能制。云何六处法我所自知、自觉为汝说？谓眼处，耳、鼻、舌、身、意处，是谓六处法，我所自知、自觉为汝说也。云何六界法我所自知、自觉为汝说？谓地界，水、火、风、空、识界，是谓六界法，我所自知、自觉为汝说也。以六界合故，便生母胎；因六界，便有六处；因六处，便有更乐；因更乐，便有觉；比丘！若有觉者，便知苦如真，知苦集，知苦灭，知苦灭道如真。云何知苦如真？谓生苦、老苦、病苦、死苦、怨憎会苦、爱别离苦、所求不得苦，略五盛阴苦，是谓知苦如真。云何知苦集如真？谓此爱、受当来，有乐、欲共俱，求彼彼有，是谓知苦集如真。云何知苦灭如真？谓此爱、受当来，有乐、欲共俱，求彼彼有，断无余舍，吐尽无欲灭止没，是谓知苦灭如真。云何知苦灭道如真？谓八支圣道，正见乃至正定是为八，是谓知苦灭道如真。比丘当知苦如真，当断苦集，当苦灭作证，当修苦灭道。若比丘知苦如真，断苦集，苦灭作证，修苦灭道者，是谓比丘一切漏尽，诸结已解，能以正智而得苦除。佛说如是，彼诸比丘闻佛所说，欢喜奉行。

（常州本《中阿含经》卷三页八右行二至页十一右行二）

6.《法句经》第三十七

维祇难等　译

十有八章。生死品者,说诸人魂灵亡神在,随行转生。

命如菓待熟,常恐会零落,已生皆有苦,孰能致不死。
从初乐恩爱,可淫入泡影,受形命如电,昼夜流难止。
是身为死物,精神无形法,假令死复生,罪福不败亡。
终始非一世,从痴爱久长,自此受苦乐,身死神不丧。
身四大为色,识四阴曰名,其情十八种,所缘起十二。
神止凡九处,生死不断灭,世间愚不闻,蔽暗无天眼。
自塗以三垢,无目意妄见,谓死如生时,或谓死断灭。
识神造三界,善不善五处,阴行而默到,所往如响应。
欲色不色有,一切因宿行,如种随本像,自然报如意。
神以身为名,如火随形字,著烛为烛火,随炭草粪薪。
心法起则起,法灭而则灭,兴衰如雨雹,转转不自识。
识神走五道,无一处不更,舍身复受身,如轮转著地。
如人一身居,去其故室中,神以形为庐,形坏神不亡。
精神居形躯,犹雀藏器中,器破雀飞去,身坏神逝生。
性痴净常想,乐身想疑想,嫌望非上要,佛说是不明。
一本二展转,三垢五弥广,诸海十三事,渊销越度欢。
三事断绝时,知身无所直,命气煴暖识,舍身而转逝。
当其死卧地,犹草无所知,观其状如是,但幻而愚贪。

(《大正大藏经》第四卷《法句经》卷下页五七四)

7.《大缘方便经》

竺佛念 译

如是我闻：一时，佛在拘流沙国劫魔沙住处，与大比丘众千二百五十人俱。尔时，阿难在闲静处，作是念言：甚奇！甚特！世尊所说十二因缘法之光明甚深难解，如我意观，犹如目前，以何为深？于是阿难，即从静室起，至世尊所，头面礼足，在一面坐，白世尊言：我向于静室默自思念：甚奇！甚特！世尊所说十二因缘法之光明甚深难解，如我意观，如在目前，以何为深？尔时，世尊告阿难曰：止！止！勿作此言：十二因缘法之光明甚深难解。阿难！此十二因缘难见难知。诸天、魔、梵、沙门、婆罗门、未见缘者，若欲思量观察、分别其义者，则皆荒迷，无能见者。阿难！我今语汝：老、死有缘。若有问言：何等是老、死缘？应答彼言：生是老、死缘。若复问言：谁是生缘？应答彼言：有是生缘。若复问言：谁是有缘？应答彼言：取是有缘。若复问言：谁是取缘？应答彼言：爱是取缘。若复有问：谁是受缘？应答彼言：受是爱缘。若复问言：谁是受缘？应答彼言：触是受缘。若复问言：谁为触缘？应答彼言：六入是触缘。若复问言：谁为六入缘？应答彼言：名色是六入缘。若复问言：谁为名色缘？应答彼言：识是名色缘。若复问言：谁为识缘？应答彼言：行是识缘。若复问言：谁为行缘？应答彼言：痴是行缘。阿难！如是缘痴有行，缘行有识，缘识有名色，缘名色有六入，缘六入有触，缘触有受，缘受有爱，缘爱有取，缘取有有，缘有有生，缘生有老、死、忧、悲、苦恼，大患所集，是为此大苦阴缘。佛告阿难：缘生有老、死，此为何义？若使一切众生无有生者，宁可有老、死不？阿难答言：无也。是故，阿难！以此缘知老、死由生，缘生有老、死。我所说者，义在于此。又告阿难：缘有有生，此为何义？若使一切众生无有欲有、色有、无色有者，宁有生不？答曰：无也。阿难！我以此缘，知生由有，缘有有生。我所说者，义在于此。又告阿难：缘取有有，此为何义？若使一切众生，无有欲取、见取、戒取、我取者，宁有有不？答曰：无也。阿难！我以此缘知有由取，缘取有有。我所说者，义在于此。又告阿难：缘爱有取，此为何义？若使一切众生无有欲爱、有爱、无有爱者，宁有取不?答曰:无有。阿难!我以此缘知取由爱,缘爱有取。我所说者,义在于此。又告阿难:缘受有爱,此为何义?若使一切众生无有乐受、苦受、不苦不乐受者,宁有爱不?答曰:无也。阿难!我以此缘,知爱由受,缘受有爱。我所说者,义在于此。阿难!当知因爱有求,因求有利,因利有用,因用有欲,因欲有著,因著有嫉,因嫉有守,因守有护。阿难!由有护故有刀杖、诤讼,作无数恶。我所说者,义在于此。阿难!此为何义?若使一切众生无有护者,当有刀杖、诤讼起无数恶不?答曰:无也。是故,阿难!以此因缘知刀杖、诤讼由护而起,缘护有刀杖、诤讼。阿难!我所说者,义在于此。又告阿难:因守有护,此为何义?若使一切众生无有守者,宁有护不?答曰:无也。阿难!我以此缘知护由守,因守有护。我所说者,义在于此。阿难!因嫉有守,此为何义?若使一切众生无有嫉者,宁有守不?答曰:无也。阿难!我以此缘知守由嫉,因嫉有守。我所说者,义在于此。阿难!因著有嫉,此为何义?若使一切众生无有著者,宁有嫉不?答曰:无也。阿难!我以此缘知嫉由著,因著有嫉。我所说者,义在于此。阿难!因欲有著,此为何义?若使一切众生无有欲者,宁有著不?答曰:无也。阿难!我以此缘知著由欲,因欲有著。我所说者,义在于此。阿难!因用有欲,此为何义?若使一切众生无有用者,宁有欲不?答曰:无也。阿难!我以此义知欲由用,因用有欲。我所说者,义在于此。阿难!因利有用,此为何义?若使一切众生无有利者,宁有用不?答曰:无也。阿难!我以此义知用由利,因利有用。我所说者,义在于此。阿难!因求有利,此为何义?若使一切众生无有求者,宁有利不?答曰:无也。阿难!我以此缘知利由求,因求有利。我所说者,义在于此。阿难!因爱有求,此为何义?若使一切众生无有爱者,宁有求不?答曰:无也。阿难!我以此缘知求由爱,因爱有求。我所说者,义在于此。又告阿难:因爱有求,至于守护;受亦如是,因受有求,至于守护。佛告阿难:缘触有受,此为何义?阿难!若使无眼、无色、无识者,宁有触不?答曰:无也。若无耳声、耳识,鼻香、鼻识,舌味、舌识,身触、身识,意法、意识者,宁有触不?答曰:无也。阿难!若使一切众生无有触者,宁有受不?答曰:无也。阿难!我以是义知受由触,缘触有受。我所说者,义在于此。阿难!缘名色有触,此为何义?若使一切众生无有名色者,宁有心触不?答曰:无也。若使一切众生无形色、相貌者,宁有身触不?答曰:无也。阿难!若无名色,宁有触不？答曰：无也。阿难！我以是缘知触由名色，缘名色有触。我所说者，义在于此。阿难！缘识有名色，此为何义？若识不入母胎者，有名色不？答曰：无也。若识入胎不出者，有名色不？答曰：无也。若识出胎，婴孩坏败，名色得增长不？答曰：无也。阿难！若无识者，有名色不？答曰：无也。阿难！我以是缘知名色由识，缘识有名色。我所说者，义在于此。阿难！缘名色有识，此为何义？若识不住名色，则识无住处。若识无住处，宁有生、老、病、死、忧、悲、苦、恼不？答曰：无也。阿难！若无名色，宁有识不？答曰：无也。阿难！我以是缘知识由名色，缘名色有识。我所说者，义在于此。阿难！是故，名色缘识，识缘名色，名色缘六入，六入缘触，触缘受，受缘爱，爱缘取，取缘有，有缘生，生缘老、死、忧、悲、苦、恼，大苦阴集。阿难！齐是为语，齐是为应，齐是为限，齐是为演说，齐是为智观，齐是为众生。阿难！诸比丘于此法中，如实正观，无漏心解脱。阿难！此比丘当名为慧解脱。如是解脱比丘，如来终亦知，如来不终亦知；如来终、不终亦知，如来非终、非不终亦知。何以故？阿难！齐是为语，齐是为应，齐是为限，齐是为演说，齐是为智观，齐是为众生。如是尽知已，无漏心解脱比丘不知不见，如是知见。阿难！夫计我者，齐几名我见？名色与受俱计以为我。有人言：受非我，我是受；或有言：受非我，我非受，受法是我；或有言：受非我，我非受，受法非我，但受是我。阿难！彼见我者言受是我。当语彼言：如来说三受：乐受、苦受、不苦不乐受。当有乐受时，无有苦受、不苦不乐受；有苦受时，无有乐受、不苦不乐受；有不苦不乐受时，无有苦受、乐受。所以然者，阿难！乐触缘生乐受，若乐触灭，受亦灭。阿难！苦触缘生苦受。若苦触灭，受亦灭。不苦不乐触缘生不苦不乐受。若不苦不乐触灭，受亦灭。阿难！如两木相揩则有火出；各置异处，则无有火。此亦如是，因乐触缘故生乐受。若乐触灭，受亦俱灭。因苦触缘故生苦受，若苦触灭，受亦俱灭。因不苦不乐触缘生不苦不乐受，若不苦不乐触灭，受亦俱灭。阿难！此三受有为无常，从因缘生，尽法、灭法为朽坏法。彼非我有，我非彼有，当以正智如实观之。阿难！彼见我者，以受为我，彼则为非。阿难！彼见我者言受非我。我是受者，当语彼言：如来说三受：苦、乐受、不苦不乐受。若乐受是我者，乐受灭时，则有二我，此则为过。若苦受是我者，苦受灭时，则有二我，此则为过。若不苦不乐受是我者，不苦不乐受灭时，则有二我，此则为过。阿难！彼见我者言：受非我,我是受,彼则为非。阿难!彼计我者作是说:受非我,我非受,受法是我,当语彼言:一切无受,汝云何言有受法?汝是受法耶?对曰:非是。是故,阿难!彼计我者言:受非我,我非受,受法是我,彼则为非。阿难!彼计我者作是言:受非我,我非受,受法非我,但受是我者,当语彼言:一切无受,云何有受?汝是受耶?对曰:非也。是故,阿难!彼计我者言:受非我,我非受,受法非我,受是我者,彼则为非。阿难!齐是为语,齐是为应,齐是为限,齐是为演说,齐是为智观,齐是为众生。阿难!诸比丘于此法中如实正观,于无漏心解脱。阿难!此比丘当名为慧解脱。如是解脱心比丘,有我亦知,无我亦知,有我、无我亦知,非有我、非无我亦知。何以故?阿难!齐是为语,齐是为应,齐是为限,齐是为演说,齐是为智观,齐是为众生。如是尽知已,无漏心解脱比丘不知不见,如是知见。佛语阿难:彼计我者齐已为定。彼计我者,或言少色是我,或言多色是我;或言少无色是我,或言多无色是我。阿难!彼言少色是我者,定少色是我。我所见是,余者为非。多色是我者,定多色是我。我所见是,余者为非。少无色是我者,定言少无色是我。我所见是,余者为非。多无色是我者,定多无色是我。我所见是,余者为非。佛告阿难:七识住,二入处。诸有沙门、婆罗门言:此处安隐,为救、为护、为舍、为灯、为明、为归、为不虚妄、为不烦恼。云何为七?或有众生,若干种身,若干种想,天及人,此是初识住处。诸沙门、婆罗门言:此处安隐,为救、为护、为舍、为灯、为明、为归、为不虚妄、为不烦恼。阿难!若比丘知初识住,知集,知灭,知味,知过,知出要,如实知者,阿难!彼比丘言:彼非我,我非彼,如实知见。或有众生若干种身而一想,梵光音天是;或有众生一身若干种想,光音天是;或有众生一身一想,遍净天是;或有众生住空处;或有众生住识处;或有众生住不用处。是为七识住处。或有沙门、婆罗门言:此处安隐,为救、为护、为舍、为灯、为明、为归、为不虚妄、为不烦恼。阿难!若比丘知七识住,知集,知灭,知味,知过,知出要,如实知见。彼比丘言:彼非我,我非彼,如实知见,是为七识住。云何二入处?无想入,非想非无想入。阿难!是为此二入处。或有沙门、婆罗门言:此处安隐,为救、为护、为舍、为灯、为明、为归、为不虚妄、为不烦恼。阿难!若比丘知二入处,知集,知灭,知味,知过,知出要,如实知见。彼比丘言:彼非我,我非彼,如实知见,是为二入。阿难!复有八解脱。云何八?色观色,初解脱;内色想,观外色,二解脱;净解脱,三解脱。度色想,灭有对想,不念杂想,住空处,四解脱;度空处,住识处,五解脱;度识处,住不用处,六解脱;度不用处,住有想、无想处,七解脱;灭尽定,八解脱。阿难!诸比丘于此八解脱,逆顺游行,入出自在。如是,比丘得俱解脱。尔时,阿难闻佛所说,欢喜奉行。

（姑苏本《长阿含经》卷十页十右行三至页十八右行三）

8.《四姓经》
竺佛念　译

如是我闻:一时,佛在舍卫国清信园林鹿母讲堂,与大比丘众千二百五十人俱。尔时,有二婆罗门以坚固信往诣佛所,出家为道。一名婆悉吒,二名婆罗堕。尔时,世尊于静室出,在讲堂上彷徉经行。时婆悉吒见佛经行,即寻速疾诣婆罗堕,而语之言:汝知不耶?如来今者出于静室,堂上经行。我等可共诣世尊所,傥闻如来有所言说。时婆罗堕闻其语已,即共诣世尊所,头面礼足,随佛经行。尔时,世尊告婆悉吒曰:汝等二人出婆罗门种,以信坚固,于我法中出家修道耶?答曰:如是。佛言:汝今在我法中出家为道,诸婆罗门得无嫌责汝也?答曰:唯然。蒙佛大恩出家修道,实自为彼诸婆罗门所见嫌责。佛言:彼以何事而嫌责汝?寻白佛言:彼言我婆罗门种最为第一,余者卑劣;我种清白,余者黑冥。我婆罗门种出自梵天,从梵口生,于现法中得清净解,后亦清净。汝等何故舍清净种,入彼瞿昙异法中耶?世尊!彼见我于佛法中出家修道,以如此言而诃责我。佛告婆悉吒:汝观诸人愚冥无识,犹如禽兽;虚假自称:婆罗门种最为第一,余者卑劣;我种清白,余者黑冥。我婆罗门种出自梵天,从梵口生,现得清净,后亦清净。婆悉吒!今我无上正真道中不须种姓,不恃吾我憍慢之心。俗法须此,我法不尔。若有沙门、婆罗门,自恃种姓,怀憍慢心,于我法中终不得成无上证也。若能舍离种姓,除憍慢心,则于我法中得成道证,堪受正法。人恶下流,我法不尔。佛告婆悉吒:有四种姓善恶杂居,智者所誉,智者所责。何谓为四?一者刹利种,二者婆罗门种,三者居士种,四者首陀罗种。婆悉吒!汝听刹利种中有杀生者,有盗窃者,有淫乱者,有欺妄者,有两舌者,有恶口者,有绮语者,有悭贪者,有嫉妒者,有邪见者。婆罗门种、居士种、首陀罗种亦皆如是,杂十恶行。婆悉吒!夫不善行有不善报,为黑冥行则有黑冥报。若使此报独在刹利、居士、首陀罗种,不在婆罗门种者,则婆罗门种应得自言:我婆罗门种最为第一,余者卑劣;我种清白,余者黑冥。我婆罗门种出自梵天,从梵口生,现得清净,后亦清净。若使行不善行有不善报,为黑冥行有黑冥报,此报必在婆罗门种,刹利、居士、首陀罗种者,则婆罗门不得独称我种清净,最为第一。婆悉吒!若刹利种中有不杀者,有不盗、不淫、不妄语、不两舌、不恶口、不绮语、不悭贪、不嫉妒、不邪见,婆罗门种、居士、首陀罗种亦皆如是,同修十善。夫行善法必有善报,行清白行必有白报。若使此报独在婆罗门,不在刹利、居士、首陀罗者,则婆罗门种应得自言:我种清净,最为第一。若使四姓同有此报者,则婆罗门不得独称:我种清净,最为第一。佛告婆悉吒:今者现见婆罗门种,嫁、娶、产生与世无异,而自诈称:我是梵种,从梵口生,现得清净,后亦清净。婆悉吒!汝今当知:今我弟子种姓不同,所出各异,于我法中出家修道。若有人问:汝谁种姓?当答彼言:我是沙门释种子也。亦可自称:我是沙门种,亲从口生,从法化生,现得清净,后亦清净。所以者何?大梵名者即如来号。如来为世间眼,为世间智,为世间法,为世间梵,为世间法轮,为世间甘露,为世间法主。婆悉吒!若刹利种中有笃信于佛,信如来至真、等正觉,十号具足;笃信于法,信如来法微妙清净,现可修行,说无时节,示泥洹要,智者所知,非是凡愚所能及教;笃信于僧,性善质直,道果成就,眷属成就,佛真弟子,法法成就。所谓众者,戒众成就,定众、慧众、解脱众、解脱知见众成就:向须陀洹得须陀洹,向斯陀含得斯陀含,向阿那含得阿那含,向阿罗汉得阿罗汉,四双八辈,是为如来弟子众也!可敬可尊!为世福田,应受人供养;笃信于戒,圣戒具足,无有缺漏,无诸瑕隙,亦无玷污。智者所称,具足善寂。婆悉吒!诸婆罗门种,居士、首陀罗种亦应如是,笃信于佛,信法,信众,成就圣戒。婆悉吒!刹利种中亦有供养罗汉,恭敬礼拜者。婆罗门、居士、首陀罗亦皆汉供养罗汉,恭敬礼拜。佛告婆悉吒:今我亲族、释种亦奉波斯匿王,宗事礼敬。波斯匿王复来供养、礼敬于我。彼不念言:沙门瞿昙出于豪族,我性卑下;沙门瞿昙出大财富、大威德家,我生下穷、鄙陋小家,故致供养、礼敬如来也。波斯匿王于法观法,明识真伪,故生净信,致敬如来耳!婆悉吒!今当为汝说四姓缘。天地始终,劫尽坏时,众生命终,皆生光音天。自然化生,以念为食,光明自照,神足飞空。其后此地尽变为水,无不周遍。当于尔时,无复日月星辰,亦无昼夜、年月、岁数,唯有大冥。其后此水变成天地,光音诸天福尽命终,来生此间。虽来生此,犹以念食,神足飞空,身光自照,于此久住,各自称言:众生!众生!其后此地甘泉涌出,状如酥蜜。彼初来,天性轻躁者见此泉已,默自念言:此为何物?可试尝之。即内指泉中,而试尝之。如是再三,转觉其美,便以手抄,自恣食之。如是乐著,遂无猒足。其余众生,复效食之。如是再三,复觉其美,食之不已,其身转粗,肌肉坚鞕,失天妙色;无复神足,履地而行;身光转灭,天地大冥。婆悉吒!当知天地常法,大冥之后,必有日月星象现于虚空,然后方有昼夜、晦明、日月、岁数。尔时,众生但食地味,久住世间,其食多者颜色粗丑;其食少者色犹悦泽。好丑端正,于是始有。其端正者生憍慢心,轻丑陋者;其丑陋者生嫉恶心,憎端正者。众生于是各共忿诤。是时甘泉自然枯涸。其后此地生自然地肥,色味具足,香洁可食。是时众生复取食之,久住世间。其食多者颜色粗丑,其食少者色犹悦泽;其端正者生憍慢心,轻丑陋者;其丑陋者生嫉恶心,憎端正者。众生于是各共诤讼。是时地肥遂不复生。其后此地复生粗厚地肥,亦香美可食,不如前者。是时众生复取食之,久住世间。其食多者色转粗丑,其食少者色犹悦泽。端正丑陋,迭相是非,遂生诤讼。地肥于是遂不复生。其后此地生自然粳米,无有糠糩,色味具足,香洁可食。是时众生复取食之。久住于世,便有男女互共相视,渐有情欲,转相亲近。其余众生见已语言:汝所为非,汝所为非。即被摈驱遣出于人外。过三月已,然后还归。佛告婆悉吒:昔所非者,今以为是。时彼众生习于非法,极情恣欲,无有时节。以惭愧故,遂造屋舍。世间于是始有房舍。玩习非法,淫欲转增,便有胞胎,因不净生。世间胞胎始于是也。时彼众生食自然粳米,随取随生,无可穷尽。时彼众生有懈惰者默自念言:朝食朝取,暮食暮取,于我劳勤;今欲并取以终一日,即寻并取。于后等侣唤共取米。其人答曰:我已并取,以供一日。汝欲取者自可随意。彼人复自念言:此人黠慧,能先储积。我今欲积粮已供三日。其人即储三日余粮。有余众生复来语言:可共取米。答言:吾以先积三日余粮,汝欲取者可往自取。彼人复念:此人黠慧,先积余粮以供三日。吾当效彼,积粮以供五日。即便往取。时彼众生竞储积已,粳米荒秽,转生糠糩,刈已不生。时彼众生见此不悦,遂成忧迷。各自念言:我本初生,以念为食,神足飞空,身光自照,于世久住。其后此地甘泉涌出,状如酥蜜,香美可食,我等时共食之,食之转久,其食多者颜色粗丑,其食少者色犹悦泽。由是食故,使我等颜色有异。众生于是各怀是非,迭相憎嫉。是时甘泉自然枯竭。其后此地生自然地肥,色味具足,香美可食。时我曹等复取食之。其食多者颜色粗丑,其食少者颜色悦泽。众生于是复怀是非,迭相憎嫉。是时地肥遂不复生。其后复生粗厚地肥,亦香美可食。时我曹等复取食之。多食色粗,少食色悦。复生是非,共相憎嫉。是时地肥遂不复现,更生自然粳米,无有糠糩。时我曹等复取食之,久住于世。其懈怠者竞共储积,由是粳米荒秽,转生糠糩,刈已不生。今当如何?复相谓言:当共分地,别立幖帜。即寻分地,别立幖帜。婆悉咤!由此因缘始有田地名生。彼时众生别封田地,各立疆畔,渐生盗心,窃他禾稼。其余众生见已语言:汝所为非,汝所为非。自有田地而取他物,自今已后勿复尔也!其彼众生犹盗不已,其余众生复重诃责而犹不已,便以手加之。告诸人言:此人自有田稼而盗他物。其人复告:此人打我。时彼众人见二人诤已,愁忧不悦,懊恼而言。众生转恶,世间乃有此不善生,秽恶不净,此是生、老、病、死之原,烦恼、苦报,堕三恶道。由有田地致此诤讼。今者宁可立一人为主以治理之,可护者护,可责者责,众共减米,以供给之,使理诤讼。时彼众中自选一人,形体长大,颜貌端正,有威德者,而语之言:汝今为我等作平等主,应护者护,应责者责,应遣者遣。当共集米以相供给。时彼一人闻众人言,即与为主,断理诤讼。众人即共集米供给。时彼一人复以善言慰劳众人,众人闻已,皆大欢喜,皆共称言:善哉大王!善哉大王!于是世间便有王名,以正法治民,故名刹利。于是世间始有刹利名生。时彼众中独有一人作如是念:家为大患,家为毒刺。我今宁可舍此居家,独在山林,闲静修道。即舍居家,入于山林,寂默思惟。至时持器,入村乞食。众人见已,皆乐供养,欢喜称赞:善哉此人!能舍家居,独处山林,静默修道,舍离众恶,于是世间始有婆罗门名生。彼婆罗门中有不乐闲静、坐禅思惟者,便入人间,诵习为业,又自称言:我是不禅人。于是世人称不禅婆罗门。由入人间故,名为人间婆罗门。于是世间有婆罗门种。彼众生中有人好营居业,多积财宝,因是众人名为居士。彼众生中有多机巧,多所造作,于是世间始有首陀罗工巧之名。婆悉吒!今此世间有四种名,第五有沙门众名。所以然者,婆悉吒!刹利众中或时有人自猒己法,剃除须发,法服修道,于是始有沙门名生。婆罗门种、居士种、首陀罗种,或时有人自猒己法,剃除须发,法服修道,名为沙门。婆悉吒!刹利种中身行不善,口行不善,意行不善,身坏命终,必受苦报。婆罗门种、居士种、首陀罗种身行不善,口行不善,意行不善,身坏命终,必受苦报。婆悉吒!刹利种中有身行善,口、意行善,身坏命终,必受乐报。婆罗门、居士、首陀罗种中身行善,口、意行善,身坏命终,必受乐报。婆悉吒!刹利种中身行二种,口、意行二种,身坏命终,受苦乐报。婆罗门种、居士种、首陀罗种身行二种,口、意行二种,身坏命终,受苦乐报。婆悉吒!刹利种中有剃除须发,法服修道,修七觉意,道成不久。所以者何?彼族姓子法服出家,修无上梵行,于现法中自身作证。生死已尽,梵行已立,所作已办,不复受有。婆罗门、居士、首陀罗种中有剃除须发,法服修道,修七觉意,道成不久。所以者何?彼族姓子法服出家,修无上梵行,于现法中自身作证。生死已尽,梵行已立,所作已办,不复受有。婆悉吒!此四种中皆出明行,成就罗汉,于五种中为最第一。佛告婆悉吒:梵天王颂曰:

　　生中刹利胜,能舍种姓去。
　　明行成就者,世间为第一。

佛告婆悉吒:此梵善说,非不善说;此梵善受,非不善受。我时即印可其言,所以者何?今我如来至真,亦说是义:

　　生中刹利胜,能舍种姓去。
　　明行成就者,世间最第一。

尔时,世尊说此法已,婆悉吒、婆罗堕无漏心解脱,闻佛所说,欢喜奉行。

(姑苏本《长阿含经》卷六页一左行三至页十左行六)

二、分部及一切有部

分部及一切有部之一

1.《〈异部宗轮论〉述记》(卷中)
玄奘 译

如是诸部本宗、末宗,同义、异义,我今当说。

自下大文第五,广陈部执。于中有二:初、总标许说,后、次第别陈。此即初也。"如是诸部",牒前诸部也。此中"本宗同义"、"末宗异义"者,且如大众、一说、说出世、鸡胤四部根本初诤、立义之时所同之义,名"本宗同义";别部已后,于自宗中后别立义,乖初所立,与本宗别,名"末宗异义"。又如多闻部从大众部出,初分出之时所立之义名"本宗同义";别部已后,更有别立,乖其本旨,名"末宗异义"。下一一部准此应知。然今此中,总起于后,其后部中有叙本宗、末宗,有唯叙本、末指如余,以义同者更不繁述。"今此诸部本宗同义、末宗异义,我今当说",许次当说。"今"者,此时分,此论中说;"当"者,次"此"言后,故言"当"也。此则第一,总标许说。

此中大众部、一说部、说出世部、鸡胤部本宗同义者。

自下第二,次第别陈也。虽有二十部不同,合为十一段:以一说部、说出世部、鸡胤部三部共大众部合叙;西山、北山二部共制多山合叙;法上、贤胄、正量、密林四部共犊子部合叙,故有十一段也。于一一段叙义之中,文皆有二:今此初标部叙本宗,二别陈末所执。此则标部,叙本宗也。总举讫,下别陈。

谓四部同说：诸佛、世尊皆是出世。

　　自下别叙。然与诸部不同处，下因释文，一一对叙。此部意说：世尊之身并是出世，无可过故，唯无漏故。谓诸异生说名为世，可毁坏故，劣诸圣故；二乘有学，下过异生，劣无学故；二乘无学，下过有学，劣于佛故。非超彼之身，唯无漏故，非不可坏，犹立世名；唯佛、世尊下过一切，无所劣故，不可毁坏，超过毁坏，皆是出世。约人为论，无漏身故。萨婆多等其义不然。

一切如来无有漏法。

　　约法为论。十八界等在佛身时皆名无漏，非漏相应，非漏所缚，故名"无漏"。佛所有三业皆亦是无漏，故诸如来无有漏法。除此四部，所余诸部，佛皆不然。

诸如来语皆转法轮。

　　佛所说语皆为法轮，故佛法轮非唯八道。萨婆多说：八圣道支是正法轮。见道称轮，亦非佛语皆为转法轮。今此部说：非唯见道独名为轮。佛所说语无非利益，故佛所说皆是法轮。摧伏转动，说名为轮；佛语转动在他身已，摧伏他身无知、惑等，故称为轮。佛问阿难：天雨不？问诸比丘：汝调适不？是何利益名为法轮？答：此皆利益。为令阿难审谛事故。佛无不知，尚问天雨，况未圆智不审谛耶？欲除余人增上慢故。佛知尚问，况不知者？于余未知诸法性相不审谛耶？如是多义，问诸比丘：汝调适不？显慈悲故。若不问者，谓佛无慈悲，不知弟子安危之事，故发问耳！为令比丘欢喜修道，佛问说我生大欢喜而修学道故，亦令未来行此事故。由如是等种种因缘，故佛所语皆转法轮。此法轮体即佛所有名、句、声等教法为体。

佛以一音说一切法。

　　佛经多时修习圆满功德神力，非所思议，以一音声说一名字，令一切有情闻法别解，除自尘劳。即由一音中能说一切法故，令诸闻者皆别领解粗、细义故。萨婆多等即不许然，至下当知。

世尊所说无不如义。

　　佛所说语令他利益，无有虚言、不利益者。"义"谓义利，皆饶益故。萨婆多等说佛、世尊亦有不如义言，对之故也。又佛所说皆无过失，称可道理,不可立难,名为"如义"。又佛所言无四种失:一无非处,二无非时,三无非器,四无非法。"处"谓处所,应利益处;"时"谓时分,利益之时;"器"谓机宜;"法"谓教法,戒、定、慧等应利益法必不错说。

如来色身实无边际。

此部意说:佛经多劫修得报身,圆极法界,无有边际。所见丈六,非实佛身,随机化故。真谛法师云:佛身有三无边:一量无边。随其所宜,现大、小身故。有小无大,有大无小,可说有边;不可定说身量唯大唯小,故言无边。二数无边。若有多众生于一时中各宜见佛,佛能现多身,身数不定,故言无边。三因无边。佛身、诸法一一皆以无量善根为因起,故名因无边。此理不然。萨婆多等诸部许亦有此三无边,有何差别?而今叙之。今此意说:佛之报身无有边际,异于诸部,故别叙之。验此一理,诸理参差,不繁广叙一一差殊。

如来威力亦无边际。

此部说:佛所有神通名为威力。威德、神力故名威力。说佛不作意,一刹那中能遍十方一切世界。诸部说佛不作意,但及三千大千世界;若作意时能遍十方。今说佛不作意亦能遍十方故,真谛法师已有广引。

诸佛寿量亦无边际。

报身无限,多劫修得,故实寿命亦无穷尽。为利有情多劫修道,有情界不尽,寿命亦无穷,利益有情无息日故。若随宜化,亦隐双林,若由神足,引令寿长,诸部何别?今说实命,故无边际,异诸部也。

佛化有情令生净信,无厌足心。

佛化有情,令彼有情深生信乐,佛无厌足之心。此部意说:佛利益心无厌足故不入涅槃,慈悲无限,寿命无际。若有有情宜佛显现利益安乐,王宫等生,成佛化导,宜显现缘息,便化入涅槃。由心无厌足,故留报身,穷未来际,化作随类形,方便教化。言"无厌足",不同余部,显现化缘既毕,真实报身永入寂灭,心有厌也。

佛无睡、梦。

睡心昧略,唯居散位,故佛无不定心,故无有睡。梦由思、想、欲等所起。佛无此事,故亦无梦。萨婆多师许佛有眠而无有梦,以无妄思、欲念起,故不染。无知能引梦起,佛无不染,无知障故,其梦遂无。亦有诸部许佛有梦,故合而言"佛无睡、梦"。

如来答问不待思惟。

此部意说:佛无加行,不思惟所说名、句、字等,方为他说,任运能答。诸部所说佛虽无作意,加行方答,然缘所说名、句、字等,方答他难。今此任运不假思惟。

佛一切时不说名等,常在定故,然诸有情谓说名等,欢喜踊跃。

此部意说:诸佛说法任运宣说,不须思惟名、句、文等;任运自成,应理言教,胜名、句等,常在定故,不思名等。然听法者谓:佛为其思惟名等而宣说法,有此应理言教现在前,深生欢喜,踊跃无量,依教奉行,即是无思自成事义。谓佛不思名、句、文等,任运自成,胜名、句、文。有情谓:佛思名等故方始为说,欢喜自庆,踊跃进修。诸部不然,即佛虽无加行思虑,实亦思惟所说名等,编次如法,方为他说。故此所言异诸部也。

一刹那心了一切法。

除佛,余心虽缘共相,一刹那心亦缘自性,能了一切法,然不能证了其差别。佛经多劫陶练其心,了一切心无过佛者,故佛一刹那心能了一切法差别、自性而能证知。余部佛心一念不能了一切法,除其自性、相应、共有。今此一念亦了自性、相应、共有等法差别、自性,故异余宗。

一刹那心相应般若知一切法。

此明佛慧一刹那时与心相应,亦能解知诸法皆尽,圆满慧故。至解脱道、金刚道后一念之间即能解知诸法自性,不假相续方知法尽,皆亦解知慧自性故。前明心王了别法尽,今明智慧解知法尽,作用无异。

诸佛、世尊尽智、无生智恒常随转乃至般涅槃。

此等部说:佛十八界皆是无漏,佛无漏智恒常现前于一一刹那乃至般涅槃。宗有二智,谓尽智、无生智,即观现苦灭名为尽智;观未来苦不生名无生智。于一切时一体二用,恒相随转,即说二用为二智现前。萨婆多等:佛尚有无记心,何况二智许恒现起?或无漏智佛恒现前,漏尽身中恒现前故名为尽智;无生身中恒现前故名无生智。萨婆多等:身即可,然智即不尔,故是异义。问:前明无边,言佛报身无穷尽日,何故此言二智现起至般涅槃?化身有般涅槃,报身不尔故。答:虽实报身无入涅槃之日，设有情界尽，于未来际有涅槃时，尽、无生智恒常随转，意显二智无间断时，非显报身有涅槃日。

一切菩萨入母胎中，皆不执受羯刺蓝、頞部昙、闭尸、键南为自体。

"羯刺蓝"者，此云"杂秽"；父母不净言杂染，可厌恶故名秽；"頞部昙"，此云"疱"，其渐稠系，犹如疮疱；"闭尸"，此云"凝结"，彼呼熟血亦言闭尸，日积渐长乃为凝结；"键南"，此云"厚"，渐凝厚也。《五王经》说：一七日成杂秽，二七日如疱，三七日已凝结，四七日渐凝厚。菩萨入胎不资不净，亦不有此渐渐增长。谓若入胎即具根大，既皆顿圆满至盔罗奢佉。"盔罗奢佉"，此名"具根"，至五七日即名此位。即显菩萨别有清净造色大种，诸根顿具，以为自体，不用不净，故非渐长；资不净者，有此渐长，在前四位渐长之时受逼迫故。问：此菩萨为最后身，为是一切？答：今说一切后身菩萨，不论已前，已前位中未必如此。

一切菩萨入母胎时作白象形。

此部中说"都无中有"。其白象形是何事物？故今意显白象形是入胎之相。"非中有身"，非谓菩萨圣人中有翻作傍生。以象调顺，性无伤暴，有大威力，如善住龙，故现此仪。意表菩萨性善柔和，有大势力。师子王等虽有威力，然多伤杀，故圣不现师子之形。家依法师虽有广义释白象形，然说此是菩萨中有，恐乖宗旨。此部本宗无中有故，寻者自知。

一切菩萨出母胎时皆从右胁生。

顶生人中胜福，从人首生。余类下业所招，从下门出。菩萨位超物表，道出尘外，情无偏执，恒履中道，为表于此，从胁而生。处胎之母无含孕之忧，出胎又无剖腹之痛。从胁而生，理越恒品。问：胁有左右，何不从左？答：诸方所重，左右不定。此方贵左，西土重右。右是吉祥，故从右出。问：菩萨腹中亦有迫迮、瞑暗、臭秽诸恶事也？答：无。一处宽大，二恒光明，三极清净。表生已后亦离三缘：一轮王，喻于迫迮；二生死，譬若暗瞑，三既证菩提，天、魔等娆如于臭秽。是故菩萨都无迫迮、瞑暗等事。

一切菩萨不起欲想、恚想、害想。

此部中说：入第二阿僧祇即名圣者，从此已后乃至百劫更亦不起此三种想，况最后身复起三想？不同诸部，犹许佛起。

菩萨为欲饶益有情愿生恶趣，随意能往。

诸部所说：得忍已去，不生恶道。今此部说：得圣已去，愿生恶趣，犹能生彼。一如轮王生，众生皆乐，菩萨生恶趣，彼生皆苦少；二为增厌怖心。若数经苦，增厌心故；三为平等救济。不救恶趣，唯救善道，救拔之心不平等故；四坚固忍辱。若无苦时如何忍辱？菩萨大悲，神通自在，随愿即往，此适名往。彼趣名生，住、终亦尔，皆自在故。菩萨有三位：一不定位，即初劫；二定位，即第二劫；三受记位，即第三劫。初虽有愿，未得生彼。后二位中，随意能往。

以一刹那现观边智，遍知四谛诸相差别。

谓见道后边更别起智，一刹那顷能知四谛诸相差别。其见道中虽亦一刹那能知四谛，然但总了，未能别知，意断惑故，未正分别，未能取四谛差别之相。若即说此知差别智是见道者，何故名"边"？若不言"边"，本宗、末宗二复何异？俱真现观差别智故。

眼等五识身有染、有离染。

此有二说：一说为加行引生圣道。如见佛时圣道便起，故名离染，非能断染；二说既许五识体通无漏，说能离染，其理无疑，即见佛识能断烦恼故，然修道中起此五识。

色、无色界具六识身。

三界之中许皆有色，微细、根大于彼得有，故无色界具六识身，以义准知。上界亦有香、味二境，但少异故，略而不举。既尔，彼缘自香、味境。此虽不说，上界亦有香、味境故，即有、无色界具十八界。此中略不言，亦有根等故。问：无色既有色，何名无色界？答：有细无粗色，故名无色界。问：色界色非粗，应名无色界？答：色色虽胜欲界，然劣无色，但可名色界，不得无色名。问：无漏之色胜无色色，应名无色？答：由非业果，复非堕界，故彼虽极细，不可言无色。故堕界中有极细色、无粗色者名无色界，非无表等得无色名。

五种色根，肉团为体。

契经中说：眼谓大种所造乃至各别坚性、坚类，故知眼等五色根皆肉团为体，无别净色。非净色故，根不得境，故次说言：

眼不见色，耳不闻声，鼻不嗅香，舌不尝味，身不觉触。

根体非净色，如何见色等？故识能了，非根有能。

在等引位有发语言,亦有调伏心,亦有诤作意。

在等引位之心,不唯缘定境,故一心内得有多缘。亦缘语业,许发言故。未见定中许发身业,身是定依。依动之时心随动故,便应住散。"调伏心"者,谓缘定境心,其心柔顺,故名调伏。此显发语亦住定心,非谓住散心方能起语业。即此调伏定心之内亦有诤作意。散境刚强,非极调顺,故名"有诤"。"诤"是"过失"之异名也。缘散境心名"诤作意"。此中意显:一定心中亦有发语,一心二境;一定心内亦取散境,一心二缘。此加行时唯缘定境,后多相续,在等引心设更异缘,不失旧境,虽亦缘散,仍名定心。又不可解言一定心中许亦起染识名诤作意。若即染心,染净乖故。若更别识,本计诸识不并生故。不尔,便违本宗所说,末宗方说诸识俱故。

所作已办,无容受法。

"所作已办"谓诸无学;"无容受法",不取于境差别相故。若缘境时,但知因缘所生之法,不执不取境差别相。"无容受"者,"不执取"义。萨婆多等:无学亦取境差别相,别旧解云:无二处所:一所著处,二受生处,前因后果,其义未详。

诸预流者,心、心所法能了自性。

一切预流皆知自得预流果证,不待寻教他言方了。又说:彼心等一刹那顷能了自性,异余部宗。虽诸异生能了自性,后三果等皆悉如此。异生未明了,举初圣果故。

有阿罗汉为余所诱,犹有无知,亦有犹豫。他令悟入,道因声起。

大天分部,大众承其苗裔。今陈五事,旨意同前文,证成宗义,不烦述。

苦能引道。

苦即苦受,能为无间引生圣道。问:为引何道?答:引生修道,见道之前不可起故。违四善根,理必应尔也。

苦言能助。

谓数言苦,厌离世间,亦能助满圣道所作。

慧为加行,能灭众苦,亦能引乐。

谓戒、定等不能为加行,能灭众苦;又:亦不能引得涅槃菩提胜果乐,唯慧能故。

苦亦是食。

地狱有情得热铁团亦持寿命,故苦是食。如是总许三受名食。

第八地中亦得久住。

从阿罗汉为第一,数至预流向正当第八。此部意说:如须达长者一时施食供养僧时,于空中有天语曰:此预流向,此预流果,乃至广说。既许初向受施食饭,明知亦得出见道观。虽知一心观四谛理,断惑未尽亦得出观。如先观欲界四真谛理,断欲界惑,而且出观受须达施,后时复入,方双断上,故预流向亦住多时,不言经生得住向理。旧说初果但有七生,据欲界说,然上界处处各有一生,此向亦尔,故得经生未详此理,不言初向经几生故。

乃至性地法皆可说有退。

"性地法"者即世第一法。如《毗婆沙》第三卷说:此说从发心乃至第一法皆说有退。以世第一法多念相续故便有退,非退初果时其亦随退。今名为退,未至初果住性地时便有退故。

预流者有退义,阿罗汉无退义。

初果但以一见无漏,断诸烦恼而未兼修。又其身中惑犹未尽,所修圣法尚未圆满,所得圣道既未坚牢,故可有退。其第四果理即相违,如何有退?问:第二、三果有退、无退?答:但如初果,亦有退者。其理不疑,故论不说。

无世间正见,无世间信根。

世间虽有慧及信,体无胜用故,不说为根。但无漏慧断惑证灭,无漏信根于戒三宝皆得证净,有殊胜用,故得名根。问:世间道品亦有五根不?答:无。要无漏时方名根故,然无漏位约义别说为根力等,于理无违。

无无记法。

随一一境所望不同,善、恶业感各有异故。善感名善,恶感名恶,故无无记。既无无记,上二界惑,其性是何?答:唯不善。问:二通变化心,其性是何摄?答:是善性摄。

入正性离生时可说断一切结。

结与烦恼,一体异名。"结"是"系缚"义,圣人已无;"烦恼""扰乱"义,入圣犹有。故入见道可名断一切结,永不系缚,在生死故;其诸烦恼,理可说有。

诸预流者造一切恶,唯除无间。

十恶业道预流犹造,唯除五无间,以极重故,以此凡圣难可分别。问:如何初果得不坏信,造十恶业犹有坏戒?答:入观证净,出观行恶,亦不相违。问:若尔,应入观不疑三宝,出观便疑?答:疑但迷理,初果总无。十恶业道,其事微细,初果犹有。

佛所说经皆是了义。

佛所出语皆转法轮,契当正法,故名"了义"。《劝依了义经》谓佛所说不依不了义、外道教等,故佛说经皆是了义。问:如经中说杀害于父母,至是人说清净,此密语经有何了义?答:有情长因恚、爱生,故说二结以为父母,皆契正理,宁非了义?

无为法有九种:

种谓种类;无为不同,有九种也。

一择灭,二非择灭,三虚空。

此前三种,体皆一物,显有分位,非体成多。余释名等,不异诸部。

四空无边处,五识无边处,六无所有处,七非想非非想处。

此四无色所依之处,别有无为是灭所摄。要得此灭,依之彼生。能依细五蕴,自是无常;所依四无色,自是常住。然四静虑无别所依,无为所摄,以蕴非极细,界非极胜,能依心等,能缘上下,无隔碍故。无色不然,心不缘下,既有隔碍,别有无为,为所依处,故不为例。然空作空观,空无粗色,非全空色说名为空。释余名等,皆准常释。所依随蕴以立其名。

八缘起支性,九圣道支性。

"缘起支性"谓"生死法",定无明后方生行等,定行等前有无明等。此理是一,性常决定,其无明等十二支分是有为摄,理是无为。一切圣道,性能离染,理是常一。其八差别,自是生灭,理是无为。此由生死及于圣道各别有理,为疑核故,性相决定。生死必先无明等起,圣道必能出离苦等。一切圣道,理虽定然,此中举胜,且举八道。

心性本净,客尘随烦恼之所杂染说为不净。

无始以来心体自净,由起烦恼染故名染。烦恼非心无始本性,故立客名。问:有情无始有心称本性净,心性本无染,宁非本是圣?答:有情无始心性亦然,有心即染,故非是圣。问:有心即染,何故今言心性本净,说染为客,客主齐故?答:后修道时染乃离灭,唯性净在,故染称客。

随眠非心、非心所法,亦无所缘。

随眠即是贪等。随眠亦有十种。在无心位起善等时,名异生等,但由随眠恒在身故。若是心所,无心等位应是圣人,无烦恼故。非心、心所,故无所缘。有所缘者必彼心所。

随眠异缠,缠异随眠;应说随眠与心不相应,缠与心相应。

"缠"谓现起诸烦恼等,随眠与彼,其性各异;缠是心所,与心相应,随眠既非现,无相应义,即十随眠,不相应摄。

过去、未来非实有体。

现有体用,可名实有。去、来体用无,故并非实有。曾有、当有名去、来故。

一切法处非所知、非所识,是所通达。

法处即是意所对观,此非泛尔世俗智所知,亦非有漏散识所识,要于六通随分得者及见真理者之所通达。三无为等要穷断结、道等所知识,心所法等、他心智等所知识故。问:法处无表,非所知识,谁知谁识?答:其体微细,要得真理等方能知识,故亦非知识。问:意处既亦他心智知,应非所知,亦非所识,何不说耶?答:心体是粗,亦所知识;心所性细,不同于心。离心有体,此为难故,非所知识。问:世俗智缘三无为等,散识缘他心、心所等,此境是何?答:此但比量,心缘法处、似法处、非实法处。问:即非实,是何处摄?答:如缘过、未,体何处摄?今缘心所等,虽亦法处摄,非实法处,非所知识故。

都无中有。

设远时、处死此生彼,既无中间隔,前灭后即生,故今不说别有、中有。问:《七有经》等中有是何?答:如《俱舍》解。

诸预流者亦得静虑。

无漏道方能断结,故伏烦恼亦得静虑。既不断结,亦不得果。

如是等是本宗同义。

总结上义,四部本宗之同义也。

(江西本《〈异部宗轮论〉述记》卷中页十三左行五至页三十一右行七)

2.《〈异部宗轮论〉述记》(卷下)
玄　奘　译

此四部末宗异义者。

　　此生下文是前四部之末执也。

如如圣谛，诸相差别；如是如是，有别现观。

　　前之二句显四谛相各有差别；后之二句显四谛智各各别观。"相"谓相状，即四谛相；"如如"者指理非一义；"如是如是"，略名也；但所观境，说"如如"言；能观智中置"如是如是"。前本宗义真现观中一刹那智知四谛理，今显真观谛各别观。问：此既别观为四心观，将十六心观耶？答：此见道所修，故所缘四谛也。今此末宗中以现观智观差别相故可云十六心观。若本宗者，可云四心观，既言以边智知诸相差别故。（答下两行半文系基、辨加）

有少法是自所作，有少法是他所作；有少法是俱所作，有少法从众缘生。

　　总显诸法亦有作用：于诸法内有少法是自作用所作，有少法是他作用所作；非自作用，名他作用，非谓他身。有少法自、他俱作用之所作也；有少法无实作用，从众缘生。诸部皆说虽无作用缘而有功能缘，今此末执有实作用、自作法等，此显少法唯自作用所作等，非显此法少作用所作。

有于一时二心俱起。

　　本计诸识各别念生，末执一时二心俱起，根、境作意力齐起故。

道与烦恼各俱现前。

　　本计虽许别有随眠，然道起不言同念。今说随眠既许恒有，故圣道起，各俱现前，如烦恼得与道俱，故今言烦恼即是随眠。

业与异熟有俱时转。

　　既无过去业、果异时，业未尽时，恒有现在；果既现熟，故与业俱，受果若尽，未必同世。不同余宗，定不同世。

种即为芽。

　　许色长时方有生灭，故种子体即转为芽，非种灭时方有芽起。余宗种灭其芽乃生，故此不同。今叙之也。

色根、大种有转变义；心、心所法无转变义。

色法长时乃有起尽，故许乳体转变为酪；心、心所法刹那生灭，故不转前以为后法。此部计根即肉团性，故乃大种皆有转变，心等不然。

心遍于身。

即细意识遍依身住，触手剌足俱能觉受，故知细意识遍住于身；非一刹那能次第觉，定知细意遍住身中。

心随依境，卷舒可得。

诸部识等所依、所缘皆先已定，大境、小境、大根、小根，其识无始皆已定属。不可依小根识亦依大根，依大根识亦依小根，其境亦尔，故先皆定，谓缘青等、别总识等皆先定故。此部不然，无先所依、所缘、定识、定属、此根、此所缘境。若依大根，又缘大境，心随根、境便即言舒，"舒"者"展"义，即成大也；若依小根，又缘小境，心随根、境便即言卷，"卷"者"缩"义，即成小也。此中言"依"即所依根；又言"境"者即所缘境；识既无定属，故异诸宗。

诸如是等末宗所执，展转差别，有无量门。

此总结，指更有多门，不能广引。

其多闻部本宗同义。

次第二段叙多闻部，于中有二：初标部叙本宗，后略指余同执。此即初标部叙本宗。其解部名，释本宗义，皆如上释，下不重解。

谓佛五音是出世教：一无常，二苦，三空，四无我，五涅槃寂静。此五能引出离道故。

"音"谓"音声"，即是教体；此音声教能超世间，亦能引他出离道起，故名"出世"，谓诠无常、苦、空、无我、涅槃寂静。此五教声必是出世。若离此五，虽八道支、七觉等教皆非出世。其八道等作此行相，亦是出世，余皆准知。谓此五教，闻皆利益，称可法体，既非不了义，亦非方便说，定是出世。论文但以一实义解此五，能引出离道故，是出世教。余教设能引出离道，不决定故，亦非出世。

如来余音是世间教。

既不决定引出离道，故今总说"是世间教"。

有阿罗汉为余所诱，犹有无知，亦有犹豫，他令悟入，道因声起。

五事既为诸部诤首,今犹计有,义意同前。

余所执多同说一切有部。

自下第二略指余同执。虽引大众,后起多闻,所执殊论,同说有部,次当广解,故不叙之。

其说假部本宗同义。

次第三段文别有二,如上所释。此亦标部叙本宗也。

谓苦非蕴。

"苦"者,"逼迫"义;蕴体非逼迫,故非是苦。次下论云:诸行相待,假立苦故,色等诸法有义名苦,其实非苦,如无间果,体实非苦;所感诸蕴,有苦相合,说名苦蕴,其体非苦;生灭等法,并非行苦,其蕴等上,业皆实有。

十二处非真实。

以依积聚,缘亦积聚,积聚之法,皆是假故。虽积聚假,义释于蕴,蕴体非假,无依缘故。现在世之识不名为意,入过去时方名意处。依止义成,体非现在,亦非实有。问:十八界等若为假、实?答:亦有依缘积聚,假义故,此亦非实。("亦有依缘"等十三字系基、辨加)

诸行相待,展转和合,假名为苦,无士夫用。

此释苦者,现在之缘二种行法相待名苦,非由现在士夫作用方有苦也。或有解言:欲界劣上界,欲界名苦,乃至有顶劣无漏,有顶名苦,故言"相待"。无由士夫乃有苦也。问:如人打等,见苦是何苦?答:此亦诸行相待名苦,义准应知。("此亦诸行"等十二字基、辨后加)

无非时死,先业所得。

诸非时死皆先业得,无由横缘;有非时死,过去曾行此横缘故,今方横死。非无先业,今横有果。其转寿业、作福业故而便短寿者,旧有先业,今由现缘。

业增长为因,有异熟果转。

唯业殊胜方能感果,得等余法,不招异熟;要业功能得果时,其相用增长,为异熟因,方感果故,余即不尔。

由福故得圣道。道不可修。

现见修道不能得圣,故知圣道不可修成。但由持戒、布施等福得圣时,其便成圣果，故不可修慧力得圣。问：现见修道不得圣，即说由福得；现见布施不成圣，应说道由修。

道不可坏。

一得以去，性相常住，无刹那灭，故不可坏。

余义多同大众部执。

略明指同余部也。

其制多山部、西山住部、北山住部，如是三部本宗同义。

其第四段文别有二，亦准前知。此即标部，叙本宗也。

谓诸菩萨不脱恶趣。

未得忍位，犹是异生，此诸菩萨不能脱离生恶趣故，犹生于彼。

于窣堵波兴供养业不得大果。

以无情法不能受、施利益，施主生欢喜心，故无大果，少福可成。由此准知：以物施法亦无大果，是此宗义。"窣堵波"者，此云高胜处，即安舍利高胜处也。

有阿罗汉为余所诱，此等五事及余义门，所执多同大众部说。

此下第二，略指同他执。其文可知，故不烦述。

其说一切有部本宗同义者，谓一切有部诸法有者皆二所摄：一名二色。过去、未来体亦实有；一切法处皆是所知，亦是所识及所通达。生、老、住、无常想、心不相应，行蕴所摄。

"说一切有"等谓一切有者有二：一、法一切，谓五法，即心、心所、色、不相应行、无为；二、时一切，谓去、来、今，各对诸部。名、色摄一切法，色相粗著，易知其体，称之为"色"；四蕴无为，其体细隐，难知相貌，以名显之，故称为"名"。一切法处所知、所识、所达者，此部意谓：心、心所等体相相似，心既许知，识即心所，何不说为法处？皆许世俗智知，有漏识识，得六通达，真理者之所通达。生、老、住、无常行法蕴所摄，对经部等无不相应者，非行蕴故。

有为事有三种，无为事亦有三种。三有为相别有实体。三谛是有为，一谛是无为，四圣谛渐现观。依空、无愿二三摩地，俱容得入正性离生，思惟欲得入正性离生。若已得入正性离生，十五心顷说名行向，第十六心说名住果。

"有为事有三"等者，"有为"谓三世，"无为"谓择、非择及虚空。空、无愿入正性离生者,此二在苦谛四行相故得入正性。空摄空、无我;无愿摄苦、无常,故见行依空,爱行依无愿。见行有二:一我见增上,二我所见增上。我见增上依无我、空三摩地;我所见增上依空空三摩地;爱行亦二:一懈怠增,依苦,生死多苦,勿著懈怠、放逸乐故;二我慢增,依无常、无愿三摩地,以皆是无我,勿起我慢故。

世第一法一心三品,世第一法定不可退;预流者无退义,阿罗汉有退义;非诸阿罗汉皆得无生智;异生能断欲贪、瞋恚。有诸外道能得五通,亦有天中住梵行者。

世第一法三品,谓三乘人成三品。就声闻中退、思二是下,护、住、堪达三人是中,不动是上。然是下唯成现分,下不成中,中上亦尔。天中亦有梵行,行淫、近女名非梵行,住天中有性离此事。如经说:一比丘精进、持戒,至夜洗足。洗足盆中有承足台,有蛇绕住。比丘不见,引足于中,遂被螫杀,生忉利天欢喜园中。凡诸天生皆天男或天女膝。此既生园已异常天,众天女前,皆欲收抱。其新生天手掷言曰:皆勿近我。彼天女怪,白天帝释。天帝释乃令以镜照之。新生之天见己身影:头有天冠,身具璎珞,非是昔日出家之仪,深生自悔,更增厌欲。天女以此具白天帝。天帝闻之,躬自礼敬,知昔人间出家持戒,遂送安处天仙之园。故知天中有梵行。

七等至中觉支可得,非余等至。一切静虑皆念住摄。不依静虑得入正性离生,亦得阿罗汉果。若依色界、无色界身,虽能证得阿罗汉果,而不能入正性离生;依欲界身非但能入正性离生,亦能证得阿罗汉果。

七等至有觉支,谓四禅定三无色。略不言未至、中间,但别诸部,非想、欲界有觉支故。

北俱卢洲无离染者,圣不生彼及无想天。四沙门果非定渐得。若先已入正性离生,依世俗道有证一来及不还果。

"北拘卢洲无离染者",以纯乐无苦、可厌,其六天中犹有苦故,故能离染。

可说四念住能摄一切法;一切随眠皆是心所,与心相应,有所缘境;一切随眠皆缠所摄,非一切缠皆随眠摄。缘起支性定是有为。

念住有三:一自性即慧,二所缘一切法,三眷属五蕴性。缠有非随眠,随眠但有七,缠通一切惑。三世烦恼皆是缠,非如十八缠等。

亦有缘起支随阿罗汉转。

亦有缘起随阿罗汉者,几支随转耶?答:无明、爱、取是;或生、老、死在未来定无。若中有得阿罗汉果,是生支方便,容许有生。若于识支不得果者,以一念故,其受支中亦得果,定不随转。名色、六处、触三支中,有说亦得果,先生已修习,今至名色、识,容起圣道故。若作此说:名色、六处、触中,入涅槃名生般。受中分有行、无行;有说名色、六处、触三支犹根未明,即非但不能起圣道,无得果理,唯在受、爱支之中分三种般若。依前释即四支随阿罗汉,后释即一支,其业已得果,行分摄;未得果,有分摄,更无异有支随无学转。

有阿罗汉增长福业。唯欲、色界定有中有。眼等五识身有染,无离染,但取自相,唯无分别。

有阿罗汉增长福业,更造新福,成福分善故。五识但取自性,唯无分别,约处为论。《五事毗婆》不许此事,亦无定量。唯无分别,无计度、随念。

心、心所法体各实有;心及心所定有所缘。自性不与自性相应,心不与心相应。有世间正见,有世间信根,有无记法。诸阿罗汉亦有非学、非无学法。诸阿罗汉皆得静虑,非皆能起静虑现前;有阿罗汉犹受故业;有诸异生住善心死,在等引位必不命终。佛与二乘解脱无异,三乘圣道各有差别。佛慈悲等不缘有情,执有有情不得解脱。应言菩萨犹是异生,诸结未断。若未已入正性离生,于异生地未名超越。有情但依现有执受相续假立,说一切行皆刹那灭。

诸无学得静虑,离欲界欲,法尔皆成熟,故中间与根本同一时得解脱,二乘无别。唯断染无知,得不染无知,无得解脱理。佛慈悲不缘有情,有情实无,唯缘法故。

定无少法能从前世转至后世,但有世俗补特伽罗说有移转;活时行摄,即无余灭;无转变诸蕴,有出世静虑;寻亦有无漏,有善是有因,等引位中无发语者,八支圣道是正法轮,非如来语皆为转法轮。

"定无少法能从先世至后世"等,以我无故。若说假我,可有移转,随活时行,摄无余灭,法即灭故。不移至后世,无一实法转变至后世。前实我无转,今法实无转,皆破实我法。

非佛一音能说一切法。

"非佛一音说一切法"，虽说诸法无我，不能说一念为无我故，如无我观。此宗自体不缘自体，以名自体故。

世尊亦有不如义言。佛所说经非皆了义，佛自说有不了义经。此等皆为本宗同义，末宗异义，其类无边。

佛有不如义言，立有二：一义利，谓说正问天雨不，有何义利？二义谓道理，即实法体，谓方便说不称实法，谓杀父母等。

其雪山部本宗同义，谓诸菩萨犹是异生。

其雪山部谓菩萨是异生，即同萨婆多：三劫、百劫俱是异生。

菩萨入胎不起贪爱。

"不起贪爱"，即异说一切有，为利益故，知生受生，故无贪爱。

无诸外道能得五通。

无外道得五通，以邪教故，无得通理。若内异生，依内教故，有得通理。

亦无天中住梵行者。

"亦无天中住梵行"，以天女乐具，悉皆增胜。若生彼者，无住梵行。

有阿罗汉为余所引，犹有无知，亦有犹豫，他令悟入，道因声起。余所执多同说一切有部。

"有阿罗汉为余所诱"等五事，本上座部为此五事与大众诤，所以分出。今复许立，何乖本旨？初与大众乖诤之时尚未立此，至三百年满与说一切有诤，说一切有得本宗，故无五事。旧上座弟子失本所宗，乃立五事。是知年淹日久，圣隐凡生，新与旧殊，复何怪也？

其犊子部本宗同义，谓补特伽罗非即蕴、离蕴。

"其犊子部谓补特伽罗非即蕴、离蕴"，谓实有我，非有为、无为，然与蕴不即不离。佛说无我，但无即蕴、离蕴，如外道等所计之我，悉皆是无。非无不可说非即蕴、离蕴我，既不可说，亦不可言形量大小等，乃至成佛，此我常在。

依蕴、处、界假施设名。

"依蕴、处、界假施设名"者，谓我非即、离蕴，处、界亦尔。然世说言色是我乃至法亦是我，但依蕴等假施设此我名，我实非蕴等。

诸行有暂住，亦有刹那灭。

"诸行有暂住，亦有刹那灭"者即正量部计，从此流出心、心所法。灯焰、铃声念念灭，色法中如大地经劫，命根等皆随一生长，犹有生灭等。

诸法若离补特伽罗，无从前世转至后世，依补特伽罗可说有移转。

"诸法若离"等者，此中意说：法无移转，可说命根灭时法亦随灭。然由我不灭故，能从前世至后世，法不离我，亦可说有移转。

亦有外道能得五通。

亦有外道得通，现见有修得故。

五识无染，亦非离染。若断欲界修所断结，名为离欲，非见所断。

五识无染，亦无离染，但有无记，都无善恶，无分别故。有分别者有善恶故。"若断欲界修所断惑"等者，以修惑唯迷事有，不障理有。有漏六行既非证理，故唯伏修，非见所断，见所断法迷理起故，要见理时方能永断。凡圣六行皆尔，离色界等亦尔，此中且举欲界。

即忍、名、相世第一法，名能趣入正性离生。

即忍、名、相世第一法。初观四谛，但总忍可，名忍；亦观四谛，名名；次观四谛所诠体，名相；世第一法可知。此根本所诵，但说此四而为善根。

若已得入正性离生，十二心顷说名行向，第十三心说名住果。

"若已入正性离生，十二心"等者，此中谛别有三心：一苦法智，即观欲界苦；二苦法忍，复观欲界苦谛，惑断未尽，以犹有上界惑故，重观断等；三苦类智，即合观色、无色界苦，以苦谛三界尽故，不复重观故，合十二心。第十三心或说即道类智第二念相续心，或总观四谛心。次第超越，得果皆尔。次第得第二、三果如常。

有如是等多差别义，因释一颂，执义不同。从此部中流出四部，谓法上部、贤胄部、正量部、密林山部。所释颂言：

已解脱更堕，堕由贪复还。获安喜所乐，随乐行至乐。

法上等四部执义别四释一颂。以旧四释：一阿罗汉中有退、住、进。初二句释退，次一释住，后一释进；二三乘无学。初二句释阿罗汉，次一释独觉，后一释佛；三四果有六种人：一解脱人，即预流初得解脱故；二家家人即第二果向；三一来果人；四一间人；五不还人；六阿罗汉。已解脱一，更堕二，堕由贪第四人，复还者第三人。第三句第五人，第四句第六人。四六种无学：退、思、护、住、堪达、不动。已解脱是第二人，更堕是第一人，堕由贪是第三人，复还是第四人。第三句第五人，第四句第六人。

其化地部本宗同义,谓过去、未来是无,现在无为是有。于四圣谛一时现观,见苦谛时能见诸谛,要已见者能如是见。

化地部于四圣谛一时现观。此是见道:作共相空、无我观。入空、无我,遍观四谛。"见苦谛时"至"能如是见",此是修道:若别观四谛相,于修道中见苦谛时,能观余三谛,如一意识总缘五蕴、十种色,一时之中,能差别知。此非见道。要已总观见谛理者,方能如是。故修道中,能如是见。

随眠非心,亦非心所,一无所缘。与缠异,随眠自性,心不相应;缠自性心相应。异生不断欲贪、瞋、恚。无诸外道能得五通。

"随眠非心"等如常释。"异生不断欲贪"等者意说:六行不断烦恼,但伏而已,如经部相似一切烦恼,上二界亦尔。此中且举欲贪等,要无漏道方能断故。五通外道不得,以邪教故。能飞等是何?是咒药。神鬼等、知宿住等俱非通也,不能无壅故。

亦无天中住梵行者,定无中有。

亦无天中住梵行,以多乐故。实无中有,乾闼婆等是作乐神,引《七有经》,如《俱舍》说。

无阿罗汉增长福业。

"无阿罗汉增长福业",以无烦恼可长,有漏业故,转福分等是故业故。

五识有染,亦有离染。

五识有离染,以见佛等为近无间,引生圣道;非如萨婆多远无间亦不得。又言五识亦在修道位,如见佛即得圣。亦能断结、离染,非无分别。

六识皆与寻、伺相应。

六识有寻、思勘何部?

亦有齐首补特伽罗。

"有齐首补特伽罗"即不还者生有顶地,不能起下,无漏圣道取无学果。至命欲终,其结自尽,得阿罗汉乃般涅槃名为齐首,谓生死之首即有顶地,以至极处,更无生处,虽不起圣道,亦成无学。

有世间正见。

"有世间正见",不邪推求故。

无世间信根。

"无世间信根",世间信等不坚固,易转改。非增上不名根。

无出世静虑。

"无出世静虑"者,"静虑"者是粗,外道异生多皆能得,故唯有漏。此通色界六地,无色界如何?如静虑亦有漏,别有无漏九地不名静虑,无漏故。此且举色界为定。然圣者别起六地无漏,入见道等,不名静虑,但名为定。

亦无无漏、寻、伺,善非有因。

"无无漏、寻、伺",寻是粗,故唯有漏;伺是细,通无漏。八道支正思惟唯有漏,助道支名道支,实非是道。"善非有因",不为生死,正因感故。若助不善业,令感人天,亦有此理。今非正因,能感三有。若尔,色、无色业,性类是何?是微不善业感。由善资助,故得如是,即不善业通色、无色。

预流有退。

"预流有退",初得道有修惑故。

诸阿罗汉定无退者。

阿罗汉无退,道满故。言退等者,但退禅定,现法乐住中二果实退,如初得果故。

道支皆是念住所摄。

道支皆念住摄,"念住"谓取慧相应心所,并名念住,故摄道支。

无为法有九种:一择灭、二非择灭、三虚空、四不动、五善法真如、六不善法真如、七无记法真如、八道支真如、九缘起真如。

择、非择、空三体各一,得缘同余部;不动但是断定障,得定障名;动是散动故,今断得此,故名不动;善、恶、无记如三体各一,但名一理,性皆是善。道支、缘起,义同大众。然各一理,今据胜者但言道支、缘起。

入胎为初,命终为后。色根大种皆有转变,心、心所法亦有转变。

"入胎为初"至"心、心所法亦有转变",此中意说:一期初、后之中,色等有转变,如乳变为酪等性非刹那生灭,故有转变。心、心所法亦尔。然即非一切行皆刹那灭。又解:色等虽性亦念念灭,然无去、来世。不同萨婆多前法灭已,后于未来法生至现在。今言前法于现在灭已,无别有法从未来来。但由前法为因力故,引后法起。后法即是前法,为因转作。虽刹那灭，转变义成。

僧中有佛，故施僧者便获大果，非别施佛。

"僧中有佛"，佛入僧数故也。

佛与二乘皆同一道、同一解脱，说一切行皆刹那灭。

"佛与二乘同一道、同一解脱"者，此部意说：非佛与二乘一切种智作用亦同。然道是一，即声闻乃至为佛时，即旧道体不改，性类是同。转下成中，转中成上，故言一物了境作用如是不同。然非得果舍向，得胜舍劣等事。解脱唯择灭，断染无知，得一切刹那灭。二解同前。

定无少法能从前世转至后世。此等是彼本宗同义。其末宗异义者，谓说实有过去、未来，亦有中有，一切法处皆是所知，亦是所识。业实是思，无身、语业。

定无少法从前至后刹那灭故，无一实法从前至后。

寻、伺相应。

寻、伺相应同萨婆多解。

大地劫住。

大地劫住非刹那灭，同正量部等解。

于窣堵波兴供养业，所获果少。

供养窣堵波果少不同，有舍利、无舍利皆尔，无摄受欢喜利益故，乃至佛像法等并然。

随眠自性恒居现在。

随眠恒现在，恒居现为因，生诸法故。虽有过未，现在不断。

诸蕴、处、界亦恒现在。

"诸蕴、处、界亦恒现在"者，云即种子三科恒现在，唯能生诸法。

此部末宗，因释一颂，执义有异。如彼颂言：

五法定能缚，诸苦从此生；谓无明贪爱，五见及诸业。

"五法定能缚"，系缚有情不出生死；"诸苦从此生"，从五法起；谓无明等者，列五法名：一无明，三界无明也；二欲贪；三色、无色爱；四五见，有身见等；五诸业，谓三业。所以唯说此五。又诸业有几？前说善非有因，无福不动业故。见道用胜，五见障理为首；修道用胜，贪爱缘事为首。五见缘内理，诸界行相同，但总言五见。贪爱缘事行相各别。欲界缘外门,上二界缘内,故分贪爱。然此二种见、修用异。然通二道用胜为根本者所谓无明。故略余惑,此中不叙。又无明即无明支,贪爱即爱支,五见即取支。以用增故,业即行有。故此五法常能缚得令识等七生。又上二界但不善业生,由微薄不善业,善法资助令感上生,亦非上二界有善业感故。言"诸业",谓身、语、意。

其法藏部本宗同义,谓佛虽在僧中所摄,然别施佛,果大非僧。

法密部谓佛虽在僧摄等者,以别施佛,其心无简别。但为施世尊极上极胜,一心平等,恭敬无差,故得福多。若佛在僧亦兼施者,即心宽慢。又复大慢又起,简别佛为无上,僧为有上。故普施僧果少别福。

于窣堵波兴供养业,获广大果。

"于窣堵波供养得大果"者,以佛舍利安住其中,见此处时如见于佛。其心既重,故得大果。以佛亦许供养舍利如佛无异,故果极大。法等亦然,不为无摄受便无大果。佛自开许摄受施故。

佛与二乘解脱虽一,而圣道异。

佛与二乘解脱同等者,如文可知。

无诸外道能得五通。

"无外道得五通"者,以教邪故;"通"者运转无壅故。诸异生非佛弟子,泛尔坐禅亦不得通,不能无壅故。有能飞腾知往劫等事,皆是咒药或鬼神等力之所加,非实通也。

阿罗汉身皆是无漏,余义多同大众部执。

"阿罗汉身皆无漏"者,此有二义:一非漏依故。无学蕴不起漏故;二非漏境故。虽生他漏,不增长故,如灭道谛,烦恼虽生不增长故。然无学蕴别有一类,异有学等,得无学时方起现前故。设退无学住有学位,起烦恼时,此有学蕴依缘得起烦恼等者,此非无学身之五蕴。无学蕴灭,学蕴生故。然今此宗无学未必许有退义,然作此解于理无违。

其饮光部本宗同义,谓若法已断、已遍知则无,未断、未遍知则有。

饮光部:若法已断、遍知即无等者,"法"谓烦恼;未断之时过去有体,名有烦恼。若为无间已断,解脱、遍知,过去烦恼,体即非有。不同萨婆多等,其体犹有。

若业果已熟则无,果未熟则有。

"若业果已熟则无"等者,既唯辨业,业谓若果未熟,过去有体;若果已熟,业于过去,其体即无。然唯果法生已,念念灭,不待已断、遍知等。故解云:此中唯于过、现,不说未来,以无体故。今准文意,无法以未来为因,以未来无故。然因后果前故,无以未来为因。又法已断知,言不简别故,许通未来,于理无爽。

有诸行以过去为因,无诸行以未来为因。

"有诸行以过去为因"等者,此简萨婆多。现在以未来为能作因,未来以未来为异熟,后相应位有能作因故。

一切行皆刹那灭。

"一切行皆刹那灭"者,异犊子等。

诸有学法有异熟果,余义多同法藏部执。

"诸有学法有异熟果"者,此有二解:一即无漏不招有漏果。但前引后等流果等,变异而熟,名有异熟果。此异熟果体实无漏,萨婆多等不许名异熟故;二云即感有果。如初二果未离欲界,所有无漏感欲界果,不还感上界,类此应知,以烦恼未尽,无漏未圆故。

其经量部本宗同义,谓说诸蕴有从前世转至后世,立说转名。

经量部说:诸蕴从前世转至后,有实法我能从前世转至后世。问:此为常故转为体,无常多相续住,名转内法、外法耶?

非离圣道,有蕴永灭。

"非离圣道,有蕴永灭",有漏六行不能断烦恼,但名伏故。

有根边蕴,有一味蕴。

"有根边蕴,有一味蕴","一味"者,即无始来展转和合、一味而转,即细意识曾不间断。此具四蕴。"有根边蕴者","根"谓向前细意识住生死根本,故说为根。由此根故,有五蕴起,即同诸宗所说五蕴。然一味蕴是根本故,不说言边。其余间断五蕴之法是末起故,名根边蕴。

异生位中亦有圣法。

"异生位中亦有圣法",即无漏种法尔成就。

执有胜义补特伽罗,余所执多同说一切有部。

执有胜义补特伽罗,但是微细,难可施设,即实我也。不同正量等非即蕴、离蕴,蕴外迥然,有别体故也。

三藏法师翻此论竟,述重译意,乃说颂言:

备详众梵本,再译宗轮论。文惬义无谬,智者应勤学。

(江西本《〈异部宗轮论〉述记》卷下页一左行五至页二十六右行三)

分部及一切有部之二

1.《入阿毗达磨论》(卷上)
玄奘 译

敬礼一切智 佛日无垢轮 言光破人天 恶趣本心暗
诸以对法理 拔除法想愚 我顶礼如斯 一切智言藏
劣慧妄说暗 覆蔽牟尼言 照了由明灯 稽首然灯者

有聪慧者,能具受持诸牟尼尊教之文义,由拘事业有未得退。有劣慧者,闻对法中名义稠林便生怖畏,然俱恒有求解了心,欲令彼于阿毗达磨法相海中,深洄澓处,欣乐易入,故作斯论。

谓善逝宗有八句义:一色,二受,三想,四行,五识,六虚空,七择灭,八非择灭。此总摄一切义。色有二种,谓大种及所造色;大种有四,谓地、水、火、风界。能持自、共相,或诸所造色,故名为界。此四大种,如其次第,以坚、湿、暖、动为自性,以持、摄、熟、长为业。大而是种,故名大种。由此虚空非大种摄,能生自果,是种义故,遍所造色,故名为大。如是大种惟有四者,更无用故,无堪能故,如床座足。所造色有十一种:一眼,二耳,三鼻,四舌,五身,六色,七声,八香,九味,十触一分,十一无表色。于大种有,故名所造,即是依止大种起义。此中眼者,谓眼识所依,以见色为用,净色为体;耳、鼻、舌、身准此应说。色有二种,谓显及形,如世尊说恶显恶形。此中显色有十二种,谓青、黄、赤、白、云、烟、尘、雾、影、光、明、暗;形色有八种,谓长、短、方、圆、高、下、正、不正。此中雾者,谓地水气,日焰名光,月、星、火药、宝珠、电等诸焰名明,障光明生于中,余色可见名影,翻此名暗;方谓界方,圆谓团圆;形平等名正,形不平等名不正。余色易了,故今不释。此二十种皆是眼识及所引意识所了别境。声有二种,谓有执受及无执受,大种为因,有差别故。堕自体者名有执受,是有觉义;与此相违,名无执受;前所生者名有执受,大种为因,谓语、手等声;后所生者名无执受,大种为因,谓风、林等声。

此有情名、非有情名差别为四,谓前声中语声名有情名,余声名非有情名;后声中化语声名有情名,余声名非有情名。此复可意及不可意差别成八,如是八种皆是耳识及所引意识所了别境。香有三种:一好香,二恶香,三平等香。谓能长养诸根大种,名好香;若能损害诸根大种,名恶香;若俱相违,名平等香。如是三种皆是鼻识及所引意识所了别境。味有六种,谓甘、醋、咸、辛、苦、淡别故。如是六种皆是舌识及所引意识所了别境。触一分有七种:谓滑性、涩性、重性、轻性及冷、饥、渴。柔软名滑,是喜触义;粗强名涩;可称名重,翻此名轻;由此所逼,暖欲名冷,食欲因名饥,饮欲因名渴。此皆于因立果名,故作如是说,如说诸佛出现乐等。大种聚中水、火增故有滑性,地、风增故有涩性,地、水增故有重性,火、风增故有轻性,水、风增故有冷性,风增故有饥,火增故有渴。无表色者,谓能自表诸心、心所转变、差别,故名为表;与彼同类而不能表,故名无表。此于相似立遮止言,如于刹帝利等说非婆罗门等。无表相者,谓由表心、大种差别,于睡眠、觉、乱、不乱心及无心位,有善、不善、色相续转,不可积集,是能建立苾刍等因,是无表相。此若无者,不应建立有苾刍等。如世尊说:于有依福业事彼恒常福增长。如是无表总有三种,谓律仪、不律仪、俱相违所摄故。律仪有三种,谓别解脱、静虑、无漏律仪别故。别解脱律仪复有八种:一苾刍律仪,二苾刍尼律仪,三勤策律仪,四正学律仪,五勤策女律仪,六近事男律仪,七近事女律仪,八近住律仪。如是八种惟欲界系;静虑律仪谓色界三摩地随转色,此惟色界系;无漏律仪谓无漏三摩地随转色,此惟不系。不律仪者,谓诸屠儿及诸猎兽、捕鸟、捕鱼、劫盗、典狱、缚龙、煮狗、罝弶、魁脍,此等身中不善、无表色相续转。非律仪、非不律仪者谓造毗诃罗、窣堵波、僧伽罗摩等,及礼制多、烧香、散华、赞诵、愿等,并捶打等,所起种种善、不善、无表色相续转,亦有无表,惟一刹那,依总种类,故说相续。别解脱律仪由誓愿受得,前七至命尽,第八一昼夜。又前七种舍由四缘:一舍所学故,二命尽故,三善根断故,四二形生故。第八律仪即由前四及夜尽舍。静虑律仪由得色界善心故得,由舍色界善心故舍,属彼心故。无漏律仪得、舍亦尔。随无漏心而得、舍故,得不律仪。由作及受,由四缘故舍不律仪:一受律仪故,二命尽故,三二形生故,四法尔得色界善心故,处中无表。或由作故得,谓殷净心猛利烦恼,礼赞制多及捶打等;或由受故得,谓作是念:若不为佛造曼荼罗,终不先食,如是等愿;或由舍故得,谓造寺舍、敷具、园林、施苾刍等，舍此无表，由等起心及所作事俱断坏故。如是无表及前所说眼等五根，惟是意识所了别境，齐此名为初色句义。然诸法相略有三种：一自共相，二分共相，三遍共相。自共相者，如变坏故，或变碍故，说名为色，如是即说可恼坏义。如法王说：苾刍当知：由变坏故，名色、取蕴，谁能变坏？谓手触故，即便变坏，乃至广说，如能疾行，故名为马；以能行故，说名牛等。分共相者，如非常性及苦性等。遍共相者，如非我性及空性等。由此方隅，于一切法应知三相。

　　受句义者，谓三种领纳：一乐，二苦，三不苦不乐，即是领纳三随触义。从爱、非爱、非二触生，身、心分位，差别所起，于境欢戚非二为相，能为爱因，故说名受。如世尊说：触缘受，受缘爱。此复随识差别有六，谓眼触所生受乃至意触所生受，五识俱生名身受，意识俱生名心受。由根差别建立五种，谓乐根、苦根、喜根、忧根、舍根。诸身悦受及第三静虑心悦受，名乐根；悦是摄益义；诸身不悦受，名苦根，不悦是损恼义。除第三静虑，余心悦受名喜根；诸心不悦受名忧根；诸身及心非悦、非不悦受，名舍根。此广分别如根等处。

　　想句义者，谓能假合相名义解，即于青、黄、长、短等色，螺、鼓等声，沉、麝等香，咸、苦等味，坚、软等触，男女等法相名义中，假合而解，为寻、伺因，故名为想。此随识别有六如受，小大无量差别有三，谓缘少境，故名小想；缘妙高等诸大法境，故名大想；随空无边处等，名无量想。或随三界立此三名。

　　行有二种，谓相应行、不相应行。相应行者，谓思、触、欲、作意、胜解、念、定、慧、寻、伺、信、精进、惭、愧、不放逸、轻安、不害、舍、欣、厌、不信、懈怠、放逸、善根、不善根、无记根、结、缚、随眠、随烦恼、缠、漏、暴流、轭、取、身系、盖及智、忍等诸心所法，此皆与心所依所缘行相时事五义等故，说名相应。与此相违，名不相应，谓得、非得、无想定、灭定、无想事、命根、众同分、生、住、老、无常、名身、句身、文身等，如是相应、不相应行，总名行蕴。故大仙说：行蕴聚集如芭蕉茎。

　　思谓能令心有造作，即是意业，亦是令心运动为义，此善、不善、无记异故，有三种别。触谓根、境、识和合生，令心触境，以能养活心所为相，顺乐、受等差别有三。欲谓希求所作事业随顺；精进谓我当作如是事业。作意谓能令心警觉，即是引心趣境为义，亦是忆持曾受境等，此有三种，谓学、无学、非学非无学,七有学身中无漏作意名学,阿罗汉身中无漏作意名无学,一切有漏作意名非学非无学。胜解谓能于境印可,即是令心于所缘境无怯弱义。念谓令心于境明记,即是不忘已正当作诸事业义。定谓令心专注一境,即是制如猱猴,心惟于一境而转义。毗婆沙者作如是说:如蛇在筒行便不曲,心若在定,正直而转。慧谓于法能有拣择,即是于摄、相应、成就、诸因、缘、果、自相、共相八种法中,随其所应,观察之义。寻谓于境令心粗为相,亦名分别思惟,想风所系,粗动而转,此法即是五识转因。伺谓于境令心细为相,此法即是随顺意识,于境转因。

信谓令心于境澄净,谓于三宝、因果、相属、有性等中,现前忍许,故名为信;是能除遣心浊秽法,如清水珠置于池内,令浊秽水皆即澄清。如是信珠在心池内,心诸浊秽皆即除遣。信佛证菩提,信法是善说,信僧具妙行,亦信一切外道所迷缘起法性是信事业。精进谓于善、不善法生灭事中,勇悍为性,即是沉溺生死泥者,能策励心令速出义。惭谓随顺正理白法,增上所生违、爱等流心自在性;由此势力于诸功德及有德者恭敬而住。愧谓修习功德为先,违、痴等流诃毁劣法;由此势力于罪见怖。不放逸谓修诸善法。违害放逸,守护心性,心堪任性,说名轻安。违害惛沉,随顺善法,心坚善性,说名不害;由此势力不损恼他,能违于他乐为损事。心平等性说名为舍,舍背非理及向理故;由此势力令心于理及于非理,无向无背,平等而住,如持秤缕。欣谓欣尚于还灭品,见功德已,令心欣慕,随顺修善。心有此故,欣乐涅槃。与此相应,名欣作意。厌谓厌患于流转品,见过失已,令心厌离,随顺离染。心有此故,厌恶生死;与此相应,名厌作意。心不澄净名为不信,是前所说信相违法。心不勇悍名为懈怠,与前所说精进相违。不修善法名为放逸,违前所说不放逸性,即是不能守护心义。如是所说不信等三,不立随眠及缠垢者,过失轻故,易除遣故。

善根有三种:一无贪,是违贪法;二无瞋,是违瞋法;三无痴,是违痴法,即前所说慧为自性。如是三法是善自性,亦能为根,生余善法,故名善根。安隐义是善义,能引可爱有及解脱芽故,或已习学成巧便义,是善义。由此能辨妙色像故,如彩画师造妙色像,世称为善。不善根有三种,即前所治贪、瞋、痴三,贪谓欲界五部贪,瞋谓五部瞋,痴谓欲界三十四无明,除有身见及边执见相应无明。如是三法是不善自性,亦能为根,生余不善,故名不善根。

不安隐义是不善义,能引非爱诸有芽故,或未习学非巧便义,是不善义。由此能辨恶色像故,如彩画师所造不妙,世称不善。无记根有四种,谓爱、见、慢、无明;爱谓色、无色界各五部贪;见谓色、无色界各十二见及欲界有身见、边执见;慢谓色、无色界各五部慢;无明谓色、无色界一切无明及欲界有身见、边执见相应无明。此四无记根是自所许。修静虑者有三种异故:一爱上静虑者,二见上静虑者,三慢上静虑者。此三皆因无明力起。毗婆沙者立无记根惟有三种,谓无记爱、无明、慧三。疑不坚住,慢性高举,非根法故,于善、不善义俱不记,故名无记;又不能记爱、非爱果,故名无记。以不能招异熟果故,是无记性。亦能生余无记染法或诸无记法,故名无记根。

结有九种,谓爱结、恚结、慢结、无明结、见结、取结、疑结、嫉结、悭结。爱结者谓三界贪,是染著相,如融胶漆,故名为爱;爱即是结,故名爱结。恚结者谓五部瞋,于有情等乐为损害,不饶益相,如辛苦种,故名为恚;恚即是结,故名恚结。慢结者谓三界慢,以自方他,德类差别,心恃举相,说名为慢;如傲逸者,凌蔑于他。此复七种:一慢,二过慢,三慢过慢,四我慢,五增上慢,六卑慢,七邪慢。谓因族姓、财位、色力、持戒、多闻、工巧等事,若于劣谓己胜,或于等谓己等,由此令心高举,名慢。若于等谓己胜,或于胜谓己等,由此令心高举名过慢;若于胜谓己胜,由此令心高举,名慢过慢;若于五取蕴执我、我所,由此令心高举,名我慢;若于未证得预流果等殊胜德中,谓已证得,由此令心高举,名增上慢;若于多分族姓等胜中,谓己少劣,由此令心高举,名卑慢;若实无德,谓己有德,由此令心高举,名邪慢。如是七慢,总名慢结。无明结者谓三界无知,以不解了为相,如盲、瞽者,违害明故,说名无明。此遮止言,依对治义,如非亲友、不实等言,即说怨家、虚诳语等。无明即是结,故名无明结。见结者谓三见,即有身见、边执见、邪见。五取蕴中无我、我所,而执实有我、我所相,此染污慧名有身见;身是聚义,有而是身,故名有身,即五取蕴于此起见,名有身见;即五取蕴非断非常,于中执有断、常二相,此染污慧名边执见,执二边故;若决定执无业,无业果,无解脱,无得解脱道,拨无实事,此染污慧名邪见。如是三见名见结。取结者谓二取,即见取、戒禁取。谓前三见及五取蕴实非是胜,而取为胜,此染污慧名见取;取是推求及坚执义。戒谓远离诸破戒恶,禁谓受持乌、鸡、鹿、狗、露形、拔发、断食、卧灰,或于妄执生福、灭罪诸河池中数数澡浴,或食根、果、草、菜、药物以自活命，或复涂灰、持头髻等，皆名为禁。此二俱非能清净道，而妄取为能清净道，此染污慧名戒禁取。诸婆罗门有多闻者，多执此法以为净道，而彼不能得毕竟净。如是二取，名为取结。疑结者谓于四圣谛令心犹豫，如临歧路，见结草人踌躇不决。如是于苦，心生犹豫，为是为非，乃至广说；疑即是结，故名疑结。嫉结者谓于他胜事令心不忍，谓于他得恭敬、供养、财位、多闻及余胜法，心生妬忌，是不忍义。嫉即是结，故名嫉结。悭结者谓于己法财令心悋惜，谓我所有，勿至于他。悭即是结，故名悭结。结义是缚义，如世尊说：非眼结色，非色结眼。此中欲贪说名为结，如非黑牛结白牛，亦非白牛结黑牛，乃至广说。先所说结，亦即是缚，以即结义是缚义故。然契经中复说三缚：一贪缚，谓一切贪，如爱结相说；二瞋缚，谓一切瞋，如恚结相说；三痴缚，谓一切痴，如无明结相说。

随眠有七种：一欲贪随眠，二瞋随眠，三有贪随眠，四慢随眠，五无明随眠，六见随眠，七疑随眠。此七别相，结中已说，然应依界、行相、部别，分别如是七种随眠。谓贪诸欲，故名欲贪。此贪即随眠，故名欲贪随眠。此唯欲界五部为五，谓见苦所断，乃至修所断。瞋随眠亦唯欲界五部为五。有贪随眠唯色、无色界各五部为十。内门转故，为遮于静虑无色解脱想故，说二界贪名有贪。慢随眠通三界，各五部为十五，无明随眠亦尔。见随眠通三界，各十二为三十六，谓欲界见苦所断，具五见，见集、灭所断，唯有邪见及见取二；见道所断唯有邪见、见取、戒禁取三，总为十二。上二界亦尔，为三十六。疑随眠通三界，各四部为十二。谓见苦、集、灭、道所断，此中欲贪及瞋随眠唯有部别，无界、行相别；有贪、疑、慢、无明随眠，有界、部别，无行相别；见随眠具有界、行相、部别。行相别者，谓我、我所行相转者，名有身见；断、常行相转者，名边执见；无行相转者，名邪见；胜行相转者，名见取；净行相转者，名戒禁取。微细义是随眠义，彼现起时难觉知故；或随缚义是随眠义，谓随身心相续而转，如空行影水行随故；或随逐义是随眠义，如油在麻，腻在抟故；或随增义是随眠义，谓于五取蕴由所缘相应而随增故。言随增者，谓随所缘及相应门而增长故。如是七种随眠由界、行相、部差别故，成九十八随眠。谓欲界见苦所断具十随眠，即有身见、边执见、邪见、见取、戒禁取、疑、贪、瞋、慢、无明；见集所断有七随眠，于前十中，除有身见、边执见、戒禁取；见灭所断有七随眠亦尔；见道所断有八随眠，谓即前七加戒禁取；修所断有四随眠,谓贪、瞋、慢、无明,如是欲界有三十六随眠。色界有三十一随眠,谓于欲界三十六中除五部瞋。无色界亦尔,故有九十八随眠。于中八十八见所断,十修所断,三十三是遍行,谓界界中见苦、集所断诸见、疑及彼相应不共无明,余皆非遍行。十八是无漏缘,谓界界中见灭道所断邪见、疑及彼相应不共无明。此十八种缘灭道故,名无漏缘,余皆有漏缘。此中有漏缘者,由所缘相应故随增。无漏缘者,但于自聚由相应故随增。九是无为缘,谓界界中见灭所断邪见、疑及彼相应不共无明,缘灭谛故名无为缘,余皆有为缘。十种随眠次第生者,先由无明于谛不了,谓于苦不欲乃至于道不欲。由不了故,次引生疑。谓闻邪正二品,便怀犹豫,为苦非苦乃至为道非道。从此犹豫,引生邪见。谓遇恶友,由邪闻思生邪决定,无施与,无爱乐,无祠祀,乃至广说。从此邪见有身见生,谓取蕴中拨无苦理,便执有我或有我所。从有身见边执见生,谓执我有断、常边故;从边执见戒禁取生,谓此边执为能净故;从戒禁取引见取生,谓能净者是最胜故;从此见取次引贪生,谓自见中情深爱故;从此贪后次引慢生,谓自见中深爱著己,恃生高举,陵蔑他故;从此慢后次引瞋生,谓恃己见,于他见中,情不能忍,必憎嫌故;或于自见取舍位中起憎嫌故。十种随眠次第如是。由三因缘起诸烦恼:一未断随眠故,二非理作意故,三境界现前故。由因加行境界三力,烦恼现前,此说具者,亦有唯依境界力起烦恼,身心相续,故名烦恼,此即随眠。

随烦恼者即诸烦恼,亦名随烦恼。复有随烦恼,谓余一切行蕴所摄染污心所,与诸烦恼同蕴摄故。此复云何?谓诳、憍、害、恼、恨、谄等,有无量种,如圣教说。诳谓惑他;憍谓染著自身所有色力、族姓、净戒、多闻、巧辩等已,令心傲逸,无所顾性;害谓于他能为逼迫,由此能行打骂等事;恼谓坚执诸有罪事,由此不受如理谏诲;恨谓于忿所缘事中数数寻思,结怨不舍;谄谓心曲。如是六种从烦恼生,秽污相粗,名烦恼垢。于此六种烦恼垢中诳、憍二种是贪等流,贪种类故;害、恨二种是瞋等流,瞋种类故;恼垢即是见取等流,执己见胜者,恼乱自他故;谄垢即是诸见等流,诸见增者多谄曲故,如说谄曲谓诸恶见。此垢及缠并余染污,行蕴所摄,诸心所法从烦恼生,故皆名随烦恼。

缠有十种,谓惛沉、睡眠、掉举、恶作、嫉、悭、无惭、无愧、忿、覆。身心相续,无堪任性,名为惛沉,是昧重义。不能任持,身心相续,令心昧略,名为睡眠。此得缠名,唯依染污。掉举谓令心不寂静。恶所作体名为恶作;有别心所,缘恶作生,立恶作名,是追悔义。此于果体,假立因名,如缘空名空,缘不净名不净,世间亦以处而说依处者,如言一切村邑来等。此立缠名,亦唯依染。嫉、悭二相,结中已说。于诸功德及有德者令心不敬,说名无惭,即是恭敬所敌对法。于诸罪中不见怖畏,说名无愧。能招恶趣,善士所诃,说名为罪。除瞋及害,于情、非情令心愤发,说名为忿。隐藏自罪,说名为覆。此十缠缚身心相续,故名为缠。此中惛沉、睡眠、无愧是无明等流,恶作是疑等流,无惭、悭、掉举是贪等流,嫉、忿是瞋等流,覆是贪、无明等流。诸心所法,行相微细,一一相续,分别尚难,况一刹那俱时而有?微密智者依佛所说,观果差别,知其性异,为诸学者无倒宣说。有劣慧者未亲承事无倒解释佛语诸师,故于心所迷谬诽拨,或说唯三,或全非有。

漏有三种,谓欲漏、有漏、无明漏。欲界烦恼并缠,除无明,名欲漏,有四十一物,谓三十一随眠并十缠。色、无色界烦恼并缠,除无明,名有漏,有五十四物,谓上二界各二十六,随眠并惛沉、掉举同无记故,内门转故,依定地故,二界合立一有漏名。三界无明,名无明漏,有十五物,以无明是诸有本故,别立漏等,稽留有情,久住三界,障趣解脱,故名为漏。或令流转,从有顶天至无间狱,故名为漏。或彼相续,于六疮门,泄过无穷,故名为漏。

暴流有四,谓欲、有、见、无明暴流。欲漏中除见名欲暴流,有二十九物。有漏中除见名有暴流,有三十物。三界诸见名见暴流,有三十六物。三界相应,不共无明,名无明暴流,有十五物。漂夺一切有情胜事,故名暴流,如水暴流。轭有四种,如暴流说。和合有情,令于诸界、诸趣、诸生、诸地受苦,故名为轭,即是和合令受种种轻重苦义。

(常州本卷上页一左行四至页十六右行六)

2.《入阿毗达磨论》(卷下)
玄奘 译

取有四种,谓欲取、见取、戒禁取、我语取。即欲暴流加无明,名欲取,有三十四物,谓贪、瞋、慢、无明各五,疑四缠十。即有暴流加无明,名我语取,有四十物,谓贪、慢、无明各十,疑八及惛沉、掉举。诸见中除戒禁取,余名见取,有三十物。戒禁取名戒禁取,有六物。由此独为圣道怨故,双诳在家、出家众故,于五见中此别立取。谓在家众由此诳惑,计自饿、服气及坠山岩等,为天道故;诸出家众由此诳惑,计舍可爱境,受杜多功德,为净道故。薪义是取义,能令业火炽然相续而生长故,如有薪故火得炽然。如是有烦恼,故有情业得生长。又猛利义是取义,或缠裹义是取义,如蚕处茧,自缠而死。如是有情四取所缠,流转生死,丧失慧命。身系有四种,谓贪欲身系、瞋恚身系、戒禁取身系、此实执身系。欲界五部贪名初身系,五部瞋名第二身系,六戒禁取名第三身系,十二见取名第四身系。种种缠缚有情自体,故名身系,是等羂网有情身义。

盖有五种,谓贪欲盖、瞋恚盖、惛沉睡眠盖、掉举恶作盖、疑盖。欲界五部贪名初盖,五部瞋名第二盖,欲界惛沉及不善睡眠名第三盖,欲界掉举及不善恶作名第四盖,欲界四部疑名第五盖。覆障圣道及离欲染,并此二种加行善根,故名为盖。

前说诸界、诸趣、诸生、诸地受苦,应说云何界、趣、生、地?界有三种,谓欲界、色界、无色界。欲界有二十处,谓八大地狱:一等活、二黑绳、三众合、四号叫、五大号叫、六炎热、七极炎热、八无间,并傍生、鬼界为十。有四洲人:一赡部洲、二胜身洲、三牛货洲、四俱庐洲。有六欲天:一四大王众天、二三十三天、三夜摩天、四觏史多天、五乐变化天、六他化自在天。合二十处。色界有十六处,谓初静虑有二处:一梵众天,二梵辅天;第二静虑有三天:一少光天、二无量光天、三极光净天;第三静虑有三天:一少净天、二量净天、三遍净天;第四静虑有八天:一无云天、二福生天、三广果天、四无烦天、五无热天、六善现天、七善见天、八色究竟天。合十六处。大梵无想,无别处所,故非十八。无色界虽无上下处所,而有四种生处差别:一空无边处,二识无边处,三无所有处,四非想非非想处。趣有五种:一捺洛迦、二傍生、三鬼界、四天、五人。生有四种,谓卵、胎、湿、化。地有十一,谓欲界、未至、静虑中间、四静虑、四无色为十一地。欲界有顶,一向有漏,余九地通有漏及无漏,前界、趣、生一向有漏。

智有十种,谓法智、类智、世俗智、他心智、苦智、集智、灭智、道智、尽智、无生智。于欲界诸行及彼因灭加行、无间、解脱、胜进道,并法智地中所有无漏智,名法智。无始时来,常怀我执,今创见法,故名法智。于色、无色界诸行及彼因灭加行、无间、解脱、胜进道,并类智地中所有无漏智,名类智。随法智生,故名类智。诸有漏慧名世俗智。此智多于瓶、衣等世俗事转,故名世俗智。此有二种:一染污,二不染污。染污者复有二种:一见性,二非见性。见性有五,谓有身见、边执见、邪见、见取、戒禁取。非见者,谓疑、瞋、慢、无明、忿、害等相应慧;不染污者亦有二种:一善,二无覆无记。无覆无记者非见,不推度故,是慧及智。善者若五识俱,亦非见,是慧及智;若意识俱,是世俗正见,亦慧亦智。诸定生智,能了知他欲、色界系一分无漏现在相似心、心所法,名他心智。此有二种:一有漏,二无漏。有漏者,能了知他欲、色界系心、心所法。无漏者有二种:一法智品,二类智品。法智品者,知法智品心、心所法;类智品者,知类智品心、心所法。此智不知色、无为、心不相应行,及过去、未来无色界系,一切根地补特伽罗胜心、心所皆不能知。于五取蕴果分有无漏智,作非常、苦、空、非我行相转,名苦智。于五取蕴因分有、无漏智,作因集生,缘行相转,名集智。于彼灭有无漏智,作灭、静、妙、离行相转,名灭智。于彼对治,得涅槃道,有无漏智,作道如行出行相转,名道智。有无漏智作是思惟:苦我已知,集我已断,灭我已证,道我已修,尽行相转,名尽智。有无漏智作是思惟:苦我已知,不复更知,乃至道我已修,不复更修,无生行相转,名无生智。此后二智不推度,故非见性。他心智唯见性,余六智通见性、非见性。世俗智唯有漏,他心智通有漏及无漏,余八智唯无漏。灭智唯无为缘,他心苦、集、道智唯有为缘,余五智通有为、无为缘。苦、集智唯有漏缘,灭道智唯无漏缘,余六智通有漏、无漏缘。法智在六地,谓四静虑、未至、中间。类智在九地,谓前六地,下三无色。他心智在四地,谓四静虑。世俗智在一切地。余六智,法智品者在六地,类智品者在九地。

忍有八种,谓苦、集、灭、道法智忍及苦、集、灭、道类智忍。此八是能引决定智胜慧,忍可苦等四圣谛理,故名为忍。于诸忍中,此八唯是观察法忍,是见及慧,非智自性。决定义是智义,此八推度意乐未息,未能审决,故不名智。苦法智忍与欲界见苦所断十随眠得俱灭,苦法智与彼断得俱生。忍为无间道,智为解脱道,对治欲界见苦所断十种随眠。如有二人,一在舍内驱贼令出,一关闭门不令复入。苦类智忍与色、无色界见苦所断十八随眠得俱灭，苦类智与彼断得俱生，余如前说。如是四心能于三界苦谛现观，于集、灭、道各有四心，应知亦尔。此十六心能于三界四谛现观，断见所断八十八结，得预流果。余修所断十种随眠，谓欲界四，色、无色界各三，为十。欲界四种譬如束芦，总分为九。谓从上上乃至下下，彼对治道无间解脱，亦有九品，谓下下品道能对治上上品随眠，乃至上上品道能对治下下品随眠。六品尽时得一来果，九品尽时得不还果，如欲界四总分为九，亦有九品无间解脱能对治道。色、无色界各有四地，一一地中能治、所治各有九品，应知亦然。渐次断彼八地随眠，乃至有顶下下品尽时得阿罗汉果。四果中间所有诸道及前见道名为四向，随在彼果前，即名彼果向。如是有八补特伽罗，谓行四向及住四果。如是向、果由种性别，分为六种，谓钝利根，种性异生，若入见道十五心类名随信行及随法行。即此二种至修道位，谓从第十六心乃至金刚喻定，名信胜解及名见至。即此二种至无学位，谓从初尽智乃至最后心，名时解脱及不时解脱等。谓心所种类差别，有无量种，依心有故，名心所法，犹如我所。如是心所名相应行。不相应行与此相违，谓诸得等。得谓称说有法者，因法有三种：一净，二不净，三无记。净谓信等，不净谓贪等，无记谓化心等。若成此法，名有法者。称说此定因，名得获成就。得若无者，贪等烦恼现在前时，有学既无，无漏心故，应非圣者。异生若起善无记心，尔时应名已离染者。又诸圣者与诸异生无涅槃得，互相似故，应俱名异生，或俱名圣者。如法王说：起得成就十无学法，故名圣者，永断五支，乃至广说。又世尊说：苾刍当知：若有成就善、不善法，我见如是：诸有情类心相续中善、不善得增长无边，作如是说：汝等苾刍不应校量有情胜劣，不应妄取补特伽罗德量浅深，乃至广说。故知法外定有实得。此有二种：一者未得、已失，今获。二者得已、不失，成就。应知非得与此相违。于何法中有得、非得？于自相续及二灭中有得、非得。非他相续，无有成就他身法故；非非相续，无有成就非情法故；亦非虚空，无有成就虚空者故。彼得无故，非得亦无。得有三种：一者如影随形得，二者如牛王引前得，三者如犊子随后得。初得多分，如无覆无记法；第二得多分，如上地没生，欲界结生时，欲界善法得；第三得多分，如闻思所成慧等，除俱生所余得，此中应作略。毗婆沙谓欲界系善、不善色，无前生得，但有俱生及随后得。除眼耳通慧及能变化心，并除少分，若威仪路，若工巧处，极数习者，诸余一切无覆无记法及有覆无记表色，惟有俱生得,势力劣故,无前后得。所余诸法一一容有前后俱得。善法得惟善,不善法得惟不善,无记法得惟无记,欲界法得惟欲界,色界法得惟色界,无色界法得惟无色界,无漏法得通三界及无漏法。无漏法者,谓道谛、三无为俱不系故,道谛得惟无漏。非择灭得通三界,择灭得色、无色界。道力起者即堕彼界无漏,道力起者是无漏故。无漏法得总说有四种:学法得惟学,无学法得惟无学,非学非无学法得有三种。非学非无学法者,谓诸有漏及无为;有漏及非择灭得惟非学非无学。择灭得学道力起者惟学,无学道力起者惟无学,世间道力起者惟非学非无学。见所断法得惟见所断,修所断法得惟修所断。非所断法得有二种,谓修所断及非所断。非所断法者,谓道谛及无为。道谛得惟非所断,非择灭得惟修所断,不染污故,是有漏故,择灭得。世间道力起者惟修所断,无漏道力起者惟非所断。一切非得皆惟无覆无记性摄,非如前得,有差别义。然过去、未来法一一各有三世非得,现在法无现在非得。得与非得,性相违故。无有现在可成就法,不成就故。然有过去、未来非得。欲、色、无色界及无漏法,一一皆有三界非得。无有非得是无漏者,非得中有异生性故。如说云何异生性?谓不获圣法。不获即是非得异名。又诸非得惟无记性,故非无漏。

　　已离第三静虑染,未离第四静虑染。第四静虑地心、心所灭,有不相应法,名无想定。虽灭一切心、心所法而起此定,专为除想,故名无想,如他心智。此无想定是善第四静虑所摄。惟非圣者相续中起,求解脱想,起此定故。圣者于此如恶趣想,深心厌离,此惟顺定受。谓顺次生受,是加行得,非离染得。灭定者,谓已离无所有处染,有顶心、心所法灭,有不相应法,能令大种平等相续,故名为灭定。是有顶地加行善摄,或顺次生受,或顺后次受,或顺不定受。起此定已,未得异熟,便般涅槃,故不定受。此定能感有顶地中四蕴异熟,彼无色故,圣者能起,非诸异生,由圣道力起此定故。圣者为得现法乐住,求起此定。异生于此怖畏断灭,无圣道力,故不能起。圣者于此由加行得,非离染得。惟佛、世尊于此灭定,名离染得。初尽智时已于此定能自在起,故名为得。诸佛功德不由加行,随欲即起,现在前故。若生无想有情天中,有法能令心、心所灭,名无想事,是实有物,是无想定异熟果故,名异熟生。无记性摄即广果天中有一胜处,如中间静虑名无想天。生时死时俱有心想,中间无故,立无想名。彼将死时,如久睡觉,还起心想,起已不久即便命终,生于欲界。将生彼者必有欲界顺后次受,决定业故。如将生彼北俱庐洲,必有能感生天之业。先业所引,六处相续,无间断因,依之施设四生五趣,是名命根,亦名为寿。故对法说:云何命根？谓三界寿。此有实体,能持暖识,如伽他言:

　　　　寿暖及与识　三法舍身时　所舍身僵仆　如木无思觉

　　契经亦说:受异熟已名那落迦,乃至非想非非想处,应知亦尔。若异命根,无别有法,是根性摄,遍在三界。一期相续,无间断时,可依施设四生五趣。生无色界,起自上地善染污心,或起下地无漏心时,依何施设？化生天趣,起善染时,应名为死;若起无记,应复名生。拨无命根,有斯大过。诸有情类同作事业,同乐欲因,名众同分。此复二种:一无差别,二有差别。无差别者,谓诸有情皆有我爱,同资于食,乐欲相似。此平等因,名众同分。一一身内,各别有一。有差别者,谓诸有情界、地、趣生、种姓、男女、近事、苾刍、学、无学等种类差别。一一身内,有同事业,乐欲定因,名众同分。此若无者,圣、非圣等世俗言说应皆杂乱。诸异生性,异生同分,有何差别？同乐欲等因,说名彼同分。异生性者,能为一切无义利因。如契经说:苾刍当知:我说愚夫无闻异生,无有少分恶、不善业,彼不能造。又世尊说:若来人中得人同分,非异生性,于死、生时有舍得义,故异生性与同分别。

　　诸法生时有内因力,令彼获得各别功能,即此内因说名生相,谓法生因总有二种:一内,二外。内谓生相,外谓六因或四缘性。若无生相,诸有为法应如虚空等,虽具外因缘,亦无生义。或应虚空等亦有可生义,成有为性,是大过失。由此故知别有生相能引别果。暂时住因说名住相,谓有为法于暂住时各有势力,能引别果,令暂时住。此引别果势力内因说名住相。若无住相,诸有为法于暂住时,应更不能引于别果。由此故知有别住相。老谓衰损,引果功能令其不能重引别果。谓有为法若无异相、衰损功能何缘不能引别果已,更不重引？引而复引,应成无穷。若尔又应非刹那性。由此故知别有异相。无常者,谓功能损已,令现在法入过去因。谓有别法名为灭相,令从现在堕过去世。此若无者,法应不灭,或虚空等亦有灭义。此四有为之有为相。若有此四有为相者便名有为,非虚空等。然世尊说:有三有为之有为相,有为之起亦可了知,尽及住、异亦可了知,为所化生,厌有为故。如示异耳，与吉祥俱，住异二相合说为一，是故定有四有为相，非即所相有为法体。若即所相有为体者，如所相体与能相一，能相亦应展转无异。若尔诸法灭时应生，生时应灭，或全不生。此四本相是有为故，如所相法有四随相，谓名生生乃至灭灭，然非无穷，以四本相各相八法，随相惟能各相一故。谓法生时并其自体九法俱起，自体为一，相随相八。本相中生，除其自体，生余八法。随相中生于九法内，惟生本生，势力劣故。住、异、灭相，应知亦尔。本相依法，随相依相。法因相故，得有作用。相内随相，得有作用。作用者何？谓生、住、异、灭。所生等者，谓引果功能。故有为法体虽恒有而用非常，假兹四相内、外因力，因得成故。名身、句身、文身等者，谓依语生，如智带义影像而现，能诠自义，名名、句、文，即是想章字之异目。如眼识等依眼等生，带色等义影像而现，能了自境，名等亦尔，非即语音亲能诠义。勿说火时便烧于口，要依语故火等名生，由火等名诠火等义。诠者，谓能于所显义，生他觉慧，非与义合，声有碍故。诸记论者所执常声，理不成故。不应离此名、句、文三，可执有法能诠于义。然四种法似同一相，一声，二名，三义，四智。此中名者谓色等想；句者谓能诠义究竟，如说诸恶莫作等颂。世间亦说提婆达多驱白牛来挈取乳等，文者即是㚻、壹等字，此三各别，合集同类，说之为身。如大仙说：苾刍当知：如来出世便有名身、句身、文身可了知者，意说谛、实、蕴、处、界、沙门、果、缘起等法名、句、文身。又世尊说：如来得彼彼名、句、文身者，意说如来获得彼彼不共佛法名、句、文身等。谓此中义类差别，诸行句义，齐此应知。识句义者谓总了别色等境事，故名为识。即于色等六种境中，由眼等根伴助而起现在作用，惟总分别色等境事，说名为识。若能分别差别相者，即名受等诸心所法。识无彼用，但作所依识用。但于现在世有，一刹那顷能有了别。此亦名意，亦名为心，亦是施设有情本事，于色等境了别为用。由根、境别，设有六种，谓名眼识乃至意识。佛于经中自说彼相，谓能了别，故立识名。由此故知了别为相。

　　前于思择有为相中，说法生因总有二种：一内，二外。内谓生相，外谓六因或四缘性。今应思择：因缘者何？因有六种：一相应因，二俱有因，三同类因，四遍行因，五异熟因，六能作因。心、心所法展转相应，同取一境，名相应因，如心与受等，受等与受等，受等复与心各除其自性。诸有为法更互为果，或同一果，名俱有因，如诸大种所相、能相，心心随转，更互相望。二因别者，如诸商人更相助力,能过崄路,是俱有因;诸所饮食展转同义,是相应因。心随转者,谓诸心所及诸静虑、无漏律仪,诸有为相以彼与心俱堕一世、一起、一住、一灭、一果、一等流、一异熟、同善、同不善、同无记。由此十因,名心随转。自地自部前生诸法,如种子法,与后相似,为同类因。自地前生,诸遍行法与后染法,为遍行因。一切不善、有漏善法与自异熟为异熟因。诸法生时,除其自性,以一切法为能作因。或惟无障,或能生故。如是六因总以一切有为为果,是所生故,谓相应俱有因,得士用果,由此势力彼得生故,此名士用,彼名为果。同类遍行因得等流果,果似因故,说名为等;从因生故,复说为流,果即等流,名等流果。异熟因得异熟果,果不似因,故说为异,熟谓成熟,堪受用故。果即异熟,名异熟果。惟有情数摄无覆无记性,能作因得增上果,此增上力彼得生故。如眼等根于眼识等,及田夫等于稼穑等,由前增上,后法得生。增上之果名增上果。择灭无为名离系果,此由道得,非道所生,果即离系,名离系果。缘有四种,谓因、等无间、所缘、增上缘。除能作,余五因名因缘;过去、现在、心、心所法,除阿罗汉最后心等名等无间缘;一切法名所缘缘;能作因性,名增上缘。

容有碍物是虚空相,此增上力彼得生故。能有所容受是虚空性故。此若无者,诸有碍物应不得生,无容者故。如世尊说:梵志当知:风依虚空。婆罗门曰:虚空依何?佛复告言:汝问非理。虚空无色、无见、无对,当何所依?然有光明,虚空可了,故知实有虚空、无为。此体若无,风何依住?说无色等,言何所依?因有光明,何所了别?了龟、毛等,不因此故。

众苦永断,说名择灭。众苦者何?谓诸生死。如世尊说:苾刍当知:诸有若生即说为苦,诸有即是生死别名。有若不生名苦永断,如堤堰水,如壁障风,令苦不生名为择灭。择谓拣择,即胜善慧。于四圣谛数数拣择,彼所得灭,立择灭名。此随所断,体有无量,以所断法量无边故。若体一者,初道已得,修后诸道,便应无用。若言初证少分非全,即一灭体应有多分。一体多分与理相违。随有漏法有尔所量,择灭无为,应知亦尔。此说为善,应正理故。此随道别立八十九,随断遍知,立有九种。若随五部立有五种。又随果别总立为四,谓预流等。由断离灭,界别立三。由断苦、集及有余依、无余依别,总立二种。约生死断总立为一。如是择灭有多异名,谓名尽、离灭、涅槃等。如《人经》说:苾刍当知:四无色蕴及眼色等总名为人。于中假想说名有情,亦名意生,亦名为人、摩纳婆等。此中自谓我眼等见色等,发起种种世俗言论,谓此具寿有如是名、如是族姓乃至广说。苾刍当知:此惟有想,惟有言说。如是诸法皆是无常,有为缘生,由此故苦。谓生时苦,住等亦苦。于此众苦永断无余,除弃变吐尽、离染、灭、寂静、隐没、余不续起,名永不生。此极静妙,谓一切依除弃、爱尽、离、灭、涅槃。所言一切依除弃者,谓此灭中永舍一切五取蕴苦;言爱尽者,谓此灭中现尽诸爱;得此灭已,永离染法,故名为离;证此灭已,众苦皆尽,故名为灭。证此灭已,一切灾患、烦恼火灭,故名涅槃。

非择灭者,谓有别法毕竟障碍未来法生,但由阙缘,非由择得。如眼与意专一色时,余色、声、香、味、触等谢。缘彼境界,五识身等由得此灭。能永障故,住未来世,毕竟不生。缘阙亦由此灭势力,故非择灭,决定实有。如世尊说:若于尔时乐受现前,二受便灭。彼言灭者,除此是何?定非无常及择灭故。又契经说:苾刍当知:若得预流,已尽地狱,已尽鬼界,已尽傍生。此言尽者是非择灭。尔时异熟法未得择灭,故为初业者爱乐勤学,离诸问答,略制斯论。诸未遍知阿毗达磨深密相者,随自意集诸戏论,聚置于现前,妄构邪难,欲相诽毁,彼即谤佛所说至教。如世尊说:有二种人谤佛至教:一者不信,生于憎、嫉,二者虽信而恶受持。

(常州本卷下页一左行四至页十六右行九)

3.附录:《〈入阿毗达磨论〉通解》

〔日〕鸟水宝云　讲述　小山荣宪　补辑　邓　镕　译

本论当佛灭后九百年为北印度迦湿弥罗国悟入阿罗汉之所造。上吸四阿含之精髓,中挈六足、发智之纲维,下摄婆沙论之要义。《法蕴足论》颂阿毗达磨如大海、大山、大地、大虚空,而此论则浮海之舸筏、登山之阶磴、行地之宝舆、飞游虚空之健翮也。兹欲述此论,先以分为七门:一辨论之所依,二述论缘起,三明法印,四定所被机,五论宗体,六解题目,七释论文。今初一辨论之所依者。婆沙称诸佛番番出世,说素怛缆、毗奈耶、阿毗达磨之三藏。述其所说之由有九,复次释而据其第三说,则依增上定之论道而说素怛缆,依增上戒之论道而说毗奈耶，依增上慧之论道而说阿毗达磨，是则为使佛弟子修戒、定、慧三学而说三藏也。故有部宗以经、律、论三藏皆为佛说。夫所谓三藏者，一四阿含，即契经也；二四律五论，即调伏律也；三六足、发智，即对法论也。兹先辨四阿含。一、《增一阿含》五十卷，二、《中阿含》六十卷，三、《杂阿含》五十卷，四、《长阿含》二十二卷。此四阿含总摄小乘教。据《大方便报恩经》说，则以收集向于诸天、世人随时所说之法，名增一阿含，是劝化人之所习也；以为利根之机所说之深义，名中阿含，是学问者之所习也；以随禅之法，名杂阿含，是坐禅人之所习也；其名长阿含者，则为破诸外道而说者也。依此经意，而《法华文句》谓《增一阿含》为明人天之因果，《长阿含》为破邪见，《中阿含》为明深义，《杂阿含》为明禅定。《唯识疏》又以自一法至百法者为《增一阿含》，以明不略不广之义者为《中阿含》，以明事义而文广者为《长阿含》，以明杂义者为《杂阿含》。此外则《四分律》等亦明四阿含之别者也。问：现流之四阿含为界内结集之经乎？为界外结集之经乎？答：《法华玄赞》以四阿含及《僧祇律》为大众部之义，而《华严玄谈》亦以四阿含及《僧祇律》为大众部所诵，则界外结集之经也。然虽有界内界外之别，而上座、大众共以四阿含为所依之本经。于何证之？如六足、发智、婆沙所引之契经，皆与今四阿含同。虽随其部别不无差异，而其主要在以四阿含为所依。于是《大乘义章》分立四宗，释小乘二宗与大乘二宗不同。谓小乘二宗经同论别。经同者，谓依佛本教，同在四阿含中而无别部；论别者，谓小乘之机情见未熟，执定则彼此兴诤。故论有毗昙、成实之别。是以十八部共为所依之经，而主要仍以四阿含为本据也。上辨素怛缆竟，次辨毗奈耶。夫《义林》所列四律五论，四律者，一、《十诵律》五十五卷，二、《四分律》六十卷，三、《僧祇律》四十卷，四、《五分律》三十卷。而《行事钞》及《资持记》则列五律，即于前四律上加入《迦叶遗律之解脱戒本》一卷而为第五是也。就此五律颇多异说。在《大集经》所列五部，则一、昙无德部，二、萨婆多部，三、迦叶遗部，四、弥沙塞部，五、婆蹉富罗部，此翻为犊子部。而南山所列，则有《僧祇律》，与经不同，经则加犊子部，除《僧祇律》。夫是时有数多律部，而唯称五部者，《三论玄义》以为此最盛行，故称五部云。至所谓五论者，一、《毗尼母论》八卷；二、《摩得勒伽论》十卷，以解萨婆多律；三、《善见论》十八卷，以解昙无德之《四分律》；四、《萨婆多毗尼毗婆沙论》八卷，以解《十诵律》；五、《明了论》一卷，依正量部律。《法华玄赞》以《舍利弗阿毗昙梵网六十二见经》为正量部之义，则正量之律为依于舍利弗阿毗昙。今有部之正依为《十诵律》，如上所辨。以次辨阿毗达磨藏。一、《集异门足论》廿卷十三品，舍利弗造；二、《法蕴足论》十卷十一品，目连造；三、《施设足论》，迦陀衍那造，玄奘法师未译，至宋时法护译出三卷以上，皆佛在世论也；四、《识身足论》十六卷，佛灭度后百年提婆设摩所造；五、《品类中论》十八卷八品，世友所造；六、《界身足论》二卷二品，亦世友造，皆造于佛灭度后三百年之初。合前四论称为六足；七、《发智论》廿卷，佛灭度后三百年之末迦陁衍那造。《光记》谓后代论师以前六论为足，以《发智论》为身。盖以七论为有部宗根本之论也。《智论》有八犍度阿毗昙、六分阿毗昙，盖皆六足、发智之类，而《法华文句》举古人之破释，谓前三论既为佛在世时之尊者所造，何以转为佛灭度后所出诸论之足？荆溪释言：前六论意义少，故为足；发智意义多，故为身。身可摄足，则发智可摄前六论。此外则五百罗汉所造之婆沙论亦为解发智而作。其中说明虽广，见而易知；举义虽多，皆圣者之解释。故或亦以之为发智之足。要之解发智者婆沙也，解六足者发智也；解四阿含者，六足也。故欲解四阿含，应先学六足；欲学六足，应先明发智；欲明发智，应先通婆沙。婆沙文义浩瀚，如海无涯，惟此论以寥寥短篇赅括六足、发智、婆沙之法义而无遗，故题为《入阿毗达磨论》。

　　第二述论之缘起。此论何为而造？在明有为、无为二法。二法因何而明？《集异门足论》谓：中有二法，曰名与色。名者何？受、想、行、识及虚空，与择灭、非择灭是也。色者何？四大种及所造之色是也。此名与色之中，摄有为、无为之二法。又《法蕴足论》：如何名有为界？五蕴是也。如何名无为界？虚空及二灭是也。又《施设足论》：世尊为诸比丘说有二物：一有为，二无为。此外无别物，故无补特迦罗。又《品类足论》自第一页至六页，无非明色、心、心所、不相应、无为。是亦说有为、无为法者也。《发智论》亦明有为、无为法。故婆沙所释此有为、无为中摄漏、无漏，一切法无不摄。故婆沙中有以问答明斯义者。问：有为法何义？答言：若法有生有灭、有因有果而得有为之相者，是名有为。今此论即以六足、发智、婆沙等论所说有为、无为之义而简短言之者也。故此论前明有为之果，后明有为之因。此有因有果者皆有为相。最后，三无为无因无果，皆无为相。夫说此有为、无为者何也？婆沙谓：诸之有情，有流转者，有还灭者。其流转者谓之受生，其还灭者谓之趣涅槃，是即有为、无为之相。而此论则为使诸之有情脱离三途流转之苦，趣至还灭之果而作也。或谓六足、发智、婆沙等论具明流转、还灭二门，何须更造此论？答言：论初发起序言有聪慧者，有劣慧者。其聪慧者虽受持六足诸论，而累于世缘，或未得果而退转；其劣慧者则往往以对法藏论之文多义广为烦，不复受持。此论以少文而摄六足、发智等之多义，正"流通分"所谓"为初业者爱乐勤学，离诸问答，略制斯论"者也。已述造论之通途，次更明造论之别由。当佛灭后九百年世亲出世，先学有部之宗义，后学经部之宗义。知经部义胜于有部，乃变名潜入迦湿弥罗国。四年之间，每以经部之义诘难有部。于时悟入论师之大阿罗汉等亦困于解释，惊其神异，罔测所由。及入定观察，始知其为名满印度之世亲菩萨。乃窃告之曰：此有部内有未离欲者，知长老破有部宗，恐生怨害。世亲于是归国，取有部婆沙二百卷，约其纲要，造俱舍六百颂，送于迦湿弥罗国。彼国有部诸大众俱生欢喜，迎至境外，以象驾六百颂而入。读其颂者皆谓世亲实弘我宗。唯悟入读竟乃曰：世亲非弘我宗，颂中每采传说之言而表其不信，是诋毁我宗者也。谓余不信，试更请其为长行以释颂，则其意毕露。诸大众乃发使请世亲更造长行，果如悟入所说。时悟入门下有众贤论师者，乃定有部宗义。于十二年间造成二万五千颂之论以示世亲，是即《顺正理论》也。其论之体裁，虽若为释俱舍颂而作，然于俱舍颂中，戾于有部宗义及依于经部宗义而立之处，皆加以救护若破斥。故不特有时与婆沙不合，且又对于俱舍而设立破。今详观此论前后，虽阳通俱舍之难，而实阴救正理之弊。是则造论之特别理由也。

第三明法印者。依光之说，凡印度造论皆以释成佛经。经教虽有数多，略言之不出三法印：一、诸行无常印，即一切有为法于刹那生灭而无常。二、诸法无我印，谓一切法非我。以其中有为法虽有作用而不常住，无为法虽常住而无作用。故无常一主宰之我。三、涅槃寂静印。夫择灭涅槃，无为寂静。其择灭盖由离系之所证得。离系者，远离诸有漏法之相应、所缘二缚，而得解脱涅槃之谓。彼灭谛者则由慧之简择而显于离系缚时，故名择灭。是则涅槃寂静也。以此三者所诠之理，考查能诠之教法，而印持佛教，故名法印。顺此印者为佛说，违此印者非佛说。《义林》分别了义、不了义而列举四重,第一重为法印、非法印,与今此论相当。盖此论实具三法印。其就诸法生灭而分别四相者,是诸行无常之相也;其诸法自共相下之第三遍共相者,是诸法无我之相也;其言择灭即涅槃寂静之相也。故此论为尽佛教之条理,而顺于三法印之了义说。

第四定所被机者。在瑜伽、唯识立五种姓,法尔差别,是盖就于有为第八识上之本有种子而安立种姓。故以本有无漏种子为种姓之体,因而于有情界有有之者,有不有者。故差别之为五姓法尔。然真谛所译之《佛性论》则立一性皆成。是盖于真如上立佛性,真如为一相平等,佛性则通于一切众生。今小乘有部则说五姓各别,意以瑜伽、唯识既立五姓,而以有情界为非一性平等,况于婆沙、俱舍宁有异义?惟贤首大师乃以俱舍之种姓为分位假立,故其《五教章》谓:起于顺解脱分位乃始可谓有种姓。以俱舍有(顺解脱分者谓定能感涅槃果善之文。)则在顺解脱分之前,定无有能感涅槃果之因。故于此善根起时,其有情身中可谓有涅槃法。然则起顺解脱分之善则有种姓,全不修起时则可谓之无性有情。此《五教章》之大略也。其引俱舍惟在助释其始教大乘分位之五姓。夫其始教大乘之中安立五姓,意在融会瑜伽、唯识之五姓各别,归彼一姓皆成之宗。故先以俱舍为种姓不定。夫既俱舍犹然,而况始教大乘乎?盖以至顺解脱分时为有涅槃法,自此以前无涅槃法,则于俱舍安立种姓,非法尔决定,故看做为假立者。此贤首之说所以自护其一姓皆成之宗义也。又《佛性论·破小乘执品》谓:依毗昙等而求有部之说,则众生有三类,虽何者不得谓有性得之佛性,而不过仅有修得之佛性。所谓三类者:一、定无佛性,永不得涅槃。是一阐提犯重禁者,即犯比丘四重禁者也;二、不定有无佛性者,即顺解脱分以上之人是也;三、定有佛性者。即声闻至苦法忍以上,独觉至世第一法以上,菩萨至十迥向以上者是也。是为有部之宗义。惟其所谓性得之佛性者,当指本有法尔之佛性。然有部宗义以为佛性皆修成,由加行而得,非本有法尔;且《佛性论》以总三乘之菩提而名为佛,非仅以无上菩提而名为佛。此不可解。于声闻、苦法忍以上,独觉、世第一法以上,菩萨十迥向以上,皆云有佛性,亦不可解。何以言之?于上所引之俱舍谓:顺解脱分定为能感涅槃之果之善。故声闻于定生感涅槃善之位时,则可谓解脱分已上为有佛性。然俱舍又谓:声闻、暖、顶、忍位许转乘。若取决定不转之位,则可谓世第一法以上为有佛性。故取苦法忍非有部宗义。又独觉菩萨以暖法以上为决定不转,而兹于独觉取世第一法,亦所不解。又有部于菩萨立四阶成佛,而无所谓五十二位,彼取十迴向,亦所不解。又以阐提断善根为决定无性,亦违于婆沙。若依婆沙则所谓决定无性者应取毕竟无涅槃法者。兹于决定无性取断善根之人,虽与《宝性论》同,而违于有部之宗义。故亦不解。大凡真谛所译往往有斯疑义,且彼《中边论》之根、尘、我及识等,或俱舍之现法、非得等,如此之类,不一而足。今案:有部宗义不立性得之佛性。有性、无性就于分位而立,即于解脱分以上谓之有佛性。自此以前谓之无佛性。至论其种姓,则有情界亦有法尔决定差别。其所谓法尔种姓差别者,一、毕竟无涅槃种姓;二、暂时无涅槃种姓。其毕竟无涅槃者毕竟不起解脱分善根,尽未来际不解脱。婆沙处处有是义。其暂时无涅槃者即从起解脱分为始,而可谓之有涅槃法。故瑜伽、唯识五姓,有部立二姓,贤首立一姓皆成,始知贤首以俱舍为破法尔决定种姓,实大违反于俱舍之宗义也。

第五定宗体。在印度则小乘不立宗体一科,然为开学者之慧特为提出此门。夫印度佛法不过三宗:一、空宗,即龙树、提婆所传;二、中道宗,即弥勒、无著所传;三、小乘宗,即二十部之徒是也。马鸣、慧坚等为中道宗之异计。当于《摄论》所谓一意识计其真如受熏等义,则译者讹谬,非西域佛法也。其小乘宗二十部之徒则分为六种:一、犊子、法上、贤冑、正量、密林山、经量之根本六部,为我法俱有宗,谓不唯法有,虽我亦有,即《俱舍·破我品》中之所征遣是也。二、一切有、多闻、雪山、饮光之四部,为法有我无宗,谓我体无而唯法有。盖谓过、现、未之法一一皆实有也。三、大众、鸡胤、化地、制多山、西山住、北山住、法藏之七部,为法无去来宗,谓过、未法无体,现在法及无为法皆有体也。四、说假及经量之末部,为现通假实宗,谓现在通于有体、无体也。五、说出世部,为俗妄真实宗,谓世间法虚妄而无体,唯出世法为真实也。六、一说部,为诸法俱名宗,谓一切法唯有名而无体也。是六宗中,有部为法有我无宗,谓我体为无,而三世诸法一一实有。凡所谓实有者有二:一、小乘之心外实有;二、大乘之唯识实有。二十部中,除一说部外,大概所谓诸法实有者皆心外实有也。所以者何?以小乘不知有第八识,又不知识有自体分。故不知因能变、果能变之义,而以色、心等法为心外实有。至如大乘则立第八阿赖耶识,又于其上立第八识之自体分,一切内境皆自体分为变现。其从诸识之自体分而现内境者,则果能变之相也。又第八识任持种子,一切法从此种子而转变。其诸法即从各自之种子而为现行。是因能变之相也。故大乘有依他,有圆成实,其有皆不离识。真如虽无所变,而识为实性,故言唯识。今二十部小乘皆计心外实有,如根本经部,虽立种子,然说色心互持。谓色与心皆任持种子,故仍不知唯识也。问:大乘宗谓第八识之自体分,任持一切漏、无漏种子,种子生现行,现行熏种子,三法展转,因果同时。故由此种子刹那刹那诸法现行,乃有色、心等法相续。今二十部之徒既不知此旨,如何又有诸法相续乎?答:如根本经部之鸠摩罗多谓:色心二法互持种子。由其种子念念现行,故诸法相续。又末经部立细之意识,谓此细之意识持种子,而诸法相续。此二者虽略与大乘近似,然如有部则不立种子,谓三世实有,法体恒有。于未来之内,有色、心、漏、无漏,诸法杂住。待因缘和合,次第起而现前。若是则有部所立仍是色心相续耳。问:过去已灭,未来未生,则过、未应为无体,如何可云实有?答:就于此义,婆沙有四评家:一、法救之说,谓仅依于类之不同,而体非有异。譬如以金狮子作象,虽狮象殊形,而金体则一。故从未来世至现在世,只是此时舍未来之类而得现在之类,其法体无移无舍。又从现在世至过去世,亦其时舍现在之类而得过去之类,其法体仍无移无舍也。而难之者则曰:若谓由类之异而有异,则离于法之自体,将以何者为类乎?若以诸有为法从未来世至现在世之时,为灭未来之类而得现在之类;从现在世至过去世之时,为舍现在之类而得过去之类,则是虽过去可谓之生,虽未来亦可谓之灭。得毋不契于理乎?此法救之说之缺点也。二、妙音之说,谓仅相之异而非体之异。盖以三世一一之法,咸具三世之相。先与其一相合时,亦不与余二相离。譬如一男子染污于一女人,而不可谓其于一切女人舍断染污心。故诸法住于过去世时,其法虽正与过去相合,然亦不与现、未离。又住于未来时,其法虽正与未来相合,然亦不与过、现离。而难之者则曰:若谓于相有异,则三世应杂乱。何以故?以既自谓于三世各各有三世相故也。三、世友之说,后当详论。四、觉天之说,谓三世之名以前后相对而起。如一妇人对于其母则称娘,对于其子则为母,而妇人自体非有差别。故诸法对于前之过、现名未来,对于后之现、未名过去,对于前之过去、后之未来名现在。而过、现、未之法体则一而已。然难之者则曰:如谓前后相对,则一一世之中应有多之三世,即一过去世有多之刹那。对后之刹那为过去,对前之刹那为未来,对前、后之刹那为现在。又一未来世亦有多之刹那,对后为过,对前为未,以中为现。又现在虽一刹那,而对前之过为未,对后之未为过。如是则三世失之凌乱矣!惟第三世友之说则谓依于位而异,决非依于体而异。如同一算筹,置之十位则名十,置之百位则名百,置之千若万位则名千若万。是所历之位虽有十、百、千、万之殊,而算筹则一而已。故经三世之位而得过、现、未之三名。其法体依然无异无别,即法至此位名未来,至此位名过去,至此位名现在。更显言之,则有为法未起作用时谓之未来世;正有作用时谓之现在世;作用已灭时谓之过去世是也。依此尊者之说而辨三世实有之宗义,则所谓法生灭者乃法之作用生灭,而法体则恒有者也,是故在昔虽多立法体生灭,而自护命僧正始说作用生灭,可谓契于有部之宗义者矣!夫法体为恒有,则虽从未来迁流于现在,非法体生;又从现在落谢于过去,非法体灭。其刹那生灭者,皆法之作用。更细辨之,则以色、心未作用之位名曰未来。盖远未来则用未生,近未来则只生相之位,而非已生。故为未作用以正作用之位,名曰现在,是用已生之位也。以已作用之位名曰过去,是用已灭之位也。虽在有部以正生为未来,正灭为现在,已灭为过去。然仍不谓法体生灭,以未来法虽起而入于现在,其现在之法体有,则未来之法体不能不有。又现在法虽灭而入于过去,其现在之法体有,则过去之法体亦不能不有。若执过、未无体,则不免于二失:一、缘无生识。夫无境则识不起,如过、未无体,则意识缘过、未时,岂非无所缘之境而识生乎?但在经部等本谓缘无而心起,惟大乘则约本质言虽缘无而心生,约相分言则必有体而后生识,缘无即心不起。今有部则不然,乃以缘无则识必不生为宗义者也。二、已谢之业将不能与果,谓已过去之业若为无体则不起与果之用。故论未来之果依何而起?则非说三世实有不可,是乃此宗之实义,亦此论之所宗也。次辨体者,有部之教体,于婆沙有二说:一说以名、句、文为教体,是非正义。依慈恩之意,则名、句、文是无记法,非可勤求之法。而教体则勤求而起者,经三无数劫,勤修无量之福德、智慧而引起乐求,自不可以无记之名、句、文等为教体也。然此义虽正,违于婆沙。婆沙之意,谓教体者必耳之所闻,名、句、文则意识所缘,非耳所闻者,故非教体。又一说以声为教体。慈恩之意,声通于善,三无数劫所勤求者教体为善之声,以福智资粮勤求而起,故不谓声为教体不可也。然此亦违于婆沙。婆沙声为耳之所取，故举为佛意所说。他之所闻若名、句、文，则意识之所取。今此教体为他之所闻，故以耳根所取、耳识所缘者为体，本与大乘异。而声摄于色蕴，名、句、文摄于行蕴，则共有实体者也。问：教体为善乎？为无记乎？答：婆沙谓：善心所发之声为善，无记心所发为无记。是教体通于善、无记也。六、七两科，文与易知，略而不说，至文自明。

　　此论以说一切有部为宗。慈恩判小乘二十部为六宗，贤首等皆承其说。所谓有部者，于六宗中当于法有我无宗。所谓法有者，在俱舍之显相，立五位七十五法而说三世实有，法体恒有。故其七十五法，虽于过去，虽于未来，其法之体恒有。而在有部则说时无别体，依法而立，故可以谓之未来者，则色、心等诸有为法之作用未起之前也；可以谓之过去者，则色、心等诸有为法之作用既灭之后也。但其未来、过去皆为实有，然则仍不得不谓为法体恒有也。故护命僧正从前虽以体生灭为宗，而自参新罗之智平大德以后，即改立用生灭，诚以色、心之体本不涉于生灭，不过具于其体上之用，以本无今有为生，且谓之体生；以有已还无为灭，且谓之体灭。盖生灭虽惟是用，而有其用者为体。不外以作用归于体而说生灭而已。此义乃对于无为法之体而立论。所以者何？无为之体，以无用故，不有生灭。今有为法之体有用。故示与彼有异也。至用生灭之义，则以体用相对。体不涉于生灭，而用有生灭。故于光记直谓：诸法生灭惟指用言。是则皆为三世实有之宗而法体为恒有也，惑者于此犹有谓：体生灭者为法之自体涉于生灭，则难之曰：若然，则未来为体未生，将谓未来无体；过去为体已灭，将谓过去无体乎？若惑者又谓：未来在未来中，生而灭，灭而生，相续以至现在，故未来有体。又过去亦在过去中生灭灭生，以有生灭相续，故过去亦有体。则应之曰：若然，则于未来有灭，于过去有生，不可谓非大邪见，且于未来所生者何乎？若云所生者作用，则应为现在。又于过去所生者何乎？若谓所生者作用，则亦应为现在。若谓于过、未用不生灭，惟体生灭，则于有部宗生之位为无用矣！辟此谬者，以丰山慈光所著《显宗记》为详，兹撮其要略云尔。

4.《杂心论》摘录

僧伽跋摩　等译

序品第一

古昔诸大师　于诸甚深法　多闻见圣迹　已说一切义。
精勤方便求　未曾得异分　阿毗昙心论　多闻者已说。
或有极总略　或复广无量　如是种种说　不顺修多罗。
光显善随顺　唯此论为最　无依虚空论　智者尚不了。
极略难解知　极广令智退　我今处中说　广说义庄严。

敬礼尊法胜　所说我顶受　我达摩多罗　说彼未曾说。
弟子咸劝请　毗昙毗婆沙　专精思惟义　贤众所应学。
正要易解了　离恼济群生。

复次，为显现清净烦恼对治，依《阿毗昙毗婆沙》所应故，大德法胜及我达摩多罗共庄严《杂阿毗昙心》，离诸广略，说真实义。问：且置真实义，云何名阿毗昙？云何名毗婆沙？答：于牟尼所说等谛第一义谛甚深义味，宣畅显说真实性义，名阿毗昙。又能显现修多罗义，如灯照明，是慧根性；若取自相则觉法是阿毗昙；若取众具是五阴性名者，诸论中胜，趣向解脱，是名阿毗昙。复次，毗婆沙者，于牟尼所说性真实义，问答、分别，究畅真要，随顺契经，开悦众心。所谓性相、名字，地依行缘，念智根定，世善及界，学见谛断义，缘方便得，亦离欲得。何处初起？摄相应，因缘果有果等，无量诸法、种种义生，说种种类、种种说，是名毗婆沙论。如佛、世尊略说二智：法智、比智，《毗婆沙》说无量分别。所谓彼法智者是无漏慧性，是智相；名者初知法故，是名法智。在六地依欲界十六行境界，四谛、四念处智即智相。三根三三昧相应。（三根者，喜、乐、舍也；三三昧，谓有觉有观、无觉有观、无觉无观也。）堕三世、缘三世及离世是善缘三种（谓善、不善、无记），是不系缘欲界及不系，是学、无学缘三种（谓学、无学、非学非无学也。），是不断缘三种（谓见谛断、修道断、不断也。）名缘及义，缘方便得，离欲得。欲界起，法界法入，行阴所摄，意界、法界、意识界相应。三因自性三因所生，四缘自性四缘所生。是初生无漏，依果及功用果，俱生者唯功用果，有果者三果，谓前二及解脱果，不说增上果。如是一切法应当知。问：已知久远缘起根本，《阿毗昙毗婆沙》说彼对治，何故说真实义？答：为知真实义故，若不分别，诸论难可了知。以不知，故实智不生；实智不生，故不知真实；不知真实故不见烦恼，诸行过恶，以不见过，故堕于恶趣。与彼相违，则生天解脱。问：已说所以说，当说真实义。答：是论于诸论中最为殊胜，具足、显示一切境界，于阿毗昙论增广智慧。五浊世增时，命、智慧、念皆悉损减。观察是等，于广大论闻持恐怖。为利自他略说真实。三时善说，哀愍外道、邪论诸师，远慕前胜正论法主及诸圣众。普于是中生大敬信，开发众生佛、法、僧念，故显示三宝真实功德，方造论端，故说是偈。

（金陵本《杂心论》卷一页一左行四至页三右行二）

《杂心论》卷一

《界品》摘录

[法的二种相]

（上略）法者，持也，持自性故名法；法有积聚，故名法聚；彼善法善法聚，不善、无记法亦如是。二者数名，相者相貌也。问：云何二相？答：自相及共相。自相者不共，即此非余，如碍相是色，如是比；共相者共此及余，如色无常，如是比。问：若碍相是色自相者，亦是共相；观四阴，故是自相；观十种色，故是共相，如是自相即共相观，故二种自相、共相则为不成。答：一自故碍者是色相，故名色自相；众色差别故说十种。汝言观故自相、共相不成者不然，何以故？不坏故，如父子，如果种，如苦、集谛，如听制。若观自相则非共相，若观共相则非自相，如一人亦名父，亦名子，以父故名子，以子故名父；若观父则不观子，若观子则不观父；若言不成者不然，何以故？已成故，是为父子义成。若善若恶、正见邪见于中广说，起无间业；若无父义，亦无无父邪见及有父正见；此若无者，净、秽亦无，净、秽无者，解脱亦无；若无无间业者，亦无因果；因果无者，一切法亦无，莫言非过，是故父子义成，不可已成更成；若已成更成，此则无穷，是故自相、共相义成。（下略）

（金陵本《杂心论》卷一页四至页五）

《杂心论》卷一

《界品》摘录
　［阴相］
（上略）阴相今当说。

　　若行离烦恼　　亦解脱诸漏　　此及前受阴　　是阴圣所说

若行离身见等诸烦恼及诸漏故，当知是无漏行；此诸无漏行及前说受阴是名为阴相。阴受、阴差别者，转、不转合是阴，转者是受阴。问：何者是？答：

　　所谓色受阴　　想行及与识　　是五阴次第　　粗细随顺说

是五阴，谓色阴、受、想、行、识阴。云何色阴？一切诸色过去、未来、现在如是广说：彼起已灭是说过去，未起未灭是说未来，已起未灭是说现在。在自身名为内，在他身及非众生数名为外。复次，内外义如入处说。粗者名有对，细者名无对。若言不成，是则不然，观故；观故不成者不然。若观粗则非细。染污名恶色，不染污名好色。过去、未来名为远，现在名为近；远义四种，如《行品》说，彼一切一向略说色阴，此名略非事略，如色阴，受、想、行、识亦如是，于中差别者，自身受名为内，他身受名为外，内缘、外缘方便力起，境界力起；粗者五识身，细者意地，染污、不染污，界、地亦如是，乃至识阴亦如是。行是行阴，外者众生、非众生数当知。问：色乃至识有何相？答：碍相是色相，随觉是受相，顺知是想相，造作是行相，分别是识相。彼过去色虽不碍，曾碍故；当来色虽未碍，当碍故；极微一一虽不碍，众微集则碍；无作虽不碍，以作色是碍，故彼亦碍，如树动影亦动，如色阴过去、未来，余四阴亦如是。问:何故前说色阴乃至识阴?答:是五阴次第、粗细随顺说。彼五阴中色阴最粗,五识依故,六识境界故,是故前说。受阴虽非色,行粗故,如色说,如我首、足等,痛受随转。如是乃至识阴最细,是故后说。复次,从不可知本际已来,男为女色,女为男色,染著处故,是故前说;乐受、贪故起色欲,想颠倒故起乐受、贪,烦恼故起想颠倒,依意故起烦恼。复次,二种色观故入佛法中为甘露门,谓不净观及安般念。彼不净观者观造色,安般念者观四大。是故前观色阴,观色已见、受过,见、受过已想不颠倒,想不颠倒已烦恼不行,烦恼不行已心则堪忍,此则顺说五阴。今当逆说,净、秽之生以心为本,故前观识阴,观识已烦恼薄,烦恼薄已起法想,起法想已则贪受不生,贪受不生故观察色,是故先说色阴乃至识阴。问:云何分别说色阴?答:

　　十种谓色入　　及无作假色　　是分别色阴　　牟尼之所说

十种谓色入者,眼、色、耳、声、鼻、香、舌、味、身、触;无作假色者,如《业品》说:是诸色一一说色阴。

　　所名为识阴　　此即是意入　　于十八界中　　亦复说七种

谓识阴即是意入,十八界中说七心界。

　　余则有三阴　　无作三无为　　是则说法入　　亦复说法界

余三阴者,受阴、想阴、行阴;无作三无为者,虚空、数灭、非数灭,此七法说法入,亦说法界。问:以何等故受、想别立阴,余心法立一行阴?答:

　　轮转于生死　　当知二诤根　　是故别受想　　建立二种阴

二事故众生轮转生死,谓乐受、贪及颠倒想;乐受、贪故行爱,倒想计著故行见。二诤根者习欲爱,贪欲缚从受生,见欲缚从想生,受修诸禅想修无色。复次,心法或根或非根,根法是受,非根法是想,是故随义说。问:五阴一切

是行,何故说一行阴?答:

五阴虽是行　而一受行名　有为法多故　说行阴非余

以行阴中有相应、不相应等,有为行多,相应者思、愿等,不相应者诸得等。问:一切悉是行阴,何故契经说一思为行阴非余?答:胜故,增上故,前故,作相是行相,彼思是作性。若有余阴悉入五阴中,今当如实说。

(金陵本《杂心论》卷一页七至页一〇)

《杂心论》卷一

《界品》摘录
[界]
(上略)问:所说十八界为种有十八、名有十八?答:

界种说十七　或说为十二　境界依者依　分别十八种

十八界或十七种或十二种,若取意界则失六识,若取六识则失意界,譬如别取树则失林,若取林则失树,指、拳等譬亦如是,若取意界则失六识,若取六识则失意界。问:若然者,云何说十八界?答:

境界依者依,分别十八种。

三事故说十八界。依故,依者故,境界故。依谓六依,眼界乃至意界;依者,谓六识界,眼识界乃至意识界;境界,谓六外界。若言阿罗汉最后心不生,后识非意界者,此则不然,以余缘故后识不续,如地无种。复次,因触故立十八界,眼触三因缘生,谓眼色识,如是乃至意,器故,食故,食者故;器谓眼界,食谓色界,食者谓眼识界。问:应说二十一界:二眼二耳二鼻为六,舌界、身界、七心界、六外界。答:

二眼说一界　以二一自故　耳鼻亦如是　二共说一界
　　为令身端严　彼皆不一一

虽有二眼而说一界,以一自故,共一四大造故;一自见故,非一自有二根。一识所依故,二眼眼识依,亦不应二根。一识依一人处故,一人境界亦俱受一人境界故。二眼共取一色,以一眼见色则不明了,二眼见色则明了,二耳二鼻成一界亦如眼说。为庄严身故,生二眼二耳二鼻,以一眼者人不爱敬故,是故眼等生二,身、舌生一。如佛世尊虽说种种界,悉入十八界中。今当次第说。

　　若有诸余界　世尊契经说　各随其自性　悉入十八界

若世尊说余界悉入十八界中,以三事故,依故,依者故,缘故。如世尊说:憍尸迦!世有种种界,谓诸见以界名说,彼悉入法界中;若彼说六十二界,如《多界经》说及余契经以界名说者,各随其义入十八界中。

　　　　　　　　　　　(金陵本《杂心论》卷一页十五至页十七)

《杂心论》卷一

《界品》摘录
[界入阴的差别]
问:界入阴何差别?答:

　　界说一切法　彼即十二入　除三无为法　余则说五阴

一切法说十八界,以不离依故,依者故,缘故;彼一切法即说十二入,七心界为意入,此即义差别。除三无为,余法说五阴,积聚势故。问:若一切法说界,界即是入,除三无为说阴,何故世尊三种说?答:

> 牟尼观众生　欲解根不同　性行愚差别　故说阴入界

众生三种欲解广、略、中,广者为说界,中者为说入,略者为说阴。软、中、上根亦如是。恃性憍逸为说界,性义是界义;恃财憍逸为说入,输门义是入义;恃命憍逸为说阴,以阴死法故;始行者为说界,少行者为说入,已行者为说阴;愚于色心为说界,愚于色为说入,愚于心法为说阴。问:阴入界有何义? 答:

> 聚积是阴义　输门义说入　种姓义说界　是三种差别

十一种无量色等总说色阴,如库藏,如军众,譬如四种军,其类各别,名为军众,色亦如是,虽有十一,同一色相,名为色阴,如阿毗昙说:善观色阴者一极微摄一界一入一阴少分;不善观者言:一极微摄一界一入一阴,如色阴,受、想、行、识阴亦如是。输门义说入者,通苦乐故。种姓义说界者,如一山中多有诸性:金性、银性等,如是一身中种种性各异,故说十八界。问:以何等故说十八界、十二入、五阴不增不减? 答:

> 境界依者依　度量法所应　是故界入阴　不增亦不减

界度量所应者六依,六依者六缘;彼依若增则非依,以无依者故;若减则依者无所依故,如是一切入亦以依缘为量。阴者何故染著色? 乐受著故;何故乐受著? 想颠倒故;何故想颠倒? 烦恼相应故;烦恼依意,意即依意,如所说意缘法生意识,离是依,更无余依故。

(金陵本《杂心论》卷一页十七至页十八)

《杂心论》卷二

《界品》摘录

[眼见非识见]

（上略）一界是见性者，一界是见性，谓眼界能视故。当知十六界及一界少分非见。问：云何见为眼见，为眼识见，为眼识相应慧见，为和合见？彼何所疑一切有过？若言眼见者，余识俱时何故不见？何故不俱得一切境界？若言眼识见者，识相非见相，无眼者亦应见；若言眼识相应慧见者，复以耳识相应慧闻耶？若言和合见者，此则不定，或时眼识二十二法，或二十一或十二？答：

自分眼见色　非彼眼识见　非慧非和合　不见障色故

自分眼见色，是故余识俱时则不见，以余识俱空，眼现在前，非自分故，以是因故不俱得一切境界；自分诸根不俱，识住根故名自分，无有二识俱行，无第二次第缘故。问：若眼离识不见色者，是则识见非眼见，眼复何用？答：识成彼则成，彼非分则因非分故，如受不离想，想不离受，彼亦如是。若眼识见者，谁复识耶？若慧见者，谁复知耶？若和合见者，此等诸法事业各异其义，有间则无和合；若和合见者则应有二决定自法，是义不然。若复眼识见者应见障色，以无对故。慧及和合亦复如是。以眼识无对、不识障色，谓不见者不然，应分别故；分别者应言何故眼识不识障色？应说眼一境界转故，眼识不识障色。眼有对，有对故不见障色，是故眼识不识。识应有二自性，若识若见，余亦如是。又复眼识见者何故不识？已知眼识不识障色，复应知眼一境界转，故当复说：碍有对依故，不识障色者不然，有、无对依故，眼识二种依眼及次第灭意；若有对依故不见障色者，无对依故应见障色。异说有过，眼是不共依，意是共依，不见障色者不然；依者于色等相非分，亦非眼是色故，眼识是色；亦非眼无缘故无缘，亦非眼不相应故不相应，如是等皆有过。复次，意亦是不共依，若依意眼识生，未曾依彼余识生，心一一相续转故。是故意亦是不共依。见识无闻，识即见者不然，四种不坏故，世尊说：见、闻、觉、识四种不坏；若识即见者，唯闻、觉、识三种，见即识，故不如是，是故当知：眼见识用分别建立四种者不然，不见障色先已说过，识见有闻名义各异，眼光照名为见，心随分别名为识。若复言眼见彼应称眼量者，彼自生过，识无限量故。识无限量世尊所说。如世尊说眼有见而谓识见者不然，如言意识法，复有余法于中识耶？若言即意识法者，当知眼亦如是。如所说梵志眼是门，为见色故，此见之异名，汝于所说妄解心、心法无方处而言出入者不然，即彼契经说：意是门，为识法故，更无异法于中识法，是故眼中即见。

（金陵本《杂心论》卷一页八至页一○）

《杂心论》卷二

《界品》摘录

［一切法自性摄］

（上略）云何摄法为自性、为他性？答：自性。何以故？

诸法离他性　各自住己性　故说一切法　自性之所摄

诸法离他性者，眼界离十七界，异性故，余界亦如是。不应说若离性是摄，以异相故，故说自性之所摄非他性。各自住己性者，一切性各住自相，此性非他相，故应说若住者是摄非余，故说一切法自性之所摄义。谓自性，自性不空，非余色色不空。又复说相持义是摄，如契经说：如楼观中心众材所依，为楼观之最，如所说：如綖持衣，如户枢持扇，如斧持薪；或说方便摄，如所说：此五根慧为首，谓摄故；或说和合摄，谓四摄事能摄众生；或说随顺摄，如所说：等见、等至、等方便是慧身；或摄取故名摄，谓和上以财法摄。此等世俗言说非究竟摄；自性自性摄者是究竟第一义、三段摄，此中说者是自性摄，如是自性摄不舍第一义故。已说自性摄，眼界摄一界一入一阴，不摄十七界十一入五阴。复次，右眼摄右眼，左眼摄左眼，眼二种长养及报，长养摄长养，报摄报；报复二种：善业报、不善业报，善业摄善业报，不善业报摄不善业报；不善业报三种，谓三恶趣：畜生摄畜生，饿鬼、地狱亦如是；善业报二种，谓人、天，人摄人，天摄天，过去摄过去，未来、现在乃至刹那摄刹那。

界中说一界　阴入亦复然　如是阴入界　则摄一切法

一界者法界，一入者意入，一阴者色阴也。

（此上《界品》说法相　此下《行品》说法生）

（金陵本《杂心论》卷一页二十三至页二十四）

《杂心论》卷三

《行品》摘录
［法生　法伴生之一——心、心所］
已说诸法自相住，法生今当说。若以诸法摄自性，谓以自力生者不然，何以故？

　　至竟无能生　用离等侣故　一切众缘力　诸法乃得生

至竟无能生，用离等侣故者，诸行自性羸劣，不能自生。问：若不自生，当云何生？答：一切众缘力，诸法乃得生，如人船相假得度彼岸，彼心、心法展转力生，摄受境界亦如是。先当说心、心法由伴生。

　　若彼心起时　是心必有俱　诸心法等聚　及不相应行

诸行展转相因生彼心，若依若缘若刹那生，彼心法等聚生。问：云何心法等聚？答：

　　想欲及触慧　念思与解脱　忆定及与受　此说心等聚

想者，于境界取像貌；欲者，于缘欲受；触者，于依缘心和合生触境界；慧者，于缘决定审谛；念者，于缘记不忘；思者，功德恶，俱相违，造作转心；解脱者，于缘作想，受彼限量，是事必尔；忆者，于缘发悟；定者，受缘不乱；受者，可乐、不可乐俱想，违于境界受。

　　一切心生时　是生圣所说　同共一缘行　亦复常相应

此十法一切善、不善、无记心俱生大地可得,故说大地。同共一缘行者,一切心同一缘转不相离,无二决定。亦复常相应者,展转共俱及与心俱,常相应办一事故。问:相应有何义?答:等义是相应义。问:心法或多或少,云何等义是相应义?答:事等故,若一心中一想二受者非相应,以一心一想生,余心法亦尔,以是故等义是相应义。复次,时、依、行、缘等义是相应义。时等者,一刹那时生故;依等者,若心以眼生,心法亦尔;行等者,若心行青生,心法亦尔;缘等者,若心缘色生,彼亦缘色。是故说常相应。已说心法通一切,不通今当说。

诸根有惭愧　信猗不放逸　不害精进舍　一切善心俱

诸根者,谓二善根:不贪不恚。于生及资生具坏贪著,名不贪;于众生数及非众生数坏瞋恚,名不瞋恚;于诸过恶自厌名为惭;于诸过恶羞他名为愧;于三宝四谛净心名为信;身心离恶名为猗息;作善方便,离恶不作名不放逸;不逼迫他名不害;断起、未起恶,生起、未起善,欲方便勤修不息名精进;心平等名为舍。此善十法通一切善心中,若有漏、无漏,五识相应,意识相应故,说善大地。已说善大地,烦恼大地今当说。

邪解不正忆　不顺智失念　不信懈怠乱　无时掉放逸

颠倒解名邪解脱;邪受境界名不正忆;颠倒决定名不顺智;邪记妄受名失念;于三宝四谛不净心名不信;不断起、未起恶,不生起、未起善,不勤方便名懈怠;境界所牵散随诸缘名为乱;前际等不知名无明;心躁动不息名为掉;离作善方便名放逸。

烦恼大地十　一切秽污心

烦恼大地十,一切秽污心者,此邪解脱等十法;一切染污心俱,谓欲界、色界、无色界、五识身、意识、地,是故说烦恼大地。问:睡亦一切秽污心俱,何故不立烦恼大地？答：顺正受故，谓众生睡速发定，是故不立。若大地、彼烦恼大地，应作四句：或有大地非烦恼大地，谓受、想、思、触、欲；或烦恼大地非大地，谓不信、懈怠、无明、掉、放逸；或大地亦烦恼大地，谓忆、解脱、念、定、慧；或非大地非烦恼大地，除上尔所事。已说烦恼大地，不善大地今当说。

　　无惭及无愧　　说不善大地

谓于诸过恶不自厌名无惭，于诸过恶不羞他名无愧，此二法一向不善，一切不善心相应，是故立不善大地中。已说不善大地，小烦恼大地今当说。

　　忿恨诳悭嫉　　恼谄覆高害　　如此诸烦恼　　说为小大地

于饶益、不饶益应作不作，非作反作，瞋相续生名为忿，于可欲、不可欲应作不作，非作反作，忿相续生名为恨；为欺彼故现承事相名为诳；于财、法惜著名为悭；于他利养、恭敬、名誉、功德不忍心忌名为嫉；不欲事会，所欲事乖，思惟心热名为恼；覆藏自性，曲顺时宜名为谄；为名利故，自隐过恶名为覆；方他姓族、财富、色力、梵行、持戒、智慧、正业，心自举恃名为高；欲逼迫他名为害。此十法说小烦恼大地。不通有故修道断，非见道断，在意地非五识，非一心俱生，行各异故，有一则无二。问：大地、善大地、烦恼大地、不善大地、小烦恼大地何差别？答：大地四种：善、不善、隐没无记、不隐没无记；善大地唯善；烦恼大地二种：不善及隐没无记；不善大地唯不善；小烦恼大地中，诳、谄、高、二种不善及隐没无记，余一向不善。

　　不善心品中　　心法二十一　　欲三见一减　　二见除三种

不善心品中，心法二十一者，不善谓欲界烦恼相应，除身见、边见，转成不爱果，故名不善。不善有八种：贪、恚、慢、疑、邪见、见取、戒取不共及彼相应无明。彼贪、恚、慢、疑心二十一法共生十大地及懈怠等十法，谓懈怠、无明、不信、放逸、掉、睡、觉、观、无惭、无愧。欲三见一减者，欲界邪见、见取、戒取，彼相应心二十法共生，除慧；二见除三种者，欲界身见、边见、彼相应心十八法共生，除慧及无惭、无愧，余如前说。除无惭、无愧，一向不善故，无两慧使见即慧故。

  欲善二十二 不共有二十 无记说十二 悔眠俱即增

欲善者，谓欲界净心转成爱果，有三种：生得及闻、思；彼心二十二法共生十大地、十善大地、觉、观。不共有二十者，不共名彼心独一，无明、烦恼有二十心法共生，除一烦恼。无记说十二者，欲界不隐没无记心四种：报生、威仪、工巧、变化心；彼四种无记心、十二心法共生十大地、觉、观。悔眠俱即增者，心追变名为悔，是善、不善、无记彼心品中增悔，余如前说。当知悔三种：善、不善及不隐没无记，非余自力故。毗婆沙者说：不欲令悔有无记，以悔捷利故。眠名身心昏昧，略缘境界名为眠，彼一切五品心俱生，即彼心品增眠，若悔眠俱生，于三品中增二。问：此说欲界心，色界复云何？答：

  初禅离不善 余知如欲有 禅中间除觉 于上观亦然

初禅无不善，彼有四品心：善、不共、隐没无记、不隐没无记。此诸心品除无惭、无愧，余如欲界说。彼善品二十二，爱、慢、疑俱生十九，五见及不共俱生有十八，不隐没无记十二，无惭、无愧一向不善故。彼色界、无色界无悔眠亦尔。禅中间除觉，余如初禅说。于上观亦然者，第二、第三、第四禅及无色界无观。已说心、心法伴力生。

            （金陵本《杂心论》卷一页一至页六）

《杂心论》卷三

《行品》摘录
  ［色法伴生］
色今当说：

极微在四根　十种应当知　身根九余八　谓是有香地

极微在四根,十种应当知者,四根十种极微共生,四大色、香、味、触,眼根、身根、耳、鼻、舌、根亦尔。身根九者,谓余身根有九种,彼唯有身根种,余如前说。余八者,离根、色、香、味、触极微八种。问:此诸极微何界说?答:谓是有香地,欲界中极微与香合,香味不相离,有香则有味,色界极微非揣食性,故离香味;色界四根极微八种,余身根极微七种,外极微六种。问:若眼根极微十种者,云何不眼即是色、即是余种?如是则法性杂乱,与阿毗昙相违,阿毗昙说:眼根一界一入一阴摄。答:二种极微:事极微、聚极微。事极微者,谓眼根极微即眼根微,余极微皆说自事;以事极微故,阿毗昙说眼根一界一入阴摄;聚极微者,众多事此中说聚极微,住自相故法相不杂乱,如心相应法其相各异,非为杂乱,彼亦如是,四种远义此品后当说。

《行品》此下,说(一)不相应行有为法的相。(二)六因。(三)四缘等。

（金陵本《杂心论》卷一页六至页七）

三、般若空宗

般若空宗之一

1.《道行般若波罗蜜经·分别品》
支娄迦谶　译

须菩提白佛言：云何阿阇浮菩萨学般若波罗蜜？佛言：当与善知识从事，当乐善知识，当善意随般若波罗蜜教。何等为随般若波罗蜜教？是菩萨所布施。当施与作阿耨多罗三耶三菩，莫得著色痛痒思想生死识。何以故？深般若波罗蜜萨芸若无所著。若持戒、忍辱、精进、禅定、智慧，当持是作阿耨多罗三耶三菩，莫得著色痛痒思想生死识。何以故？萨芸若无所著，无得乐阿罗汉、辟支佛道。阿阇浮菩萨稍入般若波罗蜜中。如是须菩提言：菩萨慊苦，欲得阿耨多罗三耶三菩。佛言：菩萨慊苦，安隐于世间护，为世间自归，为世间舍，为世间度，为世间台，为世间导。何等为菩萨为世间护？死生勤苦悉护教度脱，是为世间护。何等为世间自归？生老病死悉度之，是为世间自归。何等为世间舍？菩萨得阿耨多罗三耶三菩，阿惟三佛得怛萨阿竭名时，为世间说经无所著，是为世间舍。何等为无所著？色无著无缚。是色无所从生，无所从灭，痛痒思想生死识亦尔。诸法亦无著无缚，如是何等为世间度？是色、非色为度；痛痒思想生死识，是识、非识为度。度为诸法。须菩提言：如佛所说度为诸法，得阿惟三佛，何以故？无所著耶？佛言如是：无所著菩萨为慊苦，念法不懈，得阿耨多罗三耶三菩，阿惟三佛因说经，是亦为世间度。何等为世间台？譬若水中台，其水两避行。色痛痒思想生死识过去当来，今现在两断。如是断者，诸法亦断。设使诸法断者，是为定，是为甘露，是为泥洹。菩萨念法不懈，得阿惟三佛，是为世间台。何等为世间导？

菩萨得阿惟三佛，便说色痛痒思想生死识空，说诸法空。是亦无所从来，亦无所从去。诸法空，诸法无有想，诸法无有处，诸法无有识，诸法无所从生，诸法定，诸法如梦，诸法如一，诸法如幻，诸法无有边，诸法无有是，皆等无有异。须菩提白佛言：般若波罗蜜甚深，谁当了是耶？佛言：菩萨求以来大久远，乃从过去佛时于其所作功德以来，如是辈人乃晓知深般若波罗蜜耳！须菩提言：何谓求以来大久远？佛言：去离于色痛痒思想生死识，无复有尔，乃晓知是深般若波罗蜜。须菩提言：是菩萨为世间导耶？佛言：如是菩萨得阿惟三佛，为不可计阿僧祇人作导。须菩提言：菩萨为懈苦，是为摩诃僧那僧涅，为般泥洹不可计阿僧祇人。佛言：如是菩萨为懈苦，是为摩诃僧那僧涅，是故为僧那僧涅无缚，色痛痒思想生死识无缚，亦不于阿罗汉、辟支佛，亦不于萨芸若。诸法无缚，是故为僧那僧涅。须菩提言：菩萨求深般若波罗蜜，不当索三处。佛言：何因缘菩萨求深般若波罗蜜不当索三处？须菩提言：般若波罗蜜甚深，亦不可有守者，亦不无守者。从般若波罗蜜中为无所出法，守般若波罗蜜为守空，守般若波罗蜜为守诸法，守般若波罗蜜为守无所有，守般若波罗蜜为守无所著。佛言：在般若波罗蜜中者，当知是阿惟越致菩萨。于深般若波罗蜜中无所适著，终不随他人语，不信余道。心不恐畏、不懈怠，从过去佛问是深经中慧。今闻深般若波罗蜜，心续不恐畏、不懈怠。须菩提白佛言：若有菩萨闻深般若波罗蜜心不恐畏、不懈怠，何因缘当念般若波罗蜜中观视？佛言：心向萨芸若，是为观视般若波罗蜜。须菩提言：何谓心向萨芸若？佛言：心向空，是为观萨芸若。观萨芸若，是为不观不可计萨芸若，如不可计色为非色，如不可计痛痒思想生死识为非识。亦不入，亦不出；亦不得，亦不知，亦不有知，亦不无知；亦无所生，亦无所败，亦无所作者；亦无所从来，亦无所从去；亦无所见，亦无所在。如是不可限空，不可计，萨芸若不可计。无有作佛者，无有得佛者，无有从色痛痒思想生死识中得佛者。亦不从檀波罗蜜、尸波罗蜜、羼提波罗蜜、惟逮波罗蜜、禅波罗蜜、般若波罗蜜得佛也。爱欲天子、梵天子白佛言：般若波罗蜜甚深，难晓、难了、难知。佛语诸天子：深般若波罗蜜甚深，难晓、难了、难知。怛萨阿竭安隐甚深，是经悉知阿惟三佛，无有作阿惟三佛，亦无有阿惟三佛。是经如空、甚深，无有与等者。如诸法无所从来，无所从去。爱欲天子、梵天子等白佛言：诸世间人稀有信是深经者。世间人所欲皆著，愍念之故，当为说是深经耳。

佛言:如是诸天子！世间人稀有信是深经者,所欲皆著,愍念是世间人,故当为说深经耳。

（钱塘本《道行般若波罗蜜经》卷五页十四左行七至页十七右行七）

2.《大般若经(第十会)·般若理趣分》
玄 奘 译

《大般若经(第十会)·般若理趣分》序
玄 则 撰

　　般若理趣分者,盖乃核诸会之旨归,绾积篇之宗绪。眇词筌而动眷,烛意象以兴言。是以瞬德宝之所丛,则金刚之慧为极;睎观照之攸炫,则圆镜之智居尊。所以上集天宫,因自在而为心表;傍开宝殿,寄摩尼而作说标。明般若之胜规,乃庶行之渊府。故能长驱大地,枕策上乘。既得一以仪真,且吹万以甄俗。行位兼积,耸德山而秀峙;句义毕圆,吞教海而澄廓。尔其摄真净器,入广大轮。性印磊以成文,智冠巍以腾质。然后即灌顶位,披总持门。以寂灭心,住平等性。涤除戏论,说无所说。绝弃妄想,思不可思。足使愉忿共情,亲怨等观。名字斯假,同法界之甚深;障漏未销,均菩提之远离。信乎！心凝旨夐,义皎词明。言理则理邃环中,谈趣则趣冲垓表。虽一轴单译,而具该诸分。若不留连此旨,咀咏斯文,何能指晤遥津,搜奇密藏矣？

（《大正大藏经》第七卷般若部四页九八六右）

大般若波罗蜜多经卷第五百七十八
第十般若理趣分

玄奘 译

如是我闻：一时薄伽梵妙善成就一切如来金刚，住持平等性智、种种稀有殊胜功德，已能善获一切如来灌顶宝冠超过三界，已能善得一切如来遍金刚智大观自在，已得圆满一切如来决定诸法大妙智印，已善圆证一切如来毕竟空寂平等性印。于诸能作、所作事业皆得善巧，成办无余。一切有情种种希愿随其无罪皆能满足。已善安住，三世平等，常无断尽，广大遍照身、语心性，犹若金刚等诸如来无动无坏。是薄伽梵住欲界顶他化自在天王宫中，一切如来常所游处，咸共称美大宝藏殿。其殿无价，末尼所成，种种珍奇间杂严饰。众色交映，放大光明。宝铎、金铃处处悬列，微风吹动，出和雅音。绮盖缯幡，花幢彩拂，宝珠璎珞，半满月等，种种杂饰而用庄严。贤圣天仙之所爱乐，与八十亿大菩萨俱。一切皆具陀罗尼门、三摩地门，无碍妙辩，如是等类无量功德。设经多劫赞不能尽，其名曰金刚手菩萨摩诃萨、观自在菩萨摩诃萨、虚空藏菩萨摩诃萨、金刚拳菩萨摩诃萨、妙吉祥菩萨摩诃萨、大空藏菩萨摩诃萨、发心即转法轮菩萨摩诃萨、摧伏一切魔怨菩萨摩诃萨。如是上首有八百万大菩萨众前后围绕，宣说正法。初、中、后善，文义巧妙，纯一圆满，清白梵行。

尔时世尊为诸菩萨说一切法，甚深微妙般若理趣清净法门。此门即是菩萨句义。云何名为菩萨句义？谓极妙乐清净句义是菩萨句义，诸见永寂清净句义是菩萨句义，微妙适悦清净句义是菩萨句义，渴爱永息清净句义是菩萨句义，胎藏超越清净句义是菩萨句义，众德庄严清净句义是菩萨句义，意极猗适清净句义是菩萨句义，得大光明清净句义是菩萨句义，身善安乐清净句义是菩萨句义，语善安乐清净句义是菩萨句义，意善安乐清净句义是菩萨句义，色蕴空寂清净句义是菩萨句义，受、想、行、识蕴空寂清净句义是菩萨句义；眼处空寂清净句义是菩萨句义，耳、鼻、舌、身、意处空寂清净句义是菩萨句义，色处空寂清净句义是菩萨句义，声、香、味、触、法处空寂清净句义是菩萨句义；眼界空寂清净句义是菩萨句义，耳、鼻、舌、身、意界空寂清净句义是菩萨句义,色界空寂清净句义是菩萨句义,声、香、味、触、法界空寂清净句义是菩萨句义;眼识界空寂清净句义是菩萨句义,耳、鼻、舌、身、意识界空寂清净句义是菩萨句义;眼触空寂清净句义是菩萨句义,耳、鼻、舌、身、意触空寂清净句义是菩萨句义;眼触为缘所生,诸受空寂清净句义是菩萨句义,耳、鼻、舌、身、意触为缘所生,诸受空寂清净句义是菩萨句义;地界空寂清净句义是菩萨句义,水、火、风、空识界空寂清净句义是菩萨句义;苦圣谛空寂清净句义是菩萨句义,集、灭、道圣谛空寂清净句义是菩萨句义;因缘空寂清净句义是菩萨句义,等无间缘、所缘缘、增上缘空寂清净句义是菩萨句义;无明空寂清净句义是菩萨句义,行、识、名色、六处、触、受、爱、取、有、生、老、死空寂清净句义是菩萨句义,布施波罗蜜多空寂清净句义是菩萨句义,净戒、安忍、精进、静虑般若波罗蜜多空寂清净句义是菩萨句义,真如空寂清净句义是菩萨句义,法界、法性、不虚妄性、不变异性、平等性、离生性、法定、法住、实际、虚空界、不思议界空寂清净句义是菩萨句义,四静虑空寂清净句义是菩萨句义,四无量、四无色定空寂清净句义是菩萨句义,四念住空寂清净句义是菩萨句义,四正断、四神足、五根、五力、七等觉支、八圣道支空寂清净句义是菩萨句义,空解脱门空寂清净句义是菩萨句义,无相、无愿解脱门空寂清净句义是菩萨句义,八解脱空寂清净句义是菩萨句义,八胜处、九次第定、十遍处空寂清净句义是菩萨句义;极喜地空寂清净句义是菩萨句义,离垢地、发光地、焰慧地、极难胜地、现前地、远行地、不动地、善慧地、法云地空寂清净句义是菩萨句义,净观地空寂清净句义是菩萨句义;种性地、第八地、具见地、薄地、离欲地、已办地、独觉地、菩萨地、如来地空寂清净句义是菩萨句义;一切陀罗尼门空寂清净句义是菩萨句义,一切三摩地门空寂清净句义是菩萨句义;五眼空寂清净句义是菩萨句义,六神通空寂清净句义是菩萨句义,如来十力空寂清净句义是菩萨句义,四无所畏、四无碍解、大慈大悲、大喜大舍、十八佛不共法空寂清净句义是菩萨句义,三十二相空寂清净句义是菩萨句义,八十随好空寂清净句义是菩萨句义,无忘失法空寂清净句义是菩萨句义,恒住舍性空寂清净句义是菩萨句义,一切智空寂清净句义是菩萨句义;道相智、一切相智空寂清净句义是菩萨句义;一切菩萨摩诃萨行空寂清净句义是菩萨句义,诸佛无上正等菩提空寂清净句义是菩萨句义;一切异生法空寂清净句义是菩萨句义,一切预流、一来、不还、阿罗汉、独觉、菩萨、如来法空寂清净句义是菩萨句义；一切善、非善法空寂清净句义是菩萨句义，一切有记、无记法，有漏、无漏法，有为、无为法，世间、出世间法空寂清净句义是菩萨句义。所以者何？以一切法自性空故，自性远离；由远离故，自性寂静；由寂静故，自性清净；由清净故，甚深般若波罗蜜多最胜清净。如是般若波罗蜜多当知即是菩萨句义。诸菩萨众皆应修学。佛说如是菩萨句义般若理趣清净法已，告金刚手菩萨等言：若有得闻此一切法甚深微妙般若理趣清净法门深信受者，乃至当坐妙菩提座，一切障盖皆不能染，谓烦恼障、业障、报障虽多积集而不能染；虽造种种极重恶业而易消灭，不堕恶趣。若能受持，日日读诵，精勤无间，如理思惟，彼于此生定得一切法平等性金刚等持，于一切法皆得自在，恒受一切胜妙喜乐。当经十六大菩萨生，定得如来执金刚性，疾证无上正等菩提。

尔时世尊复依遍照如来之相，为诸菩萨宣说般若波罗蜜多一切如来寂静法性甚深理趣现等觉门，谓金刚平等性现等觉门，以大菩提坚实难坏，如金刚故；义平等性现等觉门，以大菩提其义一故；法平等性现等觉门，以大菩提自性净故；一切法平等性现等觉门，以大菩提于一切法无分别故。佛说如是寂静法性般若理趣现等觉已，告金刚手菩萨等言：若有得闻如是四种般若理趣现等觉门，信解受持，读诵修习，乃至当坐妙菩提座，虽造一切极重恶业而能超越一切恶趣，疾证无上正等菩提。尔时世尊复依调伏一切恶法释迦牟尼如来之相，为诸菩萨宣说般若波罗蜜多摄受一切法平等性甚深理趣普胜法门，谓贪欲性无戏论故，瞋恚性亦无戏论故；瞋恚性无戏论故，愚痴性亦无戏论；愚痴性无戏论故，犹豫性亦无戏论；犹豫性无戏论故，诸见性亦无戏论；诸见性无戏论故，憍慢性亦无戏论；憍慢性无戏论故，诸缠性亦无戏论；诸缠性无戏论故，烦恼垢性亦无戏论；烦恼垢性无戏论故，诸恶业性亦无戏论；诸恶业性无戏论故，诸果报性亦无戏论；诸果报性无戏论故，杂染法性亦无戏论；杂染法性无戏论故，清净法性亦无戏论；清净法性无戏论故，一切法性亦无戏论；一切法性无戏论故，当知般若波罗蜜多亦无戏论。佛说如是调伏众恶般若理趣普胜法已，告金刚手菩萨等言：若有得闻如是般若波罗蜜多甚深理趣，信解受持，读诵修习，假使杀害三界所摄一切有情，而不由斯复堕于地狱、傍生、鬼界，以能调伏一切烦恼及随烦恼恶业等故，常生善趣，受胜妙乐，修诸菩萨摩诃萨行，疾证无上正等菩提。

尔时世尊复依性净如来之相，为诸菩萨宣说般若波罗蜜多一切法平等性观自在妙智印甚深理趣清净法门，谓一切贪欲本性清净，极照明故，能令世间瞋恚清净；一切瞋恚本性清净，极照明故，能令世间愚痴清净；一切愚痴本性清净，极照明故，能令世间疑惑清净；一切疑惑本性清净，极照明故，能令世间见趣清净；一切见趣本性清净，极照明故，能令世间憍慢清净；一切憍慢本性清净，极照明故，能令世间缠结清净；一切缠结本性清净，极照明故，能令世间垢秽清净；一切垢秽本性清净，极照明故，能令世间恶法清净；一切恶法本性清净，极照明故，能令世间生死清净；一切生死本性清净，极照明故，能令世间诸法清净；以一切法本性清净，极照明故，能令世间有情清净；一切有情本性清净，极照明故，能令世间一切智清净；以一切智本性清净，极照明故，能令世间甚深般若波罗蜜多最胜清净。佛说如是平等智印般若理趣清净法已，告金刚手菩萨等言：若有得闻如是般若波罗蜜多清净理趣，信解受持，读诵修习，虽住一切贪、瞋、痴等客尘、烦恼、垢秽聚中，而犹莲华不为一切客尘、垢秽、过失所染，常能修习菩萨胜行，疾证无上正等菩提。

尔时世尊复依一切三界胜主如来之相，为诸菩萨宣说般若波罗蜜多一切如来和合灌顶甚深理趣智藏法门，谓以世间灌顶位施，当得三界法王位果；以出世间无上义施，当得一切希愿满足；以出世间无上法施，于一切法当得自在；若以世间财、食等施，当得一切身、语、心乐；若以种种财、法等施，能令布施波罗蜜多速得圆满，受持种种清净禁戒，能令净戒波罗蜜多速得圆满。于一切事修学安忍，能令安忍波罗蜜多速得圆满；于一切时修习精进，能令精进波罗蜜多速得圆满；于一切境修行静虑，能令静虑波罗蜜多速得圆满；于一切法常修妙慧，能令般若波罗蜜多速得圆满。佛说如是灌顶法门般若理趣智藏法已，告金刚手菩萨等言：若有得闻如是灌顶甚深理趣智藏法门，信解受持，读诵修习，速能满足诸菩萨行，疾证无上正等菩提。

尔时世尊复依一切如来智印，持一切佛秘密法门如来之相，为诸菩萨宣说般若波罗蜜多一切如来住持智印甚深理趣金刚法门，谓具摄受一切如来金刚身印，当证一切如来法身；若具摄受一切如来金刚语印，于一切法当得自在；若具摄受一切如来金刚心印，于一切定当得自在；若具摄受一切如来金刚智印，能得最上妙身、语、心，犹若金刚无动无坏。佛说如是如来智印般若理趣金刚法已，告金刚手菩萨等言：若有得闻如是智印甚深理趣金刚法门,信解受持,读诵修习,一切事业皆能成办,常与一切胜事和合,所欲修行一切胜智、诸胜福业皆速圆满,当获最胜净身、语、心,犹若金刚不可破坏,疾证无上正等菩提。

尔时世尊复依一切无戏论法如来之相,为诸菩萨宣说般若波罗蜜多甚深理趣轮字法门,谓一切法空,无自性故;一切法无相,离众相故;一切法无愿,无所愿故;一切法远离,无所著故;一切法寂静,永寂灭故;一切法无常,性常无故;一切法无乐,非可乐故;一切法无我,不自在故;一切法无净,离净相故;一切法不可得,推寻其性不可得故;一切法不思议,思议其性无所有故;一切法无所有,众缘和合,假施设故;一切法无戏论,本性空寂,离言说故;一切法本性净,甚深般若波罗蜜多本性净故。佛说如是离诸戏论般若理趣轮字法已,告金刚手菩萨等言:若有得闻此无戏论般若理趣轮字法门,信解受持,读诵修习,于一切法得无碍智,疾证无上正等菩提。

尔时世尊复依一切如来轮摄如来之相,为诸菩萨宣说般若波罗蜜多入广大轮甚深理趣平等性门,谓入金刚平等性,能入一切如来性轮故;入义平等性,能入一切菩萨性轮故;入法平等性,能入一切法性轮故;入蕴平等性,能入一切蕴性轮故;入处平等性,能入一切处性轮故;入界平等性,能入一切界性轮故;入谛平等性,能入一切谛性轮故;入缘起平等性,能入一切缘起性轮故;入宝平等性,能入一切宝性轮故;入食平等性,能入一切食性轮故;入善法平等性,能入一切善法性轮故;入非善法平等性,能入一切非善法性轮故;入有记法平等性,能入一切有记法性轮故;入无记法平等性,能入一切无记法性轮故;入有漏法平等性,能入一切有漏法性轮故;入无漏法平等性,能入一切无漏法性轮故;入有为法平等性,能入一切有为法性轮故;入无为法平等性,能入一切无为法性轮故;入世间法平等性,能入一切世间法性轮故;入出世间法平等性,能入一切出世间法性轮故;入异生法平等性,能入一切异生法性轮故;入声闻法平等性,能入一切声闻法性轮故;入独觉法平等性,能入一切独觉法性轮故;入菩萨法平等性,能入一切菩萨法性轮故;入如来法平等性,能入一切如来法性轮故;入有情平等性,能入一切有情性轮故;入一切平等性,能入一切性轮故。佛说如是入广大轮般若理趣平等性已,告金刚手菩萨等言:若有得闻如是轮性甚深理趣平等性门,信解受持,读诵修习,能善悟入诸平等性,疾证无上正等菩提。

尔时世尊复依一切广受供养真净器田如来之相,为诸菩萨宣说般若波罗蜜多一切供养甚深理趣无上法门,谓发无上正等觉心,于诸如来广设供养;摄护正法,于诸如来广设供养;修行一切波罗蜜多,于诸如来广设供养;修行一切菩提分法,于诸如来广设供养;修行一切总持、等持,于诸如来广设供养;修行一切五眼、六通,于诸如来广设供养;修行一切静虑、解脱,于诸如来广设供养;修行一切慈悲喜舍,于诸如来广设供养;修行一切佛不共法,于诸如来广设供养;观一切法若常若无常皆不可得,于诸如来广设供养;观一切法若乐若苦皆不可得,于诸如来广设供养;观一切法若我若无我皆不可得,于诸如来广设供养;观一切法若净若不净皆不可得,于诸如来广设供养;观一切法若空若不空皆不可得,于诸如来广设供养;观一切法若有相若无相皆不可得,于诸如来广设供养;观一切法若有愿若无愿皆不可得,于诸如来广设供养;观一切法若远离若不远离皆不可得,于诸如来广设供养;观一切法若寂静若不寂静皆不可得,于诸如来广设供养;于深般若波罗蜜多书写听闻,受持读诵,思惟修习,广为有情宣说流布;或自供养,或转施他,于诸如来广设供养。佛说如是真净供养甚深理趣无上法已,告金刚手菩萨等言:若有得闻如是供养般若理趣无上法门,信解受持,读诵修习,速能圆满诸菩萨行,疾证无上正等菩提。

尔时世尊复依一切能善调伏如来之相,为诸菩萨宣说般若波罗蜜多摄受智密,调伏有情甚深理趣智藏法门,谓一切有情平等性即忿平等性,一切有情调伏性即忿调伏性,一切有情真法性即忿真法性,一切有情真如性即忿真如性,一切有情法界性即忿法界性,一切有情离生性即忿离生性,一切有情实际性即忿实际性,一切有情本空性即忿本空性,一切有情无相性即忿无相性,一切有情无愿性即忿无愿性,一切有情远离性即忿远离性,一切有情寂静性即忿寂静性,一切有情不可得性即忿不可得性,一切有情无所有性即忿无所有性,一切有情难思议性即忿难思议性,一切有情无戏论性即忿无戏论性,一切有情如金刚性即忿如金刚性。所以者何?一切有情真调伏性即是无上正等菩提,亦是般若波罗蜜多,亦是诸佛一切智智。佛说如是能善调伏甚深理趣智藏法已,告金刚手菩萨等言:若有得闻如是调伏般若理趣智藏法门,信解受持,读诵修习,能自调伏忿、恚等过,亦能调伏一切有情,常生善趣,受诸妙乐,现世怨敌皆起慈心,能善修行诸菩萨行,疾证无上正等菩提。

尔时世尊复依一切能善建立性平等法如来之相,为诸菩萨宣说般若波罗蜜多一切法性甚深理趣最胜法门,谓一切有情性平等故,甚深般若波罗蜜多亦性平等;一切法性平等故,甚深般若波罗蜜多亦性平等;一切有情性调伏故,甚深般若波罗蜜多亦性调伏;一切法性调伏故,甚深般若波罗蜜多亦性调伏;一切有情有实义故,甚深般若波罗蜜多亦有实义;一切法有实义故,甚深般若波罗蜜多亦有实义;一切有情即真如故,甚深般若波罗蜜多亦即真如;一切法即真如故,甚深般若波罗蜜多亦即真如;一切有情即法界故,甚深般若波罗蜜多亦即法界;一切法即法界故,甚深般若波罗蜜多亦即法界;一切有情即法性故,甚深般若波罗蜜多亦即法性;一切法即法性故,甚深般若波罗蜜多亦即法性;一切有情即实际故,甚深般若波罗蜜多亦即实际;一切法即实际故,甚深般若波罗蜜多亦即实际;一切有情即本空故,甚深般若波罗蜜多亦即本空;一切法即本空故,甚深般若波罗蜜多亦即本空;一切有情即无相故,甚深般若波罗蜜多亦即无相;一切法即无相故,甚深般若波罗蜜多亦即无相;一切有情即无愿故,甚深般若波罗蜜多亦即无愿;一切法即无愿故,甚深般若波罗蜜多亦即无愿;一切有情即远离故,甚深般若波罗蜜多亦即远离;一切法即远离故,甚深般若波罗蜜多亦即远离;一切有情即寂静故,甚深般若波罗蜜多亦即寂静;一切法即寂静故,甚深般若波罗蜜多亦即寂静;一切有情不可得故,甚深般若波罗蜜多亦不可得;一切法不可得故,甚深般若波罗蜜多亦不可得;一切有情无所有故,甚深般若波罗蜜多亦无所有;一切法无所有故,甚深般若波罗蜜多亦无所有;一切有情不思议故,甚深般若波罗蜜多亦不思议;一切法不思议故,甚深般若波罗蜜多亦不思议;一切有情无戏论故,甚深般若波罗蜜多亦无戏论;一切法无戏论故,甚深般若波罗蜜多亦无戏论;一切有情无边际故,甚深般若波罗蜜多亦无边际;一切法无边际故,甚深般若波罗蜜多亦无边际;一切有情有业用故,当知般若波罗蜜多亦有业用;一切法有业用故,当知般若波罗蜜多亦有业用。佛说如是性平等性甚深理趣最胜法已,告金刚手菩萨等言:若有得闻如是平等般若理趣最胜法门,信解受持,读诵修习,则能通达平等法性甚深般若波罗蜜多,于法有情心无挂碍,疾证无上正等菩提。

尔时世尊复依一切住持藏法如来之相,为诸菩萨宣说般若波罗蜜多一切有情住持遍满甚深理趣胜藏法门,谓一切有情皆如来藏,普贤菩萨自体遍故;一切有情皆金刚藏,以金刚藏所灌洒故;一切有情皆正法藏,一切皆随正语转故;一切有情皆妙业藏,一切事业加行依故。佛说如是有情住持甚深理趣胜藏法已,告金刚手菩萨等言:若有得闻如是遍满般若理趣胜藏法门,信解受持,读诵修习,则能通达胜藏法性,疾证无上正等菩提。尔时世尊复依究竟无边际法如来之相,为诸菩萨宣说般若波罗蜜多究竟住持法义平等金刚法门,谓甚深般若波罗蜜多无边故,一切如来亦无边;甚深般若波罗蜜多无际故,一切如来亦无际;甚深般若波罗蜜多一味故,一切法亦一味;甚深般若波罗蜜多究竟故,一切法亦究竟。佛说如是无边无际究竟理趣金刚法已,告金刚手菩萨等言:若有得闻如是究竟般若理趣金刚法门,信解受持,读诵修习,一切障法皆悉消除,定得如来执金刚性,疾证无上正等菩提。尔时世尊复依遍照如来之相,为诸菩萨宣说般若波罗蜜多得诸如来秘密法性及一切法无戏论性、大乐金刚不空神咒金刚法性,初、中、后位最胜第一甚深理趣无上法门,谓大贪等最胜成就令大菩萨大乐最胜成就;大乐最胜成就令大菩萨一切如来大觉最胜成就;一切如来大觉最胜成就令大菩萨降伏一切大魔最胜成就;降伏一切大魔最胜成就令大菩萨普大三界自在最胜成就;普大三界自在最胜成就令大菩萨能无遗余,拔有情界,利益、安乐一切有情,毕竟大乐最胜成就。所以者何?乃至生死,流转住处,有胜智者齐此,常能以无等法饶益有情,不入寂灭;又以般若波罗蜜多方便善巧成立胜智,善办一切清净事业,能令诸有皆得清净;又以贪等调伏世间,普遍恒时乃至诸有,皆令清净,自然调伏;又如莲华,形色光净,不为一切秽物所染。如是贪等饶益世间,住过有过,常不能染。又大贪等能得清净,大乐大财,三界自在,常能坚固、饶益有情。尔时如来即说神咒:

纳慕薄伽筏帝(一),钵剌壤波啰弭多曳(二),薄底(丁履反)筏擦(七葛反)罗曳(三),鼍跛履弭多窭拏曳(四),萨缚咀他揭多跛履布视多曳(五),萨缚咀他揭多奴壤多奴壤多邻壤多曳(六),咀侄他(七),钵剌吟(一弟反)钵剌吟(八),莫诃钵喇吟(九),钵剌壤婆娑羯囉(十),钵剌壤路迦羯囉(十一),案驮迦啰毗谈末涇(十二),悉递(十三),苏悉递(十四),悉殿都漫薄伽筏底(十五),萨防伽孙达囉(十六),薄底筏擦囉(十七),钵剌娑履多喝悉帝(十八),参磨湿嚩婆羯囉(十九),勃陀勃陀(二十),悉陀悉陀(二十一),剑波剑波(二十二),浙罗浙罗(二十三),曷逻嚩曷逻嚩(二十四),阿揭车阿揭车(二十五),薄伽筏底(二十六),么毗滥婆(二十七),莎诃(二十八)。

如是神咒三世诸佛皆共宣说,同所护念,能受持者一切障灭,随心所欲,无不成办,疾证无上正等菩提。尔时如来复说神咒:

纳慕薄伽筏帝(一),钵剌壤波啰弭多曳(二),咀侄他(三),牟尼达谶(四),僧揭洛诃达谶(五),遏奴揭洛诃达谶(六),毗目底达谶(七),萨驮奴揭洛诃达谶(八),吠室洛末拏达谶(九),参漫多奴跛履筏刺咀那达谶(十),篓拏僧揭洛诃达谶(十一),萨缚迦罗跛履波刺那达谶(十二),莎诃(十三)。

如是神咒是诸佛母,能诵持者一切罪灭。常见诸佛得宿住智,疾证无上正等菩提。尔时如来复说神咒:

纳慕薄伽筏帝(一),钵刺壤波啰弭多曳(二),咀侄他(三),室曬曳(四),室曬曳(五),室曬曳(六),室曬曳细(七),莎诃(八)。

如是神咒具大威力,能受持者业障消除,所闻正法总持不忘,疾证无上正等菩提。尔时世尊说是咒已,告金刚手菩萨等言:若诸有情于每日且至心听诵如是般若波罗蜜多甚深理趣最胜法门无间断者,诸恶业障皆得消灭,诸胜喜乐常现在前,大乐金刚不空神咒现身必得,究竟成满一切如来金刚秘密最胜成就,不久当得大执金刚及如来性。若有情类未多佛所植众善根,久发大愿,于此般若波罗蜜多甚深理趣最胜法门不能听闻,书写,读诵,供养恭敬,思惟修习;要多佛所植众善根久发大愿,乃能于此甚深理趣最胜法门,下至听闻一句一字,况能具足读诵受持。若诸有情供养恭敬,尊重赞叹八十殑伽沙等俱胝那庾多佛,乃能具足闻此般若波罗蜜多甚深理趣。若地方所流行此经,一切天、人、阿素洛等皆应供养,如佛制多。有置此经在身或手,诸天、人等皆应礼敬。若有情类受持此经,多俱胝劫,得宿住智,常勤精进,修诸善法,恶魔外道不能稽留,四大天王及余天众常随拥卫,未曾暂舍,终不横死,狂遭衰患。诸佛、菩萨常共护持,令一切时善增恶灭,于诸佛土随愿往生,乃至菩提,不堕恶趣。诸有情类受持此经,定获无边胜利功德。我今略说如是少分。时薄伽梵说是经已,金刚手等诸大菩萨及余天众闻佛所说皆大欢喜,信受奉行。

(《大正大藏经》第七卷般若部三(四)页九八六右至页九九一左)

3. 第十六般若波罗蜜多分
玄奘 译

佛告善勇猛菩萨摩诃萨：汝先所问，世尊处处为诸菩萨摩诃萨众宣说般若波罗蜜多，何谓般若波罗蜜多者？汝等当知：实无少法可名般若波罗蜜多，甚深般若波罗蜜多超过一切名言道故。何以故？善勇猛！甚深般若波罗蜜多实不可说此是般若波罗蜜多，亦不可说属彼般若波罗蜜多，亦不可说由彼般若波罗蜜多，亦不可说从彼般若波罗蜜多。何以故？善勇猛！慧能①远达诸法实性，故名般若波罗蜜多。如来智慧尚不可得，况得般若波罗蜜多！善勇猛！般若者谓解诸法及知诸法，故名般若。善勇猛！云何般若解、知诸法？谓诸法异，名言亦异，然一切法不离名言，若解诸法、若知诸法俱不可说，然顺有情所知而说，故名般若。善勇猛！般若者谓假施设，由假施设说为般若，然一切法不可施设，不可动转，不可宣说，不可示现，如是知者名如实知。善勇猛！般若者，非知非不知，非此非余处，故名般若。复次，善勇猛！般若者，谓智所行、非智所行，非非智境、亦非智境，以智远离一切境故。若智是境，即应非智，不从非智而得有智，亦不从智而有非智；不从非智而有非智，亦不从智而得有智；不由非智说名为智，亦不由智说名非智；不由非智说名非智，亦不由智说名为智。然即非智说名为智，由斯即智说名非智，此中智者不可示现此名为智，不可示现此智所属，不可示现此智所由，不可示现此智所从，是故智中无实智性，亦无实智住智性中，智与智性俱不可得，非智与性亦复如是。决定不由非智名智，若由非智说名智者，一切愚夫皆应有智。若有如实于智、非智俱无所得，于智、非智如实遍知是名为智。然智实性非如所说，所以者何？以智实性离名言故，智非智境、非非智境，以智超过一切境故，不可说是智非智境。善勇猛！是名如实宣说智相。如是智相实不可说、不可示现，然顺有情所知说示，其能知者亦不可说；智境尚

---

① 勘：藏译次二句意云：到诸法彼岸，故名智慧到彼岸，如来尚不得智慧性况，智慧到彼岸而可得也。"藏要本"校注，下同，不另注。

无,况有知者!若能如是如实了知、如实随觉是名般若。复次,善勇猛!若能如是现观作证,是则名为出世般若。如是所说出世般若亦不可说,所以者何?世尚非有,况有出世!所出尚无,况有能出!由斯出世般若亦无,所以者何?以都不得世及出世能出、所出,故得说名出世般若;若有所得则不名为出世般若,此般若性亦不可得,离有、无等可得性故。又,善勇猛!世名假立,非假立世,实有可出,然出诸假,故名出世;又出世者非实于世有出、不出,所以者何?此中都无所出、能出,少法可得,故名出世;又出世者无世无出世,无出无不出,故名出世。若能如是如实了知,是则名为出世般若。如是般若非如所说,所以者何?出世般若超过一切名言道故。虽名出世而无所出,虽名般若而无所知,所出、所知不可得故,能出、能知亦不可得,如是如实知名出世般若。由此般若无所不出,是故名为出世般若。复次,善勇猛!此亦名为通达般若。如是般若何所通达?谓此般若无所通达。若此般若有所通达,即是假立;若是假立,则不名为通达般若,谓于此中都无所有,无此无彼,亦无中间;无能通达,无所通达;无通达处,无通达时,无通达者,故名通达。又于此中都无所有,无能行者,无所行处;无此无彼,亦无中间,故名通达。又通达慧名通达者,此通达慧都无所有,无上无下,无迟无速,无进无退,无往无来,故名通达。又,善勇猛!通达慧者何所通达?谓有所见皆悉通达。由何通达?谓由般若。如是般若云何通达?谓假立相而有通达,诸假立相一切非相,如是非相名假立相。又,善勇猛!诸有成就如是般若即能如实通达三界,云何如实通达三界?谓非三界说名三界,所以者何?此中无界而可通达,通达三界即为非界,由能如是通达三界,故名成就通达般若。云何成就通达般若?谓无少事不善通达,于一切事皆善通达,是故名为通达般若。如是般若于一切事皆悉超越。若有成就如是般若,诸所见、闻、嗅、尝、觉、了皆悉通达。云何通达?谓无常故、苦故、痛故、病故、箭故、空故、碍故、害故、他故、坏故、坏法故、动故、速灭故、无我故、无生故、无灭故、无相故,如是等。善勇猛!若能通达,是则名为清凉离箭,如有良药名曰离箭,随所著处众箭皆除,毒药于中无得住者,此药威力所逼遣故。如是若有诸苾刍等成就此法清凉离箭,所谓成就通达般若,具六恒住通达般若,远离一切三界染著,超越一切恶魔罥网。又,善勇猛!譬如金刚为钻物故,随所钻处无不通达,如是若有诸苾刍等金刚喻定,由通达慧之所摄受,随所观法无不通达。此通达慧金刚喻定之所摄受,随所观法无不通达。若有成就此通达慧,能出世间,正尽众苦,趣众苦尽,无所染著。此通达慧亦名三明。善勇猛!言明者,谓永息灭无明增语,即此亦说无明遍知,亦名能息苦蕴增语,譬如良医聪明博达,随有所作,皆善观察;成就观察微妙慧故,善识诸药,善达病因,善知病相,能救众苦;随所疗疾,无不除愈。所以者何?彼善通达药、病因、相、和合等方,是故能除一切病苦。如是若有成第三明,能灭诸无明,能息一切苦,能除一切生、老、病、死及诸愁、欢、苦、忧恼法,是名出世通达般若。复次,善勇猛!我依此义密意说言一切世间慧为最胜,谓能通达诸法实性,由此正知令有生尽。有生尽者是何增语?谓善通达出没增语。云何名为通达出没?谓善通达诸有集法皆有灭法,如是名为通达出没。善勇猛!出者谓生增语,没者谓灭增语,虽作是说而不如说有出有没。又,善勇猛!诸所有集非实出法,何以故?善勇猛!集谓等出,非等有出,亦非有没①,等随起故,说名为集。等随起者,非于此中有出有没,如是自体自然破坏即名为灭;此中无物说名为灭,谓无间灭,非于此生即于此灭,说名为灭;即无生故,说名为灭。如是通达若出若没,无生无灭,故名通达若出若没。复次,善勇猛!言通达者谓能遍知所有缘起,由诸缘故诸法得起,故名缘起。如是缘起都无所有,如是名为通达缘起,即此名为遍知缘起;谓能显示如实无起,以无起故说名缘起,平等无起故名缘起;谓于是处起尚非有,况当有灭!随觉缘起若顺若违,皆不可得,无等起故说名缘起。若无等起,则无有生;若无有生,则无过去,亦无已生;若无过去,亦无已生,则无有灭;若无有灭,即无生智;由无生智,更不复生,亦不证灭;由无生故,即亦无灭;由有生故,施设有灭;既无有生,是故无灭;于一切法如是知见、通达、作证,说名尽智。善勇猛!尽智者谓尽无知故名尽智。由何名尽?谓由无尽故名为尽,不见有法可名为尽。然离无知说名尽智,即尽无知说名尽智;遍知一切无知法故名尽无知,由尽无知说名尽智,非无知法有尽、不尽,然离无知故名尽智。如实遍知此无知法都无所有,故名为离,由如是智知无知法,无别可得,名离无知。然无知法实不可得,智尚非有,况有无知!若能于尽得解脱者,名为尽智,虽作是说而不如说:所有尽智都不可说,但假名说名尽无知,亦名尽智。若以如是

---

① 原刻作"证"。今依丽刻改。次句"没"字同。

无尽尽智观察诸法,尽智亦无;若如是知便离尽智至无尽际,此无尽际即是无际,亦涅槃际。虽作是说而不如说:以一切法皆是无际,亦涅槃际;诸际永断名涅槃际。虽作是说而不如说:以涅槃际永离名言,一切名言于中永灭。又,善勇猛!如来虽说有涅槃界而不如说:以涅槃界都不可说,超一切说,涅槃界中诸说永断。若如是说涅槃界相即名为说出世通达般若之相。又,善勇猛!非涅槃界可说方处在此在彼,是故涅槃实不可说。复次,善勇猛!此中何谓甚深般若波罗蜜多?善勇猛!非此般若波罗蜜多有远彼岸,少分可得。善勇猛!若此般若波罗蜜多有远彼岸,少分可得,如来应说:甚深般若波罗蜜多有远彼岸。善勇猛!非此般若波罗蜜多有远可得,是故不说此有彼岸。又,善勇猛!此名般若波罗蜜多者,谓妙智作业到一切法究竟彼岸故名般若波罗蜜多,虽作是说而不如说,所以者何?非语非业能至般若波罗蜜多,何以故?善勇猛!甚深般若波罗蜜多不可说故。又,善勇猛!甚深般若波罗蜜多随诸法,若能随觉即违觉悟,所以者何?此中无物可名随觉,随觉无故,觉悟亦无,即于诸法无通达义。随觉通达平等法性是菩提故,随觉诸法故名菩提。云何此能随觉诸法?此中无物可名菩提,故于此中亦无随觉。何以故?善勇猛!若有菩提少分可得,即菩提内应得菩提。然菩提中菩提非有,应作如是现证:菩提非随觉,故非通达,故说名觉悟,虽作是说而不如说:以一切法不可随觉,不可通达。又,法、非法俱无自性,由觉此理,故名菩提,何以故?善勇猛!非诸如来应正等觉能得菩提,非诸如来应正等觉能了菩提,如实菩提不可了故,不可表故。非诸如来应正等觉生起菩提,菩提无生,无起性故。又,善勇猛!言菩提者,无所系属;非菩提有少有情、有情施设,于菩提内既无有情、有情施设,云何可说此是菩提所有萨埵,此是菩提萨埵般若波罗蜜多?又,善勇猛!非菩提中菩提可得,非菩提中萨埵可得,何以故?善勇猛!菩提超越,菩提无生,菩提无起,菩提无相;非菩提中有萨埵性,非菩提中萨埵可得,非由萨埵施设菩提,非由菩提施设萨埵,随觉萨埵无自性,故说名菩提知,菩提中实无萨埵,是故说名菩提萨埵,何以故?善勇猛!菩提萨埵非萨埵想之所显示,除萨埵想故名菩萨,虽作是说而不如说,所以者何?菩提萨埵离名言故,菩提萨埵离萨埵性,菩提萨埵离萨埵想,知菩提故说名菩萨。云何菩萨能知菩提?谓知菩提超越一切,菩提无作,菩提无生,菩提无灭;非菩提性能了菩提,亦非菩提是所显了,不可显了,不可施设，不可引转，故名菩提。若能无倒，随觉通达，无所分别，分别永断，是故说名菩提萨埵，虽作是说而不如说，何以故？善勇猛！菩提萨埵不可得故。若有菩提萨埵可得，即应可得：此是菩提，此属菩提；此是萨埵，此属萨埵。然不可说此是菩提，此属菩提；亦不可说此是萨埵，此属萨埵，以能随觉，实无萨埵，无萨埵性，离萨埵性，故名菩萨。由无萨埵，除萨埵想，故名菩萨，何以故？善勇猛！有情界者即是无实有情增语，非有情中有有情性，有情无故名有情界。若有情中有有情性，则不应说为有情界，有情界者即显无界，以有情界无界性故。若有情界即界性有，则应实有，命者即身；若有情界离界性有则应实有，命者异身。然有情界无实界性，但由世俗假说为界；非有情界中可有界性，亦非界性中有有情界；非即界性是有情界，非离界性有有情界，以一切法无界性故。复次，善勇猛！我依此义密意说言诸有情界不可施设，有减有满，所以者何？以有情界非有性故，诸有情界离有情故。如有情界不可施设，有减有满，诸法亦尔，不可施设，有减有满，以一切法皆无实性，故不可言有减有满。若能如是随觉诸法是则名为随觉佛法，我依此义密意说言如有情界不可施设，有减有满；诸法亦尔，不可施设，有减有满。若一切法无减无满，以无真实而为方便，即是佛法无减无满。如是随觉一切法故，即名佛法无减无满，以一切法无减满故，说名佛法。佛法即非佛法增语，非诸佛法有物能令或减或满，所以者何？以即随觉一切法故。若能随觉一切法性，此中无法或减或满。一切法者当知即是法界增语，非彼法界有减有满，所以者何？以彼法界无边际故。非有情界及彼法界差别可得，非有情界及彼法界或减或满，或得或有，如是随觉即名菩提。由此故言非诸佛法可得施设，有减有满。又，善勇猛！无减满性若能如实无分别者，当知名为如实见者，非于此中能有取舍，如是随觉说名菩提。善勇猛！菩提者即是佛相。云何佛相？谓一切相毕竟无相，即是佛相，何以故？善勇猛！毕竟无相与菩提相自性离故，如是随觉说名菩提，虽作是说而不如说，何以故？善勇猛！要能随觉如是法故说名菩萨。若有菩萨实不了知如是法性，而谓我能如实随觉，自称菩萨，当知彼类远菩萨地，远菩萨法，以菩萨名诳惑天、人、阿素洛等。又，善勇猛！若但虚言自称菩萨、成菩萨者，则一切有情皆应是菩萨。又，善勇猛！非但虚言入菩萨地、得菩萨法，非由语故；能证无上正等菩提，非由语业，自称名故，便得菩提，亦非由语，自称名故，入菩萨地，得菩萨法。

又，善勇猛！一切有情行菩提行，不知不觉诸法实性，不名菩萨，所以者何？不知有情、非有情故。若知有情、非有情性，行菩提行，应成菩萨，然诸有情由颠倒故，不能觉了，自行自境，自所行处。若于自行如实了知，则不复行有分别行，由分别行一切愚夫缘虚妄境起颠倒行，亦缘菩提而起慢执。彼缘妄境起倒慢行、分别行故，尚不能得诸菩萨法，况得菩提！若能了知如是法者，则不复起缘虚妄行，亦不复缘诸法起慢，是名菩萨行于无行。菩萨不应由分别故起分别行，若于是处无所分别，非于此处而有所行；若于是处不起分别，非于此处复有所行。诸佛、菩萨于一切行无所分别而修行故，一切憍慢毕竟不起，菩萨如是知一切法，于一切法不复攀缘，不复分别，不游不履，如是名为真菩萨行，以无所行为方便故。若诸菩萨能如是行，是则名为真菩萨行，何以故？善勇猛！以能如是随觉诸法，通达诸法名菩萨故。复次，善勇猛！无有情者当知即是菩萨增语，以能遣除一切想故。所以者何？以能了达一切有情非实有情，一切有情皆非有情，一切有情皆是颠倒、执著有情，一切有情皆是遍计所执有情，一切有情皆是虚妄所缘有情，一切有情皆是败坏自行有情，一切有情皆是无明缘行有情。何以故？善勇猛！若法一切有情非有，诸有情类造作彼法，是名无明缘行有情，何法非有？谓所执我、所执我所、我、我所执所恃，彼法非有；若有彼法一切有情皆执为我，执为我所、我、我所执，所执、所恃皆应实有，不名虚妄，以无彼法而诸有情妄为我，执为我所、我、我所执，所执、所恃皆非实有，皆是虚妄，故作是说：一切有情非实有情，一切有情皆是无明缘行有情。又，善勇猛！非有情名有少实法可执为我或为我所，或为二执所执、所恃，以无实法，是故可说一切有情非实有情。非有情者当知即是非实增语，言非实者当知即非有情增语。又如非实有情想中，一切有情妄执为实，故作是说：一切有情非实有情。又，善勇猛！言非实者谓于此中无实无起，以一切法皆无真实，亦无起故。此中有情虚妄执著而自缠系，是故可说一切有情皆是虚妄所缘有情；彼于自行不能了知，是故可说非实有情，即是于中无遍觉义，若于诸行有遍觉者，当知彼类可名菩萨。

（《藏要》本《大般若经》第十六分册卷五百九十三页四右行十一至页十一右行一）

4. 第十六般若波罗蜜多分之二

尔时世尊告善勇猛菩萨摩诃萨言：我于处处为诸菩萨摩诃萨众宣说般若波罗蜜多，令勤修学。云何菩萨摩诃萨众所学般若波罗蜜多①？若能远达诸法实性是谓般若波罗蜜多。如是般若波罗蜜多微妙甚深，实不可说。今随汝等所知境界、世俗文句方便演说甚深般若波罗蜜多，令诸菩萨摩诃萨众闻已，方便精勤修学。善勇猛！即色蕴非般若波罗蜜多，即受、想、行、识蕴亦非般若波罗蜜多；离色蕴非般若波罗蜜多，离受、想、行、识蕴亦非般若波罗蜜多。何以故？善勇猛！色蕴彼岸非即色蕴，受、想、行、识蕴彼岸亦非即受、想、行、识蕴；如色蕴彼岸，色蕴亦尔，如受、想、行、识蕴彼岸，受、想、行、识蕴亦尔。善勇猛！此中色蕴彼岸非即色蕴者说色蕴离系，受、想、行、识蕴彼岸亦非即受、想、行、识蕴者说受、想、行、识蕴离系；如色蕴彼岸，色蕴亦尔者说色蕴自性如是，即说色蕴如所有性，本性不可得；如受、想、行、识蕴彼岸，受、想、行、识蕴亦尔者说受、想、行、识蕴自性如是，即说受、想、行、识蕴如所有性，本性不可得。如色蕴如所有性，本性不可得，当知般若波罗蜜多亦复如是；如受、想、行、识蕴如所有性，本性不可得，当知般若波罗蜜多亦复如是。善勇猛！即眼处非般若波罗蜜多，即耳、鼻、舌、身、意处亦非般若波罗蜜多；离眼处非般若波罗蜜多，离耳、鼻、舌、身、意处亦非般若波罗蜜多。何以故？善勇猛！眼处彼岸非即眼处，耳、鼻、舌、身、意处彼岸亦非即耳、鼻、舌、身、意处。如眼处彼岸，眼处亦尔；如耳、鼻、舌、身、意处彼岸，耳、鼻、舌、身、意、处亦尔。善勇猛！此中眼处彼岸非即眼处者说眼处离系，耳、鼻、舌、身、意处彼岸亦非即耳、鼻、舌、身、意处者说耳、鼻、舌、身、意处离系。如眼处彼岸，眼处亦尔者说眼处自性如是，即说眼处如所有性，本性不可得；如耳、鼻、舌、身、意处彼岸，耳、鼻、舌、身、意处亦尔者说耳、鼻、舌、身、意处自性如是，即说耳、鼻、舌、身、意处如所有性，本性不可得。如眼处如所有性，本性不可得，当知般若波罗蜜多亦复如是；如耳、鼻、舌、身、意处如所有性，本性不可得，当知般若波罗蜜多亦复如是。善勇猛！即色处非般若波罗

---

① 勘：藏译此句意云：通达一切法此岸是般若。又藏译以下各段文略，但举五蕴分别。

蜜多,即声、香、味、触、法处亦非般若波罗蜜多;离色处非般若波罗蜜多,离声、香、味、触、法处亦非般若波罗蜜多。何以故？善勇猛！色处彼岸非即色处,声、香、味、触、法处彼岸亦非即声、香、味、触、法处;如色处彼岸,色处亦尔,如声、香、味、触、法处彼岸,声、香、味、触、法处亦尔。善勇猛！此中色处彼岸非即色处者说色处离系,声、香、味、触、法处彼岸亦非即声、香、味、触、法处者说声、香、味、触、法处离系。如色处彼岸,色处亦尔者说色处自性如是,即说色处如所有性,本性不可得;如声、香、味、触法处彼岸,声、香、味、触、法处亦尔者说声、香、味、触、法处自性如是,即说声、香、味、触、法处如所有性,本性不可得。如色处如所有性,本性不可得,当知般若波罗蜜多亦复如是;如声、香、味、触、法处如所有性,本性不可得,当知般若波罗蜜多亦复如是。善勇猛！即眼界非般若波罗蜜多,即耳、鼻、舌、身、意界亦非般若波罗蜜多;离眼界非般若波罗蜜多,离耳、鼻、舌、身、意界亦非般若波罗蜜多。何以故？善勇猛！眼界彼岸非即眼界,耳、鼻、舌、身、意界彼岸亦非即耳、鼻、舌、身、意界;如眼界彼岸,眼界亦尔;如耳、鼻、舌、身、意界彼岸,耳、鼻、舌、身、意界亦尔。善勇猛！此中眼界彼岸非即眼界者说眼界离系,耳、鼻、舌、身、意界彼岸非即耳、鼻、舌、身、意界者说耳、鼻、舌、身、意、界离系。如眼界彼岸,眼界亦尔者说眼界自性如是,即说眼界如所有性,本性不可得;如耳、鼻、舌、身、意界彼岸,耳、鼻、舌、身、意界亦尔者说耳、鼻、舌、身、意界自性如是,即说耳、鼻、舌、身、意界如所有性,本性不可得。如眼界如所有性,本性不可得,当知般若波罗蜜多亦复如是;如耳、鼻、舌、身、意界如所有性,本性不可得,当知般若波罗蜜多亦复如是。善勇猛！即色界非般若波罗蜜多,即声、香、味、触、法界亦非般若波罗蜜多;离色界非般若波罗蜜多,离声、香、味、触、法界亦非般若波罗蜜多。何以故？善勇猛！色界彼岸非即色界,声、香、味、触、法界彼岸亦非即声、香、味、触、法界;如色界彼岸,色界亦尔;如声、香、味、触、法界彼岸,声、香、味、触、法界亦尔。善勇猛！此中色界彼岸非即色界者说色界离系,声、香、味、触、法界彼岸非即声、香、味、触、法界者说声、香、味、触、法界离系;如色界彼岸,色界亦尔者说色界自性如是,即说色界如所有性,本性不可得;如声、香、味、触、法界彼岸,声、香、味、触、法界亦尔者说声、香、味、触、法界自性如是,即说声、香、味、触、法界如所有性,本性不可得。如色界如所有性,本性不可得,当知般若波罗蜜多亦复如是;

如声、香、味、触、法界如所有性，本性不可得，当知般若波罗蜜多亦复如是。善勇猛！即眼识界非般若波罗蜜多，即耳、鼻、舌、身、意识界亦非般若波罗蜜多；离眼识界非般若波罗蜜多，离耳、鼻、舌、身、意识界亦非般若波罗蜜多。何以故？善勇猛！眼识界彼岸非即眼识界，耳、鼻、舌、身、意识界彼岸亦非即耳、鼻、舌、身、意、识界；如眼识界彼岸，眼识界亦尔；如耳、鼻、舌、身、意识界彼岸，耳、鼻、舌、身、意识界亦尔。善勇猛！此中眼识界彼岸非即眼识界者说眼识界离系，耳、鼻、舌、身、意识界彼岸非即耳、鼻、舌、身、意识界者说耳、鼻、舌、身、意识界离系。如眼识界彼岸，眼识界亦尔者说眼识界自性如是，即说眼识界如所有性，本性不可得；如耳、鼻、舌、身、意识界彼岸，耳、鼻、舌、身、意识界亦尔者说耳、鼻、舌、身、意识界自性如是，即说耳、鼻、舌、身、意识界如所有性，本性不可得。如眼识界如所有性，本性不可得，当知般若波罗蜜多亦复如是；如耳、鼻、舌、身、意识界如所有性，本性不可得，当知般若波罗蜜多亦复如是。善勇猛！即一切法非般若波罗蜜多，离一切法亦非般若波罗蜜多。何以故？善勇猛！一切法彼岸非即一切法，如一切法彼岸，一切法亦尔。善勇猛！此中一切法彼岸非即一切法者说一切法离系。如一切法彼岸，一切法亦尔者说一切法自性如是，即说一切法如所有性，本性不可得。如一切法如所有性，本性不可得，当知般若波罗蜜多亦复如是。复次，善勇猛！如是般若波罗蜜多不依色蕴，亦不依受、想、行、识蕴；如是般若波罗蜜多不依眼处，亦不依耳、鼻、舌、身、意处；如是般若波罗蜜多不依色处，亦不依声、香、味、触、法处；如是般若波罗蜜多不依眼界，亦不依耳、鼻、舌、身、意界；如是般若波罗蜜多不依色界，亦不依声、香、味、触、法界；如是般若波罗蜜多不依眼识界，亦不依耳、鼻、舌、身、意识界；如是般若波罗蜜多于一切法都无所依。复次，善勇猛！如是般若波罗蜜多不在色蕴内，不在色蕴外，不在两间，远离而住。亦不在受、想、行、识蕴内，不在受、想、行、识蕴外，不在两间，远离而住。如是般若波罗蜜多不在眼处内，不在眼处外，不在两间，远离而住；亦不在耳、鼻、舌、身、意处内，不在耳、鼻、舌、身、意处外，不在两间，远离而住。如是般若波罗蜜多不在色处内，不在色处外，不在两间，远离而住；亦不在声、香、味、触、法处内，不在声、香、味、触、法处外，不在两间，远离而住。如是般若波罗蜜多不在眼界内，不在眼界外，不在两间，远离而住；亦不在耳、鼻、舌、身、意界内，不在耳、鼻、舌、身、意界外，不在两间,远离而住。如是般若波罗蜜多不在色界内,不在色界外,不在两间,远离而住;亦不在声、香、味、触、法界内,不在声、香、味、触、法界外,不在两间,远离而住。如是般若波罗蜜多不在眼识界内,不在眼识界外,不在两间,远离而住;亦不在耳、鼻、舌、身、意识界内,不在耳、鼻、舌、身、意识界外,不在两间,远离而住。如是般若波罗蜜多不在一切法内,不在一切法外,不在两间,远离而住。复次,善勇猛!如是般若波罗蜜多与色蕴非相应,非不相应;与受、想、行、识蕴亦非相应,非不相应。如是般若波罗蜜多与眼处非相应,非不相应;与耳、鼻、舌、身、意处亦非相应,非不相应。如是般若波罗蜜多与色处非相应,非不相应;与声、香、味、触、法处亦非相应,非不相应。如是般若波罗蜜多与眼界非相应,非不相应;与耳、鼻、舌、身、意界亦非相应,非不相应。如是般若波罗蜜多与色界非相应,非不相应;与声、香、味、触、法界亦非相应,非不相应。如是般若波罗蜜多与眼识界非相应,非不相应;与耳、鼻、舌、身、意识界亦非相应,非不相应。如是般若波罗蜜多与一切法非相应,非不相应。复次,善勇猛!色蕴真如不虚妄性、不变异性,如所有性,是谓般若波罗蜜多;受、想、行、识蕴真如不虚妄性、不变异性,如所有性,是谓般若波罗蜜多;眼处真如不虚妄性、不变异性,如所有性,是谓般若波罗蜜多;耳、鼻、舌、身、意处真如不虚妄性、不变异性,如所有性,是谓般若波罗蜜多;色处真如不虚妄性、不变异性,如所有性,是谓般若波罗蜜多;声、香、味、触、法处真如不虚妄性、不变异性,如所有性,是谓般若波罗蜜多;眼界真如不虚妄性、不变异性,如所有性,是谓般若波罗蜜多;耳、鼻、舌、身、意界真如不虚妄性、不变异性,如所有性,是谓般若波罗蜜多;色界真如不虚妄性、不变异性,如所有性,是谓般若波罗蜜多。声、香、味、触、法界真如不虚妄性、不变异性,如所有性,是谓般若波罗蜜多;眼识界真如不虚妄性、不变异性,如所有性,是谓般若波罗蜜多;耳、鼻、舌、身、意识界真如不虚妄性、不变异性,如所有性,是谓般若波罗蜜多;一切法真如不虚妄性、不变异性,如所有性,是谓般若波罗蜜多。

(《藏要》本《大般若经》第十六分,《大般若经》卷五百九十四页十七右行三至页二十一右行七)

第十六般若波罗蜜多分之二

复次,善勇猛!色蕴者离色蕴性。所以者何?非色蕴中有色蕴性,此无所有是谓般若波罗蜜多;受、想、行、识蕴者离受、想、行、识蕴性。所以者何?非受、想、行、识蕴中有受、想、行、识蕴性,此无所有是谓般若波罗蜜多;眼处者离眼处性。所以者何?非眼处中有眼处性,此无所有是谓般若波罗蜜多;耳、鼻、舌、身、意处者离耳、鼻、舌、身、意处性。所以者何?非耳、鼻、舌、身、意处中有耳、鼻、舌、身、意处性,此无所有是谓般若波罗蜜多;色处者离色处性。所以者何?非色处中有色处性,此无所有是谓般若波罗蜜多;声、香、味、触、法处者离声、香、味、触、法处性。所以者何?非声、香、味、触、法处中有声、香、味、触、法处性,此无所有是谓般若波罗蜜多;眼界者离眼界性。所以者何?非眼界中有眼界性,此无所有是谓般若波罗蜜多;耳、鼻、舌、身、意界者离耳、鼻、舌、身、意界性。所以者何?非耳、鼻、舌、身、意界中有耳、鼻、舌、身意界性,此无所有是谓般若波罗蜜多;色界者离色界性。所以者何?非色界中有色界性,此无所有是谓般若波罗蜜多;声、香、味、触、法界者离声、香、味、触、法界性。所以者何?非声、香、味、触、法界中有声、香、味、触、法界性,此无所有是谓般若波罗蜜多;眼识界者离眼识界性。所以者何?非眼识界中有眼识界性,此无所有是谓般若波罗蜜多;耳、鼻、舌、身、意识界者离耳、鼻、舌、身、意识界性。所以者何?非耳、鼻、舌、身、意识界中有耳、鼻、舌、身、意识界性,此无所有是谓般若波罗蜜多;一切法者离一切法性。所以者何?非一切法中有一切法性,此无所有是谓般若波罗蜜多。复次,善勇猛!色蕴自性离色蕴,受、想、行、识蕴自性离受、想、行、识蕴;此离自性是谓般若波罗蜜多。眼处自性离眼处,耳、鼻、舌、身、意处自性离耳、鼻、舌、身、意处;此离自性是谓般若波罗蜜多。色处自性离色处,声、香、味、触、法处自性离声、香、味、触、法处;此离自性是谓般若波罗蜜多。眼界自性离眼界,耳、鼻、舌、身、意界自性离耳、鼻、舌、身、意界;此离自性是谓般若波罗蜜多。色界自性离色界,声、香、味、触、法界自性离声、香、味、触、法界;此离自性是谓般若波罗蜜多。眼识界自性离眼识界,耳、鼻、舌、身、意识界自性离耳、鼻、舌、身、意识界;此离自性是谓般若波罗蜜多。一切法自性离一切法,此离自性是谓般若波罗蜜多。复次,善勇猛!色蕴无色蕴自性,受、想、行、识蕴无受、想、行、识蕴自性,此无自性是谓般若波罗蜜多;眼处无眼处自性,耳、鼻、舌、身、意处无耳、鼻、舌、身、意处自性,此无自性是谓般若波罗蜜多;色处无色处自性,声、香、味、触、法处无声、香、味、触、法处自性,此无自性是谓般若波罗蜜多;眼界无眼界自性,耳、鼻、舌、身、意界无耳、鼻、舌、身、意界自性,此无自性是谓般若波罗蜜多;色界无色界自性,声、香、味、触、法界无声、香、味、触、法界自性,此无自性是谓般若波罗蜜多;眼识界无眼识界自性,耳、鼻、舌、身、意识界无耳、鼻、舌、身、意识界自性,此无自性是谓般若波罗蜜多;一切法无一切法自性,此无自性是谓般若波罗蜜多。

(《藏要》本《大般若经》卷五百九十四页二十一右行七至页二十三左行三)

第十六般若波罗蜜多分之二
玄 奘 译

复次,善勇猛!菩萨摩诃萨若能于法如是觉知乃可名为真实菩萨。言菩萨者谓能随觉有情无实无生增语;又菩萨者于一切法亦能如实如佛而知。云何菩萨如佛而知?谓如实知一切法性无实无生,亦无虚妄;又诸菩萨于诸法性非如愚夫、异生所执,非如愚夫、异生所得,如实而知,故名菩萨。何以故?善勇猛!夫菩提者无所执著,无所分别,无所积集,无所得故。又,善勇猛!非诸如来应正等觉,于菩提性少有所得,以一切法不可得故;于法无得说名菩提。诸佛菩提应如是说而不如说,离诸相故。又,善勇猛!若诸菩萨发菩提心,作如是念:我于今者发菩提心,此是菩提;我今为趣此菩提故,发修行心,是诸菩萨有所得故,不名菩萨,但可名为狂乱萨埵。何以故?善勇猛!由彼菩萨决定执有发起性故,决定执有所发心故,决定执有菩提性故。若诸菩萨发菩提心,有所执著,但可名为于菩提心有执萨埵,不名真净发心菩萨。彼由造作发菩提心,是故复名造作萨埵,不名菩萨;彼由加行发菩提心,是故复名加行萨埵,不名菩萨。何以故?善勇猛!彼诸菩萨由有所取,发菩提心,但可名为发心萨埵,不名菩萨。又,善勇猛!无实能发菩提心者,以菩提心不可发故,菩提无生,亦无心故,彼诸菩萨唯执发心,不了菩提无生心义。又,善勇猛!若生平等性即实平等性,若实平等性即心平等性,若心平等性即是菩提,若于此中有如实性,即于此中无所分别;若有分别心及菩提,彼便执著心及菩提;由此二种发菩提心,当知不名真发心者。又,善勇猛!菩提与心非各有异,非于心内有实菩提,非菩提内得有实心;菩提与心如实如理,俱不可说是觉是心。由如实觉,菩提与心俱不可得,无生不生,故名菩萨,亦名摩诃萨及如实有情。所以者何?以如实知非实有性,如实知谁非实有性?谓诸世间皆非实有,非实所摄,非实有生,但假安立。云何世间非实有生,但假安立?非实有者无实生故,以无实生及非实有故说诸法无实有性。由如实知非实有性故亦可说如实有情于实有中亦不执实有,故复可说随如实有情。虽作是说而不如说,所以者何?非如实理,有少有情或摩诃萨。何以故?善勇猛!以证入大乘名摩诃萨故。复次,善勇猛!何谓大乘?谓一切智说名大乘。云何一切智?谓诸所有智,若有为智,若无为智,若世间智,若出世间智,若能证入如是等智名摩诃萨。所以者何?以能远离大有情想名摩诃萨;又能远离大无明蕴名摩诃萨;又能远离大诸行蕴名摩诃萨;又能远离大无知蕴名摩诃萨;又能远离大众苦蕴名摩诃萨。又,善勇猛!若能远离大有情想名摩诃萨,彼于一切心及心所法虽无所得而能了知心之本性,彼于菩提及菩提分法虽无所得而能了知菩提本性;彼由此智非于心内见有菩提,亦非离心见有菩提;非于菩提内见有实心,亦非离菩提见有实心;如是除遣,无所修习,无所除遣;于所修习及所除遣俱无所得,无所恃怙,无所执著,虽不见有菩提心性而能发起大菩提心;若能如是发菩提心乃可名为真实菩萨。彼虽如是发菩提心而于菩提无所引发,何以故?善勇猛!彼已安住大菩提故。若能如是无所执著,都不见有心及菩提生灭差别,亦不见有发心趣向大菩提者,无见无执,无所分别,当知已住无上菩提。若能如是无所执著,发起胜解及解脱心,当知名为真实菩萨。又,善勇猛!若诸菩萨不离心想及菩提想,发菩提心,彼远菩提,非近菩提。又,善勇猛!若诸菩萨不见菩提有远有近,当知彼近无上菩提,亦名真发菩提心者。我依此义密意说言:若能自知无二相者,彼如实知一切佛法。所以者何?彼能证会我及有情俱无自性,即能遍知诸法无二;由能遍知诸法无二,定能了达我及有情与一切法皆以无性而为自性,理无差别;若能了知诸法无二即能了知一切佛法;若能遍知诸法无二即能遍知一切佛法;若能遍知我即能遍知三界。又,善勇猛!若遍知我,彼便能到诸法彼岸。云何名为诸法彼岸?谓一切法平等实性。若不得此,亦不执此;若不得彼岸,亦不执彼岸,彼名遍知到彼岸者,虽作是说而不如说。又,善勇猛!诸菩萨众应如是趣诸菩萨地,应如是证诸菩萨地,当知即是菩萨般若波罗蜜多,谓于此中无有少法可趣可证,以于此中不可施设,有往来故。尔时庆喜便白佛言:诸增上慢、行有相者于佛所说勿怀恐怖。时舍利子语庆喜言:非增上慢、行有相者所行之境,彼何恐怖?所以者何?怀恐怖者离增上慢、恶友所摄,闻甚深法不能测量,恐失所求,便生恐怖。复次,庆喜!诸有为欲断增上慢、行正行者容有怖畏,诸有为欲断增上慢、勤精进者亦有怖畏,所以者何?彼既能了,增上慢失,求无慢性及求断慢,闻甚深法不能测量,恐失所求,便生怖畏。复次,庆喜!若有于慢不得不见,无恃无执,彼于诸法无恐无怖。复次,庆喜!如来不为增上慢者说如是法,故彼无容于此恐怖;诸有为欲断增上慢、勤修行者闻如是法,能正了知,亦无恐怖。复次,庆喜!增上慢名当知显示增益胜法,若有现行增上慢者,彼必现行增益胜法,以行增益非平等行。彼设乐行平等行者,于此深法心怀犹豫,不生恐怖,亦不信受。复次,庆喜!若于平等、不平等中俱无所得;若于平等、不平等中俱无所恃;若于平等、不平等中俱无所执,彼于诸法不惊不恐,不怖不畏。复次,庆喜!此甚深法非诸愚夫、异生行处,此甚深法非诸愚夫、异生境界,此甚深法非诸愚夫、异生所了,超过一切愚夫、异生所行、所摄、所觉事故。诸有趣向声闻乘者虽行深法,而此深法非彼所行;诸有趣向独觉乘者虽行深法,而此深法非彼所行;诸有趣向菩萨乘者若行有相,远离善友、恶友所摄,彼于如是无染著法亦不能行,非彼境故。庆喜当知:唯除见谛,求大菩提,声闻乘等及菩萨乘善友所摄,于此深法能生信解,于此深法能随顺行,于此深法能深证会。复次,庆喜!若诸菩萨远离众相,安住无相,行无差别,于甚深法毕竟出离;种种疑网、分别、执著,随其所欲,皆能成办;于心、菩提俱无所得,于诸法性无差别解,亦复不起差别之行;随有所趣,皆能悟入;彼于如是甚深法门皆能受持,心无疑惑。所以者何?彼于诸法皆随顺住,无所违逆;若有于法起彼彼问,皆能随顺作彼彼答,和会此彼,令不相违,佛为彼故说此深法。尔时,佛告具寿庆喜:汝应受持舍利子说,彼如是说,与我无异。庆喜当知:增上慢者于此法教不能悟入,以非彼境、非彼地故。庆喜当知:如是法教顺诸法性,顺佛菩提,于佛、菩提能为助伴。下劣信解诸有情类,于此甚深广大佛法心不悟入,不能受行。庆喜当知:下劣信解增上慢者于佛、菩提及甚深法违逆而住,诸有所为随增上慢,不能信受此甚深法。庆喜当知:今此众会最胜清净,远离杂染,曾多佛所发宏誓愿,种植无量殊胜善根,奉事无边过去诸佛,于甚深法久生信解,于其深行已熟修行,故今如来应正等觉,委信此众,无所猜疑,所说法门皆悉明了,无所护惜,为说法要。庆喜当知:今此众会坚固清净,无如瓦砾、咸卤等者,已曾供养多百千佛,于诸佛法坚固安住。庆喜当知:如瓦砾者即是愚夫、异生增语,于甚深法无容纳义;咸卤等者,当知显示诸增上慢有情增语,不能生长甚深行故。庆喜当知:今此众会离增上慢,广大善根之所集起,是深法器。复次,庆喜!譬如无热大池龙王有因缘故,生大欢喜,于自宫中受五欲乐;以欢喜故,复于自宫降澍大雨,具八功德。时彼诸子各往自宫,亦复欢娱,受五欲乐,和合游戏,降大甘雨。如是如来应正等觉,为诸众会降大法雨;时有无量长子菩萨摩诃萨众,闻已结集,或即于此堪忍界中对自如来应正等觉,为诸众会雨大法雨;或往彼,彼自佛土中对诸如来应正等觉,各于自众雨大雨法。复次,庆喜!如海龙王有时欢悦,于自宫内降澍大雨;宫中所有旧住诸龙,随所降澍皆欢喜受,于此大雨善知分齐;彼诸龙子亦各欢悦,堪受父王所降大雨。所以者何?有余龙等于所降雨不知分齐,亦复不能欢喜忍受;如是如来应正等觉,处大众会,雨深法宝。有佛长子大菩萨众,久殖无量、殊胜善根,甚深法门之所生长,成就种种广大意乐,堪受如来大法门雨,闻已欢喜,善知分齐。为此义故,今者如来清净众中大师子吼,雨大法雨,作大饶益。复次,庆喜!如转轮王多有诸子,母族清净,形貌端严。其王有时多集宝藏,总命诸子分布与之,其心都无诳惑偏党。时诸王子既获众珍,倍于父王深生敬爱,各作是念:我等今者审知父王与我同利。如是如来应正等觉,是大法主,为大法王,自然召集诸佛真子以大法藏分布与之,其心都无诳惑偏党。时诸佛子既获妙法,倍于如来深生敬爱,各作是念:我等今者审知如来与我同利,我等今应炽然精进,绍隆佛种,令不断绝。复次,庆喜!如是法宝微妙甚深,非余有情所能信受。劣信解者、增上慢者、行恶见者、行有相者、行有所得者、我慢所坏者、为贪瞋痴所摧伏者、越路行者,诸如是等名余有情于此法门不能信受。庆喜当知:下劣信解诸有情类不能敬爱轮王财宝,要轮王子方生敬爱。庆喜当知:贫穷下劣诸有情类岂贪轮王所有轮宝、象宝、马宝、珠宝、女宝、主藏臣宝、主兵将宝及余种种上妙衣服、末尼、真珠、金银、珊瑚、吠瑠璃等多价财宝?彼贫穷人设遇获得,自怀惭耻,不能受用;设复转卖,不知价直;所索至微,随酬便与;或由于宝无鉴别,故心便厌贱而弃舍之。庆喜当知:彼贫穷者非唯不了宝之价直,亦复不知宝之名字。如是,庆喜!唯有如来应正等觉,法身之子或已见谛,求大菩提,诸声闻等或诸菩萨、真净善友之所摄持,乃能信受此法宝藏,彼深敬爱,不可得空相应法宝,亦能受用真净佛法,相应理教亦能修行,于一切法无执无著诸菩萨行。庆喜当知:贫穷下劣诸有情类谓阙正闻、坏正闻者,愚痴无眼,岂能希求正法宝藏?设遇获得,不知敬重,于他有情轻而衒卖,或心厌贱而弃舍之。复次,庆喜!若旃荼罗、若补羯娑、若诸工匠、若余贫贱、恶活命者,终不能求多价珍宝。设遇获得,不自受用,随得少价,即卖与他,或复厌之而便弃舍。庆喜当知:旃荼罗等即是一切外道增语,亦是外道诸弟子众;诸余贫贱、恶活命者即诸愚夫、异生增语,彼常陷没恶见淤泥,于一切时行有所得,乐相缚著,行有相行,诸有所趣,越路而行,不能欣求圣法财宝;设遇获得不能受用,或深厌弃,或贱与他。庆喜当知:若诸佛子行佛行处,为欲住持如来十力、四无畏等无边佛法,令不断尽,求得如是深法宝藏;彼于如是深法宝藏起真宝想,深心爱重,善能受用,精勤守护,令不坏失。庆喜当知:非师子吼野干能学,要师子王所生之子能学斯吼。庆喜当知:言野干者喻诸邪见愚夫、异生,彼定不能精勤方便,学正等觉大师子吼;要诸佛子从正等觉自然智生,乃能精勤学正等觉大师子吼。如是佛子于正等觉无上法财善能受用。尔时,舍利子白佛言:世尊!甚奇!如来应正等觉,能集如是清净众会;稀有!如来应正等觉,能集如是最胜众会、自然众会、难伏众会,犹若金刚无动无转,无扰众会,为说般若波罗蜜多。尔时,世尊告舍利子:汝善能赞众会功德。时舍利子便白佛言:众会功德非我能赞,所以者何?今此众会成就无量无边功德,如妙高山赞不能尽。于是佛告舍利子言:如是!如是!如汝所说,今此众会成就无边清净、稀有殊胜功德。诸佛、世尊称扬赞叹尚不能尽,况余有情!又,舍利子!今此众会非佛、世尊力所令集,亦非如来于此众会有所欣乐而令其集,但由此众自善根力得闻我名而来集会；又，此大众非为佛来，亦非如来神通召命，但由此众自善根力之所觉发而来至此；又法应尔，若佛、世尊欲说如斯甚深妙法，定有如是诸大菩萨从诸佛国而来集会；又，舍利子！诸佛、世尊若去、来、今，若十方界，将欲开示断一切疑、微妙甚深菩萨藏法，必有如是无量无边、最胜清净功德众集；若有如是无量无边、最胜清净功德众集，必说如是断一切疑、微妙甚深菩萨藏法。

（《藏要》本《大般若经》卷五百九十四页十二左行四至页十七右行三）

般若空宗之二

1.《中论·观因缘品》

龙树菩萨　造　梵①志青目　释　鸠摩罗什　译

观②因缘品第一

不③生亦不灭，不常亦不断，不一亦不异，不来亦不出。

能说是因缘，善灭诸戏论。我稽首礼佛，诸说中第一。

问曰：何故造此论？答曰："有人言万物从大自在天生，有言从韦纽天生，有言从和④合生，有言从时生，有言从世性生⑤，有言从变化生，有言从自然生，有言从微尘生。有如是谬，堕于无因、邪因，断常等邪见，种种说我、我所，不⑥知正法。佛欲断如是等诸邪见，令知佛法故"，先于声闻法中说十二因缘，又，"为已习行、有大心堪受深法者以大乘法说⑦因缘相，所谓一切法不生不灭，不一不异等，毕竟空无所有"，如般若波罗蜜中说，佛告须菩提：菩萨坐道场时观十二因缘如虚空，不可尽。佛灭度后后五百岁像法中人根转钝，深著诸法求十二因缘、五阴、十二入、十八界等决定相，不知佛意，但著文字。闻大乘法中说毕竟空，不知何因缘故空，即生见疑：若都毕竟空，云何分别有罪福、报应等？如是则无世谛、第一义谛；取是空相而起贪著，于毕竟空中生种种过。龙树菩萨

---

① 原刻无此五字，依丽刻加，后卷俱同。
② 四本皆作"观缘品"，原刻题《中观论·破因缘品》，今依吉藏疏本改，后品例同，以下《无畏论》卷一。
③ 此二序颂，文顺梵本。番本意译云："由正觉者说缘起不灭等，息戏论而寂灭"，是诸说法者中胜，今此归敬彼。颂首二句，四本皆作"不灭不生，不断不常"，无畏释云："顺结颂故，破有执故，先说不灭。"今译改文，又以缘起为因缘，误息戏论及寂灭二义为一。
④ 无畏意谓两俱。
⑤ 无畏次有从决定生一计。
⑥ 无畏原云隐蔽法身见，次下即云令知法身及遣彼、彼我见故。
⑦ 勘：无畏，此系散牒前二颂。

为是等故造此《中论》：不生亦不灭，不常亦不断，不一亦不异，不来亦不出。能说是因缘，善灭诸戏论。我稽首礼佛，诸说中第一。"以此二偈赞佛已，则已略说第一义。"问曰：诸法无量，何故但以此八事破？答曰：法虽无量，略说八事则为总破一切法。不生者，诸①论师种种说生相。或②谓因果一，或谓因果异；或谓因中先有果，或谓因中先无果；或谓自体生，或谓他生，或谓共生；或谓有生，或谓无生，如是等说生相皆不然，此事后当广说。生相决定不可得，故不生。"不灭③者，若无生何得有灭？""以无生无灭故，余六事亦无。"问曰：不生不灭已总破一切法，何故复说六事？答曰：为成不生不灭义故。有人不受不生不灭而信不常不断。若深求不常不断即是不生不灭，何以故？法若实有则不应无，先有今无是即为断；若先有性是即为常，是故说不常不断即入不生不灭义。有人虽闻四种破诸法，犹以四门成诸法，是亦不然。若一则无缘，若异则无相续，后当种种破，是故复说不一不异。有人虽闻六种破诸法，犹以来出成诸法；来者言诸法从自在天、世性、微尘等来，出者还去，至本处。"复次④，万物无生，何以故？世间现见故。世间眼见劫初谷⑤不生，何以故？离劫初谷，今谷不可得；若离劫初谷有今谷者，则应有生，而实不尔，是故不生。问曰：若不生则应灭？答曰：不灭，何以故？世间现见故。世间眼见劫初谷不灭，若灭今不应有谷，而实有谷，是故不灭。问曰：若不灭则应常？答曰：不常，何以故？世间现见故。世间眼见万物不常，如谷芽时种则变坏，是故不常。问曰：若不常则应断？答曰：不断，何以故？世间现见故。世间眼见万物不断，如从谷有芽，是故不断；若断不应相续。问曰：若尔者，万物是一？答曰：不一，何以故？世间现见故。世间眼见万物不一，如谷不作芽，芽不作谷；若谷作芽、芽

---

① 原刻作"谓"，依丽刻改。
② 无畏别释八不有二大段，第二段就异宗辨，初数论因果一，胜论因果异，大略同此；次声论计名有实，此本无文。
③ 无畏别释八不，第一段就自宗辨，凡十二门，其第五门同此，并云："无断、一、去者以无生故，无常、异、来者以无灭故。"
④ 无畏就异宗辨。段末以世间不成破声论名字执，同此，但原以"不灭、不生、不断"等为次，今译改文。
⑤ 无畏原作"万物"，次同。

作谷者应是一,而实不尔,是故不一。问曰:若不一则应异?答曰:不异,何以故?世间现见故。世间眼见万物不异。若异者何①故分别谷芽、谷茎、谷叶,不说树芽、树茎、树叶?是故不异。问曰:若不异应有来?答曰:无来,何以故?世间现见故。世间眼见万物不来,如谷子中芽无所从来;若来者芽应从余处来,如鸟来栖树,而实不尔,是故不来。问曰:若不来应有出?答曰:不出,何以故?世间现见故。世间眼见万物不出,若有出应见芽从谷出,如蛇从穴出,而实不尔,是故不出。"问②曰:汝虽释不生不灭义,我欲闻造论者所说。答曰:

诸③法不自生,亦不从他生;不共不无因,是故知无生。

不自生者,万物无有从自体生,必待众因④。复次,若从自体生,则一法有二体:一谓生,二谓生者。若离余因,从自体生者,则无因无缘;又生更有生,生则无穷。自无故他亦无,何以故?有自故有他。若不从自生,亦不从他生,共生则有二过,自生、他生故。若无因而有万物者,则为是常,是事不然。无因则无果;若无因有果者,布施、持戒等应堕地狱,十恶、五逆应当生天,以无因故。复⑤次,

如⑥诸法自性,不在于缘⑦中,以无自性故,他性⑧亦复无。

诸法自性不在众缘中,但众缘和合故得名字。"自性⑨即是自体",众缘中无自性,自性无故不自生。自性无故,他性亦无,何以故?因自性有他性,他性于他亦是自性。"若破自性即破他性,是故不应从他性生。若破自性、他性,即破共义。无因则有大过",有因尚可破,何况无因?

---

① 无畏意谓:"云何分别此是谷种、谷芽等,而不与树种、树芽等杂?"
② 无畏问曰:"且复云何无生?"颂答。
③ 番、梵颂云:"非从自、从他,非从共、无因,随何等、何处物终无有生?"无畏释云:"何等谓随事,何处谓随时,随境,物指诸法,以顺外道通称为物也。"今译脱误,下亦多处译物为法。
④ 原刻下衍"缘"字,依疏本改。
⑤ 无畏问曰:"汝以四种分别无生,云何知尔?"颂答。
⑥ 四本此颂皆在四缘颂后,惟无畏牒颂次第同此。
⑦ 番、梵作"缘等中",与下长行相顺。无畏释云:"等字摄余外道所说一切缘也。"
⑧ 原刻作"生",依疏本改。
⑨ 勘:无畏牒颂,首句自性 raṅ-bshin 与三句自体 bdag-ñid-kyi dṅos-po 文异,故有此释,但梵本颂文前后无异。

于四句中生不可得,是故不生。"问曰①:阿毗昙人言"诸法从四缘生,云何言不生?何谓四缘?

因缘次第缘,缘缘增上缘;四缘生诸法,更无第五缘。

"一切所缘皆摄在四缘","以是②四缘万物得生"。因缘名一切有为法,次第缘除过去、现在阿罗汉最后心、心数法,余过去、现在心、心数法,缘缘、增上缘一切法。"答曰":

果③为从缘生,为从非缘生?是缘为有果,是缘为无果?

若谓有果,是果为从缘生,为从非缘生?若谓有缘,是缘为有果,为无果?二俱不然。何④以故?

因是法生果,是法名为缘;若是果未生,何不名非缘?

诸⑤缘无决定,何以故?若果未生,是时不名为缘,但眼见从缘生果,故名之为缘。缘成由于果,以果后缘先故。若未有果,何得名为缘?如瓶,以水土和合故有瓶生,见瓶故知水土等是瓶缘;若瓶未生时,何以不名水土等为非缘?是故果不从缘生。缘尚不生,何况非缘?"复次",

果⑥先于缘中,有无俱不可。先无为谁缘?先有何用缘?

缘中先非有果、非无果。若先有果,不名为缘,果先有故。若先无果,亦不名为缘,不生余物故。"问曰:已总破一切因缘,今欲闻一一破诸缘。答曰":

若⑦果非有生,亦复非无生,亦非有无生,何得言有缘?

"若缘⑧能生果,应有三种:若有、若无、若有无。"如先偈中说:缘中若先

---

① 无畏原作"知毗昙者问言",颂云:四缘谓因缘、缘缘等,无畏释此颂,承前众缘而说,故次在后,但佛护释此承初颂反质何无他生,他即四缘,故次在前。
② 无畏此句原在文末,云:"依此四缘说为万物作用等",由此生起下文。
③ 无畏释:"此破四缘作用之非理也。"番、梵颂云:"非用成就缘,亦非不成就,非缘不成用,成就胡不尔。"今译文晦。
④ 无畏下复次释。佛护云:"此系他宗别计,以能生为缘也。"
⑤ 无畏释:"颂前半叙他计,后半逼他堕负,谓乃至未生果时应是非缘也。"
⑥ 番、梵云:"于无义、有义缘皆不能成。"无畏释云:"为无体者之缘,或为有体者之缘皆不能成也。"今译文倒。
⑦ 番、梵颂云:"若时法有、无,或俱皆不成,所谓能生,因此云何应理?"佛护释云:"此就能生之义而破因缘。"
⑧ 无畏原云:"若计法从因生,此法应是有、是无等。"今译文倒。

有果，不应言生，以先有故。若先无果，不应言生，以先无故，亦缘与无缘同故。有、无亦不生者，有、无名为半有半无，二俱有过；又，有与无相违，无与有相违，何得一法有二相？如是三种求果生相不可得故，云何言有因缘、次第缘者？

果①若未生时，则不应有灭，灭②法何能缘？故无次第缘。

　　诸心、心数法于三世中次第生，现在心③、心数法灭，与未来作次第缘，"未来④法未生，与谁作次第缘？若未来法已有即是生，何用次第缘？"现在心、心数法无有住时，若不住何能为次第缘？若有住则非有为法，何以故？一切有为法常有灭相故。"若灭已，则不能与作次第缘。"若言灭法犹有则是常，若常则无罪福等。若谓灭时能与作次第缘，灭时半灭半未灭，更无第三法名为灭时。又，佛说一切有为法念念灭，无一念时住，云何言现在法有欲灭、未欲灭？汝谓一念中无是欲灭、未欲灭，则破自法。汝阿毗昙说：有灭法，有不灭法；有欲灭法，有不欲灭法。欲灭法者现在法将欲灭，未欲灭者除现在将欲灭法，余现在法及过去、未来无为法，是名不欲灭法。是故无次第缘。缘缘者，

如⑤诸佛所说，真实微妙法；于此无缘法，云何有缘缘？

　　"佛说⑥大乘诸法若有色、无色，有形、无形，有漏、无漏，有为、无为等诸法相入于法性，一切皆空，无相无缘，譬如众流入海，同为一味。"实法可信，随宜所说不可为实，是故无缘缘。增上缘者，

诸法无自性，故无有有相；说有是事故，是事有不然。

　　经说：十二因缘是事有故是事有，此则不然，何以故？诸法从众缘生，故自无定性；自无定性故无有有相；有相无故，何得言是事有故是事有？是故无增上缘。佛随凡夫分别有无故说缘。复⑦次，

---

① 四本顺前总标，此颂次在缘缘颂后。
② 番、梵顺结颂法，三四句互倒云："故无间非理，又灭孰为缘？"
③ 此字依疏本加。
④ 无畏意谓："若说生法为缘，诸法未生则无灭可作缘，诸法既生则已灭不成缘。"
⑤ 番、梵颂云："曾说所有法实是无所得，法既无所得，何所有缘缘？"今译文晦，"无所得"梵文作 nālambana，即是"无所缘"也。
⑥ 无畏原作："世尊于般若经中说八万四千法蕴皆一味无所得。"
⑦ 无畏标云："如是总别遮遣诸缘故，下颂云略广，即是总别之意。"

略广因缘中，求果不可得；因缘中若无，云何从缘出？

略者于和合因缘中无果，广者于一一缘中亦无果。"若略广因缘中无果，云何言果从因缘出？"复①次，

若谓缘无果，而从缘中出，是果何不从，非缘中而出？

若②因缘中求果不可得，何故不从非缘出？如泥中无瓶，何故不从乳中出？复次，

若③果从缘生，是缘无自性，从无自性生，何得从缘生？

果不从缘生，不从非缘生，以果无有故，缘非缘亦无。

果从众缘生，是④缘无自性；若无自性则无法，无法何能生？是故果不从缘生。不从非缘生者，破缘故说非缘，实无非缘法，是故不从非缘生。若不从二生，是则无果；"无果故缘、非缘亦无。"

（《藏要》第一辑第十五种《中论》卷一页一左行四至页五左行三）

2.《中论·观⑤本住品第九》

"问曰"：有⑥人言：

眼⑦耳等诸根，苦乐等诸法，谁有如是事？是则名本住。

若无有本住，谁有眼等法？以是故当知，先已有本住。

眼、耳、鼻、舌、身、命等诸根名为眼、耳等根；苦受、乐受、不苦不乐受、想、思、忆、念等心、心数法名为苦乐等法。"有论⑧师言：先未有眼等法

---

① 无畏问曰："应有所谓缘与非缘者？"颂答。
② 无畏释云："若缘无果亦生者，非缘同是无果，何故不生？"
③ 番、梵颂中"从缘生"皆作"缘为性"，惟无畏、佛护牒文同此。又第二句番、梵作"缘非自为性"，《门论》引此文作"不自在"也。
④ 无畏释云："不自生则无决定缘法也。"
⑤ 番、梵同此，意云"先存者（Pūrva）"，无畏作"观取者及取品"，灯作"观取者品"。
⑥ 勘：番、梵有人言系颂文，月称释云："是正量部计。"
⑦ 番、梵云："见及闻等法，受等及增上，次下眼等皆作见等。"
⑧ 佛护释云："见等、受等是何者所取？彼应在见等以前有。"

应有本住。"因是本住,眼等诸根得增长;若无本住,身及眼、耳诸根为因何生而得增长?"答曰":

若离①眼等根,及苦乐等法,先有本住者,以何而可②知?

"若③离眼、耳等根,苦、乐等法,先有本住者,以何可说?"以何可知?如外法瓶、衣等以眼等根得知,内法以苦、乐等根得知,如经中说:可坏是色相,能受是受相,识是识相。汝说离眼、耳、苦、乐等先有本住者,以何可知说有是法?"问曰":有论师言:出入息、视眴、寿命、思惟、苦乐、憎爱、动发等是神相,若无有神,云何有出入息等相?是故当知:"离眼、耳等根,苦、乐等法先有本住。答曰":是神若有,应在身内,如壁中有柱;若在身外,如人被铠。若在身内则不可破坏,神常在内故。是故言神在身内,但有言说,虚妄无实。若在身外,覆身如铠者,身应不可见,神细密覆故,亦应不可破坏。而今实见身坏,是故当知离苦、乐等先无余法。若谓断臂时神缩在内,不可断者断头时亦应缩在内,不应死,而实有死,是故知离苦、乐等先有神者,但有言说,虚妄无实。复次,若言身大则神大,身小则神小,如灯大则明大,灯小则明小者,如是神则随身,不应常;若随身者,身无则神亦无,如灯灭则明灭;若神无常,则与眼、耳、苦、乐等同。是故当知:离眼、耳等先无别神。复次,如风狂病人不得自在,不应作而作,若有神是诸作主者,云何言不得自在?若风狂病不恼神者应离神,别有所作。如是种种推求离眼、耳等根,苦、乐等法先无本住。若必谓离眼、耳等根,苦、乐等法先有本住者无有是事,何以故④?

若离眼、耳等,而有本住者,亦应离本住,而有眼、耳等。

"若本住离眼、耳等根,苦、乐等法先有者,今眼、耳等根,苦、乐等法亦应离本住而有。问曰:二⑤事相离可尔,但使有本住。答曰":

---

① 番、梵此颂本无"离"字,但反质如何先有,次外答离法有,乃从离义以破。
② 勘:番、梵作"施设",旧译亦作"假名",故下长行释云:"以何可说也。"
③ 无畏原无离义,与颂相顺,月称释云:"成无待过故。"
④ 原刻下衍"若此是"三字,依丽刻删。
⑤ 勘:佛护释意云:"虽无见等而本住自有也。"

以①法知有人，以人知有法；离法何有人？离人何有法？

　　法者，眼、耳、苦、乐等，人者是本住。汝谓以有法故知有人，以有人故知有法，今离眼、耳等法何有人？离人何有眼、耳等法？复②次，

一③切眼等根，实无有本住，眼、耳等诸根，异相而分别。

　　若眼、耳等诸根，苦、乐等诸法实无有本住，因眼缘色生眼识，以和合因缘知有眼、耳等诸根，不以本住故知，是故偈中说：一切眼④等根实无有本住，眼、耳等诸根各自能分别。问⑤曰：

若眼等诸根，无有本住者，眼等一一根，云何能知尘？

　　若一切眼、耳等诸根，苦、乐等诸法无本住者，今一一根云何能知尘？眼、耳等诸根无思惟，不应有知，而实知尘。当知离眼、耳等诸根更有能知尘者。答⑥曰：若尔者为一一根中各有知者，为一知者在诸根中，二俱有过，何以故？

见⑦者即闻者，闻者即受者，如是等诸根，则应有本住。

　　若见者即是闻者，见闻者即是受者，则是一神。如是眼等诸根应先有本住。色、声、香等无有定知者，或可以眼闻声，如人在六向，随意见闻。若⑧闻者、见者是一，于眼等根随意见闻，但是事不然。

若见闻各异，受者亦各异，见⑨时亦应闻，如是则神多。

　　"若见者、闻者、受者各异，若见者时亦应闻。"何以故？离见者有闻者故。"如是鼻、舌、身中神应一时行。若尔者，人一而神多，"以一切根

---

① "人法"番、梵作"谁何"，无畏释乃云："见闻及本住"，"知"番、梵作"明(bsal—ba)"，佛护释乃云："现义知义"，今译皆取意改。
② 无畏下作问辞，他宗通前难也，佛护、月称均同，今译误。
③ 番、梵颂云："非见等一切，先自有何法，但见等异法，异时而能明。"无畏等释云："非总一切先有本住，但见等各别先有，异法异时分别而知为见者或闻者等，此是避上过也。"
④ 原刻下衍"耳"字，依丽刻删。
⑤ 此下答破，前半颂牒云："若一切先非有者"，后半颂破云："各别先云何有。"
⑥ 无畏下复次释。
⑦ 四本颂云："若见者即闻，又即是受者，各各有本住，如是则非理。"无畏、佛护牒颂均云："若各各先有，应见者即闻云云。"
⑧ 无畏问曰："见者、闻者各异"，颂答。
⑨ 番、梵云："见时成闻者，是则成多我。"

一时知诸尘故,而实不尔,是故见者、闻者、受者不应俱用。复①次,

眼、耳等诸根,苦、乐等诸法,所从生诸大,彼大亦无神。

"若人言离眼、耳等诸根,苦、乐等诸法,别有本住,是事先已破。今于眼、耳等所因四大,是大中亦无本住。"问曰:若眼、耳等诸根,苦、乐等诸法无有本住可尔,眼、耳等诸根,苦、乐等诸法应有。答曰:

若眼、耳等根,苦、乐等诸法,无②有本住者,眼等亦应无。

"若眼、耳、苦、乐等诸法无有本住者,谁有此眼、耳等?"何缘而有?"是故眼等亦无。"复③次,

眼④等无本住,今后亦复无;以三世无故,无有无分别。

"思惟、推求本住于眼等先无,今后亦无。"若三世无即是无生寂灭,不应有难;若无本住,云何有眼、耳等?如是问答,戏论则灭;戏论灭故诸法则空。

(《藏要》本《中论》卷二页二十二右行十二至页二十五左行四)

3.《中论·观⑤法品第十八》

问⑥曰:若诸法尽,毕竟空,无生无灭,是名诸法实相者,云何入?答曰:灭我、我所著故得一切法空,无我慧名为入。问曰:云何知诸法无我?答曰:

若我是五阴,我即为生灭;若我异五阴,则非五阴相。
若无有我者,何得有我所?灭我我所故,名⑦得无我智。

---

① 无畏问曰:"见等色、处所依,四大中有本住故",颂答。
② 番、梵云:"无有所属者,彼等亦非有。"
③ 无畏次问:"何以决定说无本住?"颂答。
④ 番、梵颂云:"若法见等前,今、后皆无有,此中说有无,分别皆成倒。"
⑤ 番作"观我法品",梵"观我品",以下《无畏论》卷五。
⑥ 无畏问曰:"何为实相?由何得入?""答曰:离我、我所为实相,安立道理为先,而遍知为悟入,此云何者?"颂答云云。
⑦ 番、梵云:"无我、我所执。"

得①无我智者,是则名实观;得无我智者,是人为稀有。
内外我我所,尽灭无有故。诸受即为灭,受灭则身②灭。
业③烦恼灭故,名之为解脱。业烦恼非实,入空戏论灭。
诸佛或说我,或说于无我;诸④法实相中,无我无非我。
诸⑤法实相者,心行言语断,无生亦无灭,寂灭如涅槃。
一切实非实,亦实亦非实,非实非非实,是名诸佛法。
自知不随他,寂灭无戏论;无异无分别,是则名实相。
若法从缘生,不即不异因,是故名实相,不断亦不常。
不一亦不异,不常亦不断,是名诸世尊,教化甘露味。
若佛不出世,佛⑥法已灭尽,诸辟支佛智,从于远离生。

有人说神应有二种,若五阴即是神,若离五阴有神。"若五阴是神者,神则生灭相,"如偈中说:若神是五阴,即是生灭相,何以故?生已坏败故。"以生灭相故五阴是无常。"如五阴无常,生灭二法亦是无常,何以故?生灭亦生,已坏败,故无常;神若是五阴,五阴无常,故神亦应无常、生灭相,但是事不然。"若离五阴有神,神即无五阴相",如偈中说:若神异五阴,则非五阴相;而离五阴,更无有法。若离五阴有法者,以何相何法而有?若谓神如虚空,离五阴而有者,是亦不然。何以故?《破六种品》中已破虚空,无有法名为虚空。若谓以有信故有神,是事不然,何以故?信有四种:一现事可信;二名比知可信,如见烟知有火;三名譬喻可信,如国无鍮石,喻之如金;四名贤圣所说,故可信,如说有地狱、有天、有鬱单越,无有见者,信圣人语故知。是神于一切信中不可得,现事

---

① 无畏先征云:"如是见真实而无执者即我、我所。颂答。"番、梵颂云:"无我、我所执,彼亦无所有;见无执有,依此则为不见。"今译文错。
② 番、梵作"生灭"。
③ 番、梵颂云:"灭业惑则解,业惑依分别,分别依戏论,戏论因空灭。"今译脱误。
④ 番、梵云:"诸佛亦复说我、无我俱非。"
⑤ 四本颂云:"遣离于所说,遣心行境故。不生亦不灭,法性同涅槃。"勘:无畏释分段钩锁而下:"因空灭戏论者,遣所说空故;所说空者,心行灭故;心行灭者,观法不生灭,同涅槃故。"今译错乱。
⑥ 番、梵云:"诸声闻亦灭,彼独觉智慧以无依而生。"无畏释云:"以夙习因得生。"月称释云:"无依即身心寂静之谓。"

中亦无，比知中亦无，何以故？比知名先见故，后比类而知，如人先见火有烟，后但见烟则知有火；神义不然，谁能先见神与五阴合，后见五阴知有神？若谓有三种比知：一者如本，二者如残，三者共见。如本名先见火有烟，今见烟知如本有火；如残名如炊饭，一粒熟知余者皆熟；共见名如眼见人从此去，到彼见其去。日亦如是，从东方出至西方，虽不见去，以人有去相故知日亦有去。如是苦、乐、憎、爱、觉、知等亦应有所依，如见人民知必依王。是事皆不然，何以故？共相信先见人，与去法合而至余方，后见日到余方故知有去法。无有先见五阴与神合，后见五阴知有神。是故共相比知中亦无神，圣人所说中亦无神，何以故？圣人所说皆先眼见而后说。又诸圣人说：余事可信，故当知说地狱等亦可信，而神不尔，无有先见神而后说者，是故于四信等诸信中求神不可得；求神不可得故无。是故离五阴无别神。复次，《破根品》中见见者可见破故，神亦同破。又，眼见粗法尚不可得，何况虚妄、忆想等而有神？是故知无我。"因有我，故有我所；若无我，则无我所①。"修习八圣道分，灭我、我所因缘故，得无我、无我所决定智慧。"又，无我、无我所者于第一义中亦不可得，无②我、无我所者能真见诸法，凡夫人以我、我所障慧眼故不能见实。"今圣人无我、我所故，诸烦恼亦灭；诸烦恼灭故能见诸法实相。内、外我、我所灭故，诸③受亦灭，诸受灭故无量后身皆灭，是名说无余涅槃。问曰：有④余涅槃云何？答曰："诸烦恼及业灭故名心得解脱。""是诸烦恼业皆从忆想、分别生，无有实，诸忆想、分别皆从戏论生，得诸法实相毕竟空，诸戏论则灭，是名说有余涅槃。"实相法如是，诸佛以一切智观众生故种种为说，亦说有我，亦说无我。若心未熟者未有涅槃分，不知畏罪，为是等故说有我。又有得道者知诸法空，但假名有我，为是等故说我无咎。又有布施、持戒等福德，厌离生死、苦

---

① 无畏次结云："如是无我、我所为真实相。"
② 无畏原云："若见我执有所无，则成倒见，坏慧眼不见真实。"
③ 勘：无畏释："四取亦灭，取灭则有尽；有尽则生尽，是为悟入人无我，断烦恼障，得有余涅槃。"今译"无余"，错。
④ 无畏次云："今当说悟入，法无我，断所知障，得无余方便，举颂云：灭业惑则解等"。释云："戏论以证法无我相而灭故，是说悟入无余灭界。"今译"有余"，错。

恼,畏涅槃永灭,是故佛为是等说无我,诸法但因缘和合,生时空生,灭时空灭。是故说无我,但假名说有我。又得道者知无我,不堕断灭故,说无我无咎。是故偈中说:诸佛说有我,亦说于无我;若于真实中不说我非我。问曰:若无我是实,但以世俗故说有我,有何咎?答曰:因破我法有无我,我决定不可得,况有无我?若决定有无我,则是断灭生于贪著,如般若中说:菩萨有我亦非行,无我亦非行。问曰:若不说我、非我、空、不空,佛法为何所说?答曰:佛说诸法实相,实相中无语言道,灭诸心行。心以取相缘生,以先世业果报故有,不能实见诸法,是故说心行灭。问曰:若诸凡夫心不能见实,圣人心应能见实,何①故说一切心行灭?答曰:诸法实相即是涅槃,涅槃名灭,是灭为向涅槃故亦名为灭。若心是实,何用空等解脱门?诸禅定中何故以灭尽定为第一?又,亦终归无余涅槃,是故当知:一切心行皆是虚妄,虚妄故应灭。诸法实相者,出诸心数法,无生无灭,寂灭相如涅槃。问曰:经中说:诸法先来,寂灭相即是涅槃,何以言如涅槃?答曰:著法者分别法有二种:是世间,是涅槃;说涅槃是寂灭,不说世间是寂灭。此论中说一切法性空寂灭相,为著法者不解故以涅槃为喻,如汝说涅槃相空、无相、寂灭、无戏论,一切世间法亦如是。问②曰:若佛不说我非我,诸心行灭,言语道断者,云何令人知诸法实相?答曰:诸佛无量方便力,诸法无决定相,为度众生或说一切实,或说一切不实,或说一切实、不实,或说一切非实、非不实。一③切实者,推求诸法实性皆入第一义,平等一相所谓无相,如诸流异色异味,入于大海则一色一味。一切不实者,诸法未入实相时各各分别观,皆无有实,但众缘合故有。一切实、不实者,众生有三品,有上、中、下:上者观诸法相非实非不实,中者观诸法相一切实、一切不实,下者智力浅故观诸法相少实少不实,观涅槃无为法不坏故实,观生死有为法虚伪故不实。非实、非不实者,为破实、不实故说非实非不实。问曰:佛于余处说离非有非无,此中何以言非有非无是佛所说?答曰:余处为破四

---

① 原刻下衍"以"字,依丽刻删。
② 无畏问曰:"若胜义中是无生灭法性如灭度者,以世俗言辞说其相如何?"
③ 无畏释云:"眼等、色等不违俗谛而有,故说一切皆实;胜义中缘生如幻,不如所执,故说非实,二谛相待,故说亦实亦非实,行实相、无分别故说非实非非实,次下更有一解。"

种贪著故说,而此中于四句无戏论,闻佛说则得道,是故言非实非不实。"问曰":知佛以是四句因缘说,又得诸法实相者以何相可知?又"实相云何?答曰":若能不随他。不①随他者,若外道虽现神力,说是道是非道,自信其心而不随之,乃至变身;虽不知非佛,善解实相故心不可回,此中无法可取可舍,故名寂灭相,寂灭相故不为戏论所戏论。戏论有二种:一者爱论,二者见论。是中无此二戏论。二戏论无,故无忆想、分别,无②别异相,是名实相。问③曰:若诸法尽空,将不堕断灭耶?又不生不灭或堕常耶?答曰:不然。先说实相无戏论,心相寂灭,言语道断。汝今贪著取相,于实法中见断常过。得实相者说:"诸法从众缘生,不即是因,亦不异因,是故不断不常。"若果异因则是断,若不异因则是常。问④曰:若如是解,有何等利?答曰:若行道者能通达如是义,则于一切法不一不异,不断不常;若能如是即得灭诸烦恼、戏论,得常乐涅槃,是故说诸佛以甘露味教化。如世间言:得天甘露浆则无老、病、死,无诸衰恼。此实相法是真甘露味。佛说实相有三种:若得诸法实相,灭诸烦恼名为声闻法;若生大慈⑤,发无上心,名为大乘;若佛不出世、无有佛法时,辟支佛因远离生智。若佛度众生,已入无余涅槃,遗法灭尽,先世若有应得道,少观厌离因缘,独入山林,远离愦闹得道名辟支佛。

(《藏要》本《中论》卷三页四十三左行二至页四十六左行九)

4.《中论·观涅槃品第二十五》

"问曰":

---

① 无畏释云:"自知者无教而证,寂者离自性,非戏论者所说相灭,无分别者不作,此法是此分别,非异者法性一味。"
② 原刻下衍"分"字,依丽刻删。
③ 无畏云:"今复说余真实相。"
④ 无畏云:"今由此分别非一异等。"
⑤ 丽刻作"悲"。

若①一切法空，无生无灭者，何断何所灭，而称为涅槃？

"若一切法空则无生无灭；无生无灭者，何所断、何所灭名为涅槃？是故一切法不应空，以诸法不空故断诸烦恼、灭五阴，名为涅槃。答曰"：

若诸法不空，则无生无灭，何断何所灭，而称为涅槃？

"若一切世间不空则无生无灭，何所断、何所灭而名为涅槃？""是故有无二门非②至涅槃。所名涅槃者"，

无③得亦无至，不断亦不常，不生亦不灭，是说名涅槃。

无得者于行果无所得，无至者无处可至，不断者五阴先来，毕竟空故，得道入无余涅槃时亦无所断；不常者，若有法可得分别者则名为常，涅槃寂灭无法可分别，故不名为常，生灭亦尔，"如是相者名为涅槃"。"复次"，经说：涅槃非有非无，非有、无，非非有、非非无，一切法不受内寂灭名涅槃，何以故？

涅槃不名有，有则老死相，终无有有法，离于老死相。

"眼见一切万物皆生灭，故是老死相，涅槃若是有，则应有老死相"，但是事不然。是故涅槃不名有。又不见离生、灭、老、死，别有定法；若涅槃是有，即应有生、灭、老、死相，以离老、死相故名为涅槃。"复次"，

若涅槃是有，涅槃即有为，终无有一法，而是无为者。

涅槃非是有，何以故？一切万物从众缘生，皆是有为，无有一法名为无为者。虽常法假名无为，以理推之无常法尚不有，何况常法不可④见、不可得者？"复次"，

若涅槃是有，云何名无受⑤？无有不从受，而名为法者。

"若谓涅槃是有法者，经则不应说无受是涅槃，何以故？无有法不受而有，是故涅槃非有。问曰：若有非涅槃者，无应是涅槃耶？答曰"：

有尚非涅槃，何况于无耶？涅槃无有有，何处当有无？

---

① 番、梵云："若是一切空，无法字。"无畏下释为"一切趣"，后又云"一切世间"，次颂诸法同此。
② 无畏意谓"不成涅槃"。
③ 番、梵云："无舍亦无得，"长行例知。
④ 原刻下衍"得"字，依丽刻删。
⑤ 番、梵作"依"，下俱同。梵文 upādāya 本兼有"取"、"依"二义也。

"若有非涅槃，无云何是涅槃，何以故？因有故有无。"若无有云何有无？如经说：先有今无则名无，涅槃则不尔，何以故？非有法变为无故，是故无亦不作涅槃。"复次"，

若无是涅槃，云何名不受？未曾有不受，而名为无法。

"若谓无是涅槃，经则不应说不受名涅槃，何以故？无有不受而名无法，是故知涅槃非无。问曰：若涅槃非有非无者，何等是涅槃？答曰"：

受①诸因缘故，轮转生死中；不受诸因缘，是名为涅槃。

"不如实知颠倒故，因五受阴往来生死；如实知颠倒故，则不复②因五受阴往来生死。无性五阴不复相续，故说名涅槃。复次"，

如佛经中说：断有断非有，是故知涅槃，非有亦非无。

有名三有，非有名三有断灭。佛说断此二事，故当知涅槃非有亦非无。

"问曰：若有若无非涅槃者，今有无共合是涅槃耶？答曰"：

若谓于有无，合为涅槃者，有无即解脱，是事则不然。

"若谓有无合为涅槃者，即有无二事合为解脱，是事不然，何以故？有无二事相违，云何一处有？复次"，

若谓于有无，合为涅槃者，涅槃非无受，是二从受生。

"若有无合为涅槃者，经不应说涅槃名无受，何以故？有无二事从受生，相因而有，是故有无二事不得合为涅槃。复次"，

有无共合成，云何名涅槃？涅槃名无为，有无是有为。

"有无二事共合不得名涅槃；涅槃名无为，有无是有为，是故有无非是涅槃。"复③次，

有无二事共，云何是涅槃？是二不同处，如明暗不俱。

"有无二事不得名涅槃，何以故？有无相违，一处不可得，如明暗不俱，是故有时无无，无时无有，云何有无共合而名为涅槃？问曰：若有无共合非涅槃者，今非有非无应是涅槃？答曰"④：

---

① 番、梵颂云："即彼流转体，依因所作者，非依因作时，说彼为涅槃。"
② 原刻下衍"受"字，依丽刻及番本删。
③ 无畏云："下颂答他执有，有无二法是为涅槃。"
④ 无畏此下原接第十六颂，下云"复次"，乃出第十五颂。

若^①**非有非无,名之为涅槃,此非有无非,以何而分别?**

"若涅槃非有非无者,此非有非无因何而分别?是故非有非无是涅槃者,是事不然。""复次",

分别非有无,如是名涅槃,若有无成者,非有非无成。

"汝分别非有非无是涅槃者,是事不然,何以故?若有无成者,然后非有非无成。"有相违名无,无相违名有,是有无第三句中已破,有无无故,云何有非有非无?是故涅槃非非有非非无。复^②次,

如来灭度后,不言有与无,亦不言有无,非有及非无。
如来现在时,不言有与无,亦不言有无,非有及非无。

若如来灭后,若现在,有如来亦不受,无如来亦不受;亦有如来,亦无如来亦不受;非有如来,非无如来亦不受,以不受故不应分别涅槃有无等。离如来谁当得涅槃?何时何处以何法说涅槃?是故一切时、一切种求涅槃相不可得。"复次",

涅^③**槃与世间,无有少分别;世间与涅槃,亦无少分别。**

"五阴相续往来因缘,故说名世间,五阴性毕竟空,无受寂灭,此义先已说。以一切法不生不灭,故世间与涅槃无有分别,涅槃与世间亦无分别。"复次,

涅^④**槃之实际,及与世间际,如是二际者,无毫厘差别。**

"究竟推求世间涅槃实^⑤际无生际,以平等不可得故,无毫厘差别。"复次,

灭后有无等,有边等常等,诸见依涅槃,未来过去世。

"如来灭后有如来,无如来;亦有如来,亦无如来;非有如来,非无如来。世间有边,世间无边;世间亦有边,亦无边;世间非有边,非无边。世间

---

① 六本下二颂皆互倒,今译改文。
② 无畏问曰:"然则如何?"颂答。
③ 四本此颂皆一三句互倒,《吉藏疏》卷一、卷二十四引此文亦先云"世间与涅槃",疑今刻本误。
④ 番、梵云:"若是涅槃际,彼即流转际。"《吉藏疏》卷一引此文云:"生死之实际及与涅槃际",与今刻异。
⑤ 无畏原云:"乃至究竟边际不可得,皆平等故。"

常,世间无常;世间亦常,亦无常;世间非有常,非无常。此三种十二见,如来灭后有、无等四见依涅槃起,世间有边、无边等四见依未来世起,世间常、无常等四见依过去世起。"如来灭后有、无等不可得,涅槃亦如是,如世间前际、后际,有边、无边,有常、无常等不可得,涅槃亦如是,是故说世间涅槃等无有异。复①次,

一切法空故,何有边无边？亦边亦无边,非有非无边。
何者为一异？何有常无常？亦常亦无常,非常非无常。
诸法不可得,灭②一切戏论,无人亦无处,佛亦无所说。

一切法一切时一切种从众缘生,故毕竟空,故无自性。如是法中何者是有边？谁为有边？何者是无边？亦有边、亦无边,非有边、非无边,谁为非有边、非无边？何者是常？谁为有常？何者是无常？常、无常,非常、非无常,谁为非常、非无常？何者身即是神？何者身异于神？如是等六十二邪见于毕竟空中皆不可得。诸有所得皆息,戏论皆灭;戏论灭故,通达诸法实相,得安隐道。从因缘品来分别推求,诸法有亦无,无亦无,有无亦无,非有非无亦无,是名诸法实相,亦名如法性实际涅槃,是法如来无时无处为人说涅槃定相,是故说诸有所得皆息,戏论皆灭。

(《藏要》本《中论》卷四页六十三右行十二至页六十七左行八)

5.《中论》校勘说明

一、是书校勘分译文与刻本为二。译文中本颂与长行典据不同,又各异其校例。

二、是书本颂异文异译甚多,今取六本对校,而略称之例有八:(一)西藏译《中论》本颂本,略称为番。(二)西藏译《中论疏·无畏论》所牒之颂本,略称为无畏。(三)西藏译《中论疏·佛护论》所牒之颂本,略称为佛护。(四)宋译安慧《中观释论》所牒之颂本,略称为释。(五)唐译清辨《般若灯

---

① 无畏云:"此中颂曰。"
② 番、梵云:"灭戏论而寂,有二义,与论初颂同。"

论》所牒之颂本,略称为灯。(六)梵本月称《中论疏》所牒之颂本,略称为梵。(七)同本之西藏译本,略称为月称番本。(八)番、释、灯、梵四种合举,略称为四本。

三、本颂之对校凡有三事:(一)品目。六本对校名称不同者,悉为注出曰:某本作某品。同者不注。(二)次第。各颂先后,以数目字标明。六本对校次第不同者,悉为注出曰:某本云云。同者不注。其一颂中各句次第之对校,例同。(三)文义。今译讹略隐晦之处,悉依番、梵二本为主,余本为副,一一勘出,特为注明。凡有五例,今举对校番、梵二本之注为式以概其余。(甲)注一名一语曰:番、梵作某某。(乙)注一句、数句曰:番、梵云云。(丙)注一颂、数颂曰:番、梵颂云云。是等三注,依例寻文,自知起讫,不另标志。(丁)上二例所注颂文均依意译,仍五字句。其有不能句者,则散叙之,而附注曰:勘:番、梵云云。(戊)释、灯二本勘有与番、梵相符者,则注出曰:四本云云。

四、是书长行无异文异译,今旁资三本对校:(一)西藏译《无畏论》,考为是书所宗之本。(二)西藏译《佛护论》,(三)西藏译月称《中论疏》,二者考为是书学说相近之本。三本略称,皆如前例。

五、长行之对校亦有三事。(一)章段。勘《无畏论》文分段有不同处,悉就本颂乙之。长行随颂自知段落,不别加注。(二)文句。今长行文勘有直接引用《无畏论》文者,均用引号""剔出。所引或有割裂、删减,皆随文加号,不拘句读。但勘今文有改饰处,则据《无畏论》文注出曰:无畏原云云。有晦涩处,则据《无畏论》文注明曰:勘无畏云云,或无畏意谓云云。有缺略处,则据《无畏论》文补注曰:无畏次云云。(三)异义。勘《无畏论》文有为今文所未引用者,择要注出曰:无畏释云云。又《无畏论》文每段生起,或问答,或复次,有与今文不同者,悉为注出曰:无畏云云。又《无畏论》及今文有处简略,解颂未明者,更勘佛护、月称之释补注曰:佛护云云,月称云云。

六、是书刻本依据南宋本,对校丽本及吉藏论疏所据之本,参证文义,确定为夺误者,乃加改订,附注曰:原刻云云,今依丽刻云云,疏本云云。有时存疑不改,亦附注备考。

七、是书校勘资料之版本出处如次:

(一)西藏译《中论·本颂》,Dbu—ma rtsa—baḥi tshig—leḥur byas—pa

　　　　ces—rab ces—bya—ba. 德格版丹珠，tsa 字函，一页下至一九页上。
（二）西藏译《中论疏·无畏论》，Dbu—ma rtsa—baḥi ḥgrel—pa ga—luṣ jigs—med. 德格版丹珠，tsa 字函，二九页下至九九页上。
（三）西藏译《中论疏·佛护论》，Dbu—ma rtsa—baḥi ḥgrel—pa budha-palita. 德格版丹珠，tsa 字函，一五八页下至二八一页上。
（四）宋译安慧《中观释论》，金陵刻经处刊本。
（五）唐译清辨《般若灯论》，金陵刻经处刊本。
（六）梵本月称《中论疏·明句论》，Madhayamakavṛtti（Prasannapadā）. 圣彼得堡版，《佛教文库》本。
（七）西藏译同论，Dbu—ma rtsa—baḥi ḥgrel—pa tshig gsal—ba. 德格版丹珠，ḥa 字函，一页下至二〇〇页上。
（八）吉藏《中观论疏》，金陵刻经处刊本。
（九）本书之宋刻、丽刻本，依日本弘教书院版《正藏》及《大正大藏经》之校注。

　　　　　　（《藏要》本《中论》校勘说明页一左行一至页二右行十）

6.《百论·破情品》

　　　　　　鸠摩罗什　译

　　外曰：定有我、所有法。现前有故（修妒路），情尘意合故知生。此知是现前知，是知实有故，情尘意有。内曰：见色已，知生何用（修妒路）？若眼先见色，然后知生者，知复何用？若先知生，然后眼见色者，是亦不然。何以故？若不见色，因缘无故，生亦无（修妒路）；若眼先不见色，则因缘不合。不合故知不应生。汝言情尘意合故知生，若不合时知生者，是则不然。外曰：若一时生有何过？内曰：若一时生，是事不然。生、无生共不一时，有故无故，先已破故（修妒路）。若见知先有，相待一时生。若先无，若先半有半无。于三中一时生者，是则不然。何以故？若先有见知者不应更生，以有故。若先无者亦不应生，以无故。若无者则无相待，亦无生。

若半有半无者,前二修妒路各已破故。复次,一法云何亦有亦无?复次,若一时生,知不待见,见不待知。复次,眼为到色见耶?为不到色见耶?若眼去,远迟见(修妒路)。若眼去到色乃见者,远色应迟见,近色应速见。何以故?去法尔故。而今近瓶远月一时见,是故知眼不去。若不去则无和合。复次,若眼力不到色而见色者,何故见近不见远?远近应一时见。复次,眼设去者,为见已去耶?为不见去耶?若见已去,复何用(修妒路)?若眼先见色,事已辨去,复何用?若不见去,不如意所取(修妒路)。若眼先不见色而去者,如意所取则不能取。眼无知故,趣东则西。复次,无眼处亦不取(修妒路)。若眼去到色而取色者,身则无眼。身无眼故,此则无取。若眼不去而取色者,色则无眼。色无眼故,彼亦无取。复次,若眼不去而取色者,应见天上色及障外色。然不见,是故此事非也。外曰:眼相见故(修妒路),见是眼相,于缘中有力能取,性自尔故。内曰:若眼见相自见眼(修妒路),若眼见相如火热相,自热能令他热。如是眼若见相应自见眼。然不见,是故眼非见相。外曰:如指(修妒路)眼虽见相,不自见眼,如指端不能自触。如是眼虽见相,不能自见。内曰:不然。触指业故(修妒路),触是指业,非指相。汝言见是眼相者,何不自见眼?是故指喻非也。外曰:光、意去故见色(修妒路),眼光及意去故,到彼能取色。内曰:若意去到色,此无觉(修妒路)。意若到色者,意则在彼;意若在彼,身则无意,犹如死人。然意实不去,远近一时取故。虽念过去、未来,念不在过去、未来,念时不去故。外曰:意在身(修妒路)。意虽在身而能远知。内曰:若尔不合(修妒路)。若意在身而色在彼,色在彼故则无和合;若无和合不能取色。外曰:不然。意、光、色合故见(修妒路),眼、意在身和合。以意力故,令眼光与色合。如是见色,是故不失和合。内曰:若和合故见生无见者(修妒路)。汝谓和合故见色。若言但眼见色,但意取色者,是事不然。外曰:受和合故取色成(修妒路)。汝受和合则有和合;若有和合应有取色。内曰:意非见,眼非知,色非见知。云何见(修妒路)?意异眼故,意非见相;非见相故,不能见眼,四大造故,非知相;非知相故,不能知色,亦非见相,亦非知相。如是虽复和合,云何取色?耳、鼻、舌、身亦如是破。

(《大正大藏经》第三十卷《百论》卷下页一七五至页一七六)

7.《百论·破尘品》
鸠摩罗什 译

外曰：应有情瓶等可取故（修妒路），今现见瓶等诸物可取故。若诸情不能取诸尘，当用何等取？是故知有情能取瓶等诸物。内曰：非独色是瓶。是故瓶非现见（修妒路），瓶中色现可见，香等不可见。不独色为瓶，香等合为瓶。瓶若现可见者，香等亦应现可见，而不可见。是故瓶非现见。外曰：取分故一切取信故（修妒路）。瓶一分可见故瓶名现见，何以故？人见瓶已信，知我见是瓶。内曰：若取分不一切取（修妒路），瓶一分色可见，香分等不可见。今分不作有分。若分作有分者，香等诸分亦应可见。是故瓶非尽可见。是事如《破一》、《破异》中说。外曰：有瓶可见，受色现可见故（修妒路）。汝受色现见故，瓶亦应现见。内曰：若此分现见，彼分不现见（修妒路）。汝谓色现见，是事不然，色有形故。彼分中分不现见，以此分障故。彼分亦如是。复次，如前若收分不一切取，彼应答此。外曰：微尘无分故不尽破（修妒路），微尘无分故，一切现见有何过？内曰：微尘非现见（修妒路）。汝经言：微尘非现见，是故不能成现见法。若微尘亦现见，与色同破。外曰：瓶应现见，世人信故（修妒路）。世人尽信瓶是现见有用故。内曰：现见无非瓶无（修妒路）。汝谓若不现见瓶，是时无瓶者。是事不然，瓶虽不现见非无瓶。是故瓶非现见。外曰：眼合故无过（修妒路）。瓶虽现见相，眼未会时人自不见。是瓶非不现见相。内曰：如现见生无有亦非实（修妒路）。若瓶未与眼合时未有异相，后见时有少异相生者，当知此瓶现见相生，今实无异相生。是故现见相不生，如现见相生无瓶有亦无。外曰：五身一分破，余分有（修妒路），五身是瓶。汝破一色，不破香等。今香等不破故应有尘。内曰：若不一切触，云何色等合（修妒路）？汝言五身为瓶。是语不然，何以故？色等一分是触，余分非触，云何触、不触合？是故非五身为瓶。外曰：瓶合故（修妒路）。色分等各各不合，而色分等与瓶合。内曰：异除，云何瓶触合（修妒路）？若瓶与触异者，瓶则非触。非触云何与触合？若除色等，更无瓶法。若无瓶法，云何触与瓶合？外曰：色应现见信经故（修妒路）。汝经言：色名四大及四大造。造色分中,色入所摄,是现见。汝云何言无现见色?内曰:四大非眼见,云何生现见(修妒路)?地坚相,水湿相,火热相,风动相,是四大非眼见者。此所造色应非现见。外曰:身根取故四大有(修妒路)。今身根取四大故四大有。是故火等诸物四大所造亦应有。内曰:火中一切热故(修妒路)。四大中但火是热相,余非热相。今火中四大都是热相,是故火不为四身。若余不热不名为火,是故火不为四身。地坚相,水湿相,风动相亦如是。外曰:色应可见,现在时有故(修妒路)。以眼情等现在时取尘故,是名现在时;若眼情等不能取色尘等则无现在时。今实有现在时,是故色可见。内曰:若法后故初亦故(修妒路)。若法后故相现,是相非故时生,初生时已随有。微故不知,故相转现,是时可知。如人著屣,初已微故随之。不觉不知,久则相现。若初无故后亦无,是应常新。若然者故相不应生。是以初微故随之后则相现。今诸法不住故,则无住时;若无住时无取尘处。外曰:受新故,故有现在时(修妒路)。汝受新相、故相,观生时名为新,观异时名为故。是二相非过去时可取,亦非未来时可取。以现在时故,新、故相可取。内曰:不然。生故新,异故故(修妒路)。若法久生新相已过是新相,异新则名故。若故相生故则为新,是新是故但有言说,第一义中无新无中无故。外曰:若尔得何利?内曰:得永离(修妒路)。若新不作中,中不作故。如种子、芽、茎、节、坏、花、实等各不合。各不合故诸法不住,不住故远离,远离故不可得取。

(《大正大藏经》卷三十《百论》卷下页一七六至页一七七)

四、经部及其发展

经部及其发展之一:《成实论》摘抄(一)
(鸠摩罗什 译)

1. 论门及立论

论门品

　　论有二门:一世界门,二第一义门。以世界门故说有我。如经中说:我常自防护,为善自得善,为恶自得恶。又经中说:心识是常。又言:长夜修心,死得上生。又说:作者起业,作者自受。又说:某众生生某处等。如是皆以世界门说。第一义门者皆说空无。如经中说:此五阴中无我、我所,心如风焰,念念生灭,虽有诸业及业果报,作者、受者皆不可得,如佛以五阴相续因缘说有生死。又有二种论门:一世俗门,二贤圣门。世俗门者,以世俗故说言月尽,月实不尽。如摩伽罗母说儿妇为母,其实非母。如经中说:舌能知味,以舌识知味,舌不能知;如櫐刺人,言人得苦,是识知苦,非人受苦;如贫贱人字为富贵,佛亦随人名为富贵。又佛呼外道名婆罗门,亦名沙门,又如刹利、婆罗门等,佛亦随俗称为尊贵。又如一器随国异名,佛亦随名。又如佛言:是吾最后观毗耶离。诸如是等随世语言名世俗门。贤圣门者,如经中说:因缘生识,眼等诸根犹如大海。又如经说:但阴界入,众缘和合,无有作者,亦无受者。又说一切苦,如经中说:世间言乐,圣人说苦;圣人说苦,世间言乐。又诸所说空、无相等名贤圣门。又有三时论门。若于此事中说名为色,若色曾有、当有、今有,皆名为色。识亦如是,若识曾知、当知、今知,皆名为识。如此等名三时论门。又有若有论门。若有触必因六入,非一切六入尽为触因;若有爱必因于受,非一切受尽为爱因。或说具足因,如触因缘受。或说不具足因,如受因缘爱,不说无明。或复异说,如经中说:心欢喜,身得猗,三禅无喜,亦有身猗。又说猗者受乐,四禅有猗而无受乐,是名异说。又有通、塞二种论门。如经中说:若人发足为供养塔,中间命终,皆生天上,是名为通。又余经说:作逆罪者不得生天,是名为塞。又经中说:受诸欲者无恶不造,是名为通。须陀洹人虽受诸欲,亦不能起,堕恶道业,是名为塞。又经中说:因眼缘色而生眼识,是名为通。若尔应缘一切色皆生眼识而不然。

又经中说:因耳缘声生耳识等,不生眼识,是名为塞。又所言通、塞皆有道理,不坏法相。又有二种论门:一决定,二不决定。决定者,如说佛为一切智人,佛之所说名真妙法,佛弟子众名正行者;又言一切有为皆悉无常、苦、空、无我、寂灭、涅槃,如是等门是名决定。不决定者,若言死者皆生,是则不定;有爱则生,爱尽则灭。又经中说:若得心定,皆生实智,是亦不定。圣人得定,能生实智,外道得定则不能生。又如经说:所求皆得,是亦不定,或得或不得。若言六入必能生触,是亦不定,或有能生,或有不生。如是等名不定门。又有为、不为论门,如说奇草芳花不逆风熏,又说拘毗罗花能逆风闻,为人花故说不逆风闻,为天花故说逆风熏。又说三受:苦受、乐受、不苦不乐受。又余经说:所有诸受皆名为苦,有三种苦:苦苦、坏苦、行苦,为此故说所有诸受一切皆苦。又说是苦三种,有新、故、中,新受名乐,久厌则苦,中名为舍。又说:为得道故名为道人,未得道者亦名道人,有如是等相因得名。又有近论门。如佛语比丘:汝断戏论则得泥洹。虽未便得,但以近故,亦名为得。又有同相论门。如说一事,余同相事皆名已说。又如佛说:心为轻躁,则为已说余心数法。又有从多论门。如佛言:若人不知二见生灭相者,皆名有欲;若能知者,皆名得离。须陀洹人亦知二见生灭之相而有贪欲,但以知者多是离欲人。又有因中说果论门。如说施食则与五事:命、色、力、乐、辩才,而实不与命等五事,但与其因。又如说食钱,钱不可食,因钱得食故名食钱。又如经说:女人为垢。实非垢也,是贪著等烦恼垢因故名为垢。又说五尘名欲。实非欲也,能生欲故名之为欲。又乐因缘说名为乐。如说以法集人,是人为乐。又苦因缘说名为苦。如说与愚同止,是名为苦,如说火苦、火乐。又说命因为命,如偈中说:资生之具皆是外命,如夺人物名为夺命。又说漏因为漏。如《七漏经》说:此中二是实漏,其余五事是漏因缘。又有果中说因,如佛言:我应受宿业,谓受业果。如是等众多论门,尽应当知。

(《大正大藏经》第三十二卷《成实论》卷二页二四八至页二四九)

十论初有相品

问曰:汝经初言广习诸异论,欲论佛法义,何等是诸异论?

答曰:于三藏中多诸异论,但人多喜起诤论者。

所谓二世有、二世无,

一切有、一切无,

中阴有、中阴无,

四谛次第得、一时得,

有退、无退,

使与心相应、心不相应,

心性本净,性本不净,

已受报业或有或无,

佛在僧数,不在僧数,

有人、无人。

(《大正大藏经》第三十二卷《成实论》卷二页二五三)

2.三世有无问题[成实:过去、未来无,现在实有(先论有相无相)。]

有人言二世法有,或有言无。问曰:何因缘故说有?何因缘故说无?答曰:有者,若有法是中生心,二世法中能生心故,当知是有。问曰:汝当先说有相。答曰:知所行处名曰有相。难曰:知亦行于无所有处。所以者何?如信解观,非青见青。又所作幻事,亦无而见有。又以知无所有故,名入无所有处定。又以指按目则见二月。又经中说:我知内无贪欲。又经中说:如色中贪断名为色断,又如梦中无而妄见。以是等缘知亦行于无所有处,不可以知所行处,故名为有。答曰:无有知行无所有处,所以者何?要以二法因缘故识得生,一依二缘。若当无缘而识生者,亦应无依而识得生。然则二法无用,如是亦无解脱,识应常生。是故知识不行于无。又以有所识故名为识,若无所识则亦无识。又说识能识尘,谓眼识识色乃至意识识法。若言有无缘识,此识何所识耶?又若言有无缘识,是则错谬,如有人言我狂心乱,世间所无而我皆见。又若知无所有,不应生疑,以有所知故得生疑。又经中说:若世间所无,我知见者,无有是处。又汝言自相违,若无,何所知耶?又经中说:能缘法者是心、心数法,亦说一切诸法皆是所缘,此中不说无法为缘。又诸法尘是生识因,若无,以何为因?又经中说:三事和合故名为触,若法无者,何所和合?又无缘之知云何可得?若知则不无,若无则不知,是故无无缘知。又汝先言:知行无所有处,如信解观,非见青者,无有是处。所以者何?是非青中实有青性。如经中说:是木中有净性。又取青相心力转广,一切尽青,非是青相。又《幻网经》说:有幻幻事者无众生中见似众生,故名为幻。又汝言以知无所有故名入无所有处定者,以三昧力故生此无相,非是无也,如实有色,坏为空相。又入是三昧所见法少故名为无,如盐少故名无盐,慧少故名无慧。又如说非有想非无想处,是中虽实有想,亦说非有非无。又汝言以指按目见二月者,见不审故,以一为二;若合一眼,则不见二。又汝言我知内无欲者,是人见五盖相违七觉法故,便生念言:我知无欲,非知无也。又汝言知色中贪断名色断者,见真实慧与妄解相违,故名贪断。又汝言梦中无而见者,因先见闻、忆念、分别及所修习,故梦中见;又冷热气盛,故随梦见;或以业缘故梦,如昔菩萨有诸大梦;或天神等来为现梦。是故梦中见有,非知无也。难曰:汝言要以二法因缘识得生者,是事不然。佛破神我故,说二法因缘生识,非尽然也。又汝言以有所识故名识者,识法有则知有,无则知无。若此事无,以无此事故,名为见空。又三心灭故,名为灭谛,若无空心,何所灭耶?又汝言眼识识色乃至意识识法者,是识但能识尘,不辨有无。又汝言若有无缘识,是则错乱者,则有知无之知,如狂病人见所无者。又汝言若知无不应生疑者,若疑为有为无,则有无缘知也。又汝言如经中说:若世间所无,我若知见无是处者,是经不顺法相,似非佛语;或三昧如是,入此三昧所见尽有,为是三昧故如是说。又汝言自相违者,我言缘无,非相违也。又汝言心、心数法能缘一切法,是缘者有心、心数法而无所缘,亦心、心数法不能实缘,故不名缘。又诸法实相离诸相故,不名为缘。又汝言诸尘是生识因,若无以何为因者?即以无为因。又汝言三事和合名为触者,若三事可得则有和合,非一切处尽有三事。又汝言若知不无,若无不知者,若有缘知,亦同是过。又汝言如木中有净性者,是事不然,有因中有果过故。又汝言取相心转广者,是亦不然,本青相少而见大地一切皆青,则是妄见。如是观少青故能见阎浮提尽皆是青,非妄见耶。又汝言《幻网经》说有幻幻事者无众生中见似众生为众生事,此事实无而见,则是无缘知也。又汝言以三昧力故,生此无相如实有、色坏为空者,若色实有而坏为空,则是颠倒。又少而言无,亦是颠倒。又汝言见不审者,是事不然,如眼气病人见空中有毛,其实无也。又汝言见五盖相违七觉法故,便生念言:我知无者,七觉法异,无贪亦异,云何为一?又汝言见真实慧与妄解相违名贪断者,妄解名虚妄观,是故说知欲断故色断,真实慧者无常观也。又汝言梦中见实者,是事不然,如梦堕舍而实不堕。是故有知无之知,不以知行故名有相。

无相品第二十

问曰:若此非有相,今阴界入所摄法应当是有?答曰:此亦不然。所以者何?是人说凡夫法阴界入摄,是事不顺法相。若然者,有说如等诸无为法亦应是有,而此实无,故知阴界入所摄法非是有相。问曰:若人以现知等信有所得名为有相?答曰:此亦非有相,是可信法决定分别,不可得说。又有经说:应依于智,不应依识,以性得故,色等诸尘不可得,后当广说。此无相不坏,有所得相云何可立?问曰:有与法合故名为有。答曰:有后当破。又有中无有,云何有与法合故名有耶?以是因缘,有相决定分别不可得说,但以世谛故有,非第一义。问曰:若以世谛有者,今还以世谛故说过去、未来为有为无?答曰:无也。所以者何?若色等诸阴在现在世能有所作可得见知,如经中说:恼坏是色相,若在现在则可恼坏,非去来也,受等亦然。故知但有现在五阴,二世无也。复次,若法无作则无自相,若过去火不能烧者不名为火;识亦如是,若在过去不能识者则不名识。复次,若无因而有,是事不然,过去法无因可有,是故不然。复次,凡所有法皆众缘生,如有地、有种、水等因缘则芽等生,有纸、笔、人工则字得成,二法等合则有识生。未来世中芽、字、识等因缘未会,云何得有?是故二世不应有也。复次,若未来法有,是则为常，以从未来至现在故，如从舍至舍，则无无常，是事不可。又经中说：眼生无所从来，灭无所至，是故不应分别去来法也。复次，若未来有眼色识者则应有作，过去亦尔，而实不然，是故知无去来法也。又去来色有则应有对有碍，而实不然，是故无也。复次，若瓶等物未来有者，则陶师等不应有作，而现有作，故无未来有。又佛说有为法三相可得：生、灭、住异。生者，若法先无，今现有作；灭者，作已还无；住异者，相续故住，变故名异。是三有为相皆在现在，非过去、未来。

二世有品第二十一

问曰：实有过去、未来，所以者何？若法是有，此中生心，如现在法及无为法。又佛说色相，亦说过去及未来色。又说凡所有色，若内、若外、若粗、若细、若过去、未来、现在，总名色阴。又说过去、未来色尚无常，何况现在？无常是有为相，是故应说有。又现见从智生智，以修习故，如从稻生稻，是故应有过去。若无过去，果则无因。又经中说：若过去事实而有益，佛则说之。又说应观过去、未来一切无我。又缘未来意识依过去意，若无过去识何所依？又知过去业有未来果，是名正见。又佛十力知去来诸业。又佛自说：若无过去所作罪业，是人终不堕诸恶道。又学人若在有漏心中，则不应有信等诸无漏根。又诸圣人不应决定记未来事。又若无去来，则人不应忆念五尘。所以者何？意识不知现五尘故。又说十八意行皆缘过去。又若无去来，则阿罗汉不应自称我得禅定，以在定中无言说故。又四念处中不应得观内心、内受，所以者何？现在不得观过去故。又亦不应修四正勤，所以者何？未来世中无恶法故，余三亦尔。又若无去来，则无有佛。又亦不应有修戒久近，是故不然。

二世无品第二十二

答曰：过去、未来无。汝虽说有法中生心，是先已答，无法亦能生心。又汝说色相、色数、色可相者，是事不然，过去、未来不应是色，无恼坏故；亦不可说无常相也。但佛随众生妄想分别，故说其名。又汝言智生智者，因与果作因缘已灭，如种与芽作因已灭，佛亦说是事生故是事生。又汝言实而有益佛则说者，佛说是事本现在时，不言犹有；若说过去灭尽，则知无有。又汝言观无我者，以众生于去来法计有我故，佛如是说。又汝言是正见者，以此身起业，此业与果作因已灭，后还自受，故说有果。于佛法中，若有若无，皆方便说，为示罪福业因缘故，非第一义。如以因缘说有众生，去来亦尔。依过去意者，是方便依，不如人依壁等，亦明心生不依于神，因先心故后心得生，业力亦尔，佛知是业虽灭，而能与果作因，不言定知，如字在纸。罪业亦尔，以此身造业，是业虽灭，果报不失。又汝言不应有诸无漏根者，若学人得无漏根已得在现在，虽过去灭，未来未至，以成就故不得言无。又汝言圣人不应记未来者，圣智力尔，虽未有法而能悬记，如过去法虽已灭尽，念力能知。又汝言不应念五尘者，是凡夫人痴故妄念，先取定相，后虽灭尽，犹生忆念，忆法应尔，非如兔角等。十八意行亦复如是，现在取色虽灭过去，亦随忆念。又汝言不应自称我得禅定者，是定得在现在，忆念力故，自言我得。又汝言不应得观内心、内受者，有二种心：一念念生灭，二次第相续，用现在心观相续心，非念犹在。又汝言不应修习四正勤者，防未来世恶法因缘，亦起未来善法因缘。又汝言则无佛者，佛寂灭相，虽现于世，不摄有无，况灭度耶？众生归命，亦如世人祠祀父母。又汝言亦不应有修戒久近者，不以时故，戒有差别，所以者何？时法无实，但以诸法和合生灭，故名有时。是故汝所说因，是皆不然。

（金陵本《成实论》卷二页二十三右行一至卷三页三右行五）

3. 一切有、一切无问题［成实：一切有、一切无非第一义，非有非无名圣中道。］

一切有无品第二十三

论者言：有人说一切法有，或说一切法无。问曰：何因缘故说有？何因缘故说无？答曰：有者，佛说十二入名为一切，是一切有。地等诸陀罗骠，数等诸求那，举下等诸业，总相、别相、和合等法，及波居帝本性等，及世间事中兔角、龟毛、蛇足、盐香、风色等，是名无。又经中佛说：虚空无辙迹，外道无沙门，凡夫乐戏论，如来则无有。又随所受法亦名为有，如陀罗骠等六事是优楼佉有，二十五谛是僧佉有，十六种义是那耶修摩有。又若有道理能成办事亦名为有，如十二入。又佛法中以方便故说一切有、一切无非第一义。所以者何？若决定有即堕常边，若决定无则堕断边，离此二边名圣中道。

(金陵本《成实论》卷三页三右行六至页四左行八)

成实：四大无（色等四尘有），因坚相等有四大（假名有）

色名品第三十七

问曰：经中说诸所有色皆是四大及四大所因成，何故言诸所有皆是耶？答曰：言所有皆是，是定说色相，更无有余。以外道人说有五大，为舍此故说四大、四大所因成者。四大假名故有，遍到故名大。无色法无形，无形故无方，无方故不名为大。又以粗现故名大，心、心数法不现故不名为大。问曰：何故名地等法为色，不名声等？答曰：有对法名色，声等皆有对故，亦名为色，非如心法等。有形故名色，声等皆有形故，亦名为色，障碍、处所故名为形。问曰：色等非尽有形，声等无形？答曰：声等一切有形，以有形、以有对、有障碍故壁障则不闻。问曰：若声等有碍，则应不受余物，如壁障故则无所容。答曰：声微细故，得有所受，如香、味等细故，共依一形，不相妨碍，是故声等有碍、有对，故皆名为色。又可恼坏相故名为色，所有割截、残害等皆依于色，为违此故名无色定。又示宿命、善恶业故名为色，又示心、心数法故名为色，又为称名故名为色。

四大假名品第三十八

问曰：四大是假名，此义未立。有人言四大是实有。答曰：四大假名故有，所以者何？佛为外道，故说四大。有诸外道说色等即是大，如僧佉等；或说离色等是大，如卫世师等。故此经定说因色等故成地等大。故知诸大是假名有。又经说：地种坚依坚，是故非但以坚为地。又世人皆信诸大是假名有，所以者何？世人说见地、嗅地、味地、触地。又经中说：如地可见、有触。又入地等一切入中，是人见色不见坚等。又人示地色、地香、地味、地触，实法有中不可异示。又大名义以遍到故，此相假名中说，不但在坚相中。又说地住水上，是假名地住，非但坚住。又说大地烧尽都无烟炭，烧假名地，非但烧坚。又以色等故,信有地等,非但坚等。又井喻中说水亦见亦触;若湿是水则不得有二。所以者何？佛说五情不能互取尘故。又佛说八功德水:轻、冷、软、美、清净、不臭、饮时调适、饮已无患,是中若轻、冷、软皆是触入,美是味入,清净是色入,不臭是香入,调适、无患是其势力。此八和合,总名为水。故知诸大是假名有。又因所成法皆是假名,无实有也,如偈中说:轮等和合故名为车,五阴和合故名为人。又阿难言:诸法众缘成,我无决定处。又若人说坚等是大,是人则以坚等为色等所依,是则有依有主,非是佛法。故知四大皆是假名。又诸法中有柔软、细滑等,皆触入,摄坚等四法,有何义故独得为大？又一等四执,皆有过咎。故知四大但是假名。又实法有相,假名有相,及假名所能,后当广说。是故四大非实有也。

（金陵本《成实论》卷三页二十右行五至页二十二右行七）

成实:四大无,但是坚、依坚等

四大实有品第三十九

问曰:四大是实有,所以者何？阿毗昙中说:坚相是地种,湿相是水种,热相是火种,动相是风种,是故四大是实有。又色等造色,从四大生,假名有则不能生法。又以坚等示四大,所谓坚、依坚名地,是故坚等是实大。又经中佛二种说:坚、依坚,湿、依湿等,故知坚是实法,依坚是假名。余大亦如是。是故坚等是实大,依坚法以随俗故名大,故有二种大,亦实亦假名。又阿毗昙中说:形处是地,坚相是地种。余大亦尔。又经中佛说:眼形中所有坚、依坚是地,湿、依湿是水,热、依热是火。肉形是地,此肉形中佛说有四大。当知坚等是实大,形是假名大。又佛不说风中有依,故知风是实大。又若人说四大是假名,则离大相。若依坚名地种者,水依坚物,水即为地;泥团依湿,泥团即为水;如热病人举身皆热,身即为火。是事不然,是故不得言依坚是地种。但坚为地种,余大亦尔。又四大共生,故不相离。如经中说:诸所有色皆四大造。若人说四大是实,则不相离,若说假名则应相离。所以者何？依坚色等众,离依湿等众。若尔,则眼形中无有四大,则与经相违。汝欲不违经者,则四大是实。汝先言为外道故说四大者,是事不然。所以者何?诸外道辈说四大与色等若一若异,我等说触入少分是四大,是故无咎。又我等说现见坚等是四大,不如卫世师人说四大亦有非现见。又汝言坚、依坚者,依义二种,如经中说色、依色。又说心依大法。此义中说坚即依坚,更无异法。若尔,有何过耶?又说汝世人皆信乃至八功德水,但随俗言说,非是实大。又汝说因所成法皆是假名,是事不然。所以者何?经中说:若六触入,若因六触入所成法。又有比丘问佛何等为眼?佛答:因四大造清净色,是名为眼。如是十入。又汝言有主有依,我等不然,但说法、住法中。又汝言坚等有何义故独名大者?坚等有义,所谓坚相能持,水相能润,火相能热,风能成就。是故四大是实。

非彼证品第四十

答曰:不然。四大是假名。汝虽言阿毗昙中说坚相是地种等,是事不然。所以者何?佛自说坚、依坚是地,非但坚相,是故此非正因。又汝说色等从四大生,是事不然。所以者何?色等从业、烦恼、饮食、淫欲等生。如经中说:眼何所因?因业故生。又说贪、乐集故色集。又如阿难教比丘尼言:姊是身从饮食生,从爱慢生,从淫欲生。故知色等非但从四大生。问曰:色等虽从业等生,四大亦应为少因,如因业故有谷,此谷亦假种子等生。如是眼等虽从业生,四大亦为少因。答曰:或有物无因缘而生,如劫尽已、劫初大雨,是水从何所生?又诸天所欲应念即得,如坐禅人及大功德人所欲随意,是事有何等缘?非但业耶!又如色相续,断已更生,若人生无色界,还生色界,是色以何为本?问曰:何故有物但从业生?何故有物待外缘生?答曰:若有众生业力弱者则须种子众缘助成,业力强者不假外缘。又法应尔,或有业,或有法,或有生处。但业力得,不须外缘。又若须因缘,应说种子是芽等因,何故乃说因坚等生?又以何义故从坚等生色等,不从色等生坚等耶?又坚等色等共俱生故,云何言因坚等有色等,不因色等有坚等?又一时生法则无相因,如二角俱生,不得言左右相因。问曰:如灯明虽一时生,亦说明因于灯,非灯因明,是事亦尔。答曰:灯与明不异,灯以二法合成,一色二触,色即是明故,不得异灯。汝不谛思此喻。问曰:是明从灯,去在余处,是故应异。答曰:不在异处,此明色现在灯中。若在异处,离灯亦应见,而实不见,当知是色不异灯也。问曰：更有一时生法亦为因果，如有对中识以眼色为因缘，非眼色以识为因缘。答曰：不然。眼识以前心为因，眼色为缘，因心先灭，云何俱生？又若法随所因生，即是因成；若心因情尘有，即是因所成法。复次，四大即是造色，以因所生故。又现见世间物从似因生，如从稻生稻，从麦生麦，如是从地生地，不生水等。如是从色生色，如是等。问曰：亦见有物从异因生，如倒种牛毛，则有蒲生，种角苇生。答曰：我不言无从异因生，但说似因中亦生。故言从色等生色等，不但从四大生，是故不得定言色等从四大生。又汝言：以坚等示四大，是故坚等是实大者，此事不然。所以者何？以坚等相定，可以分别四众；软等不定，或在多坚众中，或在多湿众中，故不可以分别诸众，余亦如是。又于坚等触分别名为软等。何者若以湿亦以生，性柔软、细滑，以坚相多故坚鞕粗涩？如是等，是故但以坚等分别四众。又如经中说：以依坚故示四大差别，故知依坚法名为地种，非但坚相，故说坚相是成地因。又于成地中坚是胜因，是故别说，余相亦尔。又为作名字，所有坚、依坚皆名地种。或复有人但说坚相为地种，为破是故，佛说坚、依坚为地种，余亦如是。又坚相众中，以坚多故，有二种语：一切众中皆有坚等诸触。若坚、依坚名为地种，若湿、依湿名为水种，若热、依热名为火种。又坚是成地胜因故，于中名地成。假名因缘中有假名名字，如说我见人伐林。又汝言有二种语，是事不然。若随种是实者，则十二入等不应是实，是故因眼缘色，有眼识生，是则非实，以不说种故，是为邪论。又佛入火种定，从佛身出种种焰色。是中何者为火种？以色等成火，非但热相。又佛说是身名箧，于中但盛发、毛、爪等。如经中说：是身中有发、毛、爪等，以是故发、毛、爪等是地种。不以有种语，故名为实法。又《种子经》中说：若有地种无水种者，诸种子不得生长。是中何者是地种？谓假名田，非但坚相，水亦假名，非但湿相。又一法二种亦实亦假名，是不可得，是故色等是实。又眼等假名故有诸大，亦实亦假名者，则是邪论。又《六种经》中佛说发、毛、爪等名地种。又《象步喻经》中亦说发、毛、爪等为地种。又以何义故说种是实，不说种是假名？又此义非经所载。又汝言佛说眼形中所有坚、依坚是地等者，佛以此言示五根因四大成。或有人说从我生根，或谓离大别更有根。有说诸根种种性生，谓从地大生鼻根等。佛断此故，说眼等根四大合成，空无实法。又分别成假名因缘，假名亦无。又此肉形中有四分坚、依坚等。佛以是语示诸物中有从四大生者。又汝言佛不说风中有依故名实大者,是事不然。所以者何?风中轻是胜相,非依轻法。地等中依坚法等胜,风则不然。又依轻法,少故不说。又汝言若说四大是假名,则离大相者,是事不然。若坚、依坚从四大生,名为地种,非谓异物相依。若法相异,则不名依,即是相离。问曰:生则即是,不名为依。依名异物来依。答曰:名字为依,非异物相依,以生法差别故,如言虚空遍至,实无所至。又汝言四大共生者,是事不然。如日光中但有色及热触可得,更无余法;月光中但有色及冷触可得,亦无余法。是故非一切物中尽有四大,如有物无味,如金刚等;有物无香,如金银等;有物无色,如温室等中热;有物无热,如月等;有物无冷,如火等;有物相动,如风等;有物无动,如方石等。如是,或有物不坚,或有物不湿,或有物不热,或有物不动。是故四大非不相离。问曰:以外因缘诸大性发,如金石等中有流相,待火则发;水中有坚相,因冷则发;风中有冷、热相,因水、火则发;草木中有动相,得风则发。是故先有自性,假缘而发,故知四大不得相离。若本无性,云何可发?答曰:若尔,风中或有香,香应在风中。如香熏油,香应在油中,是事不然。又不从诸大生造色,如从湿生湿,如是从色生色。又若不相离,则因中有果,如童女有子。食中有不净等,我等不说因中有果。虽乳中无酪,而酪从乳生。如是何用忆想、分别,谓四大共生不相离耶?

明本宗品第四十一

汝先言我等不说四大与色若一若异,是故无咎者,是事不然。所以者何?诸外道欲成我故,以四大一异为喻,故佛于假名中,以四大为喻,故说四大义。若不尔,则不应说。世间皆自然知地等四大,而不了实性,是故为说,不说手等。若以坚等为四大者,何所利益?又汝言依义二种,谓诸大是实者,此事未了。当知是依义异,谓假名是。又汝言随俗言说非实大者,是事不然。所以者何?若经书,若世间中,不以无因缘故,于色等中作四大名字。如世间言我见人,于色等中说人名,非无因缘。若无因缘强作名者,见马应名为人,而实不然,又以何故不于声中说名为地?世人常说地声,终不说声是地。若无因缘强作名者,亦可名声为地,而实不然。是故色等四法是地,于地分中说地名字,如色是成假名因,于中说名人,于树中说名林,于比丘中说名僧,如是于色等法中说四大名。又汝言若六触入,若因六触入所成,是经不然。如汝法中造色无所能生，我法亦尔，于假名中更无所生。是故此经不应有，若有应转此义。又汝言因四大造清净色名为眼者，是事不然。四大和合，假名为眼，佛名四大为色，色清净故名为眼。又汝虽言法住法中，无依无主，是即为依主。以住者是依，所住法为主。又汝言坚相能持等，是事不然。非但坚相能持，假众因缘，余亦如是。是故四大是假名有。

（金陵本《成实论》卷三页二十二右行八至卷四页六右行十）

成实：有成地等之坚相等

无坚相品第四十二

问曰：汝说多坚色等成地大，是故地等是假名者，是事不然。所以者何？坚法尚无，况假名地？若泥团是坚，泥团即为软，故知无定坚相。又以少因缘故生坚心。若微尘疏合名为软，密合名为坚，是故无定。又一法中无有二触，令生是心身坚身软，是故无定坚相。又坚软无定，相待故有，如见钦拔罗以氍为软，见氍故以钦拔罗为坚，触法不应相待故有。又目睹金石，则知是坚，触非眼可得，是故无坚。以此因缘，软等诸触亦皆无也。

有坚相品第四十三

答曰：实有坚相。汝虽言泥团是坚，泥团即为软，是事不然。所以者何？我等无有实泥团法，诸法和合假名泥团，故无此咎。又汝言以少因缘故生坚心，是事不然。我于密合微尘中得是坚相，故名为坚，于不密中得此软相，是故无咎。若法可得，即名为有。又汝言一法中无二触者，是事不然。我于一法中可得多触，亦坚亦软。又汝言坚软相待，故无定者，是事不然，如长短等相待亦有。又如尝白石蜜味，以黑石蜜为苦；尝呵梨勒味，以黑石蜜为甘。若以相待故无，则味亦无。问曰：黑石蜜中有二种味，亦甘亦苦。答曰：氍中亦有二触，亦坚亦软。又汝言见石知坚，是事不然。不可以眼知坚，以先触故比知。如见火知热，热非可见。又人见钦拔罗生疑为坚为软，是故触非眼可见，故有坚等诸触。复次，实有坚等，所以者何？能起分别心故。若无坚者，何所分别？又坚能与心作缘，亦所作业异，谓打掷等。又与软、湿相违，则名为坚。又以能持因缘，故名为坚。又能障碍手等，故名为坚。又我等现知是坚，现知事中不须因缘。又以世间事得名为坚。余亦如是，故知有坚。

四大相品第四十四

问曰：我知有是坚法，而今见金热则流，水寒成冰，此金以坚故属地，流故属水。答曰：各自有相。若法坚、依坚是地种，若湿、依湿是水种等。问曰：金坚则为消流，水湿则为坚冰，云何诸大不舍自相？如经说：四大相或可变，得四信者不可得异。答曰：我不以坚为流，以湿为坚。但坚与流为因，湿与坚为因，是故不舍自相。问曰：阿毗昙中说湿是水相，或有人说流是水相，经中说润是水相，竟以何者为实？答曰：流、湿、润皆是水之别名。问曰：流是水业，眼所见法，是故流非湿润。答曰：以湿润故流，是故赴下，是故流即是润。亦湿润是水相，流是水业。问曰：风中说轻动相，轻异动异。轻是触入所摄，动是色入所摄。今可以二法为风耶？答曰：轻是风相，动是风业。与业合说。问曰：无有动相，诸法念念灭故，不至余处，以至余处故名曰动。至、去、动是一义故。答曰：我但以世谛故说名为业，非第一义。因是轻法，余处法生，得名为业，尔时名去。问曰：轻无定相。所以者何？以相待故有，如十斤物于二十斤为轻，于五斤为重。答曰：重法、量法因心等法，亦相待有。如或有法相待故长，或有法相待故短。总相因心故，即为别相。若轻法以相待故无，是等亦应皆无，而不然，是故相待非是正因。又轻非相待故有，以不可称故有。物不可称如橐囊中风，是故非相待有。但重法相待，无有重物不可称者。问曰：若不可称名为轻者，除重余色等法不可称故，皆应为轻，而不然。是故汝所说非是轻相。答曰：我等意离色等，更无异法名为重。色等法或有生性可称，如坚、不坚、力、无力、新、故、朽、不朽、消、不消、粗、软等，亦不离色等而有，重相亦如是。是色等众若属地、水是则可称，若属风、火则不可称。问曰：若重法不离色等者，轻亦应不离色等而有。答曰：然。离色等无别轻法，但色等众和合为轻。问曰：不然。欲分别轻重必以身根，是故轻重非是色等众。答曰：如分别坚等，或以眼或以耳等，此坚等物不离色等。轻重亦如是，虽用身根，是中更无异相。又身根不触不生身识，是重相身虽未触亦能生识。如重物虽以物裹持，亦知其重。问曰：非于尔时知是重相。答曰：如人著衣，虽不相触亦知有力、无力，轻重亦尔。所以者何？从种种触生种种身识，如或因按掐生坚软识，或从举动生轻重识，或从把捉生强弱识，或从触对生冷热识，或从摩扪生涩滑识，或从挤搦生强濡识，或从剸刺或因鞭杖生异种识，或有触常在身内，非如寒热等从外假来。所谓猗乐、疲极、不疲极、若病若差、身利身钝、懒重、迷闷、瞪瞢、疼瘅、嚬呻、饥渴、饱满、嗜乐、不乐、懵等诸触，各生异识。问曰：若轻重相即色等众者，云何于色等中以身识缘？答曰：非色等众中用身识缘，但此中触分以身识缘，如坚、不坚等。虽在色等众中，或以眼见得知。又如猗乐等是色等众，亦以身识分别，是事亦尔。问曰：若轻重但是触，有何咎？何用分别色等众为？答曰：如世人说新谷陈谷，是新陈相，应异色等，而实不尔。但色等初生名为新。若此新相是色等众，重相云何非耶？问曰：若色等众即是轻重等者，是轻相在火、风中，则轻多色等众应名为风。若然，火即为风。答曰：随相多者，即名为大。火中亦有轻热相，以热多故名为火，不以轻多故名火。风中但有轻无热，是故但以轻为名。又我等不但以轻为风，若轻而能为动因，故名为风。如经中说轻动相名风，于是中轻相是风，动是风业。问曰：风能倒山，若是轻物云何能尔？答曰：风粗而力强，势能如是。如或有风能动小草，或能颓山，当知风业如是。问曰：今地等大皆是色、香、味、触众无差别耶？答曰：不定。如名地中有色、香、味、触，或但有色触，如金、银等，或水中有色、香、味、触，或有三：色、味、触，或火中有色、香、味、触，或有三：色、香、触，或但色、触，风中或有触无香，或有香、触。是故不定。问曰：风触云何？答曰：寒、热、坚、软等诸触若随大相续不离，可知即此大触。问曰：有医言风色黑，是实云何？答曰：风与黑色为因，如风病人口中有辛苦味，而此医不说风中有味，则风与味为因。问曰：或有人说风是冷，不说为轻，是实云何？答曰：无有名冷为风，如冰雪有冷不名为风。又风冷名异，所以者何？如热风及不冷不热风亦名为风，是故应依轻众名为风。又无色触等法生名为风，非冷为风。问曰：若风有色味有何咎？答曰：风中色味不可得。若言虽有以微细故不可得者，心中亦应忆想、分别，谓有色味，是事不然。又我等不说因中有果，是故若事果中可得，不必因中先有。是名成四大实。

（金陵本《成实论》卷四页七左行一至页十二左行五）

4. 有中阴、无中阴问题［成实主张无中阴］

无中阴品第二十五

有人言无有中阴。汝虽言《阿输罗耶那经》中说有中阴,是事不然,所以者何? 若是圣人不知此为是谁,从何处来,则无中阴;若有者何故不知? 又汝言《和蹉经》说是事不然,所以者何? 是经中问异答异,是和蹉梵志所计身异神异,故如是答:中阴中有五阴。又汝言有中有灭者。是人于欲、色界中间受身,于此中灭故,名有中有灭也,所以者何? 如经中说:若人死何处,去何处,生在何处,是义无异。又汝言杂受身杂生世间者,若言受身、言生世间是义不异。又汝言四有七有者,是经不然,以不顺法相故。又汝言阎王呵责者,此在生有,非中有也。又汝言佛因中阴知宿命者,是事不然,圣智力尔,虽不相续亦能念知。又汝言天眼见死时生时者,欲生名生时,将死名死时,非中阴也。又汝言众生为阴所缚从此至彼者,示有后世,故如是说,不明有中阴也。又汝言死时有微四大去者,世人所见不可信也,此非用因。又汝言若无中阴中间应断者,以业力故,此人生此,彼人生彼。如过去、未来虽不相续而能忆念,是故无有中阴。复次,宿命智中说知此人此间死,彼间生,不说住中阴中。复次,佛说三种业:现报、生报及后报业,不说有中阴报业。复次,若中阴有触,即名生有。若不能触,是则无触。触无故,受等亦无,如是何所有耶? 又若众生受中阴形,即名受生,如经中说:若人舍此身受余身者,我说名生。若不受身,则无中阴。复次,若中阴有退,即名为生,所以者何? 要先生后退故。若无退,是则为常。又以业力故生,何用中阴? 又若中阴从业成者即是生有,如说业因缘生。若不从业成,何由而有? 是应速答。答曰:我以生有差别说名中阴,是故无如上过。是人虽中阴生,亦与生有异,能令识到迦罗罗中,是名中阴。难曰:以业力能至,何用分别说中阴耶? 又心无所至,以业因缘故,从此间灭,于彼处生。又现见心不相续生,如人刺足,头中觉痛,此足中识无有因缘至于头中,以近远众缘,和合生心,是故不应分别计有中阴。

（金陵本《成实论》卷三页五左行四至页六右行七）

经部及其发展之二:《成实论》摘抄(二)

5.心性本净因客尘故不净问题[成实:心性非本净,客尘故不净。]

心性品第三十

　　论者言:有人说心性本净,以客尘故不净,又说不然。问曰:何因缘故说本净?何因缘故说不然?答曰:不然者,心性非本净,客尘故不净,所以者何?烦恼与心常相应生,非是客相。又三种心:善、不善、无记。善、无记心是则非垢;若不善心本自不净,不以客故。复次,是心念念生灭,不待烦恼;若烦恼共生,不名为客。问曰:心名但觉色等,然后取相,从相生诸烦恼,与心作垢,故说本净。答曰:不然,是心心时即灭,未有垢相;心时灭已,垢何所染?问曰:我不为念念灭心故如是说,以相续心故说垢染。答曰:是相续心,世谛故有,非真实义,此不应说。又于世谛是亦多过,心生已灭,未生未起,云何相续?是故心性非是本净,客尘故不净,但佛为众生谓心常在故,说客尘所染则心不净。又佛为懈怠众生,若闻心本不净,便谓性不可改,则不发净心,故说本净。

　　　　　　　　(金陵本《成实论》卷三页十右行九至页十一右行四)

6.有我、无我(有人、无人)问题[成实:我假名有。]

无我品第三十四

　　论者言:犊子道人说有我,余者说无。问曰:何者为实?答曰:实无我法。所以者何?如经中佛语比丘但以名字,但假施设,但以有用,故名为我;以但名字等,故知无真实。又经中说:若人不见苦,是人则见我;若如实见苦,则不复见我;若实有我,见苦者亦应见我。又说:圣人但随俗故说言有我。又经中佛说:我即是动处。若实有者不名动处,如眼有故不名动处。又处处经中皆遮计我。如圣比丘尼语魔王言：汝所谓众生，是即为邪见，诸有为法聚，皆空无众生。又言：诸行和合，相续故有，即是幻化，诳惑凡夫，皆为怨贼，如箭入心，无有坚实。又言：无我、无我所，无众生、无人，但是空五阴，生灭坏败相。有业、有果报，作者不可得，众缘和合故，有诸法相续。以是等缘故，佛种种经中皆遮计我。是故无我。又经中解识义：何故名识？谓能识色乃至识法，不说识我，是故无我。群那比丘问佛：谁食识食？佛言：我不说有食识食者。若有我，应说我食识食，以不说故，当知无我。又《洴沙王迎佛经》中，佛语诸比丘：汝观凡夫随逐假名谓为有我，是五阴中实无我、无我所。又说因五阴故有种种名，谓我、众生、人、天等如是无量名字，皆因五阴有。若有我者，应说因我。又长老弗尼迦谓外道言：若人邪见，无而谓有，佛断此邪慢，不断众生，是故无我。又《炎摩伽经》中，舍利弗语炎摩伽言：汝见色阴是阿罗汉耶？答言：不也。见、受、想、行、识是阿罗汉耶？答言：不也。见五阴和合是阿罗汉耶？答言：不也。见离五阴是阿罗汉耶？答言：不也。舍利弗言：若如是推求不可得者，应当言阿罗汉死后无耶？答言：舍利弗！我先有恶邪见，今闻此义，是见即灭。若有我者，不名恶邪。又四取中说我语取，若有我者，应言我取，如欲取等，不应言我语取。又《先尼经》说：于三师中若有不得现我、后我，我说是师则名为佛。以佛不得，故知无我。又无我中我想名为颠倒。若汝意谓我中我想非颠倒者，是事不然。所以者何？佛说众生所有见我皆见五阴，是故无我。又说：众生种种忆念、宿命皆念五阴。若有我者，亦应念我。以不念故，当知无我。若汝意谓：亦有经说忆念众生如某众生中我名某者，是事不然。此为世谛分别故说，实念五阴，非念众生。所以者何？以意识念，意识但缘于法，是故无有念众生念。又若人说决定有我，于六邪见中必堕一见。若汝意谓无我亦是邪见者，此事不然，所以者何？以二谛故。若以世谛说无我，第一义谛说有我，是则有过。我今说第一义故无，世谛故有，是故无咎。又佛说拔我见根。如《痴王问》中，佛答痴王：若人以一心观诸世间空，则拔我见根，不复见死。王又诸说有我因缘、忧喜等事，皆在五阴。又以破诸外道我见因缘，是故无我。

有我无我品第三十五

问曰:汝言无我,是事不然。所以者何?四种答中是第四置答,谓人死后若有若无,亦有亦无,非有非无;若实无我,不应有此置答。又若人言无有众生受后身者,即是邪见。又十二部经中有《本生经》,佛自说言:彼时大喜见王我身是也,如是等本生今五阴非昔五阴,是故有我从本至今。又佛说:今喜、后喜为善两喜。若但五阴,不应两喜。又经中说:心垢故众生垢,心净故众生净。又一人生世间,多人得衰恼;一人生世间,多人得利益。又若修集善、不善业,皆依众生,不依非众生数。又处处经中佛自说:我言有众生能受后身,又能自利、不利他等。以是等缘,故知有我。汝先虽说但名字等,是事不然。所以者何?佛但以外道离五阴已,别计有我常不坏相,断此邪见,故言无我。今我等说五阴和合名之为我,是故无咎。又虽言我但名字等,应深思惟此言。若众生但名字者,如杀泥牛不得杀罪;若杀实牛亦不应有罪。又如小儿以名字、物施皆有果报,大人持施亦应得报,而实不然。又但名字故无而说有者,圣人应有妄语。以实语故名为圣人,故知有我。又若圣人见实无我,以随俗故说有我者,则是倒见,以异说故。又若随俗无而说有,则不应复说经中实义十二因缘、三解脱门、无我法等。若人谓有后世,随而言有,若人谓无随人言无。又谓世间万物皆从自在天生,如是种种邪见,经书皆应随说。是事不可,是故汝所引经皆已总破。故非无我。答曰:汝先言以置答故知有我者,是事不然。所以者何?此不可说法,后灭谛聚中当广分别。故无实我及不可说者,但假名说非实有也。又汝法中,我以六识识,如汝经说因眼所见色故我坏,是则眼识所识,则不应言非色非非色。声等亦尔。复次,若我六识所识,则与经相违。经中说五情不能互取五尘,所伺异故。若我可六识识,则六根互用。又汝所言前后相违,眼识所识,则不名为色。又汝言无我是邪见者,经中佛自告诸比丘:虽无有我,因诸行相续故说有生死。我以天眼见诸众生生时、死时亦不说是我。又汝自法中有过,汝法中言我不生,若不生则无父母,无父母则无逆罪,亦无诸余罪业,是故汝法即是邪见。又汝言有本生者,因五阴故名喜见王,即彼阴相续故名佛,故说我是彼王。汝法中我是一故,不应差别。又汝言为善两喜者,经中佛自遮是事言:我不说有,舍此五阴,受彼阴者,但以五阴相续不异,故言两喜。又汝言心垢故众生垢者，以此故知无有实我。若实有我，应与心异，不应言心垢故众生垢。所以者何？不可彼垢此受故。但以假名因缘有垢故言假名垢。是故假名为我，非真实也。又汝法中说我非五阴，是则不生不灭，无罪福等，有如是过。我等说五阴和合，假名为我，因是我故有生有灭及罪福等，非无假名，但非实耳。又汝先言破外道意故佛说无我者，汝自妄想如是分别，佛意不然。又种种说我皆是过咎，如汝言外道离五阴已，别计有我，汝亦如是，所以者何？五阴无常，我不可说若常、无常，是即离阴。复次，阴有三分：戒、定、慧品，善、不善、无记，欲界、色界、无色界系，如是分别我不得尔，故异五阴。又我是人，五阴非人，是则为异；又阴是五，我是一，是故我非阴也。若有我者，以此等缘则异五阴。又世间无有一法不可说一，不可说异，是故无有不可说法。问曰：如然，可然，不得言一，不得言异，我亦如是。答曰：是亦同疑，何者是然？何者可然？若火种是然，余种是可然，则然异可然。若火种即是可然，云何言不一？若可然即是火种，若离火种亦俱不然，故名同疑。若然有可然，如我有色，即堕身见。又应多我，如薪火异，牛粪火异，我亦如是，人阴我异，天阴我异，是即多我。又如然、可然在三世中，我与五阴亦应如是在三世中。如然、可然是有为故，我与五阴亦应有为。又汝虽言然与可然不一不异，然眼见异相，我与五阴亦应有异。又五阴失而我不失，以此间没至彼间生，有两喜故。若随五阴有失有生，则同五阴，不名两喜。汝以妄想分别，是我得何等利？又诸尘中无有一尘六识所识，汝所说我可六识识，则非六尘。又十二入不摄则非诸入，四谛不摄则非诸谛。是故若谓有我，即为妄语。又汝法中说：可知法者谓五法藏：过去、未来、现在、无为及不可说法。我在第五法中，则异于四法。汝欲令异于四法而非第五，是则不可。若言有我，则有此等过，何用妄想分别我耶？是故汝先说外道离五阴已，别计有我，我等不尔，是事不然。又汝先言我但假名应深思者，是事不然。所以者何？是佛法中说世谛事，不应深思。又汝说妄语见倒，亦复如是。又汝言不应说经中实义者，是事应说，令知第一义故。又汝言世间所说尽应随者，若说从自在天生万物等，是不可受；若有利益，不违实义，是则应受，是故无咎。若世谛中能生功德，能有利益，如是应受，后当广说。又汝言杀泥牛等无杀罪者，今当答此。若于有识诸阴相续行中有业、业报，泥牛等中无如此事。是故当知：

五阴和合,假名为我,非实有也。

(金陵本《成实论》卷三页十三左行十至页十九右行八)

7. 根知、识知[成实:根不能知,识能知。]

根无知品第四十八

问曰:诸根为到尘故知,为不到能知。答曰:非根能知。所以者何?若根能知尘,则可一时遍知诸尘,而实不能,是故以识能知。汝心或谓根待识共知,不离识知者,是事不然。无有一法待余法故能有所作。若眼能知,何须待识?又若根能知,应当分别是为根业,是为识业。问曰:照是根业,知是识业。答曰:此非分别。云何名照?汝法中耳等诸根非是火性,不应能照。若诸根于识如灯者,今诸根更应有照者如灯,则照复有照,如是无穷。若更无照者,但根能照,亦应无根,但识能知。是故照非根业。又根非能知,如灯能照而不能知,必能为识作依,是名根业。是故但识能知,非诸根也。若有识则知,无识则不知,如有火则热,无火则无热,当知从火有热。问曰:经中说:以眼见色不应取相,耳等亦尔,故知眼能取色。又眼等名根,若不能知,何以名根?又经中说:我诸弟子于微细事能知,如眼所见。若眼不能见,佛诸弟子则无所见,是事不可,是故诸根定能取尘。又以根取尘,以识分别,是则根、识有异。答曰:经中佛自说:眼是门,为见色故,是故眼非能见;以眼为门,识于中见,故说眼见。问曰:亦说意是门,为知法故。可以意为门而非知乎?答曰:意亦以次第灭心为门,是故意不能知,意识能知。又经中佛说:眼欲好色,眼是色法,无分别故,实不欲也,是识欲耳。又佛说眼所识是色,识能识色,眼实不识。又世间人以世俗故说眼能见,耳能闻,佛亦随说。何者但色可见,余不可见?佛亦说见贪欲等过。又世间言月尽,佛亦随说。如贫贱人字为富贵,佛亦随名。佛意不欲与世间诤,如摩伽罗母等。是故当知随世语故,佛说眼见。问曰:世间何故作如是语?答曰:随眼识所因,于是因中说名为见,如说彼人见、此人见,如说人作罪、福等,诸佛、天神见。又如说以左眼见、右眼见,又说以日明见、月明见,或虚空见,或向中见,若门中见。如煮物中,言此人煮、彼人煮,或言以草木薪煮、牛粪煮、油煮、酥煮、火煮、日煮,实是火煮,余假得名。如是但识能见,眼得其名。又是语不尽,应言以眼门见色。又眼是人所用具,人是假名作者,应有用具。又因眼识见,名为眼见,如床上人笑,名为床笑。又眼系识业,故中说识业。如手、足等系在于人,是中人业名为手业。又眼识因眼,因中说果,如言某人烧某聚落,如言食金,名金为命,草为牛羊。是皆因中说果。如是从眼生识,能见色故,名为眼见。又识近眼见色,便名眼见,如牧牛近水,便言在水。又以眼故分别眼识,是故眼中置眼识业,如杖婆罗门。又眼能成眼识,是故于中说眼识业,如财物损减,名人损减;财物增长,名人增长。又眼识与眼和合故能见,名为眼见,如水与人合而能打,名木人打;如墨染合衣,故名墨衣。又诸法互说,如慧业于受等中说。又应言以眼识见色,略中语故,但言眼见,又如药石,随一受名。汝言若不能见何以名根?今当答此。眼等五法胜余色等,故名为根。问曰:眼等五法与余色等,此十法俱不知尘,如离眼等则识不生,若离色等识亦不生。以何为胜?答曰:以诸根故,识得差别,名眼识、耳识等,如鼓与桴合而有音,以鼓胜故名曰鼓音;如地与谷等合而生芽,以谷胜故名为谷芽。诸识亦尔,随所依处得差别名,不以缘故。若说色识则容生疑,为是眼识,为是缘色意识。又根中有识,尘中无识。又于眼等中生我痴心。又识所依处,是根非尘。又在自身数中名根非尘。又是人所用具名根非尘。又根是众生数,非尘。又根不通利则识不明,若根清净则识明了。又以诸根上中下故随差别。以此等缘,故名为胜。又根是不共,一尘可得多人共有。又根与识一业果报,尘不如是。又根是因,尘是缘。所以者何?以根异故识有差别,不以尘故。如种是因,地等是缘,随种异故,互有差别,因胜缘故,得名为根。汝言我弟子于微细事如眼所见,是随俗语。世间人眼中说见,故言如眼所见,如佛说偈,明达近智,如舌知味。舌虽不知,不同瓢杓。意依于舌,生舌识故,言舌知味。依眼生识名为眼见,故言佛弟子如眼所见。汝言以根取尘,以识分别,是事已答,根无知故。又汝等不说根思惟知我有差别相,是故诸根不能取尘。又汝等诸知不待根生。所以者何?大及我等先根而生。又汝大等诸谛无本性故,则应皆无。汝法本性变为大等,本性法无,是事已说。是则无根。

根尘合离品第四十九

问曰：汝言识能知，非根知，是事已成。今为根尘合故识生、为离故生耶？答曰：眼识不待到故知尘。所以者何？月等远物亦可得见，月色不应离香而来。又假空与明故得见色；若眼到色，则间无空明，如眼篦触眼则不得见。当知眼识不到而知。耳识二种：或到故知，或不到而知。耳鸣以到故知，雷声则不到而知。余三识皆到根而知。所以者何？现见此三根与尘和合故可得知。意根无色，故无到、不到。问曰：汝言眼色不到而知，是事不然。所以者何？眼中有光，是光能去见色。光是火物，眼从火生，火有光故。又若不到能见，何故不见一切色耶？以眼光去有所障碍，不遍到故不见一切。又经中说：三事和合故名为触。若不到者，云何和合？又五根皆是有对。以尘中障碍故名有对，鼻香中、舌味中、身触中、眼色中、耳声中若不到，则无障碍。又现在五尘中知生，是故五识到故能知；若不到能知，亦应知过去、未来色，而实不知。又众缘合故知生，是故眼光去与尘合。以光到色，故名和合。声亦以到耳故闻。所以者何？人在远处，小语则不闻；若声如色不到而知，小声亦应可闻，而实不闻，故知以到故闻。又声可远闻。若不到闻，则无远近。又声以壁障则不可闻。若不到可闻，虽障亦应闻。又声远闻则不了，近闻则了。若不到而闻则无差别，以到耳故有是差别。故知音声到故可闻。又声顺风则了，逆风不然。故知到故可闻。又声可尽闻。若不到而闻，不应尽闻，如色不到而见故不尽见。故知声不同色。若不到可闻，则与色同。如色一分见，余亦待明故见，声亦应尔，而实不然。是故不到不闻。汝言耳等根尘不到而知，是事不然。声、香、味、触应来到根。若令根去，是事不然，以耳等根无光明故。但一火大有光，是故不去。又声若厚浊物及水等障，耳亦得闻。若有光根，不能如是。故知耳根无光。又耳于暗中，亦能知尘。若有光根，暗则不知。又有光根，待方能知，能见一方，不能一时遍知诸方，如人东向则见东方色，不见余方。又说意能去，是故到尘能知。如经中说：是心独行远逝，寝藏无形。又是心散行，如日光照。又是心常动，如鱼失水。又是心本随意行等。是故六尘皆到故知。答曰：汝言光到，是事不然。所以者何？如人遥见杌树疑谓是人。若光到者，何故生疑？又太近眼则不得见，如眼著药篦则不能见。故光虽去，以太近故亦不应见。又眼离明则不能见，太近则明坏。又若光到彼，何故见粗不能细辨？又见色中有方差别,谓东西方色,亦有远近差别。若眼到故知,则无差别。所以者何?香味触中无是差别。是故眼光不到而知。又眼光若先见已,复何用去?若先不见,去何所趣?又近色、远色一时俱见,去法不尔。是故眼光不去。又若眼光去,中道应见诸色,而实不见。故知不去。又光去者,光则离身,不名为根,如指断离身则无身觉。又不见有眼能舍自依。以无比类,则为非因。又此眼光无能见者,则为是无。问曰:有此眼光,以日光明映故不见,如日光中众星不现。答曰:若尔,夜则应见。问曰:色法要假外明乃可得见。夜无外明,所以不见。答曰:若此光昼夜俱不可得,是则竟无可见。问曰:猫、狸、鼠等诸夜行虫,眼光可见?答曰:是可见色住猫等眼中,如萤火虫,明色在身,非是光也。又如夜行虫暗中能见,人不能见。然则但彼有光,余物则无,法自应尔。又汝言若不到能见、应见一切色者,若色在知境,是则可见。如经中说:若眼不坏,色在知境,如是则见。问曰:云何名在知境?答曰:随色与眼合时,名在知境。问曰:若眼不到有何合时?答曰:是事亦同,如汝眼去到色,或有能见或不能见,如眼到日能见日轮而不见日业。我亦如是,眼虽不去,若色在知境是则能见,若不在知境则不能见。问曰:眼光远去,以势极故,不见日业。答曰:若以势极故不见细业者,日轮量粗何故不见?是事不然。又若光到彼能见者,何故见远日轮而不见巴连弗等近国邑耶?若汝意谓巴连弗等不在知境故不见者,我眼不到亦以色不在知境故不能见。问曰:已知诸色在知境故可见,今云何可见?云何不可见?答曰:世障故不见,如过去、未来色映胜故不见,如日光明蔽诸星宿及珠火明等,不显故不见,如夜中火可见,余不可见;地胜故不见,如以初禅眼不见二禅色;暗障故不见,如暗中瓶;神力故不见,如鬼等身;厚浊障故不见,如山外色;远故不见,如余世界;太近故不见,如自眼睫次;未至故不见,如光中尘可见,光外则不见;细故不见,如树杌似人不可分别;多相似故不见,如一粒米投大聚中,又如一鸟入鸟群中。与上相违,名在知境。问曰:云何名眼坏?答曰:风、热、冷等众病所坏。若风坏眼,则见青、黑、旋转等色;若热坏眼,则见黄、赤、火焰等色;若冷坏眼,则多见白、池水等色;若劳坏眼,则见树木动摇等色;疲倦坏眼,则见色不了。偏按一眼,则见二月。鬼等所著,则见怪异,罪业力故,则见恶色;福业力故,见净妙色。热气坏眼,则见焰等色。又众生得眼不成就故见不具足。又眼生肤翳,蔽故不见。若眼根坏故不见,是名眼坏。与上相违,名为不坏。耳等诸根，亦应随义分别。问曰：已知五尘在知境故可知，法尘云何名不在知境？答曰：上地故不知，如初禅心不知二禅已上法；根胜故不知，如钝根心不知利根心中法；人胜故不知，如须陀洹不知斯陀含心中法；力差别故不知，如有意识于此法无力，以是意识不知此法，如摄心意识所知法，乱心意识所不能知；如辟支佛意力所知法，声闻意力所不能知；佛意力所知法，声闻、辟支佛意力所不能知；如上品法下品意识所不能知。又细微法尘不可得知，如阿毗昙中说：何等心可念？谓了了者。先所经用者可念，非不经用者如生死人。先所用法能念，未用则不念。圣人若经用，若不经用，圣智力故，皆悉能知。又胜尘故知，如用色界心知欲界法。又倒障故不知，如身见心缘五阴，不见无我，无常、苦亦如是。又力障故不知，如钝根人利根障故，令心不知。与上相违，名在知境。问曰：云何名意坏？答曰：狂颠鬼著，憍逸失心，或酒醉，或药迷闷乱心，或有贪、恚等烦恼炽盛，放逸坏心，如述婆伽捕鱼师等，或那若婆病能破坏心。又老、病、死亦能坏心。若心在善法，若不隐没无记法中，是名不坏。如是等因缘故，虽有诸尘而不能知，是故汝言若不到能见，何故不见一切色者？是事不然。又汝言三事和合故名触者。随根知尘时，则名为触，不必相到。所以者何？意根亦说三事和合，是中不以相到故名为触。又汝言以相到故名有对者，是事不然，已说非对相故。又汝言现在知生者，第六识亦有但知现在，如他心智。又汝言众缘合故知生者，第六意根中已答，谓随所知时名为和合。又因意缘法意识生。此言则空，以不到故。又以决定故名和合。眼识但依眼，不依余，亦不无依；但缘色不缘余，亦非无缘，乃至意识亦如是。

（金陵本《成实论》卷四页十七左行八至页二十六右行二）

8. 成实关于假名之学说

灭谛聚初立假名品第一百四十一

论者言：灭三种心名为灭谛，谓假名心、法心、空心。问曰：云何灭此三心？答曰：假名心或以多闻因缘智灭，或以思惟因缘智灭；法心在暖等法中以空智灭；空心入灭尽定灭，若入无余涅槃断相续时灭。问曰：何谓假名？

答曰：因诸阴所有分别，如因五阴说有人，因色、香、味、触说有瓶等。问曰：何故以此为假名耶？答曰：经中佛说：如轮轴和合故名为车，诸阴和合故名为人。又如佛语诸比丘：诸法无常，苦、空、无我，从众缘生，无决定性，但有名字，但有忆念，但有用故，因此五阴生种种名，谓众生、人、天等。此经中遮实有法故，言但有名。又佛说二谛：真谛、俗谛。真谛谓色等法及涅槃；俗谛谓但假名无有自体，如色等因缘成瓶，五阴因缘成人。问曰：若第一谛中无此，世谛何用说耶？答曰：世间众生受用世谛，何以知之？如说画火，人亦信受。诸佛贤圣欲令世间离假名故，以世谛说。如经中佛说：我不与世间诤，世间与我诤，以智者无所诤故。又上古时人欲用物故，万物生时为立名字，所谓瓶等。若直是法则不可得用，故说世谛。又若说二谛则佛法清净。以第一义故智者不胜，以世谛故愚者不诤；又若说二谛则不堕断常、不堕邪见及苦边、乐边，业果报等是皆可成。又世谛者是诸佛教化根本，谓布施、持戒、报生善处。若以此法调柔其心，堪受道教，然后为说第一义谛。如是佛法初不顿深，犹如大海渐渐转深，故说世谛。又若能成就得道智慧，乃可为说实法。如佛念言：罗睺罗比丘今能成就得道智慧，当为说实法。譬如痈熟，坏之则易，生则难破。如是以世谛智令心调柔，然后当以第一智坏。又经中说：先知分别诸法，然后当知涅槃。行者先知诸法是假名有，是真实有，然后能证灭谛。又诸烦恼先粗后细，次第灭尽，如以发、毛等相灭男女等相，以色等相灭发、毛相，后以空相灭色等相，如以楔出楔，故说世谛。又以世谛故得成中道，所以者何？五阴相续生故不断，念念灭故不常。离此断、常名为中道。如经中说：见世间集则灭无见，见世间灭则灭有见。以有世谛则可见集见灭，故说世谛。又以世谛故佛法皆实，谓有我、无我等门。若世谛故有我无咎，以第一义故说无我亦实。又以世谛故有置答难，若就实法则皆可答。又若见实有，众生是大痴冥；若言实无亦堕痴冥。所以者何？此有无见则为断常，令诸行者得出有边，复堕无边。若无世谛，何由得出？又若人未得真空智慧说无众生，是名邪见。谓无众生受生死故，故名邪见。若得空智说无众生，是则无咎。如经中说：阿罗汉比丘尼语恶魔言：汝以何为众生？但空五阴聚，实无众生。又说是身五阴相续，空无所有，如化如幻，诳凡夫目，为怨为贼，如箭如疮。苦、空、无我，但是生、灭、坏败之相。问曰：俱是无所有心，何故或名邪见？或名第一义耶？答曰：若人未生真空智慧，有我心故,闻说无我,即生恐惧,如佛言:若凡夫人闻空、无我,更不复作,则大惊怖。故知未得空智,有我心故,怖畏涅槃,则为邪见。得真空智,知本来无则无所畏。又此人未得真空,见无所有则堕恶见,谓断见、邪见。若是人先以世谛故知有我,信业果报,后观诸法无常、生灭相,渐渐证灭无我心,即灭贪心。若闻说无所有,则无过咎,故说世谛。又有外道谤佛瞿昙沙门破真实神,是故佛言:我以世谛说有众生。我解正见中说有众生往来生死,是名正见。但凡夫以邪念故,于实无众生中说言实有。破此邪念不破众生,如瓶等物以假名说,是中非色等是瓶,非离色等别有瓶。如是非色等诸阴是众生,亦不离色等阴别有众生。如因色等过假名,如是以灭相过色等。以譬喻故令义易解,犹如画灯,亦名为灯,而实无灯用。如是虽说有瓶,非真实有,虽说五阴,非第一义。

假名相品第一百四十二

问曰:云何知瓶等物假名故有,非真实耶?答曰:假名中示相,真实中无示相。如言此色是瓶色,不得言是色色,亦不得言是受等色。又灯以色具能照,触具能烧,实法不见如是。所以者何?识不以异具识,受亦不以异具受。故知有具是假名有。又因异法成名假名有,如因色等成瓶,实法不因异成。所以者何?如受不因异法成。又假名多有所能,如灯能照能烧,实法不见如是。所以者何?如受不能亦受亦识。又车名字在轮、轴等中,色等名字不在物中,有如是差别。又轮、轴等是成车因缘,是中无车名字。然则车因缘中无车法,而因此成车,故知车是假名。又如以色等名得说色等,以瓶等名不得说瓶等,故知瓶等是假名。又有假名中,心动不定,如人见马,或言见马尾,或言见马身,或言见皮,或言见毛;或言闻筝声,或言闻弦声;或言嗅华,或言嗅华香;或言尝酪,或言尝酪味;或言触人,或言触人身,或言触人臂,或言触人手,或言触人手指,或言触指节。意识于众生等中动,谓身是众生,心是众生;色等是瓶,离色有瓶,如是等实法中,心定不动,不得言我见色亦见声等。又可知等中不可说,亦名为有,是为假名,如瓶等,故知瓶等是假名有。所以者何?色等法不名可知等中不可说。又如色等法自相可说,瓶等自相不可说,故知是假名有。或有说假名相。是相在余处,不在假名中,如经中说:业是智者、不智者相。若身、口、意能起善业是名智者,身、口、意起不善业名不智者。身业、口业依止四大,意业依心。此三事云何名智者、不智者相？故知假名无有自相。又假名相虽在余处，亦复不一。如说人受苦恼如稍入心，恼坏是色相。又受是受相，亦于人中说。如佛说：智者愚者俱受苦乐，而智者于苦乐中不生贪恚。取多少等相是想相，亦于人中说，如说：我见光明见色。作起是行相，亦于人中说，如说是人起作福行，亦起罪行及不动行。识是识相，亦于人中说，如说智者识法如舌尝味。是故若在余处说，亦说多相是假名相，色等相不在余处，亦无多相。又若法为一切使使，是假名有。实法不为使使，以诸使使人故。又假名中无知生，先于色等中生知，然后以邪想、分别，言我见瓶等。又瓶中知要待色等。所以者何？因色、香、味、触谓言是瓶。实法中知，更无所待。又假名中生疑，如杌耶人耶？色等中不生疑，为色为声。问曰：色等中亦有疑有色耶？无色耶？答曰：不然。若见色终不疑是声，更以余因缘故疑有色、无色，如闻说色空而复见色则生疑，言为有、为无。若见灭谛，此疑则断。问曰：灭谛中亦有疑为有灭耶？无灭耶？答曰：于所执中生疑，非灭谛中。若闻执有灭，亦执无灭，于中生疑为有、为无，是人尔时不见灭谛。所以者何？见灭谛者无复有疑，故知生疑处是假名有。又于一物中得生多识，是假名有，如瓶等，实法中不尔。所以者何？色中不生耳等诸识。又多入所摄是假名有，如瓶等，是故有人说假名有四入所摄，实法不得多入所摄。又若无自体而能有作，是假名有，如说人作，而人体、业体实不可得。又所有分别是怨亲等，皆是假名，非实法有。所以者何？若直于色等法中，不生怨亲等想。又来去等、断坏等、烧烂等所有作事，皆是假名，非实法有。所以者何？实法不可烧、不可坏故。又罪福等业皆假名有。所以者何？杀生等罪离杀等福，皆非实有。又假名有相待故成，如此彼轻重、长短、大小、师徒、父子及贵贱等；实法无所待成。所以者何？色不待余物更成声等。又不假空破，是假名有，如依树破林，依根茎破树，依色等破根茎。若以空破是实法有，如色等要以空破。又随空行处是假名有，随无我行处是实法有。又有四论：一者一，二者异，三者不可说，四者无。是四种论皆有过咎，故知瓶等是假名有。一者色、香、味、触即是瓶；异者离色等别有瓶；不可说者，不可说色等是瓶，离色等有瓶；无者谓无此瓶。是四论皆不然，故知瓶是假名。

（金陵本《成实论》卷十三页一左行四至页七右行一）

9. 附录：金陵刻经处版本叙文

法海难言，难于善巧，是故有菩萨藏，有声闻藏。菩萨藏圆满说、如实说、究竟说，说地上、未入地加行事详；声闻藏一分说、方便说、引导说，说信解、未信解，切近凡外事详。故不读菩萨藏，蔽同摸象，如箕如帚，虽实真体而非全相。独谈菩萨藏，凌跨粗略，不暇细入。是为药不当病，服不适身。蔽同说食，唐劳无益，以是因缘大乘、小乘、一切经论智者应学。复次，一微不足成物，而水、火、地、空不必相到。一师之论不足以赅存，而两是之说又不容以立宗。法赜而宗多，理坚而不和。今且谈于三性：遍计空则般若一切空空，不至般若空之门不净尽；依圆有则瑜伽万法有有，不合瑜伽有之门不善巧。造极于般若、瑜伽而渐次于《成实》、《俱舍》。盖佛法至玄，众生至执，转移方便，中间多级。是故不善其义，虽大乘而皆魔；如得其情，无一部而可缺。今且谈于立破源流。佛后百年僧祇上座分部。又百年而萨婆多从上座出，树毗昙义，义近世间，说三法宝三世有。义本圣教，说人我无，其经主阿笈摩，其论为六足、《发智》、《婆沙》、《杂心》。此方备译，是为引凡之近轨、小道之初基。又百年而经部从萨婆多出，以经为量，不及于律，说蕴、处假，惟界是实；说过、未无，惟现在有。鸠磨罗多造《喻鬘》、《痴鬘》、《显了》等论，室利逻多制经部《毗婆沙论》而皆未译。是为入大之游路、小道之升进。九百年间从经部所出又有二部：其接入大乘瑜伽者曰俱舍。俱舍者，世亲以萨婆多不善有义，正之以经部而造论。然蕴假，界、处实又自异于经部。正理朋有部而破之，安慧糅杂集以救之。杂集者，瑜伽之支，三法皆假，是为究竟；假如幻有，大乘善巧方便以异门而说有。从经部所出接入大乘般若者曰成实。成实者，诃梨跋摩以经部不善空义，简诸部所长而造论，说四尘实四大、五根假，则又以界、处假而蕴实。其同俱舍者同经部故，其异俱舍者取诸部义故。回小入大，经部一变。此土缺籍资于二论，以是因缘《俱舍》、《成实》智者应学。复次，略说源流已，今且说成实要义。称成实者成何实耶？曰：实名四谛、五受阴是苦，业及烦恼是因，苦尽是灭，八圣道是道。成是法实故曰成实。法空成而实之何耶？曰：论意非成法实，对人空故而有法实,近而易明,切而易行故。成四谛实何耶？曰:惟一独苦,更无其余故成苦。无明、邪慧患起于执,金刚三昧治惟一空。故成集、灭道,以是谛实故。若尔,梁三家判为大乘何耶？曰:成实说灭三心:于信解位中以闻思智灭假名心,于暖等位中以空智灭法心,于灭定无余涅槃位中以重空义并灭空心。灭法、灭空小乘不能,大乘能故。若尔嘉祥判为小乘何耶？曰:般若毕竟空,成实析色空故。又成实虽灭三心,正义在截破假名。五阴成人,色、香、味、触成瓶,苦、集谛中详信解事故。法心、空心详地上事,则大乘般若经论故。又杂心法有体性成实无,而有相般若体相皆空,所谓空不至,般若空之门不尽故。又灭谛聚中立无,破声、破香味触、破意识、破因果,说一切法空。论则以为空智易得,分别法相智难生故。佛说有五阴智,色等一切法有故。若尔,成实说法相,瑜伽亦说法相。成实过无,论家言:若无则无罪福等报、缚解等法,执无所有,是执亦无。瑜伽过恶,取空亦然,成实、瑜伽无以异耶？曰:瑜伽为空后法相,成实为空前法相。空前法相,遍计法相毫发不容有,成实过无,论家为似破故;空后法相依圆法相,法尔不可,瑜伽过恶,取空为能破故。若尔,毗昙眼见成实识见,色在知境,识是实法。非大乘一切唯有识耶？曰:大乘依他有而不实,大乘唯识为遣执境非真实有故。又成实不立末那分,取行末之心生意识者为意根,有二念俱过故。成实不立赖耶,灭定识离于身,命热不灭,出而心生,有识无常过故。是为粗而不细、断而不续,说识不善巧故。陈有慧恺者称成实破立未妙,是不识截破假名,未违法心,成实意有所属故。又称成实传译参差,则每读十论迷离不晰,何耶？曰:成实一切入有痴心故,色性不可得故,当以是义读"有无相品"。成实惟现在有、惟四尘有,当以是义读"二世有无品"、"一切有无品"。成实业灭能生,因义成故,当以是义读"过去业品"、"中阴有无品"。成实四心有前后,灭法有无量心;又暖顶忍中别缘谛空。次世第一缘假名用,后入无相缘空一切。当以是义读"次第一相品"。成实罗汉以定进退差别说九。当以是义读"退不退品"。成实取性无明、遍三性故不净非客。当以是义读"心性品"。成实取性无明,遍通六识,余惟意地。又心受前后相应不同,当以是义读"相应不相应品"。成实坚合依坚,四大非实,无心所故无有相应。复立多心不住不俱,如是易明,是为略说成实要义。以是因缘智者应学。鸠摩罗什译斯论竟,受命叡讲,谓净论中七破毗昙,在言小隐。嘉祥、慧远,俱善《成实》。

《中》、《百》、《门论》具有疏在。《大乘义章》、《维摩》、《十地》经论义记,犹幸有存。汇而读之,津斯问矣。

(金陵本《成实论》卷一叙文页一至页五左行一)

经部及其发展之三：
《俱舍论》(附《光记》)摘录(一)

1. 无为法

已辨有漏，无漏云何？
　　此下别明无漏。结问。
谓道圣谛及三无为。
　　总答。
何等为三？
　　问数。
虚、空二灭。
　　答。
二灭者何？
　　问数。
择、非择灭。
　　答。
此虚空等三种无为及道圣谛名无漏法。
　　结无漏法。
所以者何？
　　征。
诸漏于中不随增故。
　　答。诸漏于彼无漏法中不随增故，谓无漏法性相违于漏，必非相应，可为漏境。然既体性相违，互不随增，不可对漏说名有漏。若灭道谛，缘不随增。若于虚空、非择灭，非缘非随增。
于略所说三无为中，虚空但以无碍为性，由无障故色于中行。
　　此中亦应明道圣谛，后文广解，故今不释。无为体性，若随事别，体乃众多，今总标三，故言"略说"。虚空但以无碍为性，容受一切诸有为法，故《正理论》云：虚空、容受、色等有为（已上论文）。虽言容受，而不可说虚空体性在此在彼，无方所故，如眼识等。问：若不碍故说名虚空，空界色性亦不碍他，应名虚空。解云：空界色性虽非能碍，而是所碍，被余色障，而开避故，其体不生。世言虚空者于空界色说虚空声。若尔无表非能所碍，应名虚空。解云：以从碍生，故亦非例。若尔，心、心所法二无为等非能所碍，又非碍生，应名虚空。解云：据此义边亦同虚空，从别立名虚空，但以无碍为性。虽标总称即受别名，如色、处等。由此虚空无障碍故，能、所造色于中行动，理实住等亦据虚空。据显说行，或行谓生，色于中生。又解：虚空既无方所，不可得言"色于中行"，而言行者于空界"色中行"，空界复由虚空得有。此中解虚空而言空界色者，以粗显细。问：虚空体亦不碍无色，何故但言"色于中行"？解云：虚空理亦不碍无色，以色相显，故偏说之。问：无色之法亦无碍性，如何虚空言不碍无色？解云：无色有为，能起作用。虚空不障，名为无碍。

择灭即以离系为性。诸有漏法，远离系缚，证得解脱，名为择灭。

出择灭体。择灭即以离系为性，云何离系？诸有漏法远离相应、所缘二缚，而能证得解脱涅槃。然彼灭体离系所显，故名择灭。问：若离系缚证得择灭，如苦智已生，集智未生，见苦所断，犹为集下遍行惑系，如何证灭？修道九品随断一品乃至前八品犹后品系，如何证灭？解云：虽断能缚、所缚解脱，证得择灭，然能缚惑有强有弱。一相应缚，谓诸烦恼缚彼同时心、心所法，令于所缘不得自在；二所缘缚，谓惑缘境有毒势力，缚此所缘令不自在。就缘缚中复有其四：一同部同品；二同部异品；三异部同品；四异部异品。并前相应总有五缚。就五缚中，断强证灭，断弱非证。言强弱者，一相应缚，其力最强；二同部同品缚，其力次强；三同部异品缚，其力次强；四异部同品缚，其力稍弱；五异部异品缚，其力最弱。于五缚中前三是强，后二是弱。若断前三，随其所应，证得择灭；后之二种能缚力微，非由断彼而证得择灭。如见苦所断法总有二种：相应法为一类，得四相为一类。相应法具五缚，得与四相，除相应缚，有余四缚。若苦智已生，集智未生，见苦所断相应法，由断相应缚、同部同品缚、同部异品缚故，证得择灭。以断强故，得与四相。由断同部同品、同部异品缚故，证得择灭。以断强故，此相应法得及四相。尔时，虽为集下异部同品、异品遍行惑缚,以微劣故,而证得择灭。又复尔时,虽断彼四部,见苦所断异部同品、异品缚,而不能证彼四部无为,未断强故。见所断惑,九品同一品断,约所断惑或有九品故,所以得说同品、异品,如见苦所断,见集、见道、见灭所断各有二类,准释可知。修道所断,总有三类:染相应法为一类,染相应法上得四相为一类,余有漏法为一类,即是染污色并此色上得及四相,及不染五蕴。初类具五缚,后二类各有四缚,除相应缚,非惑相应故。若断初品染相应法,由断相应缚、同部同品缚,证得无为。以断强故,尔时虽为同部异品,余八品缚,以劣弱故,亦证无为,不同见道。见道九品一品断故,所以同部同品、异品俱可说强。修道九品别断,所以同部异品说名为弱,或可见道同部异品亦名为弱,如诸异生五部杂断,随断前品,犹为未断见惑之所系缚,以劣弱故,亦证择灭。以此而言,故知是弱。若异部同品、异品遍行惑先已断故,设不断彼,亦证无为,以缚劣故。初品染得四相,断初品时,由断同部同品缚,以断强故,证得无为。同部异品,异部同品、异品皆准前释。如断初品断余八品,准释可知。诸余有漏法亦有九品,拟仪相当,故说同品、异品。断余有漏法时,由断同部同品、异品缚,以断强故,证得无为,异部同品、异品先已断故。设不断彼,亦证择灭,以缚劣故。又此余有漏法是缘缚断,要断能缘九品惑尽,所缘之法方名为断。问:得与四相亦是缘缚,何故随断、何品烦恼,彼得四相同证择灭?九品烦恼亦能发得九品色业,何故所发色业不随彼惑同断证灭?解曰:得与四相虽是缘缚,四相望惑为俱有因,以是亲故同断同证。得虽非俱有因,望惑亦亲,以有此品惑必有得故,无有有惑而无得时。所发色业有无不定,虽有色业时亦有能发惑,自有此品惑而无彼色业。如已舍者,以望惑疎,要断九品方证得灭。问:如断善、舍戒,随彼善心发得此戒。彼心若断,此戒便舍。惑发色业,随断彼惑时,何故色业非与惑同断?解云:断、舍义别,不可为例。自有断而非舍,如断有漏善等;自有舍而非断,如舍别解脱戒等。

择谓简择,即慧差别,各别简择四圣谛故。择力所得灭,名为择灭,如牛所驾车,名曰牛车。略去中言,故作是说。

释"择灭"名,谓无漏慧异有漏慧,名慧差别;或无染异染名慧差别。此差别慧各别简择四圣谛故。灭体先有，但不成就，由择力所得，名为择灭。略"力所得"，但言"择灭"。择之灭故，名为"择灭"，依主释也，如牛所驾车，名曰牛车，略"所驾"中言，故作是说。择灭亦尔。

一切有漏法同一择灭耶？

　　问。

不尔。

　　答。

云何？

　　征。

随系事别，谓随系事量，离系事亦尔。若不尔者，于证见苦所断烦恼灭时，应证一切所断诸烦恼灭。若如是者，修于对治则为无用。

　　释。谓随所系诸有漏法事量多少，离系事量多少亦尔。若不尔者，而言诸有漏法同一择灭，于证见苦所断烦恼灭时，应证一切五部所断诸烦恼灭。若如是证者，修余四部所断能对治道，则为无用。前已证故。若言初证少分非全，即一灭体应有多分。一体多分，与理相违，故随灭事体别众多。然诸有情证彼灭时，虽起得别，而皆同证。

依何义说灭无同类？

　　难。灭体既多，应有同类。经依何义说"灭无同类"耶？

依灭自无同类因义，亦不与他，故作是说，非无同类。

　　通。依灭自体相望，定无同类因义，亦不与他为同类因，此简苦忍。故彼经中作如是说：非灭自无，多体同类。

已说择灭。

　　结。

永碍当生，得非择灭，谓能永碍未来法生，得灭异前，名非择灭。得不因择，但由阙缘，如眼与意专一色时，余色、声、香、味、触等谢。缘彼境界、五识身等，住未来世，毕竟不生，由彼不能缘过去境。缘不具故，得非择灭。

　　此释"非择灭"，谓有法体而能永碍未来法生。此法本欲碍生法不生。若法不生，便即起得送与行者，故名得灭。前灭是善，后灭无记，故云"异前，名非择灭"。此结体也。由择故得，名为择灭。"得不因择，但由阙缘"，名非择灭。此释名也。又解：择灭由择故得，非择灭由阙缘得,故言"得灭异前"。如眼与意识前后相续专一色时,言眼已摄眼识,以见色时必有识故。或言意者,所谓眼识,十二处中亦名意故;或言意者,所谓意处,以七心界皆名意故。若作此解,具摄意识及眼识故,眼识同时,意识前后,余色、声、香、味、触等境落谢过去。应缘彼境,五识身等住未来世,毕竟不生。由五识等不能缘彼过去境界,缘不具故,得非择灭。触等等、取、法界等中有与能、缘同时为境,如他心智所缘境等、五识身等等、取、意识等,以亦有缘同时境故,如他心智等。问:法不生时,但由阙缘,何关此灭?答:《显宗论》云:非唯缘阙便永不生,后遇同类缘,彼复应生故。谓若先缘阙,彼法可不生。后遇同类缘,何障令不起?(解云:彼论意说:非唯缘阙令法不生。此法不生,亦由灭故。)应知此灭约得偏说不生,据体实通三世有为,故《婆沙》三十二评家云:非择灭如有为法数量;择灭但如有漏法数量。彼论既言如有为量,过去、现在及当生法既有为摄,准知彼法有非择灭。若言无者,此体不生,应无此灭;若言不生,方有此灭,此灭今有,应是无常;若言生、不生法,其性各定,生法即无,不生即有,故言常者,论不应说阙缘之言。又若尔者,修道无用。由斯理证,故通有为。更有多文,不能广引。问:此非择灭,诸有情类为皆共得、为不共得耶?解云:若外非情共有法上,非择灭即共得,以诸有情共业感故;若内有情不共法上,非择灭即各别得,以诸有情别业感故。故《婆沙》三十二云:此不决定。于共有法非择灭即共得,于不共法上非择灭即各别得。又解:外非情法及他身中色、香、味、触相显,皆可共受用故。此若阙缘,即共起得,五根及心、心所法等相隐别用。此若阙缘,即各别得。又解:诸内外法随若干有情应令共受用,此各不生。随若干有情应令共受用者即起得得,此名共得。若唯令自受用者,此法不生但自起得,名各别得。

于法得灭应作四句:或于诸法唯得择灭,谓诸有漏过、现生法;或于诸法唯非择灭,谓不生法,无漏有为;或于诸法俱得二灭,谓彼不生诸有漏法;或于诸法不得二灭,谓诸无漏过、现生法。

明得二灭四句差别。虚空无得,故不对辨。无得所以,如下别明,谓过、现生法及不生法。此各有有漏、无漏,二四成八。第一句有三法,谓诸有漏过、现生法,以有漏故,得择灭;以过、现生法故,不得非择灭。第二句有一法,谓不生法,无漏有为;以不生故,得非择灭;以无漏故,不得择灭;以无漏简有漏,有为简无为。第三句有一法,谓彼不生诸有漏法。以有漏故,得择灭;以不生故,得非择灭。第四句有三法,谓诸无漏过、现生法。以无漏故,不得择灭;以过、现生法故,不得非择灭也。

(金陵本《光记》卷二页十九左行二至页二十八右行六)

何故无为说在处、界?非蕴摄耶?颂曰:
蕴不摄无为,义不相应故。
论曰:三无为法不可说在色等蕴中,与色等义不相应故;谓体非色乃至非识,亦不可说为第六蕴,彼与蕴义不相应故。"聚"义是蕴,如前具说。谓无为法非如色等,有过去等,品类差别,可略一聚,名无为蕴。又言:取蕴为显染依,染、净二依蕴言所显。无为于此二义都无,义不相应,故不立蕴。有说如瓶破非瓶,如是蕴息应非蕴。彼于处、界例应成失。

此即明"无为非蕴"问及答也。总有三解:一明无为非蕴中摄,不可积聚,故非第六。又解:"亦不可说"下通伏难。伏难云:若非五蕴,何故不说为第六蕴?为通此伏难,故言亦不可说为第六蕴。无为之法非如色等,可积聚故。二明蕴是染、净二依。依是因义,无为不尔,故不立蕴。三明无为是蕴息。处非蕴息,谓灭处,如瓶破,灭处非瓶。论主许前二解,不许第三,故言彼于处、界例应成失。若便蕴息名无为,无为非蕴摄。处、界息故名无为,无为非是处、界摄。《正理论》救云:若于是处蕴相都无,名为蕴息,三无为上聚义都无,可言蕴息。非门、族义于彼亦无,故不应例。若作俱舍师破云:若言无为无聚义者,与我此论初解何殊?

(金陵本《光记》卷五页二十二左行八至页二十三左行八)

2. 无表色的有无（论四大种）

此下第二明能造大种，就中一明实四大，二对假显实。

既言无表大种所造，大种云何？

此即明实四大，牒前问起。

颂曰：

大种谓四界，即地水火风，能成持等业，坚湿暖动性。

上半颂举数列名，第三句辨业，第四句显体。

论曰：地、水、火、风能持自相及所造色，故名为界。如是四界亦名大种，一切余色所依性故，体宽广故；或于地等增盛聚中，形相大故；或起种种大事用故。

"持"义名界，一能持大种，自相不失故；二能持所造色相续。言"大种"者，一切余所造色所依性故。"余色所依"是能生义，此即释种。问：四大在造色，何处而言为所依性耶？答：如《婆沙》一百二十七云：有说在下为因，所依法应尔故。问：若尔，于逼近色可说能造，于隔远者云何造耶？答：不说一树所有大种都在其下造诸造色，但说一树分分皆有大种在下，造色在上。有作是说：相杂而住，大种在外，造色在中。问：若尔，应断截时见有孔隙犹如断藕。答：虽有孔隙而不可见，以诸大种非有见故；所见孔隙是造色故。（已上论文）。三义释大：一约体宽名大，一一所造各有四大；二约相名大，如大地、大山地增盛，大江、大海水增盛，炎炉、猛焰火增盛，黑风、团风风增盛；三约用名大，如水、火、风灾。如其次第能坏初、二、三定，地能任持世界，故用大也。若依《正理》释大种云：虚空虽大不名种，余有为法虽是种而非大，唯此四种具两义故名为大种。《婆沙》等论亦同《正理》，即大名种故名大种。持业释也。

此四大种能成何业？

问。

如其次第能成持、摄、熟、长四业，地界能持，水界能摄，火界能熟，风界能长。长谓增盛，或复流引。

答。增盛如种生芽，此据上下；流引如油滴水，此即据傍。风业稍隐，故别解也。

业用既尔，自性云何？

问性。

如其次第，即用坚、湿、暖、动为性，地界坚性，水界湿性，火界暖性，风界动性。由此能引大种造色，令其相续，生至余方，如吹灯光，故名为动。《品类足论》及契经言：云何名风界？谓轻等动性。复说轻性为所造色故，应风界动为自性。举业显体，故亦言轻。

答。自性可知，动性稍隐，是故别解。理实有为，皆刹那灭，无容从此转至余方，而言相续至余方者，据相续运转至余方。由风动故说色往来，若无此风，即无运转。引论及经证此风界动为自性。言轻等者，轻是所造触，风界体性与轻相似，故言轻等。风体是动而言轻者，以风动性微细难知，故约轻相以显动性。业谓所作业果，即是其轻，八转声中第二声也。以业显体，即是以果显因之义，故《正理》云：轻为风者，举果显因，轻是风果故。问：火、风增故轻，何故但言风为轻因？解云：风遍为轻因，火即不遍，如柳絮等飘举轻性，火即非增，故别举轻，偏显风界。地等相显，非举果明。言八转声者：一体，谓直诠法体；二业，谓所作事业；三具，谓作者、作具；四为，谓所为也；五从，谓所从也；六属，谓所属也；七依，谓所依也；八呼，谓呼彼也。依声明法，凡唤诸法，随其所应有八转声。

此下第二对假显实。

云何地等、地界等别？

云何假地等与地等界别？此即问起。

颂曰：

地谓显形色，随世想立名，水火亦复然，风即界亦尔。

颂答。就长行中一释颂，二释色义。

论曰：地谓显形，色、处为体，随世间想假立此名，由诸世间相示地者，以显形、色而相示故，水、火亦然。风即风界，世间于动立风名故。或如地等随世想名，风亦显形，故言亦尔，如世间说黑风、团风，此用显形表示风故。

此即初文。

地谓显形，色、处为体。世人相示，皆指形显，故佛随世约显与形，立地名想，水火亦尔。唯有风界，即名为风，以世计动为风体故。此是异说。亦言显形，通表示风，此是正说。问：假地、水、火、风皆以色、香、味、触为体，何故遍言显形？解云：遍言色者从多分说，世多于地、水、火、风以显形、色而相指示，非多于彼地、水、火、风以香、味、触而相指示。又解：色遍胜故，谓世虽说我今嗅地，而不多说嗅水、火、风，世虽亦言我今尝水，而不多说尝地、风、火，世虽亦言触风，不多言触地、水、火，风即地等界故，故虽假地等皆有香、味、触，而形与显通能表示地、水、火、风遍胜体强，是故偏说。

何故此蕴无表为后说为色耶？

此下第二别解色义。问：何故色蕴始自眼根终于无表，说为色耶？

由变坏故，如世尊说：苾刍当知：由变坏故名色取蕴。

答。可变可坏，故名为色，引证可知。又《婆沙》九十七云，问：变与坏有何差别？答：变者显示细无常法，坏者显示粗无常法。复次，变者显示刹那无常，坏者显示众同分无常。复次，变者显示内分无常，坏者显示外分无常。复次，变者显示有情数无常，坏者显示非情数无常。如说舍坏，仓库等坏。

谁能变坏？

问。

谓手触故，即便变坏，乃至广说。变坏即是可恼坏义，故《义品》中作如是说：趣求诸欲人，常起于希望；诸欲若不遂，恼坏如箭中。

答。谓彼色法由手触故，即便变坏，广说乃至蚊、虻等，即五根及色、声、香、味等，虽非手等触著，然与彼触同一聚生。若触触时，彼便变坏，或可触彼能造四大，令所造色亦变坏。故此变坏即是可为他恼坏义，故法救所集《义品》之中作如是说：趣求诸五欲境人常起希望；彼诸欲境若不遂会，令色变坏，犹如毒箭在身中也。色等五境，是所欲故，或能生欲，名之为欲。言《义品》者，此品之中释诸义故。故《婆沙》三十四云：释迦菩萨为多求王说此颂，广如彼解。

色复云何。欲所恼坏？

问。

欲所扰恼，变坏生故。

答。是由欲恼令色变坏生故。

有说变、碍，故名为色。

　　第二释。色可变、有碍；可变谓可变坏故，有碍谓有碍用故。

若尔，极微应不名色，无变碍故。

　　难。

此难不然。无一极微各处而住，众微聚集，变、碍义成。

　　释。五识依缘，皆应积集，故无现在独住极微。由恒积集，故有变、碍。然《正理》第二有两说：一说同此论；又一说云：有说亦有独住极微，然能变、碍而不发识。五识依缘，要积集故，如立极微，虽无方分，亦无触对，而许极微有碍、有对、有障用故，应知变、碍义亦如是。

过去、未来应不名色。

　　难。现在众微聚集，变、碍义可成。过、未众微散，应不名为色。

此亦曾当有变、碍故及彼类故，如所烧薪。

　　通。过去曾碍，未来生法当碍。诸不生法是彼碍类，如所烧薪。

诸无表色应不名色。

　　又难。五根、五境、极微成变、碍，可得名为色；无表既非极微成，非变、碍故，应非色。

有释表色有变、碍故，无表随彼亦受色名，譬如树动，影亦随动。

　　释无表妨有二释，此即初解，约随表色释，是《杂心论》主义。影依树起，树动影动。无表依表生表色、无表色。

此释不然，无变、碍故。又表灭时无表应灭，如树灭时，影必随灭。

　　难。本以变、碍解释色名：体无变、碍，不应名色。又约喻难：影依于树，树灭影随灭；无表依于表，表灭无表不灭。灭即不同，色宁同彼？又《正理》破云：此不应理。随心转色不从表生，应非色故。

有释所依大种变、碍故，无表业亦得色名。

　　第二释。此约大种名色。

若尔，所依有变、碍故，眼识等五应亦名色。

　　难。若所依是变、碍，能依得色名；所依五根既变、碍，能依五识应名色。

此难不齐。无表依止大种转时，如影依树、光依珠宝，眼等五识依眼等时则不如是。唯能为作助生缘故。

四、经部及其发展

此述古师通释。无表亲从大种生，如彼影、光亲依树、宝，可得从大种名为色。以诸大种望所造色作生等五因，故是亲也。眼等五识依眼等五根时则不如是，唯为作助生增上缘故，以识望根是其疎故，不名为色。

此影依树、光依宝言，且非符顺毗婆沙义。彼宗影等显色、极微各自依止四大种故。设许影、光依止树、宝，而无表色不同彼依。彼许所依大种虽灭，而无表色不随灭故。是故所言未为释难。

此显有过。说一切有宗造色、极微各别依止自四大种而言影、光依树、宝生，且非符顺毗婆沙义。彼宗影、光各自依止四大种故，树、宝还是助生增上缘义，将类眼根，义应相似。"设许"以下纵破，假设许汝影、光依止树、宝，而无表色不同，彼影、光依止树、宝。彼宗许所依大种虽灭，而无表色常相续生，不随灭故。是故此师未为释难。

《正理救》云：此言意显影等大种、树等大种为所依故。所以者何？影等大种生、住、变时皆随彼故；此影、光言意表总聚，非唯显色，依树、宝言。是故影等显色，极微依止影等大种而转，影等大种复依树等大种而生。故于此中无不顺过。《正理救》纵破云：此难不关毗婆沙师义，能依、所依许俱灭故。无表所依大种若灭，能依无表未尝不灭。初念无表，可与所依大种俱灭，第二念等无表云何？第二念等大种若无，其无表色岂得现有？虽此位中非无大种，而彼大种非此所依，非生因故。奇哉！如是善解对法。岂不非唯生因大种望所造色能为所依，然更有余四因大种望所造色许为依故？

俱舍师破云：汝言影等大种、树等大种为所依者，何异影等依于树等，树等望彼皆是疎依，并非亲生，等非能造？汝说影等大种依树等大种还是违宗。故《救》非理。又破《救》纵云：汝意立初念生因大种望第二念等，无表能为所依；第二念等四因大种望第二念等同时无表亦为所依。故说能依、所依俱灭，同树等灭，影等随灭，即言初念大种为生因，第二念大种为依等四因者，岂有别世两具四大共为五因，生一所造？诸论皆说一切四大望所造色皆具五因。故《婆沙》一百三十二云：过去大种与未来所造色为几缘？答：因增上。因者五因，谓生等五因；增上者如前说。又云：过去大种与现在所造色为几缘？答：因增上。因者五因，谓生等五因；增上者如前说。又云：现在大种与未来所造色为几缘？答：

因增上。因者五因,谓生等五;增上者如前说。准彼论文,初念大种望第二念所造色具五因,云何乃言但作生因?若转《救》言:初念大种为生因者,即五因皆名生因,以亲能生造色故;第二念四因大种名依等四因。虽初念大种得具五因,第二念大种即阙生因,还有别世两具四大共造色过。若转《救》云:第二念四因大种者非是依等四因,即四大种各为一因,名为四因,总是依因。故诸论说:初念大种能为生因,现在大种能为依因。若作此救,虽无阙因之过。既言第二念大种为所依,为别起大种,为即造身根等大种,为是亲所依,为是疏依。若言即是身根等大种,望无表色但为疏依者,我亦许此同时疏依,非亲所依。无表不由同时依力而得色名,但由初念所依力故而得色名。由此理故初念大种为亲所依,可得同彼影、光二种亲依树、宝。故我约此说:所依灭无表不灭;不可说彼疏依为所依,但应言依,彼说所依言中有过。若言无表亦望同时疏依得名色者,眼等五根望眼等识亦是疏依,应眼识等亦名为色。又由彼力得名色者应是能造。若是能造还应具有生等五因,故为非理。

复有别释。彼所难言:眼识等五所依不定,或有变、碍,谓眼等根或无变、碍,谓无间意。无表所依则不如是。故前所难,定为不齐。变、碍名色,理得成就。

论主第三释,通外难。五识二依,或有变、碍,或无变、碍,以不定故,不名为色。无表一依,唯有变、碍,以决定故,说名为色。前难不齐。变、碍名色,理得成就。

此下大文第二立处、界。

颂曰:

此中根与境,许即十处界。

论曰:此前所说色蕴性中,许即根境为十处、界,谓于处门立为十处:眼处、色处,广说乃至身处、触处。若于界门立为十界:眼界、色界,广说乃至身界、触界。

言"此中"者是简持义或起论端义。此前所说十一种色蕴中,毗婆沙师许即根境为十处、界。然经部师处假界实,不可即以处为界体,于彼有违,故言"许即",表非共信。

(金陵本《光记》卷四页十左行四至页二十一左行十)

3. 从眼、耳、鼻谈到蕴、处、界三项假实问题

此下大文第三明数、开、合,就中,一明数合,二明依开。

眼、耳、鼻三处各有二,何缘界体非二十一?

此即初文,问起。

此难非理。

总非。

所以者何?

征。

颂曰:

类境识同故,虽二界体一。

论曰:类同者,谓二处同是眼自性故;境同者,谓二处同用色为境故;识同者,谓二处同为眼识依故。由此眼界,虽二而一。耳、鼻亦应如是安立。

答文可知。

若尔,何缘生依二处?

此依开问。

颂曰:

然为令端严,眼等各生二。

论曰:为所依身相端严故,界体虽一而两处生。若眼、耳根处唯生一,鼻无二穴,身不端严。此释不然。若本来尔,谁言丑陋?又猫、鸱等虽生二处,有何端严?若尔,三根何缘生二?为所发识,明了端严。现见世间闭一目等,了别色等,便不分明。是故三根各生二处。

释端严有两解。初解令身端严,此解有过;第二解令识端严,此解无妨。舌身形大,发识用足,故不复二。又《婆沙》十三云:问:何故眼、耳、鼻各有二处而舌身唯一耶?答:诸色根处为庄严身,若有二舌是鄙陋事,世便蚩笑:云何此人而有二舌,如彼毒蛇?若有二身亦是鄙陋,世所蚩笑:云何一人而有二身,如两指并?

此下大文第二别释名义。就中,一释三名,二教起因,三体废立,四名次

第,五名废立,六摄异名。此即释三名。

已说诸蕴及处、界摄,当说其义。此蕴、处、界别义云何?

结前问起。

颂曰:

聚生门种族,是蕴处界义。

聚义是蕴义,生门义是处义,种族义是界义。梵云:"塞建陀罗",唐云"蕴",旧译名"阴",此"阴"是"阴覆"义。若言"阴",梵本应言"钵罗娑陀"。案:"阴"者,应云于今反,阴阳之阴也。近代诸师竞作异释,或云淡聚名淡阴。此释不然,医方说淡饮,不言阴。更有异释,不能具述。若言阴气是万物所藏,即是"聚"义,借喻此名粗可通途。然非正目,故今名"蕴",或翻为"众",故《法华》云:五众之生灭。此亦不然,若言"众",梵本应云"僧伽",或翻为"聚"。此亦不然。若言"聚",梵本应云"揭逻陀",梵云"阿耶怛那",唐云"处",旧翻为"入",此亦不然。若言"入",梵本应云"钵罗吠舍",旧经亦有译为"处"者,如空无边处等及阿练若处,并与今同,梵云"驮都",唐言"界",有译为"持"。偏据一义,非尽理也。

论曰:诸有为法和合聚义,是蕴义,如契经言:诸所有色,若过去、若未来、若现在、若内、若外、若粗、若细、若劣、若胜、若远、若近,如是一切,略为一聚,说名色蕴。由此聚义,蕴义得成。

引经五门以释色聚名蕴。此言"略"者,名略非体,以三世法非可聚故,故《婆沙》七十四云:问:过去、未来、现在诸色可略聚耶?答:虽不可略聚其体,而可略聚其名,乃至识蕴应知亦尔。问:若无为亦应立蕴,诸无为名可略聚故。答:诸有为法有作用故有略聚义。虽体有时不可略聚者,而略聚其名,立色等蕴。诸无为法无作用故无略聚义。虽可略聚其名,而不可立为蕴。

于此经中,无常已灭名过去;若未已生名未来;已生未谢名现在。

三世门,正灭是现在,故举已灭名过去;简异择灭、非择灭,故言无常已灭;已生是现在,未至已生位名未来,至已生位、未落谢过去名现在。《集异门》同此论。

自身名内,所余名外,或约处辨。

内外门:自身成就者名内;不成就及他身非情名外,故《集异门足论》第十一云:云何内色?答:若色在此相续,已得不失,是名内色。云何外色?答:若色在此相续,或本未得,或得已失;若他相续,若非情数,是名外色。(已上论文)。或约处者,处谓十二处,五根名内,六境名外色。

有对名粗,无对名细;或相待立。

粗细门:五根、五境有对名粗,无表、无对名细。或相待立,谓有见等三,或约欲界等三。故《集异门》说:或约有见有对、无见有对、无见无对三色相待,前粗后细;或约欲、色不系,三色相待,前粗后细。

若言相待,粗细不成。此难不然,所待异故。待彼为粗,未尝为细;待彼为细,未尝为粗,犹如父、子、苦、集谛等。

此难不然,观待异故,故成粗细,犹如父、子、苦、集谛等。虽是一物,所望不同,得名父、子、苦、集谛等。问:粗细相待、对立,一法说粗细,亦可长短相待,对一体相形立。解云:色处简差别,长短别有体。粗细通五蕴,不可例长短。

染污名劣,不染名胜。

劣胜门:约体以明,谓善无覆,名胜色;不善有覆名劣色。若依《集异门论》意释胜劣,或约不善色,有覆、无覆色,有漏善色、无漏善色,如其次第,观待相形,前劣后胜;或约欲、色不系三色,观待相形,前劣后胜。广如彼释。

去来名远,现在名近。

远近门可知。《集异门》一解同此论。又一解云:云何远色?答:若色过去非无间灭,若色未来非现前起,是名远色。云何近色?答:若色过去无间已灭,若色未来现前正起,是名近色。

乃至识蕴应知亦然,而有差别,谓依五根名粗,唯依意根名细;或约地辨,毗婆沙师所说如是。

释余四蕴大同,色蕴而有差别,谓余四蕴依五根名粗,唯依意根名细;或约九地展转相形,上细下粗,以辨其相。若依《集异门论》解,受等四蕴三世同此论。若在此相续已得不失名内;若在此相续,或本未得,或得已失,若他相续名外。受等四蕴粗细者,或约有寻有伺、有寻无伺、无寻无伺,如次观待,前粗后细;或约欲、色、无色不系,如次观待,前粗后细。

受等四蕴劣胜者,或约不善有覆、无覆,有漏善、无漏善,如次观待,前劣后胜;或约欲、色、无色不系,如次观待,前劣后胜。受等四蕴远近者,一解同此论。又一解意:若过去非无间灭,若未来非现前正起是名远;若过去无间已灭,若未来现前正起名近。

大德法救复作是言:五根所取名粗色,所余名细色;非可意者名劣色,所余名胜色;不可见处名远色,在可见处名近色。过去等色如自名显,受等亦然。随所依力应知远近,粗细同前。

叙异释。五根所取五境名粗色,所余五根无表名细色。约情名胜、劣,非可意者名劣,若可意者名胜。又解:十一种色若非可意名劣色,若可意名胜色。劣、胜通十一种色,约可见处名近,不可见处名远。余十种色虽不可见,随其所应,随彼可见、不可见色说近说远。三世内外,如自名显,既无别释,义同前家。受等四蕴亦然,例同色蕴。言差别者,随其所依身力应知近远,在可见处名近,在不可见处名远。其粗细同前第一家,依五根名粗,唯依意根名细;或约地辨。

心、心所法生长门义是处义,训释词者,谓能生长心、心所法,故名为处,是能生长彼作用义。

此释处义。心等生长门义是处义。彼十二种能生长心等故名为处,法体先有,不可言生,但能生长彼作用义。

法种族义是界义,如一山中有多铜、铁、金、银等族,说名多界。如是一身或一相续,有十八类诸法种族名十八界。此中种族是生本义。

此下别释,界有两释。此即初解,约因以释。能生诸法,诸法生因,如人于某姓等生,以彼姓人名为种族,是生之本义,如一山中金、银等矿名金等族,是多法族,说名多界。一身谓一有情身,一相续谓一期相续;或一身谓一期身,一相续谓一有情相续。有十八类诸法种族名十八界。

如是眼等,谁之生本?

问。

谓自种类同类因故。

答。谓与自种类为同类因故,即是生本。

若尔,无为应不名界。

难。有为同类因,可得名为界。无为非同类,无为应非界。

心、心所法生之本故。

通。无为虽非同类因,生心、心所为境界。生心、心所故,亦名生本。《正理》破云:若尔,处、界义应相滥,俱心、心所生本义故。若作俱舍师救云:一同类因名生本,十七界全,一界少分;二境界缘生名生本,谓无为一界少分。从多分说,处义不同。少分相乱,亦无有失。

有说界声表种类义,谓十八法种类、自性各别不同,名十八界。

第二师约差别释。族谓族类,如世种类刹帝利等种类不同,如是一身有十八法,种类各别,名十八界或可。此师别为一解,种类释界,不同颂文。《正理》难云:若尔,意界望于六识,无别体类,应非别界。此难不然。所依、能依体类别故。有说安立时分异故。广如彼释。

若言聚义是蕴义者,蕴应假有。多实积集共所成故,如聚如我。

毗婆沙、宗、蕴等三门皆是实法。经部所立蕴处是假,唯界是实。今论主意以经中说略一聚言,许蕴是假,余二是实。今立比量破毗婆沙说蕴是实。立比量云:色等五蕴必定是假,多实成故,犹如聚我。

此难不然。一实极微亦名蕴故。

毗婆沙师救云:一一极微亦得蕴相,可积集故。既一一极微亦名为蕴,非多实成,显所言因于一一蕴有不成过。

若尔,不应言聚义是蕴义,非一实物有聚义故。

论主难。经说聚义名之为蕴,而言一实亦名蕴者,圣教相违。

有说能荷果重担义是蕴义。由此世间说肩名蕴,物所聚故。

述异释。有为之法为因取果,果所积集名为能荷。由诸世间以其两肩能荷重担,说肩名蕴,物所聚故。此释亦以聚故名蕴,符经顺假,故论主不破。

或有说者可分段义是蕴义。故世有言:汝三蕴还,我当与汝。

又述异释。可分段义是蕴义,故言一一分亦名蕴,故引彼世间举贷财物,皆令彼人三时还足,便作是言:汝三蕴还,我当与汝物。显一一分皆名为蕴。

此《释越经》,经说聚义是蕴义故。如契经言:诸所有色若过去等,广说如前。

论主难。虽有此释,不顺圣言。随俗浮言,何容准定?由此经说过去等义有相违故。此文但破,后家分段或可。此文亦破,前师能荷名蕴。虽彼义释符经顺假,亦无有违。然经中说聚义是蕴,故今亦破。

若谓此经显过去等、一一色等，各别名蕴。是故一切过去色等一一实物各各名蕴。此执非理。故彼经言：如是一切略为一聚，说名蕴故。是故如聚，蕴定假有。

　　上来毗婆沙师被他难煞，今复释。论主牒破。若谓过去等一一名蕴。此执非理。经言略聚，何得一一皆名为蕴？故知如聚，蕴假义成。
若尔，应许诸有色处亦是假有，眼等极微要多积聚成生门故。

　　经部难论主。若以聚义名蕴许是假者，诸处极微亦由积集方是生门。何因不许处亦是假？应立量云：诸有色处定应是假。处因积聚方得成故，犹如诸蕴。

此难非理。多积集中一一极微有因用故。若不尔者，根境相助共生识等应非别处。是则应无十二处别。

　　论主破经部。虽因多微积集方作生门，然多集时一一诸微皆有因用。是则一一皆成生门，显所立因有不成过。若不尔者，而说根境相助共生识等无别因用，应非别处，同一处摄。若同一处但应立六。若但立六，是则应无十二处别。合共发识，既非同处，根境各别，因用不同说十二处。故知根、境共发识等，一一极微亦有因用，各得处名。按上所说，论主此宗许蕴是假，违破婆沙，许处是实故破经部，以理为量，不执一宗。随何胜者释为已立。
然毗婆沙作如是说：对法诸师若观假蕴，彼说极微一界一处一蕴少分。若不观者，彼说极微即是一界一处一蕴。此应于分假谓有分，如烧少衣亦说烧衣。

　　论主牒婆沙文，通释婆沙师说。若观假蕴，彼说一微为一蕴少分；若不观假蕴、观实蕴，彼说一极微即是一蕴。既许一微即是一蕴，故知婆沙许蕴是实。今论主释：婆沙既引经中聚义释蕴，故应亦许蕴唯是假，而言一微是一蕴者，此应于蕴一分假说有分。全蕴总有别分，故名有分，如衣一分烧亦说为烧衣。诸后学徒不达婆沙本意，说蕴是实。是故应知蕴定是假。然《正理》第三云：于聚所依立义言，故非聚即义。义即实物名之差别，聚非实故。解云：聚之义故名聚义。依主释聚假义实，聚义是蕴。又云：又一极微三世等摄，以慧分析略为一聚。蕴虽即聚而实义成，余法亦尔。故蕴非假。解云：此一极微有三世，远近等义故名为聚，即聚名义持业释。又云：又于一一别起法中亦说蕴，故定非假，如说俱生受名受蕴,想名想蕴。余说如经,于一切时和合生故。蕴虽各别而聚义成。(解云:即受蕴等一一皆是可积集相,名蕴,持业释;或受蕴等定与积聚法俱起,且如一微犹与大小八法俱起。)《正理》亦应同彼婆沙蕴通假实,为俱舍论主说蕴唯假,故且说实。

此下第二明教起因。

何故世尊于所知境由蕴等门作三种说?

问起。

颂曰:

愚根乐三故,说蕴处界三。

论曰: 所化有情有三品故,世尊为说蕴等三门。传说有情愚有三种:或愚心所总执为我,或唯愚色,或愚色、心。根亦有三,谓利、中、钝;乐亦三种,谓乐、略、中及广文故。如其次第世尊为说蕴、处、界三。

答。愚谓迷境,以无明为体。迷境不同,有其三种:或愚心所总执为我,为说蕴,以蕴广明心所法故;或唯愚色执我,为说处,以处广明诸色法故;或愚色、心总执为我,为说界,以界广明色、心法故。根谓根机,以信等五根为体;乐以胜解为体,故《正理论》云:乐为胜解。又解:乐谓乐欲。利根乐略为说蕴,中根乐中谓说处,钝根乐广为说界。

(金陵本《光记》卷五页九左行一至页二十一左行十)

4. 根见、识见之讨论

此下第十九是见、非见门。就中一正明,一傍论。

如是已说见所断等。十八界中,几是见,几非见?颂曰:

眼法界一分,八种说名见。五识俱生慧,非见不度故。

眼见色同分,非彼能依识。传说不能观,被障诸色故。

此即正明。初两句出见体,下六句释妨遮计。尊者世友眼见,尊者法救眼识见,尊者妙音眼识相应慧见,譬喻者眼识同时心、心所法和合见。

问:如《婆沙》、《五事》、《杂心》等论皆破识、慧和合。此颂何故但破识耶？解云：随作论者意乐破故。又解：亦兼破慧。颂言"五识俱生慧非见"，已知破慧，但不破和合，或可以和合计分同经部。论主意明，故不别破。又解：具破三种，不见障色。言从强破识、慧及和合，准破应知。故《杂心》云：自分眼见色，非彼眼识见。非慧非和合，不见障色故。又解：此论从强破识，具破三种，广如诸论。故《五事》第一云：问：谁能见色？为眼根见，为眼识见，为眼识相应慧见，为心、心所和合见耶？如向所疑一切有过。若眼根见，余识行时宁不见色，何不俱取一切境耶？若眼识见，识但以了别为相，非见为相，岂能见色？若与眼识相应慧见，应许耳识相应慧闻。彼既非闻，此云何见？若心、心所和合能见，诸心、心所和合不定，谓善眼识与二十二心所相应，不善眼识与二十一心所相应；有覆无记眼识与十八种心所相应，无覆无记眼识与十二心所相应。既不决定，云何和合？答：眼根能见。然与眼识合位非余，譬如眼识了别色用，依眼方有。又如受等、领纳等用必依于心。此亦应尔。由斯理趣，余识了时，眼识既空，不能见色，亦无俱取，一切境失，以一相续中无二心转故。问：何故六所依、所缘而一相续中无六识俱转？答：等无间缘，唯有一故。复有余义：若眼识见，谁复能识？若慧见者，谁复能知？若心、心所和合能见，诸法一一业用不同，于中定无和合见义。又应一体有二作用，谓许能见及领纳等。复有余义：若识见者识无对故，则应能见被障诸色，慧及和合应知亦然。是故眼根独名能见。

论曰：眼全是见，法界一分八种是见，余皆非见。

十八界中，眼全是见，法界一分八种是见，余十六界全及法界少分，皆非是见。应知此中见有二种：一者观照名见，所谓眼根虽慧，亦名观照。此中且以眼名观照。问：眼对色时如何名见？若言舒光至境，灯、日亦应名见；若言影现，水、镜应亦名见；若言体清妙故，耳等四根应亦名见。解云：眼见色时，不舒光至境，不同灯、日；亦非影现，不同水、镜。虽五色根体皆清净，起用各别。谓眼见色，耳闻声，鼻嗅香，舌尝味，身觉触，眼对色，非如钳之取物，但起观照色用。故独名见，不同耳等。二者推度名见，于其慧中唯此八种，余十六界全法界少分，不能观照又无推度，皆非是见。

何等为八？

问。

谓身见等五染污见、世间正见、有学正见、无学正见，于法界中此八是见，所余非见。身见等五随眠品中，时至当说；世间正见谓意识相应，善有漏慧；有学正见谓有学身中诸无漏见；无学正见谓无学身中诸无漏见，譬如夜分、昼分、有云、无云，睹众色像明昧有异。如是世间诸见有染、无染、学、无学、见、观察、法相明昧不同。

答。世间诸见谓有染、无染，或染、无染名世间；学、无学名诸见。夜分有云喻有染五见，有漏故如夜，是烦恼故如云；夜分无云喻无染正见，有漏如夜，非烦恼故如无云；昼分有云喻有学正见，无漏故如昼，有烦恼故如云；昼分无云喻无学正见，无漏故如昼，无烦恼故如无云。余文可知。

何故世间正见唯意识相应？

问。

以五识俱生慧，不能决度故，审虑为先，决度名见。五识俱慧无如是能，以无分别，是故非见。

答可知。问：五识无计度分别可名无分别，如定中有漏正见及学、无学正见。既无计度分别，云何名见？以计度分别唯散慧故。解云：定、慧虽非计度分别，而能审虑、决度故名见。

准此，所余染、无染、慧及诸余法非见应知。

此例释也。十八界中，眼全是见，观照色故。法界八种是见，推度性故。就彼慧中五识俱慧，总非是见，非决度故。准此，所余染、慧，所余无染、慧及诸余法非见。所余染、慧谓意地贪、瞋、慢、疑、忿等十惑相应慧，为二钝惑之所损覆。一贪等随一，二彼相应无明、不共无明相应慧。虽复唯为一惑损覆，其过失尤重。二烦恼染悔俱慧。虽复唯有相应无明，其力稍劣，恶作共损，故并非见。虽彼五见亦有相应无明，其力微劣不能损慧，唯一故不同贪等，无力故不同独头，故名见。所余无染慧谓意地异熟生等四无记慧。其性中庸，势力羸劣而非猛利，如不成善，不成染污，故不成见。尽无生慧以息求故，亦不名见。及诸余法，即或可十六界全法界少分，既无观照，又无推度，故皆非见。或可此文别简法界，于法界中准此前义。所余染、慧及诸余法界非见，应知乘前解慧有此文故。

若尔，眼根不能决度，云何名见？

识见家难，即是法救、大众部等。

以能明利观照诸色，故亦名见。

眼见家答。

若眼见者，余识行时亦应名见。

识见家难。

非一切眼皆能现见。

眼见家答。

谁能现见？

识见家征。

谓同分眼与识合位，能见非余。

眼见家释，解颂第五句。

若尔，则应彼能依识见色非眼。

识见家难。

不尔，眼识定非能见。

总非识见家，释第六句。

所以者何？

识见家征。

传说不能观障色故。现见壁等所障诸色，则不能观。若识见者识无对故，壁等不碍，应见障色。

眼见家为释。反征，解第七、第八句。识既不能观被障色，故非能见。

复反征识见家：若识见者识无对故，壁等不碍，应见障色。

于被障色眼识不生；识既不生，如何当见？

识见家答。

眼识于彼何故不生？许眼见者，眼有对故，于彼障色无见功能，识与所依一境转故。可言于彼眼识不生。许识见者，何缘不起？

眼见家总征、理定。眼识于被障色何故不生？此即总征；"许眼见者"已下理定我宗。许眼见者，眼有对故，不见障色，识与依根一境转故。可言于被障色眼识不生，汝许识见者，于被障色何缘不起？

眼岂如身根境合方取,而言有对故不见彼耶？又颇胝迦、瑠璃、云母、水等所障云何得见？是故不由眼有对故,于彼障色无见功能。

识见家又难:眼若境合,可同身根,不取障色。眼根既能取非至境,如何不能见被障色？"颇胝迦"下引事难见障外色。

若尔,所执眼识云何？

眼见家反征。

若于是处光明无隔,于被障色眼识亦生；若于是处光明有隔,于被障色眼识不生。识既不生,故不能见。

识见家答。颇胝迦等光明无隔,识见障色；壁等光明有隔,于被障色眼识不生。

然经说眼能见色者,是见所依,故说能见。如彼经言:意能识法,非意能识,以过去故。何者能识？谓是意识。意是识依,故说能识。或就所依说能依业,如世间说床座言声。又如经言:眼所识色可爱可乐。然实非此可爱乐色是眼所识。又如经说:梵志当知以眼为门,唯为见色。故知眼识依眼门见。亦不应言门即是见,岂容经说以眼为见,唯为见色？

识见家通经引证。经言:眼见是见所依,如意能识。或就所依根说能、依识业用,如座言声。又如眼所识色亦就所依说能、依识。已上通经引例。又如经说下,复证眼识依眼门见。此经意说:门非是见,依门识见；若门即见,岂容彼经重说见言？

若识能见,谁复了别？见与了别,二用何异？

眼见家难。若识能见,谁复了别？见与了别,二用何别？

以即见色名了色故,譬如少分慧名能见,亦能简择,如是少分识名能见,亦能了别。

识见家答。如一慧体推求名见,亦名简择。识亦应然,亦名能见,亦名能了别。有慧非见,故言少分慧,如尽智等；有识非见,如耳识等,故言少分识。

有余难言:若眼能见,眼是见者,谁是见用？

有余异执作是难言:若眼能见,眼是见者,谁是见用？彼计见用各别,由计不同,故为斯难。或是识见家异师难:彼计眼是见者,识是见用。

此言非难,如共许识是能了别,然无了者了用不同,见亦应尔。

眼见家答。此言非难，如共许识是能了别，然无了者了用不同，即识名了。见亦应尔，即眼名见，无别见者，见用不同。

有余复言：眼识能见，是见所依故，眼亦名能见，如鸣所依故，亦说钟能鸣。

识见家异师，复通前经。引喻不同，计亦无别。或是别部，故今重叙。

若尔，眼根识所依故，应名能识。

眼见家难。眼是见依，说眼能见；眼是识依，说眼能识。

无如是失，世间同许眼识是见。由彼生时说能见色，不言识色。《毗婆沙》中亦作是说：若眼所得，眼识所受说名所见，是故但说眼名能见，不名能识。唯识现前，说能识色，譬如说日名能作昼。

识见家答。无如是失，世间人同许眼根识生时，说此眼是见；由彼根识生时，说眼能见色，不言眼识色。又解：世人同许眼识生时，说眼是见；由彼识生时，说眼能见色，不言识色。又解：世间同许眼识是见者，此文应言同许眼根是见，而言眼识者，此举能依显所依事。又解：应言同许眼根是见而言眼识，于所依因上立能依果名。又解：世间同许眼识是见，识体微细，世不了知。但言眼见，言眼见时即是识见。由彼识生时，说眼能见色，不言眼根能识色。问：若眼不名识色，何故前文言？又如经言：眼所识色可爱可乐，然实非此可爱乐色是眼所识。准彼前文，色是眼所识，眼即是能识。于所依根立能识号，何故后文不言识色？解云：前文约真说眼能识，后文据俗眼非能识。又解：前约法救、大众部等引经，今亦复异部别解，故不同也。识见家言：何但我作斯解，《毗婆沙》中亦作是说：若眼所得说名所见，明知眼名能见，眼识所受，同文故来。此即证眼名能见，不名能识。又解：眼识所受说名所见，明知眼识名能见，此即证识名见。若眼所得，同文故来。又解：若眼所得说名所见，此即证眼名能见，不名能识。眼识所受说名所见，此即证识名能见。是故但说眼名能见，不名能识。唯识现前，说能识色，譬如说日名能作昼，即日名昼，非离日外别有其昼，其识亦尔，识现前时即名能识，非离识外别有能识。上来虽复眼见、识见两家异诤，看其文势，论主意朋识见。

经部诸师有作是说，如何共聚攎掣虚空？眼、色等缘生于眼识，此等于见孰为能、所？唯法因果，实无作用，为顺世情，假兴言说。眼名能见，识名能了，

智者于中不应封著。如世尊说,方域言词不应坚执,世俗名想不应固求。

上来诤见两说不同。今经部师傍观得失,俱破两家。经部诸师有作是说:见用本无,如何浪执?或说眼见,或说识见,犹如共聚,擖掣虚空。眼、色等缘生于眼识,此等于见,谁为能、所?诸法生时,前因后果相引而起,实无作用。相续道中及缘成位,遍计所执,谓有作用、能见闻等。若言实有作用,应同胜论业句义也。问:经部宗中无作用耶?解云:诸法但有功能,实无作用。世尊为顺世情,假说见闻,皆俗谛摄,不应封著。如世尊说:方域言词,种种异说,不应坚执;世俗名想,随情即立,不应固求。唯法因果,胜义谛收。

然迦湿弥罗国毗婆沙宗说:眼能见,耳能闻,鼻能嗅,舌能尝,身能觉,意能了。

(金陵本《光记》卷九页十二右行七至页二十三右行二)

根境离合

此下第二明六根、境离合。

若此宗说:眼见、耳闻乃至意了,彼所取境,根正取时为至、不至。颂曰:

眼耳意根境,不至三相违。

若据功能,至境名为至,六根皆名至;若据体相,无间故名为至,即三至、三不至。此中约第二以答。三相违即鼻等三唯取至境。违,不至义,故曰相违。

论曰:眼、耳、意根取非至境,谓眼能见远处诸色,眼中药等则不能观;耳亦不能闻远处声,响逼耳根者则不能闻。若眼、耳根唯取至境,则修定者应不修生天眼、耳根,如鼻根等。

此宗眼、耳、意三取非至境,鼻、舌、身三唯取至境。若依胜论外道:六根皆取至境。彼计眼等五根,如其次第以火、空、地、水、风为体。眼以火为体,故舒光至境,或日光等至,眼能取。耳无光故,声来入耳,故先见击钟,后闻声故。彼计有离质声,余三根同此论。故《成实论·根尘离合品》说:外道立六根皆取至境,即是胜论师义。反难胜论师言:汝宗若说眼、耳二根唯取至境,则修定者应不修生天眼、天耳,如鼻根等。比量云：天眼、天耳应不须修，取至境故，如鼻等。若作顺成比量，天眼、天耳不取至境，以修得故，如他心通。

若眼能见不至色者，何故不能普见一切远有障等不至诸色？

外难。若取不至，何故不能普取一切不至诸色？

如何磁石吸不至铁，非吸一切不至铁耶？执见至境亦同此难：何故不能普见一切眼、药、筹等至眼诸色？又如鼻等能取至境，然不能取一切与根俱有香等。如是眼根虽见不至而非一切，耳等亦尔。

论主反难外人。以眼能取不至境，即令普取不至境，磁石能吸不至铁，何不普吸不至铁？此即引事反难。汝胜论师执眼能见至境，亦同此难：何不普见眼、药、筹等至眼诸色？此即入彼宗难。"又如鼻等"下，引例反成。如眼既然，耳根亦尔。问：眼在暗中见暗色时为见逼眼者、为见远者？若见逼者，应取至境；若取远者，应取所障。解云：暗中不见色者，不见所障瓶、瓮等及大远色。于次近者，虽无光明，有空故见。眼之势力强弱，法尔随其所应，例应思择。

意无色故，非能有至。

意无色故无有方所，非能有至。

有执耳根通取至境及不至境，自耳中声亦能闻故。

婆沙异说不正义。若依正义，自耳中声极相近者，犹隔一微已上。若逼耳根，即不能闻。

所余鼻等三有色根，与上相违，唯即至境。

释第二句。

如何知鼻唯取至香？

问。身、舌取至，相显可知。鼻取至隐，故别标问。

由断息时不嗅香故。

答。由断息时全不嗅香。若息引香，鼻方能取。非言有息皆能取香。

云何名至？

又问至义。

谓无间生。

总答。

又，诸极微为相触不？

又问。既言无间,是诸极微为相触不?

迦湿弥罗国毗婆沙师说不相触。

答。就答中,一叙异说,二述其长,三斥其短。就异说中,总有四说。此下初师。

所以者何?

征。

若诸极微遍体相触,即有实物体相杂过,若触一分成有分失。然诸极微更无细分。

正释无间非触所以。若诸极微遍体相触,同为一体,即有实物体相杂过。若触一分,不触余分,极微便成有细分失,唯触一边,不触余处。然诸极微更无细分,故不相触。但无间生,名取至境。

若尔,何故相击发声?

外难。极微既不相触,何故相击发声?

但由极微无间生故,若许相触,击石拊手,体应相糅。

答。但由极微无间生故,彼此相击,即发得声。若许极微相触,击石拊手,体应相糅,合成一体,即有实物体相杂过。以己宗反难外人。

不相触者聚色相击,云何不散?

外难。既不相触,聚色相击,云何不散?

风界摄持,故令不散。或有风界能有坏散,如劫坏时;或有风界能有成摄,如劫成时。

答。风界摄持,故令不散。有伏难云:岂不风界能飘散耶?"或有"已下,通此伏难。

云何三根由无间生名取至境?

外难。极微既不相触,云何三根由无间生名取至境?

即由无间名取至境,谓于中间都无片物。

答。即由根、境无间生时名取至境,谓于根、境中间都无片物,乃至无有容一极微,名无间生。非实相触,言无间者无余碍色中间间隔,故名无间,或名定间,定有间隙。若依《正理》第八,具说二种。故彼论云:故彼但间言,定显邻近义。此中但言,或显定义。定有间隙,故名定间。如定有热,故名定热。是定有隙,理得成义;或显无义,谓此中无如极微量触色所间,故名无间。

问:鼻、舌、身三复有何理非触境著,又俱名至?何故唯一立以触名?解云:所以根、境不相触者,诸法四边各有势用,如人四边皆有势运,若遇水、镜等缘其像即现。极微亦尔,各有势力用,相逼之时互相拒遏,不得触著,故不相触。故《正理》云:虽于中间有少空隙,而有对力拒遏其行。(已上论文)。三根虽俱名至,非无差别。鼻根取香,假设一微分为四分,鼻根取香,中间相去有三分空处;舌取味,有二分空处;身取触,有一分空处。所以然者,香体微妙,势力复强,所以稍远;味体次粗,力势次劣;触体最粗,其力最弱。故最近者名为所触,身名能触。若谓所触亦能触者,应许身根亦是所触,则境、有境便应杂乱,然无杂乱立境、有境。余二稍远立香、味名。故《正理》第八云:邻近虽同,而于其中有品别故,如眼、睑等虽至名同,而于其中非无品别;非眼、睑等同得至名,即令一切至无差别。睑、筹、药、医于彼眼根渐邻近中,品类别故。

又和合色许有分故,相触无失。由许此理,毗婆沙文义善成立。故彼问言:诸是触物为是触为因故生,为非触为因故生?诸非触物为问亦尔。彼就此理为不定答。有时是触为因,生于非触,谓和合物正离散时;有时非触为因,生于是触,谓离散物正和合时;有时是触为因,生于是触,谓和合物复和合时;有时非触为因,生于非触,谓向游尘同类相续。

此下第二师解。虽诸极微互不相触,许和合色有方分故,相触无失,由此抍击得发音声,故许此和合色相触理。毗婆沙文义善成立。此中和合名是触,显粗聚义;离散名非触,显细聚义;望粗名非触。若不尔者,向游尘中已有无量极微聚故,应名为触。第一句谓和合离散,如团粉散空,此显粗聚生细聚义;第二句谓离散和合,如揽粉成团,此显细聚生粗聚义;第三句谓和合和合,如团粉复团,此显粗聚生粗聚义。或生自类,或转生粗。虽复前后少别,俱名粗也。若第二句前细后粗,体性悬别,不可为例。若不尔者,转更生粗,是何句摄?若言第二句摄,应无第三句也。若言粗自类生,粗自类是第三句者,自类相望,已得名触,转更生粗,何故前触今复名非触耶?第四句谓离散离散,如向游尘。此显细聚生细聚义。或生自类,或转生细。虽复前后少别,俱名细也。第一句前粗后细,体性悬别,不可例此。此论且约同类相续,若不尔者,从向游尘更生细色,是何句摄?若言第一句摄,是即应无第四句也;若言细自类生,细自类是第四句者,自类相望,已名非触,转更生细,何故前非触今复名触耶?

尊者世友说:诸极微相触,即应住至后念。

此第三师解。此师意说过去、未来极微散住。若从未来流至现在,微渐不相触,散入过去,此即易成。若现相触,欲入过去,离散即难。要经少时,方得相离,如胶黏物,急遣相离,犹经少时,若现经停,应至后念;若至后念,其性应常。又解:未来极微散住。若言相触如二极微,初念至现中有空隙,才欲相触便谢过去。若度此空应至后念,以度一微名一刹那。虽有空隙不容一微,欲相触时还至后念。若至后念,还应是常。

然大德说:一切极微实不相触,但由无间,假立触名。

此即第四解。四大论师中法救敬其德,不多序其名,故称大德。以实而言,微不相触,但由无间极邻近,假立触名。

此大德意应可爱乐。

此即第二述其长。上来虽有四解,论主评取第四大德。《婆沙》一百三十二亦有四解,同此论。

若异此者,是诸极微应有间隙;中间既空,谁障其行?许为有对。

此下第三序其短。就中一破前第三师,二破前第二师,三破前第一师,从后向前破。此即初文。所以先破第三家。论主意谓:大德极微无间,最相邻近,将世友说中间稍远,故言若异此大德说者,是诸极微应有间隙。中间既空,谁障其行,不得前进相逼近耶?若各别住,中间有空,即不相碍。如何许为障碍有对?又解:此文破婆沙中异说,不破世友,以世友解言无违故。为婆沙异说中有空隙,故今非彼。又解:此文亦破和合家,故《婆沙》七十三云:有作是说:极微展转,实不相触,亦非无间,但和合住。彼此相近,假立触名。彼论既言亦非无间,明知相去稍远,不同大德。又解:假设破也。

又离极微无和合色。和合相触,即触极微。如可变碍,此亦应尔。

此即破前第二说:若和合色许相触者。然离极微无和合色,和合相触即极微,如和合变碍,于和合中一一极微亦名变碍。汝立相触亦同此理。和合名触,于和合中极微相望,应亦相触。故言如可变碍,此亦应尔。

又许极微若有方分,触与不触皆应有分;若无方分,设许相触,亦无斯过。

> 此即破前第一师。论主以理总破。又许极微若有方分,触与不触皆有方分;若无方分,设许相触,亦无有方分之过,何须避微相触成过失耶?《正理救》云:有分方分,名异义同。立无分言,已遮方分。如何于此复更生疑?谓许极微若有方分。既无方分,如何可触?又遍体触,或触一分,二皆有过。前已具论,如何复言若无方分设许相触亦无斯过?若作俱舍师救,应反诘言:汝立无方分,极微何不相触?若言相触成过失者,言不相触亦不免过,对向六方面不同故。若言极微各有势用,更相拒遏,不相触者,此之势用为离体不?若离体者,便同胜论业句义也;若不离体,体外无用,何不相触?故亦成过。

(金陵本《光记》卷十页二右行七至页十二左行二)

经部及其发展之四：
《俱舍论》(附《光记》)摘录(二)

5. 论俱生法之一——色法俱生(四大与四大所造——色、声、香、味)

此下当品大文第二，明俱生法，即约俱生辨用。就中，一正明俱起，二广辨差别。就初门中，一明色法俱生，二明四品同起。

今应思择：一切有为如相不同，生亦各异，为有诸法决定俱生。

此下第一明色法俱生。就中，一问二答。此即初也。今应思择：一切有为如体相不同，生时亦各各别异而生，为有诸法决定俱生。又解：总为一问。一切有为如体相不同，其生亦各异。于此异体别生有为法中，为有诸法决定俱生。

有定俱生，谓一切法略有五品：一色，二心，三心所，四心不相应行，五无为。无为、无生，此中不说。

就答中，一总答，三别明。此即总答：必有诸行决定俱生。总说诸法略有五品，所以不说无为。此品明诸法用，所以但明前四品法。就中色、心前品广明，更不别显，但辨俱生。心所、不相应，前来不说，此品广明，亦辨俱生。

今先辨色，决定俱生。颂曰：

欲微聚无声，无根有八事，有身根九事，十事有余根。

此即别答，明色俱生。一切诸色略有二种：一是极微聚，即五根、五境；二非极微聚，即无表色。此中且辨极微聚也。微聚是假，假聚依实，实有多少不同，是即约假聚明有实数也。就长行中，一释颂文，二便明上界，三问答分别，四止诤论。

论曰：色聚极细，立微聚名，为显更无细于此者。此在欲界无声、无根，八事俱生，随一不减。

就释颂文中，一正释，二释外难。此下正释，即释上两句。于欲界中色聚极细，无声、无根外，山河等由八俱生，随一不减，立微聚名，为显更无细于此者。言微聚者,显细少聚,谓色聚中极细少聚,名为微聚,即微是聚也,非是极微名为微聚。又《正理》第十云:如是众微展转和合,定不离者说为微聚。(彼论微之聚故名为微聚。各据一义,亦不相违。)应知微有二种:一色聚微,即极少,八事俱生不可减也。此论据斯说。二极微微,即色极少,更不可分。《正理》据此说。

云何八事?

问。

谓四大种及四所造色、香、味、触。

答。数可知。

无声有根,诸极微聚。此俱生事或九或十。有身根聚,九事俱生,八事如前,身为第九。有余根聚,十事俱生,九事如前,加眼等一。眼、耳、鼻、舌必不离身,展转相望,处各别故。

释下两句。若内无声有根,诸极微聚。有身根聚,九事俱生,八事如前,外无声处,身为第九。有余眼、耳、鼻、舌根聚,十事俱生,九事如前,有身根处,加眼等一。眼、耳、鼻、舌必不离身,依身转故,显定有身;眼等四根展转相望,处各别故,显非同聚。

于前诸聚若有声生,如次数增九、十、十一,以有声处不离根生,谓有执受大种因起。

此别显加于前八、九、十等诸聚。若有声生,八增至九,九增至十,十增至十一。"以有声处"下通伏难。意云:外声相显,此即可知。内有根处,何得有声?故今通言:以有声处不离根生,谓有执受大种因起,此正显不离根声。又解:内声相隐,所以偏明;外声相显,故不别说。又解:不说外声,显相可知。

问:于内身中,声若新加至九、十、十一,何故《发智论》云:若成就身定成就色、声、触?又云:身、色、声、触界,欲、色界成就,无色界不成就。准彼论文,内有情身恒成就声,如何此论说声新加?解云:声在内身,虽定成就,相续不断,非能总遍一切身分。《发智》言成就,据一身中相续不断。此论言无,据身一分不发声处。各据一义,并不相违。故《婆沙》九十云:身、色、声、触界,欲、色界成就,无色界不成就者。问:身、色、触界可尔?声界云何恒时成就?有作是说:大种合离必生声界。有情若在欲、色界中，大种恒有，故常发声。评曰：彼不应作是说。若四大种必恒生声，此所生声何大种造？若即此造，应多有对色一四大种生。若说余造，余四大种复必生声。如是展转有无穷过。应作是说：生欲、色界有情身中，多四大种在一身内，有相击者便发生声；不相击者即无声起。虽一身中必有声起，非诸身分皆遍发声。（已上论文）。有古德说：身中遍能发声，其声微少，论说无声，无粗大声。此解不然，微聚据体，不论少大。此解稍疎。声若遍身，还同婆沙评家所破。

问：旧婆沙一师云：一切四大必不离色、声，一切欲界、色必不离香、味。又一师云：一切四大不必有色、声，一切欲界、色不必有香、味。又于此二说何者为正？此论复同何说？念法师解云：两师并非正义，各取少分，方可为正。应言：一切四大不离色，不必有声，一切欲界、色必不离香、味。故《杂心》云：极微在四根，十种应当知：身根九余八，谓是有香地。念法师意：以《杂心》不说有声，明知此声非恒成就。泰法师解云：念法师若作斯释，此大谬也！《发智》云：谁成就声持？答曰：欲、色界。又《杂心》云：无想众生十八性，声既恒成就。故知婆沙初师一切四大必不离色、声，一切欲界、色必不离香、味是其正义。然《杂心》、《俱舍颂》不说声者，以声因大种相击故生，非如色等恒时有故。故《俱舍》别加，《杂心》略而不说。泰法师意说：声既恒成，明知一切四大必不离声。今详二德互有是非。念法师说：二师俱是不正，各取少分。应言：一切四大必不离色，亦不离声，一切欲界、色必不离香、味，此即是。若言非恒成就声，此即非，以诸论说声定成就故。泰法师解：若言定成就声，此即是。若言初师为正，一切四大必不离色、声，此即非。亦可定不离色，何得必不离声？准婆沙评家义，有四大种不离声，有四大种离声。何得说言一切四大种必不离声？若言大种皆遍发声，还同婆沙评家所破，故亦非理。

若四大种不相离生，于诸聚中坚、湿、暖、动，云何随一可得非余？

此下第二释难。就中一释四大种难，二释造色难。就释四大难中，一问二答。此即问也：若言四大不相离生，于诸色聚中，坚、湿、暖、动，云何随一可得、非余三大？如金等中唯坚可得，如水等中唯湿可得，如炎等中唯暖可得，如空等中唯动可得。

于彼聚中势用增者，明了可得，余体非无，如觉针锋与筹合触，如尝盐味与面味味。

此下第二答。总有三师，此即第一，说一切有部师约用增以释。于彼聚中，体虽俱有，用有胜劣。势用增者，随其所应，明了可得，余体非无，如针与筹合触身时，针强先觉，筹劣难知，如盐、面味，俱时尝味；盐势先觉，面用难知。《正理》第五取四大体增为正，广破用增。故彼论云：如酢和水，良药和毒，盐和水等，虽两数同而用者有异，如何言色就体说增？此不相违。以酢与水触微虽等，而味不同。酢味微多，水味微少，故酢微胜，还是体增。于诸聚中有味等物体增强，故谓是用增。良药、毒等，缘起理门，有差别故，体类如是。由此虽少而能伏多，非异体类，有别用生。故执用增是为邪计，或如类别，品别亦尔。故唯心等就用说增，就体说增，谓诸色法，譬如依多、依一成故。（解云：显彼色、心差别，如色、心性类别。胜劣品亦应别，谓色即约体有胜劣，心即约用有胜劣，如色依一成，谓但依色。心依多成，谓通依色心，故彼不应以心例色，言唯用增。）若作俱舍师救，且如一合酢和一升水，但觉酢味，不觉水淡味。明知用增，又不可言水中淡味，有处有，无处无，成相离过。今说用增，甚为正计。又难正理论师，又世亲论主造胜义谛，论中叙用增家破，遂不认此解。然《婆沙》一百三十一说四大种，或说体增，或说用增，然无评家。《俱舍》同用增，《正理》同体增。是即用增是自宗义，岂不能救？便破自宗。

云何于彼知亦有余？

复征。既言余体非无，云何于彼聚中知亦有余三大？

由有摄、熟、长、持业故。

通释。约用证有，由色聚中有水摄、火熟、风长、地持四种业用，明知四大体遍诸聚故。《婆沙》一百三十一云，问云何得知此四大种恒不相离？答：自相、作业一切聚中皆可得故。谓坚聚中地界自相现可得故，有义极成。于此聚中若无水界，金、银、锡等应不可销。又水若无，彼应分散；若无火界，石等相击，火不应生；又火若无，无能成熟，彼应腐败；若无风界，应无动摇；又若无风应无增长。于湿聚中水界自相现可得故，有义极成。于此聚中若无地界，至严寒位应不成冰。又地若无，舩等应没。若无火界，应无暖时。又火若无，彼应腐败。若无风界，应不动摇。又风若无，应无增长。于暖聚中火界自相现可得故，有义极成。于此聚中若无地界，灯、烛等焰应不可回。又地若无，不应持物。若无水界，应不生流。又水若无，焰不应聚。若无风界，不应动摇。又若无风应无增长。于动聚中风界自相现可得故，有义极成。于此聚中若无地界，触、墙等障应不折回。又地若无，不应持物。若无水界，应无冷风。又水若无，彼应分散。若无火界，应无暖风。又火若无，彼应腐败。

有说遇缘坚等便有流等相故，如水聚中由极冷故有暖相起。虽不相离而冷用增，如受及声。用有胜劣。

此即第二说。一切有部师约缘显有，还据用增，如金、银、铜、铁、坚鞭等物，遇火等缘便有流、湿、暖、动等相，故知彼聚先有。水聚中由极冷故反成冻雪，冻雪上有干燥用，名暖相起，冷暖虽不相离而冷用增。冷虽非水，是水果故。约果显因，此中言冷。故《婆沙》云：水、风增故冷。（已上论文）又如将欲下雨，空中水聚。由极冷故，击出电炎，名暖相起。又如极冷，井水便暖，如地狱中苦胜舍劣，但言受苦，如三定中乐胜舍劣，但言受乐。此约处说，非据刹那，如打鼓时虽复手、鼓俱各出声，鼓胜手劣，但言鼓声。

有余师说：于此聚中余有种子，未有体相。故契经说：于水聚中有种种界。界谓种子。

此是第三，经部师解。有余经部师随其所应，于此偏增现行色聚中。现行者有体，余不现行但有种子，未有体相。故契经说：于水聚中有种种界。界谓种子，即是火等种。又解：随其所应，于此地、水、火、风偏增现行聚中。现行者有体，余三大不现行者，但有种子功能，未有体相。释经如前。若依经部宗，俱生有二：一种子俱生，二现行俱生。种子俱生者，谓体未现行，但有能生，因种功能。据此义边说种子俱生，如诸色聚若遇缘时，随其所应，即有地、水、火、风、色、香、味、触等现行，明知彼聚先有种子。现行俱生者，谓体现行，事相显了。据此义边说现行俱生，如色聚中地、水、火、风、色、香、味、触等随其所应，或一现行，或二俱起，乃至具八，多少不定，以彼宗许有所造色，离诸四大，如日光等及孤游香、独行触等。又许四大或具、不具，所以得作斯解。又许一具四大容造，多所造色，于俱生中同处不相离，乃至析至一极微处。四大造色随其多少，同一处所，更相涉入，不相障碍，如众灯光同于一室。于同一处不相碍中，大种造色展转相望。若异性相望，即未障碍；若同性相望，即相障碍，如国无二主，天唯一日。应知此中若有种子，不必有彼现行；若有现行，定有种子。随其所应，若内若外，辨二俱生。或约现行俱生，或约种子俱生，或二种俱生，当说其相。

如何风中知有显色？

此下第二释造色难。就中，一问二答。此即问也。既言外聚必具八微，风中如何知有显色？

此义可信，不可比知。或所合香现可取故，香与显色不相离故。

此即答也。风中有显，此义但可依教故信，不可比知。或所合香，鼻现可取，香与显色不相离故。风中有香明知有显，此即以香证显。虽有黄、黑等风现亦可取，此据微细清风为问答也。

问：于欲界中色、香、味、触定不相离，何故此中偏问于色？解云：恐文繁广，不能具说。色在初故，举初显后。又解：清风显色相，相隐难知，所以偏问。于余色聚形、色、香、味、触等相显，故略不论。又解：随外所疑，即便为问，何必遍举？问：若言欲界色、香、味、触定不相离，何故《正理》第二有一师释大云：有说一切色等聚中具有坚等故名为大。风增聚中阙于色等；火增聚中阙于味等；色界诸聚皆无香、味。准彼师释大，风中阙色、味，火增中阙味、香。是即欲界八微亦有相离，云何此中乃言：风中有显，欲界八微定不相离？解云：《正理》有说，非是正义。又解：此说据显言阙，据隐非无。若作斯解，亦不相违。

此即第二，便明上界。

前说色界香、味并无，故彼无声有六七八，有声有七八九俱生。此可准知，故不别说。

类释色界。前文具说于色界中香、味并无，故彼无声有六七八，有声有七八九俱生。此可准知，故于颂文不别说也。

此下第三，问答分别。就中，一问，二答，三征，四释，五难，六通。

此中言事，为依体说，为依处说？

此即问也。

若尔,何过?

　　此即答。

二俱有过。若依体说,八九十等便为太少,由诸微聚必有形色,有多极微共积集故。重性、轻性定随有一,滑性、涩性随一亦然。或处有冷、有饥、有渴。是则所言有太少过。若依处说,八九十等便为太多,由四大种触处摄故应说四等。是则所言有太多失。

　　此即征也。依体、依处,二俱有过。若依体性说者,八等便少。由诸微聚不但有显,亦必有形,多微集故,体应有多,虽于光影明暗等中有显无形。此中且据形显俱说。重、轻二性定随有一,滑、涩二性亦定有一。冷、饥、渴三或有或无,非定有故不言定有。是则所言有为太少过。若依十二处说,八等便多,由四大种触处摄故。八应说四,九应说五,十应说六。是则所言有太多失。问:五境之中何故唯约色、触事难,不约声、香、味耶?解云:随问者疑,广略何定?又解:于五境中举初举后以显中间。又解:色、触相续,遍欲、色界故以为问。声即间绝,香、味唯欲,故略不说。

二俱无过。应知此中所言事者,一分依体说,谓所依大种;一分依处说,谓能依造色。

　　此即释也。应知此中事者,大种依体,造色依处,能造义强故约事说,所造义劣故约处说。

若尔,大种事应成多造色,各别依一四大种故。

　　此即难也。若四大种约体说者,事应成多。色、香、味、触诸所造色各别依一四大种故。并本为五,八应成二十,九应成二十五,十应成三十。若有声生,二十至二十五,二十五至三十,三十至三十五。

应知此中依体类说,诸四大种类无别故。

　　此即通也。应知此中大种虽多,但说四者,依体类说,四大种流类相似,无差别故。造色差别,故约处说。若依《正理》第十,总有三说,初说同此论,后二说云:或唯依体,亦无有失。由此中说定俱生故,形色等体非决定有。光明等中则无有故。或唯依处,然为遮遣多诽谤故,别说大种。多诽谤者谓或谤言大种造色,无别有性;或复谤言无别触处,所造色体;或复谤言非一切聚皆具一切;或复谤言数不决定。别说大种此谤皆除。解云：初说唯依体说。若分形等即有形而非显，显而非形，形聚各差别便非决定。故不应分。若总言色决定恒有，乃轻重分别亦然，四大便定未曾减一。故说八等亦无有过。第二说唯依处说应唯有四，为遮大种多诽谤故，觉天论师及譬喻者云：四大外无别造色。室利逻多说：于触中无所造触，许余造色。诸经部师许有色聚无四大种，故言非具。或言定有大种，不必具四。故言数不定。今说造色有四，别立四大种。四谤皆除，故复偏说。

此下第四止诤论也。

何用分别如是语为？语随欲生，义应思择。

论主劝言。此色俱生，或离或合，或多或少，亦复何定？此非深义，何用分别如是语为？语从欲生，义应思择。

（金陵本《光记》卷十四页十左行一至页二十三右行八）

6. 论俱生法之二
（1）心、心所法俱生

此下明四品同起。

如是已辨色定俱生，余定俱生今次当辨。颂曰：
心心所必俱，诸行相或得。

结问，颂答。

论曰：心与心所必定俱生，随阙一时，余则不起。诸行即是一切有为，谓色、心、心所、心不相应行，前必俱言，流至于此。谓色、心等诸行生时，必与有为四相俱起。言"或得"者，谓诸行内唯有情法与得俱生，余法不然，是故言或。

心与心所二种相望，必定俱生，阙一不起。三性心所望彼心王非无差别。就总相说，故言定俱。诸行即是色等四法。前第一句"必俱"二言"流至于此"；第二句中谓"色、心等诸行生时，必与有为四相俱起。""言或得者,谓诸行内唯有情法与得俱生",余非情法非与得俱生,显得不定,是故言"或"。若依《成实论》、诃利伐摩及觉天计无有心所,但有心王,心分位殊,假立心所。

(金陵本《光记》卷十四页二十三右行九至页二十四右行五止)
(中略)

如是已说诸心、心所,品类不同,俱生异相。然心、心所于契经中随义建立种种名相,今当辨此名义差别。

如是已说诸心、心所、五地法等品类不同。三性心品俱生定量,四对心所异相差别,"然心、心所"下问起。言"名相"者,或从果立相,或从因立称,故言名相。

颂曰:
心意识体一,心心所有依,有缘有行相,相应义有五。

上一句别明心异名,下三句通明心、心所异名。

论曰:集起故名心,思量故名意,了别故名识。

此训释异名。梵名"质多",此云"心",是集起义,谓理由心力集起心所及事业等;故经云:心能导世间,心能遍摄受。故能集起,说名为心。梵云"末那",此云"意",是思量义;梵云"毗若南",此云"识",是了别义也。

复有释言:净、不净界种种差别,故名为心;即此为他作所依止,故名为意;作能依止,故名为识。

第二说一切有部解。界之言性,净、不净性种种差别,行相不同,故名为心,即以种种释心义也;即此心为他作所依止,故名为意,即以所依释意义也;以作能依止,故名为识,即以能依释识义也。

故心、意、识三名所诠,义虽有异,而体是一。

结文可知。又《婆沙》七十二解心、意、识云:或有说者无有差别,复有说者谓名即差别。复次,世亦有差别,谓过去名意,未来名心,现在名识故。复次,施设亦有差别,谓界中施设心,处中施设意,蕴中施设识故。复次,义亦有差别,谓心是种族义,意是生门义,识是积聚义。复次,业亦有差别,谓远行是心业,前行是意业,续生是识业(更有三复次释业,不能具述)。

如心、意、识三名所诠，义异体一。诸心、心所名有所依、所缘，行相应亦尔。名义虽殊，而体是一，谓心、心所皆名有所依，托所依根故；或名有所缘，取所缘境故；或名有行相，即于所缘品类、差别等起行相故；或名相应，等和合故。

心、心所法有四异名：一名有所依，必托依根故；二名有所缘，必杖境起故；三名有行相，即于所缘一切诸法品类、差别，种种不同，心、心所法随缘何法等起行相，故名有行相。谓心、心所法其体明净，随对何境法皆悉现于心、心所上，此所现者名为行相。即由此现带境义边似前境边，说为能缘。然此行相无有别体，不离心等，即心等摄，非是所缘，犹如明镜对众色相皆现镜面，此所现像而非所照，然约像现说镜能照。言行相者，谓有境界、像貌，故名行相。又解：有所行境界相，故名行相。又解：迁流名行，心等上现名相，即行名相，故名行相。又解：行谓行解，如了别等；相谓相貌，如影像等。行家相，故名为行相。释此行相，广如前释。四名相应，等和合故。

依何义故名等和合？

问。既以等和合释彼相应，依何义故名等和合？

有五义故，谓心、心所五义平等，故说相应。所依、所缘、行相、时、事皆平等故。事平等者，一相应中如心体一，诸心所法各各亦尔。

答。谓心、心所五义平等、相似，故说相应。一所依平等，谓必同所依根。意识及相应法有一种依，谓无间灭意根；五识及相应法各有二种依：一同时依止根，二无间灭意根。随应皆是，所依平等。此文欲摄二种所依故，不别言同一所依。诸论中说心、心所法同一依者，且据别依，故说六识及相应法各同一依。又解：所依平等，此显六识及相应法各同一依，故《解相应因》中云：此中同言，显所依一。虽复五识亦依意根，此文且据同时依说。二所缘平等，谓必同所缘境。于所缘中或时缘一，或复缘多。随应皆是，所缘平等。诸论中诸说心、心所法同一缘者，且据别缘一法说也。若不尔者，如无我观，除自相应，俱有通缘一切，此岂同一所缘？又解：所缘平等，此显六识及相应法各同一缘。故诸论中说心、心所法同一所缘。虽复亦有缘多境者，此文且据缘一境说。三行相平等。心、心所法其体明净，随缘何境各起行相,或缘一法,各一行相,或缘多法,各多行相。若一、若多行相,皆各别随应,皆是行相平等,以多现时各有多相故,不言同一行相。诸论中说心、心所法同一行相者,且据缘一境相似义同,理实皆别。又解:行相平等,此显心、心所法同缘一境,名同一行相。故诸论说心、心所法同一行相,虽复行相各别不同,据相似同故,言一行相。虽复亦有缘多境时,多行相现,各互相望而不相似。此中且约缘一境说四时平等,谓心、心所必定同一刹那时也,或同一生、住、灭及随一世,故言时等。五事平等,事之言体,显各体一,故言事等。于一相应心、心所中,如心体一,诸心所法体亦各一,必无二体,一时俱行。此约刹那同时体等,非言前后异品数等。应知此中所依、所缘、行相三种如前已释。时义可知,故不别释。事稍难知,故偏明也。若依五事论一,复次释相应云,复次同一时分、同一所依、同一行相、同一所缘、同一果、同一等流、同一异熟,是相应义。

（金陵本《光记》卷十七页一左行四至页五左行九）

附录:《成实论·立无数品》

苦谛聚识论中立无数品第六十

　　心、意、识体一而异名。若法能缘,是名为心。问曰:若尔则受、想、行等诸心数法,亦名为心,俱能缘故。答曰:受、想、行等,皆心差别名,如道品中,一念五名,念处、念根、念力、念觉、正念、精进等亦如是;又一无漏慧而有苦、习、智等种种别名;又一定法亦名为禅解脱除入。如是心一但随时故,得差别名。故知但是一心,所以者何? 如经中说:是人欲漏心得解脱,有漏无明漏心得解脱。若别有心数,应说心数得解脱。又经中说:佛若知众生欢喜,心柔软,心调和,心堪任,得解脱。然后为说四真谛法。是中不说心数。又经中说:心垢故众生垢,心净故众生净。又说:若比丘入四禅中,得清净不动心,然后如实知苦圣谛、集、灭、道谛。又十二因缘中,说行缘识。又说六种为人。又说轻躁易转,无过于心。又经中说:使诣城主,语其事实。语已还去,主名为心。又说:内有识身,外有名色,是名为二。又但说有识身,不说有心数。又说三事合故名触。若有心数,不名为三,而实说三,故知但心,无别心数。

(《大正大藏经》本第三十二卷《成实论》卷五页二七四至页二七五)

(2)论不相应行——得非得(释种子义)

已说心、心所广分别义,心不相应行何者是耶?

结前生下。问。准前文势,此中应结心所法,明不相应行。何故此中亦结心耶?解云:辨名中兼明心故,故亦结心。

颂曰:

心不相应行,得非得同分,无想二定命,相名身等类。

论曰:如是诸法心不相应,非色等性,行蕴所摄,是故名心不相应行。

心不相应,简异心所;行谓行蕴,简色、心、无为非行蕴故。又解:心不相应,简行蕴中诸心所法;行谓行蕴,简色、受、想、识及与无为非行蕴故;"二定"谓无想定、灭尽定;"相"谓四相;"等"谓等取句身、文身;"类"谓流类,即是得等。

今案:此论心不相应行但有十四;若依《正理》,加和合性,故《正理》十二云:等者,等取句身、文身及和合性。二论既说不同,无容并是。假兴宾主问答研寻,俱舍师问云:此和合性如何证知?正理师解云:如破僧时舍和合性,明知别有。正理师问云:如我所立,别有体性。汝不立者,何法中收?俱舍师解云:此和合性众同分摄。正理师难云:凡言同分必依法得,和合同分依何法得?俱舍师解云:依戒而得,谓受戒时得二同分:一和合同分,破僧时舍;二大戒同分,破僧时不舍,以成戒故。正理师复难云:若依戒得,破僧之时戒既不舍,如何舍彼和合同分?俱舍师解云:诸法不定,何必同彼而得,与彼同舍?如因十戒得勤策同分,受大戒时不舍十戒而舍勤策同分,以得苾刍众同分故。正理师复难云:谁言受大戒时舍勤策同分?引不极成,此中为喻。俱舍师复反诘言:若不舍者,即应一人亦名苾刍,亦名勤策。正理师解云:从强立称,偏名苾刍,实不舍勤策同分,如大戒身中亦成十戒而名苾刍。俱舍师复引极成喻云:如因戒得持戒同分,遇犯戒缘虽不舍彼戒体,而舍持戒同分。此既极成,不应违拒。俱舍师复反问彼正理师言:汝立和合性,复依何法得耶? 正理师解云:我和合性依戒而得。俱舍师难云:破僧之时戒既不舍,如何舍彼和合性耶? 正理师解云:如持戒同分受戒时得,后犯戒时非与持戒同舍,还同汝立和合同分,依戒而得非与戒同舍。俱舍师复难云:破僧之时舍和合同分不? 正理师答云:舍。俱舍师复难云:若破僧时不舍和合同分,可使别舍和合性。破僧之时既舍和合同分,何须别舍和合性耶? 由斯理证,故知同分摄和合性。异说不同,故须研究。和合同分,宗必许有,随何和合法上即有和合同分,所以不别研寻。问:破僧不和合即是非得摄,何妨僧和合以彼得为体? 解云:夫论其得,必有所得;和合无别所得,故体非是得收。又解:诸法不必皆相翻立,如以凡翻圣,凡性是非得;不可以圣翻凡,圣性唯得,然诸圣法皆名为圣性。若依《品类足》第一十三同《俱舍》,不说非得,然别说有依得、事得、处得。彼论解云:依得云何? 谓得所依处;事得云何? 谓得诸蕴;处得云何? 谓得内外所。又云:复有所余如是类法,与心不相应。《法蕴足论》第十同《品类足论》。若依《杂心》十三同《俱舍》,不说非得,然说异生性。问:诸论不同,如何会释? 解云:《品类足》说依事、处得,约法别说,应知即是得中摄也;不说非得,即是复有所余不相应摄。即是此论非得所收。《杂心》说异生性,应知即是非得少分,如变化心是通果少分。《杂心》略举一边,非为尽理。又《正理》解颂中类字,言类者显余所计度法,即前种类,谓有计度离得等,有蕴得等性。解云:余所计度,谓说一切有部中后代不正义师浪作计度,离得等外计有蕴得、处得、界得、退等性。今显彼计随其所应即得等摄。若作俱舍师救类言即显此十四种同流类,故非显余计。

此下第二别牒解释,就中有七:一明得、非得,二明同分,三明无想,四明二定,五明命根,六明四相,七明名等。就第一明得、非得中,一明自性,二明差别。此即明自性。

于中且辨得、非得相。颂曰:

得谓获成就,非得此相违,得非得唯于,自相续二灭。

上两句正出体,下两句明所依。

论曰：得有二种：一者未得已失今获,二者得已不失成就。

就长行中,初正释颂,后广问答。此下释颂,即释上两句。得、获、成就义虽是一,而依异门说差别名,故于此文总言一得,于中义别立获、成就,谓若有法从来未得及得已失,但今初得,此法上得；创至生相将成就时名获；若流至现得已不失,名成就。获时不名成就,成就时不名获。设有文言得至生相名成就者,于彼获中说成就故；设有文言得至现在名为获者,于成就中说彼获故。如是名为获、成就别应知。若于彼法有获,定有成就,得至生相决定流入现在世故。自有于法有成就无获,如非想见惑,无始来成无初得故。问：于成位中得至生相为名获、为名成就？解云：非初得故不名获,未至现在不名成就,但可说言前后俱得。古德皆云：成通新旧,获据新论。是获皆成,成有非获者,不然,辨二差别如前具说。前文言得,后文言获,名异义同。

应知非得与此相违。

谓若有法先未曾失及重得已,但今初失,此法非得。创至生相将不成时,说名不获；若流至现在,名不成就。不获时未名不成就,不成就时不名不获。设有文言非得至生相名不成就者,于不获中说不成就故；设有文言非得至现在名不获者,于不成就中说不获故。应知若于彼法说有不获定有不成就,非得至生相决定流入现在世故。自有于彼法有不成就无不获,如无生智,以于彼智无初非得故。问：于不成位非得至生相为名不获、为名不成就？解云：非是初非得,故不名不获；未至现在,故不名不成就,但可说言前后非得。应知：此中获与不获据得、非得初至生相,成与不成据得、非得流至现在相续已去。又《正理》十二释此四种差别云：得有二种,谓先未得及先已得。先未得得说名为获,先已得得说名成就。应知非得与此相违,谓先未得及得已失；未得、非得说名不获,已失非得名不成就。故说异生性名不获圣法。解云：《正理》论意但据从来未得,今时创得名获,即未得法上非得名不获。若已曾得,设令因退今时重得,但名成就,以重得故,即用已失法上非得名不成就。《正理》若作斯解而得、舍成就、不成就四句相违,或可得、获、成就本唯一物。随作论者宽狭异门庄严于义,不可皆使例同。

于何法中有得、非得？

此下释后半颂。此即问起。

于自相续及二灭中。

此即总答，显得、非得所依法也。自相续谓自身；二灭谓择灭、非择灭。

谓有为法若有堕在自相续中，有得、非得，非他相续，无有成就他身法故；非非相续，无有成就，非情法故。且有为法决定如是。

此下别释。就别释中所依有二：一有为，二无为。此即别解有为，谓有为法中若堕在自相续身有得、非得，非他相续身无有成就他身法故，非属我故，所以不成；若有成就他相续身，即有趣、身、业坏，自、他杂乱过故。非相续谓外非情，非是内相续身，故言非相续。非非相续，无有成就，非情法故，以非属我故不成就。若成非情，即坏法性，为是有情，为是无情。且有为法决定如是。

无为法中唯于二灭有得、非得。一切有情无不成就非择灭者，故对法中传说如是。谁成无漏法？谓一切有情，除初刹那具缚圣者及余一切具缚异生，诸余有情皆成择灭。决定无有成就虚空，故于虚空不言有得。以得无故，非得亦无。宗明得、非得相翻而立故。

别释无为。就无为中，唯于二灭有得、非得。择灭是所证法有得、非得，非择灭碍法不生有得、非得。"一切"已下证成二灭，念念必有，阙缘不生。故诸有情定成无漏非择灭。先未断惑，今初入圣，苦法忍位，名初刹那具缚圣者，以彼身中具成惑故；及余一切未断三界见、修二惑，具缚异生，不成择灭。除此二种，诸余有情皆成择灭。"决定"已下，别释虚空、无得、非得。虚空非是所证，不同择灭，非能碍法不生，不同非择灭，所以无得、非得。

诸有得者亦有非得。义准可知，故不别释。

以理而言，诸有得者亦有非得。义准可知，故于前文但解二灭得，不别释二灭非得。

何缘知有别物名得？

此下广问答。此即经部师问。

契经说：故如契经言：圣者于彼十无学法以生、以得、以成就故，已断五支，乃至广说。

说一切有部师答。引圣教证得有别体。十无学法谓八支圣道及正智、正解脱；五支谓五，顺上分结。以之言由，圣者于彼十无学法由生、由得、由成就故，已断五支，乃至广说，经言得成。明知别有实物。

若尔，非情及他相续亦应成就。

经部难。

所以者何？

说一切有部征。

契经说故。如契经说，苾刍当知：有转轮正成就七宝，乃至广说。

经部引经出过。经言轮王成就七宝。若成就是假，可言成就他身、非情；汝若言实于七宝中若成轮、珠，成非情过，若成象、马、女、主藏、主兵，成他相续过。故《婆沙》九十三叙譬喻者说云：问：彼何故作是执？答：彼依契经故作是执，谓契经说有转轮王成就七宝。若成就性是实有者，成就轮宝、神珠宝故，应法性坏。所以者何？亦是有情，亦非有情故。成就象宝及马宝故，复应趣坏。所以者何？亦傍生，亦是人故。成就女宝故，复应身坏。所以者何？亦是男身，亦是女身故。成就主兵、主藏臣故，复应业坏。所以者何？君臣杂故。勿有此失，故成就性定非实有。

此中自在说名成就，谓转轮王于彼七宝有自在力，随乐转故。

说一切有部通经，谓转轮王于彼七宝有自在力，随乐受用。据自在说名为成就，非别有体。

此既自在说名成就，余复何因知有别物？

经部复难。此《轮王经》既言自在说名成就，余经成就复由何因知有别物？

许有别物有何非理？

说一切有部复问经部。复许有别物名得，有何非理？

如是非理，谓所执得无体可知，如色、声等，或贪、瞋等，无用可知，如眼耳等。
故无容有别物名得，执有别物是为非理。

经部出过。上来约圣言量破，今约现、比量破，谓所执得无体可知，如色、声等五识现取，如贪、瞋等他心智现取，无用可知，如眼、耳等，谓眼、耳等由有见门等用，比知有眼等根，得既无用，宁知实有？阙现、比二量俱不可知。故无容执别物名得，是为非理。

若谓此得亦有作用,谓作所得诸法生因,是则无为应无有得。又所得法未得、已舍、界、地转易及离染故,彼现无得,当云何生?若俱生得为生因者,生与生生复何所作?又非情法应定不生。又具缚者,下、中、上品烦恼现起,差别应无,得无别故。若由余因有差别者,即应由彼诸法得生。得复何用?故彼所言得有作用,谓作所得诸法生因,理不成立。

  经部纵破。若谓得有作用,作法生因,无为不生,应无有得。又若执得为法生因,如所得法或时未得,或时已舍,或三界九地往来转易,或复离染。如是诸法彼现无得,后若起时当云何生?若言虽无法前得生,而有法俱生得为生因者,大生小生复何所作?又非情法既无有得,应定不生。又具缚异生烦恼未断等有九品烦恼生因,生因既等,下、中、上品烦恼现起,差别应无。所以者何?得为生因无差别故。既得无别,应不可言上品贪现行者非中下品,瞋等亦尔。今此难意,生因既等,不得现起,三品不同,随增说行。汝救云:由余因故烦恼现起有差别者,即应由彼余因诸法得生。得复何用?故执得用作法生因,理不成立。

谁言此得作法生因?

  说一切有部救云:谁言此得作法生因而征难我?

若尔,此得有何作用?

  经部复征。

谓于差别为建立因。

  说一切有部答。

所以者何?

  经部复征。

若无有得,异生、圣者起世俗心,应无异生及诸圣者建立差别。

  说一切有部答。若有得体,可得建立异生、圣者两种差别。若无有得,异生、圣者起世俗有漏心,应无两种差别。

岂不烦恼已断、未断,有差别故,应有差别。

  经部为释差别。岂不烦恼已断名圣、未断名凡?"有差别故,应有差别。"

若执无得,如何可说烦恼已断及与未断?许有得者断、未断成。由烦恼得离、未离故。

说一切有部难。我许有得断、未断成。由烦恼得离故名断,未离故名未断。若执无得,如何可说惑断、未断?

此由所依有差别故。烦恼已断、未断义成,谓诸圣者见、修道力,令所依身转变异本,于彼二道所断惑中无复功能令其现起,犹如种子火所焚烧,转变异前,无能生用。如是圣者所依身中无生惑能名烦恼断。或世间道损所依中烦恼种子亦名为断。与上相违,名为未断。诸未断者,说名成就;诸已断者,名不成就。如是二种,但假非实。

经部释断、未断。由治道力令所依身无复功能令其现起,说名为断,名不成就。与此相违,名为未断,名为成就。若圣道力毕竟断故名断,若世间道损伏断故名断。成与不成皆假非实。昔有惑种,今断即无,故名转变异本。

善法有二:一者不由功力修得,二者要由功力修得,即名生得及加行得。不由功力而修得者,若所依中种未被损名为成就,若所依中种已被损名不成就,谓断善者由邪见力损所依中善根种子应知名断,非所依中善根种子毕竟被害说名为断。要由功力而修得者,若所依中彼法已起,生彼功力自在无损说名成就,与此相违,名不成就。如是二种,亦假非实。

经部义更约二善辨成、不成,断与未断。生得善不由功力修得,有断、未断,有成、不成。言断者谓邪见力能损身中生得善种,令不能生现行善心,应知名断;非毕竟害令其总无故说名为断。有而无用故名为损,损时名断、名不成,未损名成、名未断。加行善要由功力修得,有成、不成。若所依中彼善法种由已起故,善种增长,生彼现行,功能自在势力无损自在义边,说名成就,即当大乘自在成就。若彼善种虽复先有,或时未起,或起已退,还不自在,名不成就。

故所依中唯有种子未拔未损,增长自在,于如是位立成就名,无有别物。

经部结成已义。故所依身中唯有种子,未为圣道永拔烦恼种子,未为世间道伏损烦恼种子,未为邪见损伏生得善种子。若加行善增长自在,于如是位立成就名,但假无有别物。前争得体,故今偏结成就。

此中何法名为种子?

说一切有部问。

谓名与色,于生自果所有展转、邻近功能。此由相续转变差别。何名转变?

谓相续中前后异性。何名相续？谓因果性三世诸行。何名差别？谓有无间生果功能。

> 经部答。言"名色"者，"名"谓四蕴，"色"谓色蕴，彼宗种子熏名及色。谓名色中于生自果所有种子相续不断名展转；将生自果名"邻近"，"邻近"果也；"无间生果"名功能，正起功能也。此三皆是种子异名。此展转由种子相续故展转不断，此邻近由种子转变故邻近于果，此功能由种子差别故正起功能。此三亦是种子异名，如其次第释上三种。又解：此果由种子相续、转变、差别故生。何名第二转变？谓相续种子中将欲生果，其种转变，后异于前，犹如种子将欲生芽，其体转变。何名第一相续？谓此种子望后为因，望前为果，故得通摄；三世诸行总名相续。于此文中所以先解转变后解相续者，以约相续明转变故。又解：义便即明，何论次第？何名第三差别？谓有种子无间生果功能，此后念种子前种异故名差别。经部因果前后不同，故说无间生果功能。又解：谓展转功能、邻近功能，谓相续转变、相续差别，此由相续转变即是展转功能，此由相续差别即是邻近功能。

然有处说：若成就贪便不能修四念住者，彼说耽著贪烦恼者不能厌舍，故名成就，由随耽著贪、爱时分于四念住，必不能修。

> 经部通经。所以须通此经文者，经部意说：虽复成就染法种子而能修善，然有处说若成就贪便不能修四念住者，彼经意说：耽著贪现行者不能厌舍现行贪、惑故名成就，由随耽著贪、爱现行时分，于四念住必不能修。经据现行说成就，言不能修，我据种子成就能修善，故《对法论》云：有三种成就：一种子成就，二自在成就，三现行成就。经部同彼。又解：通说一切有部伏难意。伏难意云：若得无别体，何故经说若成就贪便不能修四念住？经言成贪不修四念住，明知得有别体。经部通云：然有经说若成就贪便不能修四念住者，彼经意说：现贪者不能厌舍故名成就。由随耽著现贪时分于四念住必不能修，非言成就别有体性。

如是成就遍一切种，唯假非实。唯遮于此名不成就，亦假非实。

> 经部结。如是成就随其所应遍一切种类，唯假非实。唯遮于此成就名不成就，亦假非实。

毗婆沙师说此二种皆有别物，实而非假。

说一切有部结归本宗。

如是二途皆为善说。

论主双印两宗。

所以者何？

征论主。理无两是，必有一非，如何赞言皆为善说？

不违理故，我所宗故。

论主释。经部说假，不违理故；亦说一切有部说实，我所宗故，论主意朋经部，故作斯解。

（金陵本《光记》卷十七页五右行二至页二十一左行八）

经部及其发展之五：
《俱舍论》(附《光记》)摘录(三)

7. 论不相应行——四相

此下大文第六明四相。就中，一明相体，二通外难。就明相体中，一明本相，二明随相。

已辨命根，诸相者何？颂曰：

相谓诸有为，生住异灭性。

此即明本相也。"相"是牒章，"谓"已下正释。因缘造作名为，色、心等法从因缘生，有彼为故名曰有为，有为非一名诸。此诸有为，是相所托；相是标相，即能表示诸有为法体。是有为相各有别体名性，相不孤起，必托于法。具足应言诸有为之生性，乃至诸有为之灭性。

论曰：由此四种是有为相。法若有此，应是有为；与此相违是无为法。此于诸法能起名生，能安名住，能衰名异，能坏名灭。性是体义。

就长行中，初释颂本，后问答分别。此释颂也。由此四种是有为法之标相，故法若有此相，应是有为摄；与此相违是无为法。此宗诸法，体皆本有。四相于法，但望用说，非据体论。此中于法能起彼用，令入现在境，名为生。若无生相，诸有为法如虚空等，应本不生，至现在已。住令彼用暂时安住，各引自果，故名为住。若无住相令诸法暂住，应更不能引于自果。若任住力数令引果，由异能衰，彼引果用，令其不能重引自果，故名为异。若无异相衰彼功能，何缘不能数引自果？或异相者是行相续，后果前因。若任住力令诸行法后渐胜前，由异衰故令后劣前。虽复有法后胜于前，由别缘助，推异相能引后胜也。异于现在，用既衰损已，灭复能坏彼现法用，灭入过去，故名为灭。若无灭相，用应不灭；用若不灭，应是其常。应知此宗生相未来起用；住、异、灭三于现在世同时起用。虽复俱依一法上立，所望不同，作用各别。问：时之极促名一刹那，用既别世，何名一刹那？答：《婆沙》三十九有二说。一说云：体虽同时,用有先后。一法生灭作用究竟,名一刹那。又一说云:或生灭位非一刹那,然一刹那具有三体,故说三相同一刹那。前家约用,后家约同时具有三体,各据一义,然无评家。又足一解:生用起时名一刹那,现在三相同时复名一刹那,此约用起时极促解也。

岂不经说有三有为之有为相?

此下问答分别。此即问也。经但说三,论宁说四相。

于此经中应说有四。

答。于此经中理应说四。

不说者何?

征。

所谓住相,然经说住异,是此异别名,如生名起,灭名为尽,如是应知异名住异。故法令行三世迁流。此经说为有为之相,令诸有情生厌畏故,谓彼诸行生力所迁,令从未来流入现在。异及灭相力所迁迫,令从现在流入过去,令其衰异及坏灭故。传说如有人处稠林,有三怨敌欲为损害:一从稠林牵之令出,一衰其力,一坏命根。三相于行应知亦尔。住于彼行,摄受安立,常乐与彼不相舍离。故不立在有为相中。

初释经中不说所谓住相。此师义释经不说住者,三相过患,有情易厌,故经别说。住相安住,众生难厌,故经不说。然经说住异,是此异别名。约住辨异,住之异故,名为住异,如生名起,灭名为尽,眼、目异名,如是应知异名住异。恐三相中住异之名滥彼住相,故别释也。生力迁法令用入现,异、灭迁用令入过去,正入过去但是灭力,而言异相以助灭故。由斯过重,故经说三。喻况可知:住非迁迫,常乐安住,不令生厌,故经不说在有为相中。

又无为法有自相住。住相滥彼,故经不说。

第二释住滥无为,故经不说。

有谓此经说住与异总合为一,名住异相。

第三释住、异合说,故经说三。

何用如是总合说为?

问。

住是有情所爱著处,为令厌舍,与异合说,如示黑耳与吉祥俱。是故定有四

有为相。

答。为令厌住与异合说,如示黑耳与吉祥俱。为厌吉祥,先示黑耳。黑耳、吉祥姊妹二人常相随逐。姊名吉祥,所至之处能为利益,妹为黑耳,由耳黑故,故以名焉,所至之处能为衰损。愚人贪著吉祥,智者欲令厌舍,先示黑耳。既见黑耳,吉祥亦舍。旧云功德天黑暗女,译家误矣。住、异亦尔,为令厌住,与异合说。是故定有四有为相。

此生等相既是有为,应更别有生等四相。若更有相,便致无穷。彼复有余生等相故。

此下明随相。问起。本相有为应有生等,若更有相便成无穷。

应言更有,然非无穷,所以者何?颂曰:

此有生生等,于八一有能。

上句答初问,下句通难,答第二问。

论曰:此谓前说四种本相。生生等者,谓四随相:生生,住住,异异,灭灭。诸行有为由四本相,本相有为由四随相。

就长行中,初释颂本,后广决择。就释颂本中,此释初句。此四本相由有随相作标相故,故名有为。此中且明本相有为由此随相,而言诸行有为由四本相者,相乘故说。虽复本相,此中且对随相以论。应知大小四相各有三名,大相三名者:一名本相。对随相故,或是本法上相,故言本相;二名大相。对小相故,或相八法故,名为大相;三单名生等。对生生等故,或通生八,非唯生生,故名生等。小相三名者:一名随相。随本相故,或相随本故;二名小相。形大相故,或相一法故,名为小相;三名生生等。对生等故。上生字是小生,下生字是大生,能生生故。又解:上生字是大生,下生字是小生。生之生故名为生生,如释生生。余三亦尔。

岂不本相如所相法?一一应有四种随相。此复各四,展转无穷。

此下释第二句。问:岂不本相如所相法?一一应有四种随相。此四随相复各有四,展转无穷。

无斯过失,四本四随,于八于一,功能别故。

答。本、随能别,非有无穷。

何谓功能?

征。

谓法作用，或谓士用。四种本相一一皆于八法有用，四种随相一一皆于一法有用。

释。功能即是八法作用，或名士用。士谓士夫，如士夫用也，从喻为名。本相于八，随相于一，各有用也。

其义云何？

复征。

谓法生时，并其自体，九法俱起。自体为一相，随相八。本相中生，除其自性，生余八法。随相生生，于九法内唯生本生，谓如雌鸡有生多子，有唯生一。生与生生，生八生一，其力亦尔。本相中住，亦除自性，住余八法。随相住住，于九法中，唯住本住。异及灭相随应亦尔。是故生等相复有相。随相唯四，无无穷失。

释文可解。

经部师说：何缘如是分析虚空？非生等相有实法体如所分别。所以者何？无定量故。谓此诸相非如色等有定现、比或至教量，证体实有。

此下广决择。此即经部约三量破。经部说生等四相本无实体，如汝今分别，犹如分析虚空相似色等等余四境及五根等，谓此诸相非如五境现量证体实，非如五根比量证实，非至教量证体实有；至极之教，故名至教，亦名圣教量。是即三量俱无，如何知有？

若尔，何故契经中言：有为之起亦可了知，尽及住、异亦可了知？

说一切有部责彼经部：虽无现、比证知而有圣教。经中既说有为之起等，第六转声复言了知，明知有体。

天爱汝等执文迷义。薄伽梵说：义是所依。

经部相调，但须依义，不应执文。

何谓此经所说实义？

征。

谓愚夫类无明所盲，于行相续，执我、我所，长夜于中而生耽著。世尊为断彼执著故，显行相续，体是有为及缘生性，故作是说：有三有为之有为相，非显诸行一刹那中具有三相。由一刹那起等三相不可知故，非不可知应立为相。故彼契经复作是说：有为之起亦可了知，尽及住、异亦可了知。

经部释经。显无实体谓愚夫类无明所盲而无慧眼,于有为行前后相续,不知无常。谓一谓常,执之为我,或执我所,长夜于中而生耽著。世尊为断彼执见、破彼耽著故,显行相续,体是有为及缘生性,假立三相。故彼契经作如是说:有三有为之有为相,非显诸行一刹那中具有三相实体。由一刹那起等三相,以慧观察不可知故,非不可知,应立为相。故彼契经复作是说:有为之起亦可了知,尽及住、异亦可了知。既一刹那起等三相不可了知,经中复言了知,明定约相续假立,非据刹那,以约相续方了知故。引彼经意说刹那无三相,显约相续立。难中但引彼经一文,解中具引彼经二文。

然经重说有为言者,令知此相表是有为,勿谓此相表有为有,如居白鹭表水非无;亦勿谓表有为、善恶,如童女相表善、非善。

经部释经。然前经文说有三有为之有为相,经应但言有三有为之相,然经重说后有为言者,令知此能相表所相法体是有为。若但言有为之相,即不知此相定表所相法体是有为,或疑此相表有为有及善恶等,故说著后有为言,令知此相表所相法定是有为。故言勿谓此相表有为法是有,如白鹭鸟所居表水非无,亦勿谓此相表有为法是善恶,如童女身相能表男女善、非善事。若性贞洁,脚、膝纤团,皮肤细软,齿白唇薄,必生善子。此相表善。若性不贞洁,脚、膝等大,皮肤粗涩,齿黑唇厚,生不善子。此相表非善。此有为相不同白鹭表有水,不同童女相表善、非善,但表所相法体是有为故。

诸行相续,初起名生;终尽位中,说名为灭;中间相续,随转名住。此前后别,名为住、异。世尊依此说难陀言:是善男子!善知受生,善知受住及善知受衰、异、坏、灭。

论主述经部宗。约诸行相续,假立四相,非据刹那。言相续者谓一期相续,或一运相续。随其所应,初生起位名生,终尽灭位名灭,中间相续,随转不断名住。即此住时前后刹那差别名住、异,约住明异故名住、异。故佛世尊依此相续显四相义。于一时间对大众中说难陀言:是难陀善男子!善知彼受生、住、异、灭。难陀未得道时多起贪欲,欲因受生。为离贪欲,常观诸受生、住、异、灭,故后得道犹观彼受。佛约难陀显斯义边,若约相续可能善知。若说刹那善知受生、住、异、灭者,受未来必生,可容现知。受住、异、灭，必居现在。能知之智，理非过、未。既俱现在，不可同一，相应之中慧能知受，理相违故。既言知受生、住、异、灭，明知生等非一刹那，应知现智刹那别起，知受相续生等四相，义即无违。又解：若生等有实体，如何约受观生、住等？若生、住等刹那具有，云何可得并观？既约受次第观，故知生等无别实体，非一刹那。

故说颂言：相续初名生，灭谓终尽位，中随转名住，住异前后别。复有颂言：本无今有生，相续随转住，前后别住异，相续断名灭。又有颂言：由诸法刹那，无住而有灭。彼自然灭故，执有住非理。是故唯于相续说住。

引颂证。此三行颂并是经部诸师说颂。前两行颂显于相续立生等相，文异义同。后一颂破说一切有部刹那实住，由诸法刹那无有实住而有假灭。彼法生已，不待外缘，刹那刹那自然灭故。于刹那中执有实住是为非理，是故唯于相续说住，非约刹那。

由斯对法所说理成。故彼论言：云何名住？谓一切行已生未灭，非生已不灭名刹那法性。

论主复言：由斯相续立住义故，说一切有部阿毗达磨所说理成。故彼论言：云何名住？谓一切行已生、未灭，相续说住，非生已经停不灭名刹那法性，以时极促名一刹那。若更经停，便非极促。论主虽意朋经部，于本论文不多非拨，故引为证。

虽《发智论》作如是说：于一心中谁起谓生？谁尽谓死？谁住、异谓老？而彼论文依众同分相续心说非一刹那。

论主会《发智》文。彼论虽说于一心中生等相，彼依一生众同分相续心说总名一心，非一刹那说名一心，故不相违。又解：三性心各别起时一运相续名为一心，或约十位，或约一类说众同分，随其所应。

又一一刹那诸有为法离执实有物，四相亦成。

经部言。何但约相续假立四相？若据刹那，假立亦得。

云何得成？

征。

谓一一念本无今有名生，有已还无名灭，后后刹那嗣前前起名为住，即彼前后有差别故名住、异。于前后念相似生时，前后相望，非无差别。

释。本无今有，体起名生；有已还无，无时名灭；能引后后刹那嗣前前起,或即此念后后刹那嗣前前起名住,即彼住相;或与前念或与后念有差别故,名住、异;约住辨异,故名住、异。伏难言:如金刚等坚硬之物前后无别,云何名异? 为通此难,故言此金刚等于前后念相似生时,前后相望,非无差别。

彼差别相,云何应知?

征。

谓金刚等有掷、未掷及强力掷与弱力掷,速迟堕落时差别故。大种转变,差别义成。诸行相似相续生时,前后相望,无多差别。故虽有异而见相似。

释。谓金刚等有掷、未掷时差别故,亦有异熟。掷之中复有差别,若强力掷即速堕,若弱力掷即迟堕。又解:若强力掷远故迟堕,若弱力掷近故速堕,时差别故而有异相。由斯道理,大种转变,差别义成。从强言大,造色不说自成。诸行相似刹那刹那相续生时,前后相望,粗相而观,虽复无多差别,细而言之非无有异。

若尔,最后声光刹那及涅槃时最后六处,无后念故应无住、异。是则所立相应不遍有为。

此难异相。若言前后有差别故名为住、异,最后声光及临入无余涅槃时最后六处,此等诸法并无后念可别,应无住、异。若此后念无有异相,是则所立相应不遍有为。又解:离住、异二相既无后念可嗣,应无有住;既无后念可别,应无有异。

此不说住为有为相,其义云何? 谓住之异故,若有住亦必有异,由此立相无不遍失。

经部答。此通异相难。经文说异名住、异者,意但说异为有为相。此不说住为有为相,故经言有三有为之有为相。问:其义云何? 答:谓住之异故,名住、异。故若有住之处,亦必定有异。后念、声等,虽无后念嗣现刹那,然既嗣前过去刹那,亦名为住。虽无后念可别,既与前异,故亦有异。此正释住非有为相而言住、异者,约住名异。由此立相,无不遍失。又解:此通住、异二相难,显二相中意立异相为有为相。此不说住为有为相,为欲约住辨异。故前解住而不得我意限难住。此即且拨住相难,却问其义云何? 答:谓住之异故名住、异。故若有住之处,亦尔必有异。最后声等虽无后念可嗣可异,亦有前念可嗣可异,得有住、异,此正明异是有为相而言住者,约住明异。由此立相无不遍失。若准文势,前解为胜;若准答文,后解亦通,应知住、异。若最后念虽无后念可嗣可异,而既嗣前异前;若最初念虽无前念可嗣可异,而有后可嗣后异;若中间刹那是有前后嗣异。设一刹那嗣异流类,亦名住、异。问答之中,虽说最后,此乃略举一隅。

然此经中世尊所说有为之相略显示者谓:有为法本无今有、有已还无及相续住,即此前后相望别异。此中何用生等别物?

经部略标经言。然此四相,经中世尊所说有为之相略显示者谓:有为法本无今有名生,有已还无名灭,相续随转名住,即此住相前后差别名异。此中何用生等别物?

云何所相法即立为能相?

说一切有部难。若无别能相,云何所相法即立为能相?

如何大士相非异于大士?角、犎、頿、蹄、尾牛相非异牛?又如坚等、地等界相非异地等,远见上升知是烟相,非异烟体。此有为相理亦应然。虽了有为色等自性,乃至未了先无、后无相续差别,仍未知彼体是有为。故非彼性即有为相,然非离彼性有生等实物。

经部反难,顺成己义。如何世尊大士三十二相非异于大士?角等三难,准此可知。此有为相理亦应然。非异所相别有能相。虽了有为色等自性,乃至未了先无今有生,有已后无灭,相续随转住,前后差别异,仍未知彼体是有为。故非彼色等性即是有为相。然非离彼色等性有生等实物,能相、所相解各别故。不得言即,离色等外无别性故;不得言离。此是不即不离义也。

若离有为、色等自性、有生等物,复何非理?

说一切有部反征。

一法一时应即生、住、衰异、坏灭,许俱有故。

经部反难出过。一有为法有四别相,于一时中应即生、住、异、灭,许俱有故。

此难不然,用时别故。谓生作用在于未来,现在已生不更生故。诸法生已正现在时,住等三相作用方起。非生用时有余三用。故虽俱有而不相违。

说一切有部解。生用未来,三用现在,用时各别,故虽俱有而不相违。

且应思择：未来法体为有、为无？然后可成生于彼位有用、无用。

此下经部广破。此即劝思：未来法体为有、为无？然后可论有用、无用。体尚未定，何须说用？

设许未来生有作用，如何成未来？应说未来相。法现在时生用已谢，如何成现在？应说现在相。

纵破。设许未来生有作用。既起作用，应名现在。如何成未来？应说未来相。法现在时生用已谢，应名过去。如何成现在？应说现在相。《正理》十四救意：生相未来但起功能，非是作用。现在起取果用方是作用。作用必功能，功能非必有作用。由约作用立现在。未来唯起功能而非现在。俱舍师破云：汝立功能、作用，眼目异名，何故生用名功能，余之三名作用？又与毗婆沙评家相违。故彼说云：无有等无间缘，异时取果，异时与果。准彼论意，入二无心定即过去取、与。既过去取，应名现在。若正理师言等无间缘现在顿取、过去渐与者，此即还违毗婆沙评家义也。

又住等三用俱现在，应一法体一刹那中即有安住、衰异、坏灭。若时住相能住，此法即时异灭，能衰坏者，尔时此法为名安住，为名衰异，为名坏灭。

此下破住等三相。三相现用，俱依一法。尔时此法为名安住，为名衰异，为名坏灭。《正理救》云：今当为决。已生位中住、异、灭三起用各别，令所相法于一时中所望不同，具有三义。如斯通释，何理相违？俱舍师破云：虽用各别，终是同于一所相法，如何住即安住，令取胜果？异即衰损，令起劣果，灭即灭坏，令入过去者，还理相违。

诸说住等用不同时，彼说便违刹那灭义。

叙计总非，破住等三相。诸说一切有部师说：住等三相虽俱现在，用不同时，前后别起。彼说便违刹那灭义，时之极促谓一刹那。既说三相现在、前、后别起作用，是即经停，便违刹那灭义。

若言我说一法诸相用皆究竟，名一刹那。

牒救。汝说一切有部师。若我说一法四相作用究竟名一刹那者。

汝今应说：何缘住相与二俱生，而住先能住，所住法非异非灭？若住力强能先用者，后何成劣？而并本法俱遭异灭所衰坏耶？若言住相已起作用，不应更起犹如生者，生应可然。夫生用者谓引所生令入现在。已入不应，复引入

故，住不应尔。夫住用者谓安所住，令不衰灭。已住可令永安住故。由斯住相用应常起，不可例生，令无再用。又谁障住用，令暂有还无？若言异、灭能为障者，异、灭力应强，何不于先用？

此别破住。三相俱现，何故住先起用，非异非灭？若言力强，何成劣，俱遭异、灭？若言住相非再用起如生相者，生应可然。引入现在，不应重引。住不应然，已住可令永安住故。用应常起，不可例生，令无再用。又谁障住用，令暂有还无？若异、灭障者，异、灭力应强，何不于先起？

又住用息，异、灭本法自然不住。异、灭二相何处、如何而起作用？复有何事须二用耶？由住摄持，诸法生已，暂时不灭。住用既舍，法定不住，即自然灭。故异、灭用更无所为。

此即双破异、灭二相。又住用息，异、灭本法自然不住，落谢过去。异、灭二相何处起用？复有何事须二用耶？由住摄持，诸法生已，暂时不灭，可须此住。住用既舍，法定不住，即自然灭，落谢过去。故异、灭用更无所为。既无所用，何须彼二？此责无用。

又应一法生已未坏名住，住已坏时名灭。理且可然。异于一法进退推征，理不应有。所以者何？异谓前后性相转变。非即此法可言异此。故说颂言：即前异不成，异前非一法。是故于一法，立异终不成。

此即别破异相。又应一法生已未坏名住，住已坏时名灭。理且可然。纵虽住、灭尔，异于一法，进退推征，理不应有。然言异者前后性别，非即是此法可言异此法。故说颂言：异相时法即是前，住相时法异不成。此即进责。若异相时法异前住相时法，法即非一法。若住异别法，有违宗过。此即退征也。是故说一切有部于一法上立异终不成。

虽余部说：遇灭因缘，灭相方能灭所灭法，而彼所说应如有言：服泻药时天来令利，即灭因缘应灭所灭，何须别执有灭相为？又心、心所刹那灭，更不须待余灭因缘。应灭与住用无先后。是则一法于一时中亦住亦灭，不应正理。

此即经部破正量部灭相。正量部计薪等性多时住，薪等灭时由二缘灭：一内灭相，二外火等。住、灭别时，若心、心所等唯由内灭相，非由外缘故。今破言：虽余正量部说薪等、遇外火等能灭因缘，内灭相方能灭所灭薪等。而彼所说应如有言服泻药时天来令利，即火等灭因缘应灭所灭薪等，何须别执有灭相为？又薪等法待外缘灭，汝宗可说先住后灭，二不同时。心、心所法依汝宗中许刹那灭，更不须待余外灭缘，应住用时即起灭用，如何彼执诸相起用前后对时？若住相时亦起灭用，是则一法于一时中亦住亦灭，不应正理。

故依相续说有为相，不违正理，善顺契经。

经部破讫，结归本宗。故依相续理说有为四相，一不违正理，二善顺契经。

（金陵本《光记》卷二十一页八右行二至页二十七右行七）

若生在未来，生所生法、未来一切法，何不俱生？

此下大文第二通外难。此即外问。若生相在未来，生所生法、未来一切法皆有生相，何不顿生？

颂曰：生能生所生，非离因缘合。

颂答。

论曰：非离所余因缘和合，唯生相力能生所生。故诸未来非皆顿起。

就长行中，初释颂，后决择。此即释颂。虽有生相，要藉因缘，故非顿起。

若尔，我等唯见因缘有生功能，无别生相。有因缘合，诸法即生，无即不生，何劳生相？故知唯有因缘力起。

此下决择，初经部难也，文显可知。

岂诸有法皆汝所知？法性幽微甚难知故。虽现有体而不可知，生相若无，应无生觉。又第六转言不应成，谓色之生、受之生等如不应说色之色言，如责无生乃至无灭皆如是责，随其所应。

说一切有部释。岂诸有体、性、法皆汝经部所知？法性幽微甚难知故。微细之法虽现有体，汝等经部而不可知。此即叹法深也！生相若无，应无生觉；既有生觉，明知有生。第六转声，异体相属，如王之臣，若有生体，第六转成。若无生相，此第六转言不应成，谓色之生等，若言生即是色，如不应说色之色言。既说色之生言，明知离色别有生也。如责无生有斯过者，乃至无灭，皆准可知。

若尔，为成空、无我、觉法外，应执空、无我性。

此下经部难。先约内法为难。若尔，为成空、无我、觉诸法之外应执空、无我性。虽离法外无别空、无我性，而起空、无我、觉，何妨离色等、无别有生等而起生等觉？

为成一二、大小、各别、合离、彼此、有性等觉，应如外道法外执有、数量、各别、合离、彼此、有等别性。

经部约外法为难。若依佛法，离法体外无别一数等体。汝说一切有部为成一二数觉、大小量觉、各别觉、合觉、离觉、彼觉、此觉、有性觉；等者，等取同、异等觉。应如胜论外道，离法之外，别执有数性、量性、各别性、合性、离性、彼性、此性、有性；等者，等取同性、异性等。胜论外道有六句义：一实，二德，三业，四有，五同异，六和合。或有说十句义，并如前说。若诸法体，实句义收。若德句中，总有二十四德，亦如前说。于二十四种中，此中数是第五，量是第六，各别是第七，合是第八，离是第九，彼是第十，此是第十一。有性是六句中有句义，是十句中同句义。同异性等是同异句义等。彼宗离实法外，别有德句中数等别体，及离法外别有有句、同异句等别体，故引彼为难。虽起数等觉，离法之外无别数等，何妨虽起生觉，离色等外无别生等？

又为成立第六转言，应执别有色之聚性，又如说言色之自性。此第六转言何得成？

上来破生觉，此破第六转。又为成立第六转言，应执别有色之聚性。然离色外无别聚性。又如说言色之自性，离色之外无别自性，此第六转言何得成？准此文难，第六转声义说相属，非要异体相系属也。上来经部破讫，下归宗自释。

是故生等唯假建立，无别实物。为了诸行本无今有，假立为生。如是本无今有生相，依色等法种类众多。为简所余说第六转，言色之生、受之生等，为令他知此生唯色，非余受等。余例亦然，如世间说旃檀之香、石子之体，此亦应尔。

是故四相唯假建立，无别实物。为了诸行本无今有，假立为生。如是本无今有生相依五蕴法，种类众多。为简所余诸蕴，恐滥彼故，说第六转言色之生等。为令他知此生唯色，非余受等言色之生，说余四蕴，例此亦然，如世间说旃檀之香简沉香等，石子之体简瓦体等。又解：旃檀之香离旃檀外无别有香,石子之体离石子外无别有体。此色之生等应知亦尔。

如是住等随应当知。

如生既尔,住等例同。

若行离生相而得生者,虚空、无为等何故不生?

说一切有部难。若诸行法离实生相而得生者,三无为法亦离生相,何故不生?

诸行名生由本无今有,无为体常有,何得言生?又如法尔不说一切皆有生,如是应许非一切法皆可生。又如有为同有生相,而许因缘望有为法或有功能或无功能,如是应许一切有为及无为法同无生相,而诸因缘望彼二法一有生用,一无生用。

经部解。诸行名生由本无今有,无为体常有何得言生?又如汝宗法尔不说一切皆有生,有为有生,无为无生,如是应许我非一切法皆可生,有为可生,无为不可生。又如汝宗诸有为法同有生相,而许因缘望有为法,或于一类有生功能应令生故,或于一类无生功能不令生故,以诸因缘相望各别。如是应许我一切有为及无为法同无生相。而诸因缘望彼二法,于有为有生用,于无为无生用。《正理救》意:眼等虽从业生,而别有四大生,何妨有为虽从因缘生而别有生相?俱舍师破云:经部生无体,可藉因缘生,汝宗生有体,应不藉因缘。

毗婆沙师说生等相别有实物,其理应成。所以者何?岂容多有设难者故便弃所宗?非恐有鹿而不种麦,惧多蝇附不食美团?故于过难应勤通释,于本宗义应顺修行。

论主为毗婆沙师结归本宗。毗婆沙师说生等相别有实物,其理亦得成立。余文可知。

(金陵本《光记》卷二十二页一左行三至页五右行五)

附录:《成实论·不相应行品》

不相应行品第九十四

心不相应行谓得、不得、无想定、灭尽定、无想处、命根、生、灭、住、异、老、死、名众、句众、字众、凡夫法等。得者,诸法成就为众生故有得;众生成就现在世五阴名为得。又过去世中善、不善业未受果报,众生成就是法。如经中说:是人成就善法,亦成就不善法。问曰:有人言:过去善、不善身、口、业成就,如出家人成就过去戒律仪,是事云何?答曰:是皆成就。所以者何?经中说:若人为罪、福即是已,所有二事常追其身,犹影随形。又经中说:殃、福、不朽谓能得果。若不成就罪、福业者,不应得果,则失诸业。问曰:过去律仪不应成就,所以者何?汝言过去法灭,未来未有,现在不能常有善心,云何成就戒律仪耶?答曰:是人现在律仪成就,非过去也。如以现染故染,如是以现在戒故名为持戒,不以过去,但以先受不舍故名成就过去。问曰:有论师言:众生成就未来世中善、不善心,是事云何?答曰:不成就。所以者何?未作业已得故,是故未来不成就,是名为得,无别有心不相应法名为得。与此相违名为不得,亦无别有不得法也。无想定者无此定法。所以者何?凡夫不能灭心、心数法,后当说。是心、心数法微细难觉故名无想。无想处亦如是。灭尽定者,心灭无行故名灭尽,无有别法犹如泥洹。命根者以业因缘故五阴相续名命;是命以业为根,故说命根。生者,五阴在现在世名生,舍现在世名灭,相续故住。是住变故名为住异,非别有法名生、住、灭。又佛法深义谓众缘和合有诸法生,是故无法能生异法。又说:眼、色等是眼识因缘。是中不说有生,是故无生无咎。又说:生法等一时生。若法一时生即灭,是中生等何所为耶?应思是事。又十二因缘中,佛自说生义。诸众生处处生,受诸阴名为生。是故现在世中初得诸阴名生,亦说五阴退没名死,亦说诸阴衰坏名老,无别有老死法。名众者从字生名,如言某人随字成义名句,诸字名字。有人言:名、句、字众是心不相应行。此事不然,是法名声,性法入所摄。问曰:凡夫法是心不相应行,是事云何?答曰:凡夫法不异凡夫。若别有凡夫法,亦应受别有瓶法等。又数量、一异、合离、好丑等法,皆应别有。外瓶书中说瓶异瓶法异,因瓶法知是瓶色异色法异。是事不然。所以者何?

法名自体。若汝谓凡夫法异,则色自无体,应待色法故有。是事不然。是故汝不深思,故说别有凡夫法。有诸论师习外典故造阿毗昙,说别有凡夫法等。亦有余论师说别有如法性、真际、因缘等诸无为法故。应深思此理,勿随文字。苦谛聚竟。

(《大正大藏经》本第三十二卷《成实论》卷七页二八九)

8. 无为非因非实有

经部师说无为非因。无经说因是无为故,有经说因唯有为故。

此下决择。经部标宗。无为非因,总引教证。

何处经说?

说一切有部问。

如有经说:诸因诸缘能生色者皆是无常。无常因缘所生诸色如何是常?广说乃至识亦如是。

经部答。既言因缘能生色等皆是无常,明知无为非因所摄。"无常因缘"下,同文故来。

若尔,无为亦应不与能缘、识等作所缘缘。

说一切有部问。经说诸缘皆是无常,无为既是常,应不与识等作所缘缘。

唯说能生故,得作所缘缘,谓经唯说:诸因诸缘能生识者,皆是无常。不说一切为识缘者皆是无常,故不成难。

经部答。谓经唯说诸因诸缘能生识者,此诸因缘皆是无常,不说一切为识所缘境者皆无常,故不成难。由此无为可得与识作所缘缘。又解:不说一切为识四缘者皆是无常。

岂不亦说唯能生因是无常故?不拨无为。唯不障故,为能作因。

说一切有部问。以因例缘,岂不经说唯能取果与果生因是无常故?不拨无为。虽非生因,唯不障故,为能作因。

有契经中说无为法为所缘缘,无契经中说无为法为能作因。故不应立为唯

不障因性。

经部答。引经证无为是缘非因。

虽无经说,亦无处遮。又《无量经》今已隐没,云何定判无经说耶?

说一切有部言。虽现无经说无为能作因,亦无处遮,又多隐没,云何判无经说耶?

若尔,何法名为离系?

经部问。无为既得名能作因,未知何法名离系?

即本论中所说择灭。

说一切有部答。

岂不先问何谓择灭?答:是离系。今问何法名为离系?答:是择灭。如是二答更互相依,于此自性竟不能显。故应别门开显自性。

经部复责。二名互答,自性难知。故应别门开显自性。

此法自性实有离言,唯诸圣者各别内证。但可方便总相说言是善、是常,别有实物名为择灭,亦名离系。

说一切有部答。常住之法不随三世,非是言依。故言实有离言,唯圣内证。但可总说是善、是常,别有实物。

经部师说:一切无为皆非实有,如色、受等别有实物,此所无故。

述经部宗。三种无为非皆实有,如色等五,别有实物。此无为所无故。

若尔,何故名虚空等?

说一切有部问。既无实体,何名空等?

唯无所触,说名虚空。谓于暗中无所触对,便作是说:此是虚空。已起随眠生种灭位,由简择力余不更生,说名择灭;离简择力,由阙缘故余不更生,名非择灭,如残众同分中夭者余蕴。

经部答。唯无所触对,假说名虚空。谓于暗中无所触对,便作是说:此是虚空。以实而言,明中无对亦是虚空。但以暗中眼不见故空相易显。择灭但以惑、苦不生为其体性,谓过去已起烦恼生种在身,名已起随眠,即此随眠能引后后烦恼、后有名为生种。又解:过去种子名已起随眠,现在种子名为生种。谓过去已起随眠所生现在种子,文略但言生种。又解:现在烦恼种子名已起随眠,此能生后名为生种。言灭位者,即此惑种无有功能生后烦恼及与后有,故名灭位。又解:经部三相现在,灭相过去。现在生种之时即当过去灭相,如秤两头低、昂、停等。故言灭位。又解:于此时中证得择灭,故名灭位。种若未由能简择力能生后后烦恼、后有。由简择力余不更生,谓无间道犹与种俱生、种俱灭。然由无间道简择力故,令余后位烦恼种子及当现行烦恼、后有永不更生。生之永无,名之为灭;灭由择力,名为择灭。若离简择力,但由阙众缘,余后更不生,名之为灭。灭不由择名非择灭,如人应寿百年,五十便死,余五十年名残众同分中夭者,余蕴阙缘不生。

余部师说:由慧功能随眠不生名为择灭。随眠缘阙,后苦不生,不由慧能,名非择灭。

述上座部等计。释二无为,约随眠不生边名择灭,约苦果不生边名非择灭。

离简择力此灭不成,故此不生即择灭摄。

经部破。彼非择灭离简择力,此苦果灭不成。由简择力令随眠不生,随眠不生后苦不起,因亡果丧皆由慧力。故此苦果不生即择灭摄。

有说说诸法生已后无,自然灭故,名非择灭。

有大众部说:诸法现在生已,后必定无,自然灭入过去,此灭名非择灭。

如是所执非择灭体应是无常,未灭无故。

经部破。如是所执非择灭体应是无常,法未灭时其体无故。后法灭时其体方有。

岂不择灭择为先故?先无后有应亦无常。

大众部难:岂不择灭择为先故?此灭先无后有应亦无常。

非择为先方有择灭,如何择灭亦是无常。所以者何?非先有择后未生法方有不生。

经部答。非择为先方有择灭,如何责我择灭体性亦是无常?所以者何?非先有择,后未来未生法方有不生。不生即择灭也。

何者?

问。

不生本来自有。若无简择,诸法应生。简择生时,法永不起。于此不起择有功能。谓于先时未有生障,今为生障,非造不生。

经部答。不生之理,本来自有。若无圣道慧简择,诸法应生。圣慧简择生时，因亡果丧，法永不起。于此不起之理，择有功能，谓于先时诸法未有生障，今圣慧起为法生障，显不生理，非新造不生。

若唯不生是涅槃者，此经文句当云何通？经言：五根若修、若习、若多修习，能令过去、未来、现在众苦永断。此永断体即是涅槃。唯于未来有不生义，非于过、现，岂不相违？

说一切有部引经难。若唯于未来法不生是涅槃者，何故经言信等五根？若见道修，若修道习，若无学道多修习；或初修，中习，后多所作；或修谓得修，习谓习修，多所作谓所治更远。故显宗云：若习、若修、若多所作义差别者，为欲显示习修、得修、所治更远，如其次第。（已上论文。）能令过、未、现世众苦永断。此永断体即是涅槃。准此经文，通断过、现，唯于未来有不生义，非于过、现，岂不相违？

虽有此文而不违义。此经意说：缘过、现苦、烦恼断故名众苦断，如世尊言：汝等于色应断贪欲。贪欲断时便名色断及色遍智。广说乃至识亦如是。过、现苦断义亦应然。设有余经言：断过去、未来、现在诸烦恼者，准前理释义亦无违。或此经中别有意趣。过去烦恼谓过去生所起烦恼，现在烦恼谓现在生所起烦恼，如爱行中十八爱行。过去世起者依过去生说，未来、现在应知亦尔。如是二世所起烦恼为生未来诸烦恼故，于现相续引起种子。此种断故彼亦名断，如异熟尽时亦说名业尽。未来众苦及诸烦恼，由无种故，毕竟不生，说名为断。若异此者，过去、现在何缘须断？非于已灭及正灭时，须设勋劳为令其灭。

经部通经。经言能令过、现众苦断者，此经意说：能令未来缘过、现苦、烦恼断故，能缘断时说所缘过、现苦亦名为断。应言断贪而言断色，应言贪遍知而言色遍知。还约所缘色说断色是无间道，色遍知是解脱道。广说乃至识蕴亦尔。过、现苦断义亦谁此。问：过、现苦断既显能缘惑断，未来苦断为约何说？解云：未来苦断亦显能缘惑断，一经说故。又解：令未来苦体不生名断。又解：令未来惑、苦不生俱名苦断。设余经言断三世惑者，准前理释义亦无违，以未来惑能缘三世烦恼。若断未来能缘惑时说断三世，实断未来。或此经中有别意趣。过去烦恼者谓过去生曾所起惑，现在烦恼者谓现在生所起烦恼，如爱行中十八爱行。据曾、当、现缘六境起，名为十八。如是过、现二世所起烦恼作能熏因，为生未来诸烦恼故,于现相续身中引起所熏果种子。此所熏果种子断故,说彼过、现能熏惑因亦名为断,如异熟果尽时,亦说名业因尽。由断果故说断彼因,此即是果丧因亡断也。若未来众苦及诸烦恼由无因种子故毕竟不生,说名为断。由断因故说断彼果,此即是因亡果丧断也。若异我说断未来体,过去已灭,现在正灭,何劳须断?此中意显过、现名断由果不续,未来名断由体不生,断果断因,如其次第。

若无为法其体都无,何故经说:所有诸法若诸有为、若诸无为于中离染最为第一,如何无法可于无中立为第一?

说一切有部引经为难。经中既言离染第一,明知涅槃别有实体。

我亦不说诸无为法其体都无,但应如我所说而有,如说此声有先非有,有后非有,不可非有说为有故,有义得成。说有无为应知亦尔。有虽非有而可称叹,故诸灾横毕竟非有,名为离染。此于一切有、非有中最为殊胜,为令所化深生欣乐,故应称叹此为第一。

经部答。我亦不说诸无为法其体都无,如兔、角等,但应如我所说而有。彼意说言:涅槃无体之理必定应有,有无体故名有涅槃,如说此现在声,有声先,未来非有;有声后,过去非有。不可过、未非有说为有故,有体义得成,以说有言非定目实,亦目无故。说有无为应知亦尔。但言有无为,非说有实体、有涅槃法。体虽非有而可称叹。无有多种,若善法无便可呵毁,若灾横无便可称叹。故诸烦恼等灾横毕竟非有,名为离染。此涅槃性于一切有体法、非有体法中最为殊胜。世尊为令所化有情深生欣乐,故别称叹涅槃第一。

若无为法唯非有者,无故不应名灭圣谛。

说一切有部难。

且言圣谛其义云何?

经部反征。

岂不此言属无倒义?

说一切有部答。

圣见有无皆无颠倒,谓圣于苦见唯是苦,于苦非有见唯非有。此于圣谛义有何违?

经部解。圣见有无皆无颠倒,谓圣见苦名有,见苦非有名无。此于圣谛义有何违？又解：圣见苦、集、道有，见灭是无，皆无颠倒。此是总标，谓下别释。谓圣于苦见唯是苦，于苦非有见唯非有，此于圣谛义有何违？于别释中但言苦、灭，不言集、道。

如何非有而可立为第三圣谛？

说一切有部难。

第二无间、圣见及说故成第三。

经部解。第二集谛无间、圣见灭谛及佛经说，故成第三。

若无为法其体唯无，空、涅槃、识应缘无境。

说一切有部难。若无为法其体唯无，虚空、涅槃、能缘之识，应缘无境而得生心。

此缘无境亦无有过，辨去来中当广思择。

经部解。识缘无境亦无有过，如下惑品辨三世中当广思择。

若许无为别有实体，当有何失？

说一切有部问。

复有何德？

经部反问。

许便拥护毗婆沙宗，是名为德。

说一切有部答。若许无为别有实体，即便拥护毗婆沙宗，是名为德。

若有可护，天神定知，自当拥护。然许实有，朋虚妄计，是名为失。

经部调言。此无为体若有可护，天神自护。然许实有朋虚妄计，同诸外道，是名为失。

所以者何？

说一切有部征。

此非有体可得如色、受等，亦非有用可得，如眼、耳等。又若别有，如何可立彼事之灭第六转声？由灭与事非互相属，此彼相望非因果故，唯遮彼事，第六可成，彼事之无名为灭故。

经部答。此无为非实有体可得，如色等五境，五识现量证知，如受等心、心所法；他心智现量证知，亦非有用可得，如眼、耳等，有见闻等比量知有。又此无为若离贪等别有体者，如何可立彼贪等事之灭第六转属主声耶？夫声明中第六转声表属于主，相属之法必相关涉。贪、瞋等事是有为,择灭是无为,非互相属,此彼相望非因果故。此事望彼灭,非因亦非果。若此灭望彼事,虽是能作因,而非取果因,亦名非因;事非能证道,故灭非证得果,灭是常故。复非生因果,故名非果。非因显非所属,非果显非能属。此彼相望既非因果,即不相关涉,何得说言彼事之灭属主声耶?由此故知:灭无别体,唯遮彼事不生义边名为事灭。灭无别体,即事之无名为灭故。可言此灭属于彼事,第六得成,顺声明故。今准此文。第六属主声有二:一异体相望,如说一切有部言彼事之灭,亦如属君之奴;二无异体,如经部言彼事之灭,亦如石子之体。

灭虽别有,而由彼事惑得断时方得此灭,可言此灭属于彼事。

说一切有部解云:灭虽别有,而由彼有漏事能缘惑得断时,彼事解脱方得此灭,可言此灭属于彼事。此约得说属。

何因此灭定属此得?

经部难。若灭体别非即事无,灭体众多,得亦非一,何因此灭定属此得,而言约得说属事耶?

如契经言:苾刍获得现法涅槃,如何非有可言获得?

说一切有部引经通难。苾刍获得现法涅槃,现身得故,名现法涅槃。既获得涅槃,可言属得。复责彼言:如何非有可言获得?

由得对治便获永违烦恼后有所依身,故名得涅槃。复有圣教能显涅槃,唯以非有为其自性。

经部答。由得能对治道便获永违烦恼所依身,便获永违害后有所依身。故烦恼后有不生义边名得涅槃,而无实体。此即理证,复有下教证无体。

谓契经言:所有众苦皆无余断,各别舍弃,尽离染灭,静息永没。余苦不续,不取不生。此极寂静,此极美妙,谓舍诸依及一切爱,尽离染灭,名为涅槃。

所有苦果皆无余断,苦无名断,断无别体。或举果显因,或苦果无余,惑因皆断,各别舍弃贪等惑因。或各别舍弃所有苦果。或通因果,诸惑因尽故,或诸苦果尽故。或通因果,远离系缚,名为离染,灭诸惑因。或灭苦果,或通因果,惑因静息,或苦果静息。或通因果,惑因永没,或苦果永没。或通因果,余未来苦果更不相续,更复不取,更复不生。或余苦果不续,或不取果,或更不生。此涅槃极寂静,此涅槃极美妙。此总赞也，谓舍诸依，显涅槃无诸苦果；舍一切爱，显涅槃无诸惑因。偏言爱者，从强别标。舍诸依、爱，尽离染灭，名为涅槃，而无别体。又解：于前十名略举前五种释涅槃。谓舍诸依，释前苦无余断；舍一切爱，释前各别舍弃，尽离染灭。如名次第，是次三种。后之五种略而不论，或可举前显后。

云何不许言不生者？依此无生，故言不生。

说一切有部征。经部云何不许经言不生者？依此择灭无生力故。言苦不生，或言不生者，依此择灭力令苦无生，故言苦不生。或依此择灭苦无生，故言择灭不生。既言依此择灭，明知有体。

我等见此第七转声，于证灭有都无功力，何意故说依此无生？若依此言属已有义，应本不生，涅槃常故。若依此言属已得义，是则应许依道之得。故唯依道或依道得，令苦不生，汝应信受。由此善释，经说喻言如灯焰，涅槃心解脱亦尔。此经意说如灯，涅槃唯灯焰谢，无别有物。如是世尊心得解脱。唯诸蕴灭，更无所有。阿毗达磨亦作是言：无事法云何？谓诸无为法。言无事者谓无体性。

经部答。言我等见此七转所依声于证择灭是有都无功力，汝何意故说依此无生？若依此言属已有涅槃义，诸苦应本不生。涅槃是常，本来有故。若依此言属已得涅槃义，是则应许依道所引涅槃上得。又复劝言：此苦不生，或唯依道，由道起时，苦不生故。或依道所引涅槃上得，由得起时，令苦不生。汝应信受。又解：若依此言属已得义，是则应许依道上之得，由得此道，苦不生故。又复劝言：或唯依道，或依道上得，令苦不生。汝应信受。由此善释下引经证涅槃无体。涅槃名灭而无有体，如灯，涅槃灯谢无体，心得解脱，蕴灭无体。何但经言无体，对法亦言无事法云何？谓诸无为法。经部释云：言无事者，事之言体，谓无体性。

毗婆沙师不许此释。

不许经部释。

若尔，彼释事义云何？

经部问。

彼言事者略有五种：一自性事。如有处言：若已得此事，彼成就此事；二所缘事。如有处言：一切法智所知随其事；三系缚事。如有处言：若于此事爱结

所系,彼于此事恚结系耶?四所因事。如有处言:有事法云何?谓诸有为法,五所摄事。如有处言:田事、宅事、妻子等事。今于此中说因名事,显无为法都无有因。是故无为虽实有物,常无用故,无因无果。

说一切有部答。彼言事者略有五种:一自性事。谓诸法自体,即自体名事;二所缘事。谓心所缘,即所缘名事;三系缚事。谓爱等所系缚,所系缚名事;四所因事,即所因名事。果是能因,因是所因,果赖所因而生,如子因父而生,父是所因,子是能因。谓诸有为法皆从因生,名有事法。事之言因,五所摄事。谓田、宅等是人所摄,即所摄名事。泛明诸事虽有五种,今于此阿毗达磨中言事者,依前第四说因名事,显无为法都无有因,不依第一自性事说无为、无事。是故无为虽实有物,常无用故。不从因生名无因,不能生果名无果。

（金陵本《光记》卷二十六页四左行八至页二十左行一）

9. 论有表、无表（论身表并及动形、色、生因、灭因,形、色关系,形色实有）

此下第二明五业。就中,一总明表、无表;二别明身、语表;三别证有、无表。

身、语二业自性云何?

此下第一总明表、无表。意业是思,如前已辨。身、语自性未说,今问。

颂曰:

此身语二业,俱表无表性。

论曰:应知如是所说诸业中身、语二业俱表、无表性。

应知如是所说诸三业中身、语二业俱表、无表性,同是色业。一能表示自心善等令他知故名表;一即不能表示自心故名无表。由斯差别立二种名。意业非色,不能表示故不名表。由无表故,无表亦无,以无表名遮同色类身、语表示故。

且身、语表其相云何?

此下第二别明身、语表。将明问起。
颂曰：
身表许别形，非行动为体，以诸有为法，有刹那尽故。
应无无因故，生因应能灭。形亦非实有，应二根取故。
无别极微故，语表许言声。

> 颂中十句，前九句明身表，后一句明语表。就前九句中，初一句论主述说一切有部形为身表，次五句论主破正量部动为身表，以此动色经部及说一切有部俱不许有，故先破之。次三句论主破说一切有部形为身表。若依经部宗，身、语二表是色及声，多体聚集，相续分位以说为表。一无表能，一物不能独表示故。以说善恶一念无表，无能益损。要由相续生故，积集成故，假而非实。若依正量部，有为法中许身表长时非刹那灭者，故身、语表皆据极微相续运转，能有表示，即由动故能表损益。若依说一切有部，身、语二表有别极微，是实有性。论主此中意朋经部，故破彼二宗。语表业中准身表说，故不再论。

论曰：由思力故别起，如是如是身形名身表业。

> 释第一句。述说一切有部显自师宗。故前颂说身表许别形。毛、发等聚总名为身，身形非一，故言如是如是。于此身中由思力故，别起如是如是身形，能表示心，名身表业。

有余部说动名身表，以身动时由业动故，为破此故说非行动。

> 释第二句。有余正量部说：别有动色从此至彼名身表业，以聚色身动转之时由此业色能动彼故。正量部计有为法中心、心所法及声、光等刹那灭故，必无行动。不相应行、身表业、色、身、山、薪等非刹那灭多时久住，随其所应，初时有生，后时有灭，中有住、异，不经生、灭。可容从此转至余方，有行动义。今为破此执，是故颂中说非行动。

以一切有为皆有刹那故。

> 此下释第三句及第四句中有刹那故。立理正破，证无行动。比量云：身表业、色定无行动，有刹那故，如声、光等。

刹那何谓？

> 正量部问。

得体无间灭。有此刹那法名有刹那，如有杖人名为有杖，诸有为法才得自体。从此无间必灭归无。若此处生即此处灭,无容从此转至余方。故不可言动名身表。

论主答。本无今有法创生时名为得体。此体无间必灭归无。有此刹那诸有为法名有刹那,寄喻来况,如有杖人名为有杖。诸有为法至现在世才得自体,从此现在无间必灭归无。若此处才生,即此处谢灭,无容从此生转至余方灭。故正量部不可说言动名身表。

若有为法皆有刹那,不至余方义可成立。

正量部救。若诸有为法皆有刹那因不至余方义可成立,自有有为无有刹那,如身表业。此刹那因有不成过。

诸有为法皆有刹那,其理极成,后必尽故。谓有为法灭不待因,所以者何?待因谓果,灭无非果,故不待因。灭既不待因,才生已即灭。

论主救不成过。释第四句中"尽故"二字。色不相应,定有刹那,后必有尽故,如灯光等。论主复显灭不待因,谓有为法刹那定灭,灭不待因。所以者何?以理而言,待因谓果,灭是无法,无法非果,故不待因。比量云:灭不待因,以是无故,犹如兔角;或立量云:灭不待因,以非果故,犹如龟毛;或立量云:灭不待因,无非果故,犹如空华。灭既不待因,才生已即灭。此中言灭谓有为法起已息故,此灭无体,诸部极成。次泛明有为法。诸法生灭有二种因:一是主因。谓生灭相与法恒俱,因用强胜,故名主因;二是客因。谓余因缘或有或无,因用非胜,故名客因。若依正量部:诸法生难由主、客二因,诸法灭时通难及易。若心、心所法及声、光等但由主因,不由客因;若不相应及余色、薪等由主、客二因。若依说一切有部:诸法生难由主、客二因,诸法灭易,但由主因,不由客因。若依经部:诸法生时由客因生,诸法灭时非客因灭。主因无体,不可言因。又解:经部生灭虽无实体,然假说有。诸法生时由主、客因生,诸法灭时不由因灭,如掷物在空,去由人力,下即不由。又解:经部同说一切有部:诸法生时由主、客因生,诸法灭时由主因灭,非由客因。主因虽无别体,可假说因。复有外道计诸法生时无因而生,诸法灭时无因而灭。此即略述诸部异计。

若初不灭,后亦应然,以后与初有性等故,既后有尽知前有灭。若后有异方可灭者,不应即此而名有异。即此相异,理必不然。

牒彼计征破。若色等法初位不灭，后位之时亦应不灭，以后与初有体性等。立量云：后位之时应当不灭，有性等故犹如初位，既后有尽知前有灭。立量云：初位之时应亦有灭，有性等故犹如后位。汝若救言：色等后位有体异前方可灭者。夫言异者，两法相望，后位之时不应即此前位法体而名有异，即此前法体相有异，理必不然。

岂不世间现见薪等由与火合故致灭无？定无余量过、现量者，故非法灭，皆不待因。

正量部救。显诸法灭有待客因。岂不世间现见薪等由与火合，客因力故，故致灭无？于三量中取证，诸法定无余二比量、教量能过现量，故非诸法灭皆不待客因。

如何知薪等由火合故灭？

论主征。

以薪等火合后便不见故。

正量部答。

应共审思：如是薪等为由火合，灭故不见，为前前薪等生已自灭，后不更生，无故不见，如风手合灯焰、铃声。故此义成应由比量。

论主劝正量部思。为如汝宗此前薪等为由火合，客因力灭无故不见；为如我宗此前薪等生已自灭，非由火灭，后薪不生，无故不见，应知薪等火合、不合刹那刹那主因自灭。若火未合薪等有力引后果生，后火合时，此火但令薪等无力引后果起。复能违后，薪等不生，非灭薪等，如汝宗中风与灯焰合，手与铃声合，亦许焰、声非由风、手，客因能灭。合与不合刹那刹那主因自灭。若未合时焰、声有力能牵后果，后手、风合，手、风但令焰、声无力能牵后果，复能违后，焰、声不起，非灭焰、声。故此诸法刹那灭义而成立者应由比量。又解：故此法灭不待因义而成立者。

何谓比量？

正量部问。

谓如前说：灭无非果，故不待因。

论主引前文答。立量如前。

又若待因薪等方灭，应一切灭无不待因，如生待因无无因者。然世现见觉、焰、音、声不待余因刹那自灭，故薪等灭亦不待因。

释第五句"应无无因故"。汝若固执要待客因薪等方灭,应诸有为一切法灭无不皆待客因而灭。立量云:觉、焰等灭应待客因,有为摄故,犹如薪等。以生例灭,如有为法生皆能待客因,无无因者,有为法灭,理亦应然,皆待客因,无无因者。若诸法灭皆待客因,便违现量。然世现见觉、焰、音、声不待客因刹那自灭。心、心所法能觉察故总名为觉,即自结言:故薪等灭亦不待客因。立量云:薪等灭时不待客因,有刹那故,如觉、焰等。

有执觉、声前因后灭。

此下叙异计破。此是胜论异师:前觉、声灭,因后念生,以后与前性相违故,犹如后水逼前水流。彼师不立四相,但由后生令前念灭。

彼亦非理,二不俱故。疑、智、苦、乐及贪、瞋等自相相违,理无俱义。若复有位明了觉、声、无间,便生不明了者,如何同类不明了法能灭,明了同类法耶?最后觉、声复由谁灭?

论主破。彼亦非理。若二并生可言此灭于彼,前后二觉、前后二声不俱起故。前若至现,后念未生,无体不应能灭前法;后若至现,前念已谢,如何后法能灭于前?如疑智二法、苦乐二法、贪瞋二法等自相相违,理无俱义,如何可说后灭于前?设许后念能灭于前,后位不明了觉、声能灭,前位明了觉、声;设许后劣能灭前胜,若相续起可后灭前,最后觉、声复由谁灭?

有执灯焰灭以住无为因。

此是上座部、正量部计。住谓住相。住相若在法无容灭,以住无故方能灭法。故彼灯焰灭以住无为因。

有执焰灭时由法、非法力。

此是胜论异计。法、非法德句义摄。于人有益名法,于人无益名非法。由此二力能生诸法,能灭诸法,如暗室中有一明灯,若望受用者灯在有益,即是法生;灯灭无益即非法灭。若望盗窃者灯在无益,即非法生,灯灭有益即是法灭。

彼俱非理,无非因故。非法非法为生灭因,以刹那刹那顺、违相反故。

论主双非二执。破前执云:夫言住无即无有体。以无体法非成因故,故言无非因。故立量云:住无非因,以无体故,犹如兔角。破后执云:非彼胜论于一念中法与非法俱为生因，法与非法俱为灭因。以刹那刹那法即是顺，非法是违，二相反故。云何二法俱生、灭因？又《正理》云：法与非法亦非灭因，见空窟中有焰转故。解云：空窟中焰即无损益，既无所对，法、非法谁为灭因？

或于一切有为法中皆可计度，有此因义。既尔，本诤便应止息，许不待余因，皆有刹那故。

重破胜论义，乘彼起故。汝胜论师或于一切有为法中刹那刹那皆可计度：有此法、非法为生、灭因义；虽复汝计法与非法生、灭因异，即许有为刹那生灭。既恒生灭，是即本与正量部诤无刹那灭便应止息，由许不待余火等灭因皆有刹那故。又解：重破二执，或于一切有为法中刹那刹那皆可计度：有此住无灭因义，有此法、非法灭因义。既尔，本诤无刹那灭便应止息，同许不待余火等灭因皆有刹那故。又解：重破正量部。汝正量部或于一切有为法中刹那刹那皆可计度有此主因灭义。既尔，与正量部诤无刹那灭便应止息，以不待余火等灭因皆有刹那故。

又若薪等灭火合为因。

此下释第六句"生因应能灭"。将破牒执。

于熟变生中有下、中、上。应生因体即成灭因，所以者何？谓由火合能令薪等有熟变生，中、上熟生，下、中熟灭。

此即正破。汝若固执薪等灭时火为因者，应生因体即成灭因，如火烧薪于熟变生中有下、中、上三品不同：初黄名下，次黑名中，后全黑名上。应生因体即成灭因，所以者何？谓由火因与薪等合能令薪等有熟变生三品不同：中熟生下熟灭，上熟生中熟灭，应中熟生因即是下熟灭因，以中熟生时即下熟灭故；应上熟生因即是中熟灭因，以上熟生时即中熟灭故。故言应生因体即成灭因。

或即、或似生下、中因即能为因灭下、中熟。

叙计救义。或即生下熟因即能为因灭下熟，非生中熟因能灭下熟；或即生中熟因即能为因灭中熟，非生上熟因能灭中熟。故言或即。此是或即计，或复转计：生下熟因似灭下熟因，生中熟因似灭中熟因。火焰生灭二因即虽别，同时交杂，故见相似。一为生因，一为灭因，非是一法为生、灭因；或彼计火焰相续不停，前后相似，前为生因，后为灭因，非是一法为生、灭因;或似生下熟因即能为因灭下品熟,非生下熟因即能灭下熟。虽见相似,然体各别。或似生中熟因即能为因灭中品熟,非生中熟因即能灭中熟。虽见相似,然体各别,故言或相似,此是或相似计。

则生因体应即灭因,或灭生因应相无别。不应由即此或似此彼有,彼复由即此或似此非有。

破前二计。则生下、中熟因体应即是下、中熟灭因。如何生因即为灭因?此破或即计:或下品熟灭因、生因,或中品熟灭因、生因,应体相似,相无差别。既体相似,如何可说一为生因一为灭因?此破或似计:"不应"已下,双破两家。"即"是或即计,"似"是或似计;有之言生,非有言灭。不应由即此火焰彼下、中熟有彼下、中熟,复由即此火焰非有。此破或即计:不应由或似此火焰彼下、中熟有彼下、中熟,复由或相似此火焰非有。此破或相似计:此文间杂,双破两家。论主文巧,应善思之。

设于火焰差别生中容计能生、能灭因异,于灰、雪、醋、日、水、地合能令薪等熟变生中,如何计生、灭因异?

纵计征破。设于火焰乍起乍伏、或合或散、乍长乍短、或小或大差别生中,容计能生因异、能灭因异,于灰等六无起伏等相各无差别,与薪等合能令薪等熟变生中,如何计度生、灭因异?

若尔,现见煎水减尽,火合于中为何所作?

正量部问。若尔,现见煎水减尽,以此明知火为灭因;若不尔者,火合于中为何所作?

由事火合,火界力增。由火界增能令水聚,于后后位生,渐渐微乃至最微,后便不续,是名火合于中所作。故无有因令诸法灭,法自然灭,是坏性故,自然灭故,才生即灭。由才生即灭刹那灭义成。有刹那故定无行动。然于无间异方生中,如烧草焰行起行增上慢。既由斯理,行动定无。身表是形,理得成立。

论主答。由客事火合主火界力增,由主火界增能令水聚,渐微不续,是名火合于中所作。火但能令前水无力,不引后水;又违后水令不得生,非灭前水故,无有客因令诸行灭故。有为诸法念念不停,自体谢灭是坏性故,自然灭故,才生即灭刹那义成。有刹那故定无行动。异方无间假名行动,妄谓行动增上慢也。论主破讫,复许传言:既由斯理,正量部执行动定无,说一切有宗身表是形,理得成立。只叙权许邻次还破。

然经部说形非实有,谓显色聚一面多生,即于其中假立长色。待此长色于余色聚一面少中假立短色,于四方面并多生中假立方色,于一切处遍满生中假立圆色,所余形色随应当知。如见火㷂于一方面,无间速运便谓为长,见彼周旋谓为圆色。故形无实别类色体。

此下论主述经部义,破说一切有部形色实有。此即释颂七句"形亦非实有",明无实形,依显假立。谓诸显色安布不同,假立长、短、方、圆、形、色,如文可知,所余形色随应当知者。于其中面凸出生中假立高色,场凹生中假立下色,齐平生中假立正色,参差生中假立不正色。实见显色意谓长等,寄喻来况,如见火㷂;速运谓长,周旋谓圆。此长、圆假依火㷂立。实见火㷂意谓长等,形依于显,理亦应然。故形无实别类色体。

若谓实有别类形色,则应一色二根所取。谓于色聚长等差别,眼见、身触俱能了知。由此应成二根取过。理无色处,二根所取。然如依触取长等相,如是依显,能取于形。

此即释颂第八句"应二根取故"。经部师言:汝常有宗若谓实形则应一形色二色根所取,谓于色聚长等差别眼根能见,身根能触,俱了长等。由此应成二根取过。以理而言,十二处中必无一色处二色根所取。以理破讫,示正义言。然如依触意识,于中取假长等,如是依显意识于中能取假形,形依触显,假建立故,故言意取。

岂不触形俱行一聚,故因取触能忆念形?非于触中亲取形色,如见火色便忆火暖及嗅华香能念华色。

说一切有部救。行之言在,岂不触形俱在一聚故?身因取触,意能忆念,先见形色,非于触中身亲取形。故无色处二根取过,寄喻来况,如眼见火赤色意便忆念,先触火暖,非于色中眼亲取触。又如鼻嗅华香,意能忆念先见华色,非于香中鼻亲取色。

此中二法定不相离,故因取一可得余。无触与形定不相离,如何取触能定忆形?若触与形非定同聚,然由取触能忆念形,显色亦应因触定忆。或应形色如显无定,则取触位应不了形,而实不然。故不应说因取于触,能忆念形。

经部难。此中火赤色与暖触、华香气与彼华色二法决定不相离故。故因取一可得念余。无如是触与如是形可得相属，定不相离。以或滑触有长等故，或时涩等亦有长等，如何取触能忆念形？又纵破云：若触形非定，然取触忆形。触亦与显色非定同聚，显色亦应因触定忆。又如显色无定属触，触时即不能了于显，非定属故。或应形色犹如显色，非定属触，则取触位应不可了形，而实道理即不然也，闭目触时但能了形，非能了显。以此故知形假显实。故汝不应说：因取于触而能忆念，先见实形。若忆实形何不忆显？既不忆显，明形是假。又解：而实形色不然。所以者何？若有实形身亦亲取。故不应说：因取于触而能忆念，先见实形。

或锦等中见多形故，便应一处有多实形，理不应然，如众显色。是故形色非实有体。

经部又破。或锦等中左观见马，右望见牛，正睹见人，倒看见鬼。众多形像异类不同，便应一处有多实形。理不应然，如众显色有多实体，无有改变。是故形色非实有体。

又诸所有有对实色必应有实，别类极微。然无极微名为长等。故即多物如是安布，差别相中假立长等。

经部复难。又诸所有五根、五境有对实色必应有实，别类极微。以理穷研，然无极微名为长等。故即众多显极微物如是安布，差别相中假立长等。立量云：形非实有，无别极微故，如空华等。

若谓即以形色极微如是安布名为长等，此唯朋党，非极成故。谓若形色有别，极微自相极成，可得聚集，如是安布以为长等，非诸形色有别极微，自相极成，犹如显色，云何得有聚集、安布？

经部牒，说一切有部救破。汝若谓即以形微安布名为长等，显前所说无别微因有不成过。此唯朋党之心我不许有，非极成故。又解：此唯朋党胜论师宗。彼宗显形、体性各别，非极成故。若形微体彼此极成，可得安布以为长等，非形微体彼此极成，犹如显色，云何安布？《正理》述说一切有部救云：岂不已说即极微形如是安布，眼识所得积集差别假立长等？准《正理救》意，立假长等意识所知，非五识了。若作俱舍师破，汝宗本意立长等实，为难所逼，言长等假。

岂不现见诸土器等有显相同而形相异？

说一切有部救。岂不现见诸土器等或青或黄有显相同，而瓶、瓮等形相各异。故知显外实有别形。

为不已辨，即于多物安布差别，假立长等，如众蚁等有相不殊，然有行、轮安布形别。形依显等，理亦应然。

经部复破。为不于前已辨此义，即多显物安布差别，假立长等，瓶、瓫等异寄喻来况，如众蚁等有黑相等而不差殊，然或有时长行、圆轮安布形别，离蚁等相外无别行、轮。形依显等，理亦应然，离显等外无别有形，显等等取于触。

岂不暗中或于远处观机等物了形非显？宁即显等安布为形。

说一切有部救。岂不暗中或于远处眼观机等，但了长等形，非了青等显？明知显外别有实形，宁即显等安布为形。

以暗、远中观显不了，是故但起长等分别，如于远、暗观众树、人，但了行军，不知别相，理必应尔。以或有时不了显形，唯知总聚。

经部通释。以暗、远中观众显色，不多明了，非全不缘。是故意识但起长、短、圆等分别，非见实形，寄喻来况，如于远、暗观众树、人，意识但了众树假行、众人假军，不知众树、众人别相。又解：意识但了树行、人军，眼识不知树、人别相。行军喻形，别相喻显，理必应尔。其理何者？以或有时意识不了显形差别，意识唯知总聚假相。又解：眼识不了显形二种，意识唯知总聚假相。不明了故名不了显，不缘形故名不了形。又解：眼识不了显、不分明故名不了显，非全不了，意识不了形、不分别形故名不了形，意识唯知总聚假相。

既已遮遣行动及形，汝等经部宗立何为身表？

结问。既已遮遣正量部师动、名身表及说一切有部实形为身表，汝等经部宗立何为身表？

立形为身表，但假而非实。

经部答。立形为身表不同正量部，但假而非实不同说一切有部。彼经部宗身、语二表色、声上假。

既执但用假为身表，复立何法为身业耶？

问。经部既执但用假形为身表体，复立何法为身业体？

若业依身立为身业，谓能种种运动，身、思依身门行故名身业。语业、意业随其所应立差别名，当知亦尔。

经部答。若业依身门行即缘身表,为境而起名身业。语业准释。异此所余与意俱转,依意地起故名依意门。依余二门虽亦依意,但依别义便立别名。此受通名以通为别,如色、处等。具足应言:依身之业、依语之业、依意之业。经部三业皆思为体。

若尔,何故契经中说有二种业:一者思业,二思已业？此二何异？

征问。经部引教辨违。若其三业体皆是思,经言思已为何所目？既言思已,明知二业非思。

谓前加行起思惟思,我当应为如是如是所应作事名为思业。既思惟已起作事思,随前所思作所作事,动身发语名思已业。

经部通释。思惟思是远因等起,作事思是近因等起。《大乘成业论》说:一审虑思,二决定思。当此论思惟思,摄是思业。三动发思。当此论作事思,摄是思已业;不说刹那等起者,此时心性不必是同。罪、福二门非由彼定,故不依彼说业差别。设于彼位起同类思,如其所应二思所摄身、语二业即作事思,名思已业。

若尔,表业则为定无。表业既无,欲无表业亦应非有,便成大过。

难。若作事思名思已业,色、声表业则为定无。表业既无,欲界无表业亦应非有。以欲无表依表起故,便成大过。

如是大过有理能遮,谓从如前所说:二表殊胜思故起思差别,名为无表。此有何过?

经部答。如是大过有理能遮,谓从如前所说:动身发语二表、远近二因等起殊胜现行思势力故,熏起身、心、思差别,种种异现思名思差别,或与余思种子不同名思差别。于思种子假建立故名为无表。此有何过？言释名者,此思种子不能动身发语表示内心名无表业。依经部宗:身、语二表是无记性,思通三性,故唯思业能熏成种,表不能熏。故《正理》三十四云:彼许身语唯无记故。

此应名为随心转业,如定无表心俱转故。

复难。若思种子名无表者,其思种子常依附心。此应名为随心转无表业,如定共无表,随心俱转故。

无如是过。审决胜思、动发胜思所引生故。设许有表,亦待如前所说思力,以性钝故。

经部复释。我无如是随心转过。欲界散心思种子无表由前现行,审虑胜思、决定胜思远因等起,动发胜思近因等起,所引生故。无心亦有,不名随心转业。若定无表非彼思引,但于定心俱时思上假建立故,入定即有,出定即无,故名随心转业,故非成例。我设同汝说一切有部许有身、语二种表业,亦待如前所说:思力引起无表,表自不能生于无表。以身、语表色性钝故。又解:假设许汝别有其表,汝亦待如前所说:远近二种思力方引无表,表性钝故。又解:非但无表,待前思引。我设许有表亦待如前所说思力,以表性钝故。

毗波沙师说形是实,故身表业形色为体。

毗婆沙师结归本宗。

(金陵本《光记》卷四十五页五左行二至页二十六左行三)

经部及其发展之六：
《俱舍论》(附《光记》)摘录(四)

10. 论无表之有无

无表业相如前已说。
  此下第三，别明无表相，指同前解。颂不别明，但证实有。
经部亦说此非实有，由先誓限，唯不作故。彼亦依过去大种施设。然过去大种体非有故。又诸无表无色相故。
  叙经部解。经部亦说：此无表业非实有性，由先誓限，不作诸恶。"不作"之言表离于作，非别有体。又彼无表性亦依过去大种施设，然其过去所依大种已灭体无，能依无表岂现实有？又诸无表无有变碍色自相故，云何可言是色实有？但于思种假立无表即无妨矣。
毗婆沙说此亦实有。
  述毗婆沙师解。
云何知然？
  征问。
颂曰：
说三无漏色，增非作等故。
  答。于此颂中总有八证，证有无表：一说三色证，二说无漏色证，三说福增长证，四非作成业证，五法处色证，六八道支证，七别解脱证，八戒为堤塘证。前四颂说，后四等收。
论曰：以契经说色有三种，此三为处，摄一切色。一者有色有见有对，二者有色无见有对，三者有色无见无对。
  此是第一说三色证，此三为总处，摄一切色。"有色"谓有一类色，"有见"谓此色处有眼见故，"有对"谓障碍有对；有一类色非眼根、境名"无见"。有对碍故名有对，谓五根四境。有一类色非眼、根境名"无见"，非对碍故名"无对"，谓无表色。经中既说无见无对，明知别有无表色也。

又契经中说有无漏色,如契经说无漏法云何?谓于过去、未来、现在诸所有色不起爱恚,乃至识亦然,是名无漏法。

此是第二无漏色证。此经意显三世五蕴无漏诸法。经中既说有无漏色,明知别有无表色。

除无表色,何法名为无见无对及无漏色?

双显二经,证成无表。除无表色,于初经中何法名为无见无对?第二经中何法名为无漏色耶?

又契经说有福增长,如契经言:诸有净信,若如善男子或善女人成就有依七福业事。若行若住、若寐若觉恒时相续,福业渐增,福业续起。无依亦尔。

除无表业,若起余心或无心时,依何法说福业增长?

此是第三福增长证。成就有依七福业事者:一施羁旅客,二施路行人,三施有病人,四施侍病人,五施园林,六施常乞食,七随时施。如下别明。成就此七福业事者,恒时相续,继前福业渐渐增长,福业有后续起。如是七种有所依事故名有依。善故名福,作故名业,思托名事。福、业、事三如下别释;"无依亦尔"者,无彼七事为依故名无依,但起深心随喜恭敬,于行等中福亦续起,例同有依,故言亦尔。除无表业,若起余染污、无记心或无心时,依何法说福业增长?若作此解,唯起于心,随喜恭敬,无身表业。又解:无依福者非但起心,亦身恭敬,福业增长,但无施物故名无依。无表若无,何福增长?

又非自作,但遣他为。若无无表业,不应成业道,以遣他表,非彼业道摄。此业未能正作、所作故。使作、所作已,此性无异故。

此是第四非自作业证。又非自作身三语四但遣他为。若无无表业,不应成业道,以遣他表,非彼业道摄。由此表业但加行,未能正作所作事故。使作杀等事已,此能教者遣表业性复无异故。既无别类身、语业生,则遣他为应无业道,实成业道。故知尔时更别引生无表业道。

又契经说:苾刍当知:法谓外处,是十一处所不摄法。无见无对,不言无色。若不观于法处所摄无表色者,此言阙减,便成无用。

此是第五法处色证。又契经说:苾刍当知:十二处中言法处者所谓外处,是十一处所不摄法。非眼见故名无见,无障碍故名无对。于此经中不言无色,明知法处有无表色。若不观彼法处无表,此经阙减,便成无用。具足应更说言无色。《正理》称为《各别处经》。

又若无无表，应无八道支，以在定时语等无故。

此是第六八道支证。若有无表可说，在定有彼正语、正业、正命，具八道支。若无无表，应无八道支，但应有五，以在定时正语等三皆无有故。

若尔，何故契经中言：彼如是知，彼如是见，修习正见、正思惟、正精进、正念、正定皆至圆满？正语、业、命先时已得，清净鲜白。

难。若在无漏定中有道共无表名正语、业、命，何故契经中言彼如是知是智，彼如是见是忍？或彼如是知是见道，彼如是见是修道，或彼如是知是修道，彼如是见是见道？修习正见等五皆至圆满，正语等三先时已得。此经既于无漏定中不说正语、业、命，复言正语、业、命先时已得。明知此三在无漏定体即非有，何得证有无表色耶？

此依先时已得，世间离染道说，无相违过。

通经。说正语、业、命先时已得，此依先时已得，世间离染道说，非据无漏道，由先得彼有漏道已不起三邪故，后无漏观但说得五，非于无漏定无此正语等三。故与彼经无相违过。

又若拨无无表色者，则亦应无有别解脱律仪。非受戒后有戒相续，虽起异缘心而名苾刍等。

此是第七别解脱证。又若拨无无表色者则无戒体。非受戒后有戒相续，虽起恶、无记、异缘心而名苾刍等。既受戒后有戒相续，虽起恶、无记、异缘心而名苾刍等，明知别有无表为其戒体。

又契经说：离杀等戒名为堤塘戒，能长时相续，堰遏犯戒过故，非无有体可名堤塘。

此是第八戒为堤塘证。戒为堤塘，明知别有无表为体。

由此等证知：实有无表色。

由此八证知实有无表色。此即总结。

经部师说：此证虽多种种希奇，然不应理。

此下经部破前八证。此即破第一证。初即总非。

所以然者，所引证中，且初经言有三色者，瑜伽师说：修静虑时定力所生定境界色，非眼根、境故名无见，不障处所故名无对。若谓既尔，如何名色？释如是难与无表同。

后即别释。且初经言三种色中无见无对者,瑜伽师说:修静虑时由定力所生是定境界色,即是前八遍处等色,非眼根、境故名无见;不障处所故名无对,非是无表。若谓既尔无见无对如何名色?释如是难与无表同:汝无表色,亦无见无对,如何名色?"瑜伽"此名"相应",即观行者异名。

又经所言无漏色者,瑜伽师说:即由定力所生色中依无漏定者即说为无漏。

此下破第二证。第二经言无漏色者,瑜伽师说即由定力所生色中有二种色:若依有漏定所起色者即说为有漏,若依无漏定所起色者即说为无漏色。非说无表名无漏色。

有余师言:无学身、色及诸外色皆是无漏。非漏依故得无漏名。

叙异释。有余譬喻师言:无学身中所有诸色及外器中所有诸色皆是无漏。非是诸漏所依增故得无漏名,非据缘增。

何故经言有漏法者诸所有眼乃至广说?

说一切有部难。"何故经言有漏法"者谓十五界。

此非漏对治故得有漏名。

譬喻通经。此十五界非漏对治故得有漏名。

是则此应言有漏亦无漏。

说一切有部难。"是则此应言"于一法体名为有漏,亦名无漏。

若尔,何过?

譬喻答。

有相杂失。

说一切有部复征。若一法体名为有漏,亦名无漏,有相杂失。

若依此理说为有漏,曾不依此说为无漏。无漏亦然,有何相杂?若色、处等一向有漏,此经何缘差别而说?如说有漏、有取诸色、心栽覆事,声等亦尔。

譬喻者答。若依此理非漏对治说为有漏,曾不依此说为无漏。无漏亦然。若依此理非漏依故说为无漏,曾不依此说为有漏。一法待对,立名不同,犹如父子。有漏何相杂?若色、处等十五界汝宗所说一向有漏,此经何缘差别而说?如说有漏、有取诸色是能起彼心栽覆事。栽谓栽蘖,覆谓覆障,栽覆二种是惑异名。与心为栽,能覆于心。有取诸色是心栽覆,所缘事故名心栽覆事。经中既释六心栽覆事,言有漏、有取诸色、心栽覆事，故知别有无漏、无取诸色非心栽覆事。不尔，何缘差别而说？若经唯有漏，但应言诸色、心栽覆事。又解：即心体性是生死栽，能覆圣道。事如前释，声等亦尔。

又经所说福增长言，先轨范师作如是释：由法尔力福业增长，如如施主所施财物，如是如是受者受用。由诸受者受用，施物功德摄益有差别故，于后施主心虽异缘，而前缘施思所熏习，微细相续，渐渐转变，差别而生。由此当来能感多果。故密意说：恒时相续，福业渐增，福业续起。

此下破第三证福增长者。经部先代轨范师释：由法尔力熏习种子福业增长。施主非一名如如，受者非一名如是如是；由受者受用，施物能修慈等功德，摄益身心，身心康强有差别故。又解：由诸受者受用，施物得慈、定等种种功德，摄益众生有差别故。于后施主心虽起恶、无记、异缘，而前缘施思所熏习种子在施主身中行相微细，相续不断。后渐转变，无间生果，功力胜前，差别而生。此五并是种子异名。由此思种子当来能感富等多果。故密意说思所熏种子恒时相续，福业渐增，福业续起。非显说也。

若谓如何由余相续德益差别，令余相续心虽异缘而有转变？释此疑难与无表同。彼复如何由余相续德益差别，令余相续别有真实无表法生？

经部牒难征破。汝若谓：如何由余受者相续身中功德、摄益有差别故，令余施者相续身中心虽起恶、无记、异缘而有种子转变生者？释此疑难与汝立无表同。彼复如何由余受者相续身中功德、摄益有差别故，令余施者相续身中别有真实无表法生？

若于无依诸福业事，如何相续、福业增长？

问。若有依福由彼受者受用物时功德、摄益有差别故，令其施者福业增长。此事可然。若于无依诸福业事，但闻他方诸佛出世远生敬心，无物施彼德益差别，如何可得相续身中福业增长？

亦由数习缘彼思故，乃至梦中亦恒随转。

经部答。非但有依由思力故福业增长，此无依福业亦由数习缘彼佛等胜思力故，乃至梦中敬思种子亦恒增长，相续随转。

无表论者于无依福既无表业，宁有无表？

经部反难。说常有宗无表论者所立无表依表而生，于无依福但起敬心，既无表业，宁有无表？《显宗》十八救云：谁言此中无有表业？理应有故。谓闻某所某方邑中现有如来或弟子住，生欢喜故福常增长者，彼必应有增上信心，遥向彼方身敬申礼赞，起福表业及福无表而自庄严，希亲奉觐。故依无表说福业常增长。《正理》意同《显宗》，准《显宗》等救。无依业必依表生，如何此论言无表业？俱舍师破云：汝宗无依不从表生，难所逼故，言从表起。遥申礼赞可寄表起，但起信心位从何表生？又解：经部以己宗难无表论者，于无依福以理而言，既无表业，宁有无表？又解：说常有宗无依福业或有计从表生，或有计不从表起。我今难彼非表生者，非难从表生者，何须救来？

有说有依诸福业事，亦由数习缘彼境思，故说恒时相续增长。

叙经部异师。有说有依诸福业事得增长时，非唯由彼所施财物，亦由施主数习缘彼境物胜思。故说恒时相续增长。又解：此师意说不但无依由数修习缘彼境思福恒增长，有依诸福亦由数习缘彼境思相续增长。

若尔，经说：诸有苾刍具净尸罗，成调善法，受他所施诸饮食已，入无量心定，身证具足住。由此因缘，应知施主无量福善滋润相续，无量安乐流注其身。施主尔时福恒增长。岂定常有缘彼胜思？是故所言思所熏习，微细相续，渐渐转变，差别而生，定为应理。

论主引经破异师说。诸有苾刍受他施已，入四无量心定，身证此定，具足圆满。由此因缘应知施主无量福增。施主尔时福恒增长，岂定常有缘彼施思方始增长？是故前师所言：思所熏习，微细相续，渐渐转变，差别而生，定为应理。但由施已思所熏习种福常增长，非由施主数缘境思方始增长。

又非自作，但遣他为，业道如何得成满者？应如是说：由本加行使者依教所作成时，法尔能令教者微细相续，转变差别而生。由此当来能感多果。诸有自作事究竟时，当知亦由如是道理。应知即此微细相续，转变差别名为业道。此即于果假立因名。是身、语业所引果故，如执别有无表论宗，无表亦名身、语业道。

此下破第四证。牒证释云：应如是说：由能教者本教他时，已能熏成加行思种，相续而住。使者依教所作杀等究竟成时，法尔能令教者身中于前加行所熏思种，更复发生根本业道思种，微细相续，转变差别而生。

于后后位未遇舍缘,刹那刹那渐渐增长。由此根本业道思种于当来世能感多果,自作成时理亦如是。应知即此微细等种名为业道,此思种子名业道者,此于果上假立因名。言因果者,加行能熏动发身、语业思名因,所熏所引思种名果,彼现行动发思有造作故名业道。是前审、决二思所游名道,或能通生善、恶诸趣故名道。现行思因是正业道,种子思业名业道者,于其果上假立因名。《唯识第一》亦说动发思名业道。故彼论云:起身、语思有所造作说名为业,是审、决思所游履故,通生苦乐异熟果故亦名为道。故前七业道亦思为自性。(已上论文)又解:思种名道,以能通生善、恶道故;而名业者,此于果上假立因名。

"是身"下谓前加行现思是因,是身、语业,思种是果,非身、语业而名业者,于果思上假立因名。又解:加行身、语表思所发故假名为业;思所履故,亦名业道。表是业道,思种由彼起故,彼是因,思种是果,故于果上假立因名。故《唯识第一》亦云:或身、语表由思发故假说为业;思所履故说名业道。又解:加行现行能发之思名业,所发身、语名道,是彼思业所游托故名道。由道助业,令熏成种。此业及道俱名为因,是正业道。所熏思果名业道者,于其果上假立因名。

表正名为身、语业道。无表从身、语业道生故名身、语业道。此亦于果假立因名。又解:表正名为身、语业。无表从身、语业生,故名身、语业。此亦于果假立因名,以畅思故得名为道。又解:表正是身、语,无表从身、语生故名为身、语。此亦于果假立因名。造作名业,畅思名道。随应于果假立因名。若依经部宗,得善、恶戒等于加行位熏成加行七思种子。遇胜缘已,从此加行思种子上复更熏成根本思种。与前加行思种并起初念七支种子、第二念二七支种子、第三念三七支种子,乃至未遇舍缘已来念念七支思种增长。若遇舍缘即不增长,名之为舍。根本种子但能招异熟,从根本后别起身、语、思故,熏成后起思种,或初念名根本,第二念已去名后起。又解:于一思种刹那刹那七支功能增长,大乘亦然。然大乘熏第八识,经部熏色、心。大乘种子同时相生,经部种子前能生后。大乘熏种与能熏相应,经部熏种前念熏后念。

然大德说:于取蕴中由三时起思,为杀罪所触,谓我当杀、正杀、杀已。

叙异说。大德谓达磨多罗,取蕴谓所杀众生。于所杀生三时起思:一我当杀，二起正杀，三起杀已，方为罪触。

非但由此业道究竟，勿自母等实未被害，由谓已害成无间业。然于自造不误杀事起如是思，杀罪便触。若依此说，非不应理。

论主破。非但由此三时起思业道究竟，勿自母等实未被害于暗室中，由谓已害起三时思成无间业。然于自造不误杀事起三时思，杀罪便触。若依此说，非不应理。实未被杀，但起三思，即不应理。

何于无表偏怀憎嫉，定拨为无，而许所熏微细相续，转变差别？

说一切有部诘。何于无表定拨为无，而许经部种子无表？

然此与彼俱难了知。今于此中无所憎嫉，然许业道是心种类。由身加行事究竟时离于心、身，于能教者身中别有无表法生。如是所宗不令生喜。若由此引彼加行生事究竟时，即此由彼相续，转变差别而生。如是所宗可令生喜。但由心等相续，转变差别能生未来果故。又先已说。

论主答。评传两家。然此说一切有部与彼经部所说无表俱难了知，或此经部与彼说一切有部俱难了知。我于其中心平等性正无所憎嫉，然说一切有部自许业道无表是善、恶心同性种类，以此无表是等起故，由心引得是心种类。又解：然我许彼思种业道是心种类，同是无色，故言种类。若说一切有部师言：彼受教者由身加行从此至彼执持刀等作杀生等事究竟时，离于心、离于身，于能教者身中别有无表法生。如是所宗不令生喜。经部师言：若由此能教者引彼所教者从此至彼执持刀等加行生作杀等事究竟成时，即此能教由彼所发事究竟故，不离身、心方有根本业道思种类，相续转变，差别而生。如是所宗可令生喜。经部但由于心、身中有思种子相续转变，差别能生未来果故，非由别有无表能生。又先已说。

先说者何？

问。

谓表业既无，宁有无表等？

答。此是无依福文。"等"者等取，已前诸文。此文在后，故举后等前。

又说法处不言无色，由有如前所说：定境无见无对，法处摄色。

此破第五证。又说法处无见无对，不言无色者，由有如前瑜伽师所说：定境无见无对，法处摄色故。所以不言无色。

又言道支应无八者。且彼应说：正在道时如何得有正语、业、命？为于此位有发正言，起正作业，求衣等不？

此下破第六证。又言道支应无八者。且汝应说：正在无漏道时如何现有正语、业、命，为于此位有发正言名为正语，起正作业名为正业，求衣、食等名为正命不？

不尔。

说一切有部答。

云何？

论主征。

由彼获得如是种类无漏无表，故出观后由前势力能起三正，不起三邪，以于因中立果名故，于无表立语、业、命名。

说一切有部释。由彼圣人获得如是种类道，俱无漏无表，故出观后由前无漏无表势力能起三正，不起三邪。而言在定有三种者，以于道俱无表，因中立语、业、命三果名故。所以于无表立语、业、命名。

若尔，云何不受此义？虽无无表而在道时获得如斯意乐依止，故出观后由前势力能起三正，不起三邪，以于因中立果名故，可具安立八圣道支。

经部师言。若尔，云何不受我义？依我部宗，虽无有别无表实体，而正在彼无漏道时获得如斯意乐依止。意乐以欲为体，或以胜解为体，或以欲及胜解为体。故《摄论》云：以欲、胜解为体，意识相应乐故名意乐。依止以意乐，同时思为体性。与彼意乐为依止故，意乐之依止故名意乐依止。又解：意乐即以现思为体，与出观后三正为依止故名依止。意乐即依止故名意乐依止。总而言之，道俱时思即名无表，名道共戒，无别有体。由得彼戒为依止故，故出观后由前无漏道戒势力能起三正，不起三邪。正在道时虽无发言、正作业、求衣食等，以前于因中立后果名故，于彼道位可具安立八圣道支。又解：意乐谓所有意趣，依止谓所依止身。彼言定中无三正体，由道势力获得意乐及胜依止，此于后时能离三邪。因标果称种子，立三正名。真谛意同此解。

有余师言：唯说不作邪语等事以为道支，谓在定时由圣道力便能获得，决定不作。此定不作，依无漏道而得安立，故名无漏。非一切处要依真实，别有法体，方立名数，如八世法，谓得、不得及与毁、誉、称、讥、苦、乐。非此不得

衣食等事,别有实体。此亦应然。

叙经部异说。此师意言:唯说不作邪语、业、命为三道支,谓正在彼无漏定时,由圣道力便能获得,决定不作邪语等事为正语等,非别有体。若无别体,如何名无漏?通此伏难,言此定不作依无漏道而得安立故名无漏。前师意说:依思假立名道俱戒,为三正体。余师意说:不作无体,仍由道得,非别说依,即说不作为三正体。非一切处要依有体方立名数,即指事云:如八世法中第二不得衣食等事,非别有体方立名数。于八世中不得无体,数在其中,于八支中此正语等亦应然也。言世法者,《婆沙》云:世间有情所随顺故名为世法,广如《婆沙》四十四及一百七十三释:所言八者,一得谓得衣食等,《婆沙》云"利",利谓得衣等利,名异义同。二不得谓不得衣食等。《婆沙》有处云"衰",衰谓衰损不得衣等。《婆沙》有处云"无利",谓不得衣等利,此并名异义同。三毁谓背面毁訾。《婆沙》有处言"非誉",名异义同。四誉谓背面称扬。五称谓对面称扬。《婆沙》有处云"赞",名异义同。六讥谓对面讥辱。《婆沙》有处云"毁",名异义同。七苦谓身心苦受。《婆沙》有处云"苦",谓欲界身、心苦,有说唯取五识相应苦。八乐谓身、心乐受。《婆沙》有处云"乐",谓欲界身、心乐。有说唯取五识相应乐,有处亦通轻安乐。

别解脱律仪亦应准此,谓由思愿力先立要期,能定遮防身、语恶业,由斯故建立别解脱律仪。

此下破第七证。别解脱律仪无别体性,亦应准此。谓由近因等起思愿力故,先立要期誓不作恶,能定遮防身、语恶业。于加行位熏思种已至第三归依戒第三羯磨事究竟时,从前思种复更熏成七支思种,念念增长。由斯故建立别解脱律仪。思种假立而无别体。

若起异缘心,应无律仪者。此难非理,由熏习力欲起过时忆便止故。

牒前说一切有部难通释。汝前难云:若戒无别体,起恶、无记、异缘心应无律仪者。此难非理,由受戒者于身、心中念念熏习思种戒力欲起过时忆便止故。

戒为堤塘,义亦应准此。谓先立誓限定不作恶后,数忆念惭愧现前,能自制持令不犯戒。故堤塘义由心受持。若由无表能遮犯戒,应无失念而破戒者。

此破第八证。汝前所说:戒为堤塘义,亦应准此。别解脱律仪释,谓先加行思立誓限言定不作恶,熏成思种。由思种子增长力故,后数忆念惭愧现前,能自制持,定令不犯戒。故堤塘义由心受持而无别体。汝说一切有部若由无表,别有实体,念念现前能遮犯戒,应无失念而破戒者。若依经部,思种名戒而无别体,种若有力能忆不犯;种若无力,不能忆念,即便犯戒,以无别体可容犯戒。

且止此等众多诤论。

论主止诤。

毗婆沙师说:有实物名无表色,是我所宗。

说一切有部结归本宗。

(金陵本《光记》卷四十六页一右行十至页二十二左行八)

11. 三世有之讨论

此下第二明三世有无。就中一述宗,二正破。就述宗中,一教理证有,二叙说定宗。

应辨诸事过去、未来为实有无,方可说系。若实是有,则一切行恒时有故,应说为常;若实是无,如何可说有能、所系及离系耶?

此下教理证有。经部师问:应辨诸事过去、未来为是实有,为是实无方可说为系。若去、来世是实有者,则一切行恒时有故,应说为常;若去、来世实是无者,如何可说有能系、所系及离系耶?

毗婆沙师定立实有,然彼诸行不名为常,由与有为诸相合故。为此所立决定增明,应略标宗,显其理趣。颂曰:

三世有由说,二有境果故;

说三世有故,许说一切有。

答。毗婆沙师定立去、来二世实有,然行非常,四相合故。为此所立去、来实有决定增明,应略标宗,显其理趣。三世实有由佛说故,二缘生故,识有境故,业有果故。下两句结。

论曰:三世实有。

释三世有。

所以者何？

此下释"由说"故。此即征也。

由契经中世尊说故，谓世尊说：苾刍当知：若过去色非有，不应多闻圣弟子众于过去色勤修厌、舍；以过去色是有故，应多闻圣弟子众于过去色勤修厌、舍。若未来色非有，不应多闻圣弟子众于未来色勤断欣求；以未来色是有故，应多闻圣弟子众于未来色勤断欣求。

答。经中既说过去色有，勤修厌、舍；未来色有，勤断欣求，明知过去、未来实有。观色无常，于过去色能勤修厌、舍。又解：观无常故名勤修厌，不顾恋故名勤修舍。观色无常于未来色能断欣求，欣求即是缘未来色贪。又解：观无常故名勤断欣，不希欲故名勤断求。

又具二缘识方生故，谓契经说识二缘生。

释二故。经说二缘能生于识，明知去、来二世实有。

其二者何？

问。

谓眼及色，广说乃至意及诸法。若去、来世非实有者，能缘彼识应阙二缘。

答。六根、六境各生自识名曰二缘。若去、来世非实有者，能缘过去、未来意识应阙二缘。过去无故应阙依缘，过、未无故应阙所缘。

已依圣教证去、来有，当依正理证有去、来，以识起时必有境故，谓必有境识乃得生，无则不生，其理决定。若去、来世境体实无，是则应有无所缘识。所缘无故，识亦应无。

释有境故。以理而言，要有境，识乃得生，无则不生，其理决定。若去、来无，是则应有无所缘识。所缘无故识亦应无。

又已谢业有当果故，谓若实无过去体者，善、恶二业当果应无，非果生时有现因在。

释有果故。又已落谢过去世业有当果故，显有二世。谓若实无过去体者，善、恶二业其体应无，由业无故，未来当果亦应无有。非现在果生时有现因在，以异熟果非因俱故。又解：非未来果生时有现因在，以异熟果非与因无间故。又解：非现、未果生时有现因在，以异熟果非与因俱及无间故。

由此教理，毗婆沙师定立去、来二世实有。

结。由前二教及后二理，毗婆沙师立去、来有。

若自谓是说一切有宗，决定应许实有去、来世，以说三世皆定实有故，许是说一切有宗。

释下两句。若自谓是说一切有宗，决定应许实有去、来世，以说三世皆定实有故，许是说一切有宗。

谓若有人说三世实有，方许彼是说一切有宗。若人唯说有现在世及过去世未与果业，说无未来及过去世已与果业，彼可许为分别说部。非此部摄。

对简部别。说非尽理，半是半非，更须分别，故名分别说部。梵云"毗婆阇缚地"，"毗婆"名"分别"，"缚地"名"部"。旧云"毗婆阇婆提"者讹也。若《宗轮论》饮光部：若业果已熟则无果，未熟则有。彼计同此。

今此部中差别有几？谁所立世最可依？颂曰：

此中有四种，类相位待异。

第三约作用，立世最为善。

此即第二，叙说定宗。上两句答初问，下两句答第二问。

论曰：尊者法救作如是说：由类不同，三世有异。彼谓诸法行于世时，由类有殊，非体有异，如破金器作余物时，形虽有殊而体无异；又如乳变成于酪时，舍味、势等，非舍显色。如是诸法行于世时，从未来至现在，从现在入过去，唯舍得类，非舍得体。

总有四种，此即初师。能救正法，或正法救彼，或以正法救人，故名法救。或言大德即斯人也。法救说言：由三类不同，三世有异。彼谓诸法行于三世时，由三类有殊，非体有异，如破金器作余物时，方圆等形虽复有殊而本无异；又如乳变成于酪时，舍乳甘味及乳冷势，得酪酢味及酪热势，非舍显色。如是诸法行于世时，从未来至现在，从现在入过去，唯舍类得类，非舍体得体。

尊者妙音作如是说：由相不同，三世有异。彼谓诸法行于世时，过去正与过去相合，而不名为离现、未相；未来正与未来相合，而不名为离过、现相；现在正与现在相合，而不名为离过、未相，如人正染一妻室时，于余姬媵不名离染。

此即第二师。音声妙故名曰妙音，梵云"懼沙"，旧云"瞿沙"讹也。彼作是说：由不相应中别有一类，世相不同，三世有异。诸有为法一一有三，随在何世，一显二隐：一正显者名为正合，余二虽隐而非体无，故亦名为不离彼相。又解：相有用时名合，相虽无用而随于法，其体非无，故言合，不名离，如人正染一妻室时，一贪有用，于余姬媵虽有贪无用，不名离贪，恒随行故。

尊者世友作如是说：由位不同，三世有异。彼谓诸法行于世时，至位位中，作异异说。由位有别，非体有异，如运一筹置一名一，置百名百，置千名千。

此下即第三师。说世是天名，与天逐友，故名世友。父母怜子，恐恶鬼神之所加害，言天逐友彼不敢损，故以为名焉。梵名"筏苏密咀啰"，"筏苏"名世，"密咀啰"名友。旧云"和须密"讹也。彼作是说：由位不同，三世有异。彼谓诸法行于世时，至三世位位中，作三世异异说。由三位有别，非三体有异，如运一筹置一位处名一，置百位处名百，置千位处名千。虽历位有别，而筹体无异。

尊者觉天作如是说：由待有别，三世有异。彼谓诸法行于世时，前后相待，立名有异，如一女人名母、名女。

能觉悟天，故名觉天。梵云"勃陀提婆"，"勃陀"名觉，"提婆"名天。旧云"佛陀提婆"，讹也。彼作是说：由观待有别故，三世有异。彼谓诸法行于世时，前后观待，立名有异。观待后故名过去，观待前故名未来，俱观待故名现在，如一女人，观待女名母，观待母名女。体虽无别，由待有异，得母、女名。

此四种说一切有中，第一执法有转变故，应置数论外道朋中。

此下释后两句。将取世友，先破余三。此即破第一师。此四种说一切有部中，第一执法有转变故，应置数论外道朋中，同彼计故。又《婆沙》七十七云：说类异者，离法自性说何为类？故亦非理。诸有为法从未来世至现在时前类应灭，从现在世至过去时后类应生，过去有生，未来有灭，岂应正理？

第二所立世相杂乱，三世皆有三世相故。人于妻室贪现行时，于余境贪唯有成就，现无贪起，何义为同？

破第二师。彼师所立世相杂乱，三世皆有三世相故。复破喻言：人于妻室贪现行时，于余姬媵贪唯有成就，现无贪起。何义得为同？以三世法同时皆有三世相故,喻不等法。

第四所立前后相待,一世法中应有三世。谓过去世前后刹那应名去来,中为现在。未来、现在,类亦应然。

破第四师。此师所立前后相待,一世法中应有三世。谓过去世前刹那应名过去,后刹那应名未来,中刹那名为现在。未来三世,类亦应然。现在世法虽一刹那,待后应名过去,待前应名未来,俱待应名现在。

故此四中第三最善,以约作用,位有差别。由位不同,立世有异。彼谓诸法作用未有名为未来,有作用时名为现在,作用已灭名为过去,非体有殊。

此即评取第三世友,如文可知。

此已具知。彼应复说:若去、来世体亦实有,应名现在,何谓去、来?

经部难。去、来实有,应名现在,何谓去、来?

岂不前言约作用立?

说一切有部答。指同前说。

若尔,现在有眼等根,彼同分摄,有何作用?

经部复难。若尔,现在有眼等根不见色等,彼同分摄,有何作用名为现在?

彼岂不能取果、与果?

说一切有部答。彼同分眼虽无见色、发识之用,彼岂不能起取果用及与果用名现在耶?

是则过去同类因等,既能与果,应有作用,有半作用,世相应杂。

经部复难。过去同类因等,既能与果,应有作用。既有作用,亦应名现在,有半作用,世相应有杂乱之过。

(金陵本《光记》卷六十九页十二右行一至页二十左行十)

此即第二正破。

已略推征,次当广破。颂曰:
何碍用云何,无异世便坏。
有谁未生灭? 此法性甚深。

上句"用"字通于两处。谓"何碍用"?"用云何"? 若用与体无有异者,世义便坏。若说去、来法体实有,谁未已生名未来?谁复已灭名过去?毗婆沙师作如是言:此法性甚深。

论曰:应说若法自体恒有,应一切时能起作用。以何碍力令此法体所起作用时有时无?若谓众缘不和合者,此救非理。许常有故。

释"何碍用"。经部难云:应说一切有为诸法于三世中自体恒有,应一切时能起作用。何碍此法用有还无?汝若谓众缘不和合者,此救非理。汝许因缘亦常有故。

又此作用云何得说为去、来、今?岂作用中而得更立有余作用?若此作用非去、来、今而复说言作用是有,则无为故应常非无,故不应言作用已灭及此未有法名去、来。

释"用云何"。又此作用云何得说为去、来、今?此难意:汝说法体由作用故说三世别,作用未起名未来,作用已起名现在,作用已灭名过去。体由作用说三世别,用复由谁说去、来、今三世差别?岂作用中而得更立有余作用,说此作用为去、来、今?若于用上复有余用,用复有用,便致无穷。若此作用更无作用,非去、来、今三世所摄,而复说言作用是有,则是无为故应常非无,故不应言作用已灭法名过去及此未有法名未来。

若许作用异法体者可有此失,然无有异,故不应言有此过失。

说一切有部救,释"无异"。若许作用异法体者,可别有用无穷及有用常失。然我说用与体无异,随体说故。体无无穷,故用亦无无穷;体非常故用亦非常。汝经部师故不应言有此过失。

若尔,所立世义便坏。谓若作用即是法体,体既恒有,用亦应然,何得有时名为过、未?故彼所立世义不成。

经部破,释"世便坏"。若用即体,体既三世恒有,用亦应如体三世,若恒有用,并应名现,何得有时名为过、未?故彼所立世义不成。

何为不成?以有为法未已生名未来,若已生、未已灭名现在,若已灭名过去。

说一切有部救。何为不成?以有为法未已生名未来,若已生、未已灭名现在,若已灭名过去。

彼复应说:若如现在法体实有,去、来亦然。谁未已生?谁复已灭?谓有为法体实恒有,如何可得成未已生已灭?先何所阙?彼未有故名未已生。后

复阙何？彼已无故名为已灭。故不许法本无今有，有已还无，则三世义应一切种皆不成立。

> 经部破。释第三句。彼复应说：若如现在法体实有，去、来亦然，谁未已生名为未来？谁复已灭名为过去？谓有为法体实三世恒有，如何可得成未已生名未来，已灭名过去？先在未来有何所阙？彼未有故名未已生，后在过去复阙何法？彼已无故名为已灭。故不许法体本无今有，有已还无，则三世义皆不成立。若三世义不成立者，应一切种诸有为法皆不成立。

然彼所说恒与有为诸相合故行非常者，此但有虚言，生灭理无故。许体恒有，说性非常，如是义言所未曾有。依如是义故有颂言：

许法体恒有，而说性非常。

性体复无别，此真自在作。

> 此下广破。经部牒前毗婆沙师所立义征破。然彼前文所说：恒与有为诸相合故行非常者，此但有虚言：三世体实有，生灭理无故。汝许体恒三世实有说性非常，如是义言所未曾有。依如是义故有颂言：许三世法其体恒有，而说三世其性非常。性之与体，眼目异名，复无有别。此真是彼自在天作，外道计自在天须作即作。论主调彼须作即作，同彼自在，故言此真自在作。

又彼所言世尊说故，去、来二世体实有者，我等亦说有去、来世。谓过去世曾有名有，未来当有，有果因故。依如是义说有去、来，非谓去、来如现实有。

> 经部牒前初经通释。我等亦说有去、来世，谓过去世曾有名有，未来当有，故名为有。过去有现果说曾有因，未来有现因说当有果。又解：未来当有果，过去曾有因。依曾、当有说有去、来，非谓去、来如现实有，同彼常宗。

谁言彼有如现在世？

> 说一切有部救。

非如现世，彼有云何？

> 经部征。

彼有去、来二世自性。

> 说一切有部答。谓过去有过去自性，未来有未来自性。

此复应诘：若俱是有，如何可言是去、来性？故说彼有但据曾当、因果二性，非体实有。世尊为遮谤因果见，据曾、当义说有去、来，有声通显有、无法故，如世间说有灯先无，有灯后无。又如有言有灯已灭，非我今灭。说有去、来，其义亦应尔。若不尔者，去、来性不成。

> 经部复诘。若去、来世体俱是有，如何可言是去、来性二世差别？故说彼有据曾有因，据当有果，非体实有。世尊为遮谤因果见，据曾、当义说有去、来，有声通显有、无法故，有显有法，相显可知，不指事说；有显无法，相隐难知，故指事云：如世间说：有灯先时无谓灯未生；有灯后时无谓灯已灭。又如有言：有灯已灭，非我今灭。此虽说有皆显无法，说有去、来，义亦应尔，有显无法。若不尔者，体皆实有，去、来性不成。

若尔，何缘世尊为彼杖髻外道说业过去、尽、灭、变坏而犹是有？岂彼不许业曾有性而今世尊重为说有？

> 说一切有部难。若尔，何缘世尊为此杖髻外道说业过去、尽、灭、变坏而犹是有？既说有言明过去实有，岂彼外道不许过去业曾有性，佛重说业有？良由外道信曾有性，不信实有，故佛说有。手执杖行，头上作髻，故名杖髻。尽、灭、变坏，过去异名，说业过去，说尽，说业灭，说业变坏。

依彼所引现相续中与果功能密说为有。若不尔者，彼过去业现实有性过去岂成？理必应尔。以薄伽梵于《胜义空契经》中说：眼根生位无所从来，眼根灭时无所造集。本无今有，有已还无。去、来眼根若实有者，经不应说本无等言。若谓此言依现世说，此救非理，以现世性与彼眼根体无别故。若许现世本无今有，有已还无，是则眼根去、来无体义已成立。

> 经部师释。经说业有，依彼业所引现相续身中与果功能种子有故，密说过去能熏业为有，所熏业因能与当果，名与果功能。若不尔者，彼过去业今现实有，应是现在，过去岂成？理必应尔，以经中说：眼根生位无所从来，显无未来；眼根灭时无所造集，显无过去，本无今有；既言本无，明无未来，有已还无；既言还无，明无过去。去、来眼根若实有者，经不应说本无等言。牒救破云：若谓经言：眼根本无今有，有已还无；依现世说，此救非理，若现世性与彼眼根体别不同，可得说言依现世说本无今有，有已还无。此现世性与彼眼根体无别故，何得说言依现世说本无今有、有已还无？以离有为无别世故。汝若许现世本无今有、有已还无，

是则眼根去、来无体义已成立,以世与眼根体无别故,说世应亦说眼根故。又解:若谓经言:眼根本无今有、有已还无,依现在世眼根说者,此救非理。若现在眼根体性与彼过、未二世眼根体别不同,可得说言依现在世眼根体说本无今有、有已还无。此现在世眼根体性与彼过、未二世眼根体无别故,何得说言依现在世眼根体说本无今有、有已还无?汝若许现世眼根本无今有、有已还无,是则眼根去、来无体义已成立。

又彼所说:要具二缘,识方生故,去、来二世体实有者,应共寻思意法为缘生意识者。为法如意作能生缘,为法但能作所缘境。若法如意作能生缘,如何未来百千劫后当有彼法?或当亦无为能生缘生今时识。又涅槃性违一切生。立为能生,不应正理。若法但能为所缘境,我说过、未亦是所缘。

牒第二证破。应共寻思意根、法境为缘生识,为法如意作能生缘,为法但能作所缘境。若法如意作能生缘,如何未来有百千劫后当有彼法应生现前?或当亦无阙缘不生,为能生缘生今时识。夫生缘者相貌分明,彼相隐昧,如何能生?又涅槃性违一切生,立为能生第六意识不应正理。若法但能为所缘境生意者,我说过、未亦是所缘。经部许有缘无生心。

若无,如何成所缘境?

说一切有部难。

我说彼有如成所缘。

经部答。我说彼有如成所缘,相似拟对而缘。

如何成所缘?

说一切有部征。过、未无体,如何成所缘?

谓曾有、当有,非忆过去色、受等时,如现分明,观彼为有,但追忆彼曾有之相,逆观未来当有亦尔。谓如曾、现在所领色相,如是追忆过去为有,亦如当现在所领色相,如是逆观未来为有。若如现有,应成现世。若体现无,则应许有缘无境识。其理自成。

经部答。过去曾有,未来当有。非忆过去色、受等时,如现在分明,观彼为有,但追忆彼曾、现有之相,逆观未来当有亦尔。谓"如"已下,重释可知。据曾、当有拟对而缘,故作是言:如成所缘曾、当有故,不同龟、毛无实体故,不同现在;过、未二境若如现在,应成现世。何谓去、来?若体现无,则应许有缘无境识。其理自成,同我经部。

若谓去、来极微散乱,有而非现,理亦不然,取彼相时非散乱故。又若彼色有同现在,唯有极微散乱为异,则极微色其体应常。又色唯应极微聚散,竟无少分可名生灭,是则遵崇邪命者论,弃背善逝所说契经。如契经说:眼根生位无所从来,乃至广说。又非受等极微集成,如何可言去、来散乱?然于受等追忆逆观,亦如未灭已生时相。若如现有,体应是常。若体现无,还应许有缘无境识。理亦自成。

  经部纵救牒破。汝说一切有部若谓过去、未来极微散乱名有,非聚集故而非现在。理亦不然,取彼过、未极微相时非散乱故,应非过、未。又若救言:彼过、未色有体同现,唯有极微散乱为异,则极微色三世不改,其体应常。又色唯应极微聚集,名为现在,极微散乱名为过、未,竟无少分可名生灭。若执微常,是则尊崇邪命者论,即胜论师,弃背善逝所说契经,引经可知。又色微聚散可名过、未,非受、想等极微集成,如何可言去、来散乱?然于受等追忆过去,亦如现在未灭时相,逆观未来,亦如现在已生时相。过、未二世,若如现有,体应是常;若体现无,还应许有缘无境识。理亦得成,同我经部。

若体全无是所缘者,第十三处应是所缘。

  说一切有部难。汝经部师若体全无是所缘者,第十三处应是所缘。

诸有达无第十三处,此能缘识为何所缘?若谓即缘彼名为境,是则应拨彼名为无。

  经部返征说一切有部。诸有达无第十三处,此能缘识为何所缘?若谓即缘第十三处名为境者,尔时既作无第十三处解,然名替处,是则应拨彼名为无。若拨名无,便同邪见,非是正见。谓彼意计:若拨无第十三处是正见,若立第十三处是邪见。当拨之时,彼能缘识既无第十三处可缘,即缘第十三处名为境;既拨名无,应是邪见,非是正见,以有名故而拨为无。然汝计意拨无第十三处是正见,故言是则应拨彼名为无。是其邪见,非是正见。

又若缘声先非有者,此能缘识为何所缘?若谓即缘彼声为境,求声无者应更发声;若谓声无住未来位,未来实有,如何谓无?若谓去、来无现世者,此亦非理,其体一故。若有少分体差别者,本无今有,其理自成。故识通缘有、非有境。

经部师约事释。声未起时名声先非有,望现为先。又若缘声先时非有者,此能缘识为何所缘?既缘非有,明知缘无生心。若谓缘声先时非有,即缘彼声以为境者,求声无者应更发声。缘声非有,尚声为境,求声无者理应发声。若谓声先无时住未来位,汝宗所执未来实有,如何谓无?汝若谓过去、未来世声无现在世故名无者,此亦非理。若现在世性与去、来声体别不同,可得说言无现在世,此现在声与去、来声其体一故,何得说言无现在世?又解:汝若谓过去、未来世声无现世声,故言无者,此亦非理。若三世声其体各别,可得说言无现世声。此现世声与去、来声虽复经历三世不同,其体一故,何得说言无现世声?若未来声与其现声而有少分体差别者,本无今有,其理自成,同我经部。破讫结言。故识通缘有、非有境。亦应征问声后非有,略而不言。

然菩萨说:世间所无,我知、我见无是处者,意说他人怀增上慢,亦于非有现相谓有,我唯于有方观为有。若异此者,则一切觉皆有所缘。何缘于境得有犹豫或有差别?理必应然,以薄伽梵于余处说:善来苾刍!汝等若能为我弟子无诳无谄,有信有勤,我旦教汝令暮获胜,我暮教汝令旦获胜,便知有是有,非有是非有,有上是有上,无上是无上。

经部会经引证。然菩萨说世间所无之法,我言知见无是处者,意说他人怀增上慢,亦于非有未证得中现相谓有。我唯于有方观为有,不于非有现相谓有,非显缘无不生心也。若异我说不许通缘有非有者,则一切觉皆有所缘真实法体,何缘于境得有犹预,有耶、无耶,或有差别,有、无差别?既有犹预,既有差别,明知亦有缘无生心,一切觉者谓心、心所能觉境故,理必应然。复引经证,经中既说知非有言,明知缘无亦生心也。有谓有法,非有谓无法。有上谓更有上法,此法犹劣,即是有为及虚空、非择灭;无上谓更无上法,此法最胜,即是涅槃。

由此彼说识有境故有去、来者,亦不成因。

例破第三证。由此上来所证教理。彼宗所说识有境故有去、来者,亦不成因。

又彼所言:业有果故有去、来者,理亦不然。非经部师作如是说:即过去业能生当果,然业为先,所引相续转变差别令当果生。破我品中当广显示。

此破第四证。总非不然。非经部师作如是说:即过去业能生当果。然过去业为先能熏,于现身中所引业种相续转变差别,令当果生。相续等三,破我品中当广显示。又《正理》五十一引经部云:然业为先,所引相续转变差别能生当果。业相续者谓业为先,后后刹那心相续起,即此相续后后刹那异异而生名为转变。于最后时有胜功能无间生果,异余转变故名差别。

若执实有过去、未来,则一切时果体常有。业于彼果有何功能?若谓能生,则所生果本无今有,其理自成。若一切法一切时有,谁于谁有能生功能?

复牒计破。若执实有过去、未来,则果常有。业于彼果有何功能?若谓业能生果,果体新生,则所生果本无今有,其理自成。若一切法于三世中一切时有,谁因于谁果有能生功能?

又应显成雨众外道所党邪论。彼作是说:有必常有,无必常无。无必不生,有必不灭。

显同外道过。雨时生故以雨标名,是雨徒众故名雨众,即数论师。汝执所立有、无决定。又应显成雨众外道所党邪论。彼说二十五谛,有必常有,非谛摄者无必常无,无必不生,以无体故;有必不灭,以有体故。

若谓能令果成现在,如何令果成现在耶?若谓引令至余方所,则所引果其体应常。又无色法当如何引?又此所引应体本无。若谓但令体有差别,本无今有,其理自成。

复纵救牒破。若谓往业能令当果成现在者,果体本有,如何令果成现在耶?若谓往业引彼当果从余方所引至余方,则所引果从此至彼其体应常。色彼有形段,可从此处引至余方。又无色法既无形段,当如何引?又所引果应体本无,今时创得。若谓往业但令当果,体有差别,不同先时,本无今有,其理自成。

是故,此说一切有部若说实有过去、未来,于圣教中非为善说。若欲善说一切有者,应如契经所说而说。

论主结非,赞述经部。

经如何说?

说一切有部问。

如契经言:梵志当知:一切有者唯十二处,或唯三世,如其所有而说有言。

经部答。如契经言:梵志当知:一切有者唯十二处或唯三世,如其所有而说有言。经部意说：若假若实，若曾若当，如其所有而说有言，非皆实有，犹如现在、过去曾有，未来当有，现是实有。现十二处八处实有，四处少分实有，少分实无，如色处中显色实有，形色实无；声处中无记刹那声实有，相续语业、善、恶等声实无；触处中四大实有，余触实无；法处中定境界色、受、想、思实有，余心所法思上假立实无。及不相应法、三无为法亦是实无。故《正理论》引经部云：又汝等说现十二处少分实有，少分实无，如上座宗色、声、触、法。

若去、来无，如何可说有能、所系及离系耶？

说一切有部难。过、未实有可得说有能系、所系及与离系；若去、来无，如何可说有能系、所系及离系耶？

彼所生因随眠有故，说有去、来能系烦恼。缘彼烦恼随眠有故，说有去、来所系缚事。若随眠断得离系名。

经部答。《正理》释云：此释意言：过去烦恼所生随眠现在有故，说有过去能系烦恼；未来烦恼所因随眠现在有故，说有未来能系烦恼，缘过、未事烦恼随眠现在有故，说有去、来所系缚事。（已上论文）若现随眠种子断时，彼过、未事得离系名。若断现果随眠，即断过因烦恼；若断现因随眠，即断未来果烦恼。应知过、未说能、所系及与离系并据曾、当。

毗婆沙师作如是说：如现实有过去、未来，所有于中不能通释。诸自爱者应如是知：法性甚深，非寻思境，岂不能释便拨为无？有异门故，此生此灭，谓色等生即色等灭；有异门故，异生异灭，谓未来生，现在世灭；有异门故，即世名生，以正生时世所摄故；有异门故，说世有生，未来世有多刹那故。

（金陵本《光记》卷七十页一左行三页十六右行六）

经部及其发展之七：
《俱舍论·破我执品》（附《光记》）摘录（五）

（此品有 Stcherbatsky 所译英文本可参考，又可参考《成实论·无我品》）

越此依余，岂无解脱？
　　就此品中大文有二：一广破异执，二劝学流通。就广破中，一总破，二别破。此下第一总破中，一问，二答，三征，四释，五责，六破。此即问也。问：越此佛法，依余法中，岂无解脱？何故前言应求解脱？此即乘前起问。依前一解判释三分。就"破我品"中，此初两句名为序分。

理必无有。
　　此即答也。以理推寻，必定无有。应知"破我品"中所有立、破，论主多叙经部宗也。若依前一解三分，就破我品中，此下名曰正宗。

所以者何？
　　此即征也。

虚妄我执所迷乱故，谓此法外诸所执我非即于蕴相续假立，执有真实离蕴我故。由我执力诸烦恼生，三有轮回无容解脱。
　　此即释也。"虚妄我执所迷乱故"谓此佛法外胜论师等所执我，非即于五蕴相续法上假立为我，别执有真实离蕴我故。由此横计我执势力为根本故诸烦恼生。由烦恼生，感异熟果，于三有中轮回不息。故依外法无容解脱。

以何为证？知诸我名唯召蕴相续，非别目我体。
　　此即啧也。以何为证？知彼诸我能诠之名唯名五蕴相续法，非离蕴外别目我体。

于彼所计离蕴我中无有真实现、比量故。谓若我体别有实物，如余有法；若无障缘应现量得，如六境意，或比量得，如五色根。言五色根比量得者，如世现见，虽有众缘，由阙别缘，果便非有。不阙便有，如种生芽。如是亦见虽有现境、作意等缘，而诸盲聋、不盲聋等识不起，起定知别缘有阙、不阙。此别缘者即眼等根，如是名为色根比量，于离蕴我二量都无。由此证知无真我

体。

此即破也。于彼外道诸有所计离蕴我中,无有真实现、比量故。于三量中所以不约圣言量证者,内、外二道各谓自师所说圣教,以圣教证,互不禀承。故三量中但约现量、比量以破。谓若我体离五蕴外别有实物,如余有体法。若无障碍因缘,应现量得十二处中,如六境意。谓色等五境、眼等五识现量证得。于法境中,诸心、心所法及与意处,为他心智现量证得。谓若我体离五蕴外别有实物,如余有体法。若无障碍因缘,应比量得,如五色根,言五色根比量得者,如世间现见。虽有水土、人功众缘,由阙种子别缘,芽、果即便非有;不阙种子别缘,芽、果便有。如种生芽,见芽比知有种。此举外喻,如是亦见。虽有色等现境、作意等缘,等取明、空。若眼识由色、作意、明、空四缘;若耳识由声、作意、空三缘;若鼻、舌、身三识,由作意及香、味、触二缘,而诸盲、聋等识不起。以阙眼等别缘故,不盲、聋等识起。以有眼等别缘,定知别缘有阙之时,识不得起;不阙之时,识便得起。此别缘者即眼等根,作意等是共缘,眼等是别缘。五识是果,由能发识,比知有根。如是名为色、根比量,于离蕴、我二量都无,非如六境意根现量得故,非如眼等五根比量得故。由此证知无真我体。此约现、比总破诸我。文中既不别标,明知总破。

然犊子部执有补特伽罗,其体与蕴不一不异。

此下第二别破。就别中,一破犊子部,二破数论师,三破胜论师。此下第一破犊子部。就中,一叙宗,二正破,三通难。此即第一叙宗,言犊子部者十八部中之一称也。佛在世时有犊子外道计有实我,计同外道,故以标名。如来弟子不应执我,而横计我,故先破也。犊子部执有补特伽罗,此云数取趣,我之异名。数取五趣,其体实有,与彼五蕴不一不异。彼计我体非断非常。若与蕴一,蕴灭我灭,我等应断,不可言一。若与蕴异,蕴灭我不灭,我应是常,不可言异。

此应思择为实、为假?

此下第二正破。就中,一以理破,二以教破。就以理破中,一约假实破,二约依征破,三约五法藏破,四约所托破。五约所识破。此下第一约假、实破。论主劝思此应思择:汝所执我为实、为假?

实有、假有相别云何?

犊子部问。实有、假有相别云何？劝我思择。

别有事物是实有相，如色、声等，但有聚集是假有相，如乳、酪等。

　　论主答。如色、声等是实有相，如乳、酪等，是假有相，多法成故。

许实、许假各有何失？

　　犊子又问。许我实、假，各有何失？

体若是实，应与蕴异，有别性故，如别别蕴。又有实体，必应有因，或应是无为，便同外道见。又应无用，徒执实有，体若是假，便同我说。

　　论主出过。我体若是实。破云：汝所执我应与蕴异，有别性故，如色异受等。若与蕴异，便违汝宗，我蕴不异。又所执我必应有因，有实体故，犹如色等。若从因生即是无常，然彼计我非是无常。若是无常即三世摄。彼宗说：我必非是，三世法藏所收。若言不从因生，汝所执我应是无为，非因生故，犹如虚空。若是无为便同外道见，又违自宗，五法藏中我非无为。复言我体非是常故。又若是无为应无有用。既无有用，徒执实有竟何所为？我体若是假，如乳、酪等，便同我说。违汝本宗。

非我所立补特伽罗，如仁所征实有、假有，但可依内现在世摄，有执受诸蕴立补特伽罗。

　　此下第二约依征破。先述犊子部宗：非我所立补特伽罗，如仁所征实有、假有，但可依内，简外山等现在，简过、未有执受，简内身中不净等物无执受者，依此诸蕴立补特伽罗。

如是谬言于义未显，我犹不了，如何名依？若揽诸蕴是此依义，既揽诸蕴成补特伽罗，则补特伽罗应成假有，如乳、酪等揽色等成。若因诸蕴是此依义，既因诸蕴立补特伽罗，则补特伽罗亦同此失。

　　论主正破。如是谬言于义未显，我犹未了，如何名依？若揽诸蕴是此我依义，既揽诸蕴成补特伽罗则补特伽罗应成假有。如乳、酪等揽色等成，体是假故。若言不揽诸蕴，但因诸蕴是此我依义。既因诸蕴立补特伽罗，蕴从因生，我复因蕴而有，则补特伽罗亦同诸蕴，从因而生。若我因生，此我成失，以汝执我非因生故。又解：既因诸蕴聚集立补特伽罗，则补特伽罗亦同诸蕴，体是假有。以经部家许蕴假故，若我是假，此我成失，以汝执我体实有故。

不如是立。

犊子部云：不如是立。

所立云何？

论主征。

此如世间依薪立火。

犊子部答。

如何立火，可说依薪？

论主复问。

谓非离薪可立有火，而薪与火非异非一；若火异薪，薪应不热；若火与薪一，所烧即能烧。如是不离蕴立补特伽罗。然补特伽罗与蕴非异、一：若与蕴异，体应是常；若与蕴一，体应成断。

犊子部答。谓非离薪可立有火，而薪与火非异非一。自设难云：若火异薪，薪应不热。既薪有热，不得言异。若火与薪一，应所烧即能烧。既能、所别不得言一，举法同喻云：如是不离蕴立补特伽罗，然补特伽罗与蕴非异、一。若与蕴异，体应是常，不可言异。若与蕴一，体应成断，不可言一。以彼计我非断非常。

仁今于此且应定说何者为火、何者为薪，令我了知火依薪义。

论主复责。

何所应说？若说应言所烧是薪，能烧是火。

犊子部答。

此复应说何者所烧、何者能烧名薪名火？

论主复问，此复应说：何者所烧名薪？何者能烧名火？

且世共了：诸不炎炽所然之物名所烧薪，诸有光明极热炎炽能然之物名能烧火。此能烧然，彼物相续，令其后后异前前故。此彼虽俱八事为体，而缘薪故火方得生，如缘乳酒生于酪酢，故世共说依薪有火。

犊子复答。且世共了：诸不炎炽所然之物名所烧薪，诸有光明极热炎炽名能烧火。此能烧然，彼物相续，令其后后色变体，微异前前故。此火彼薪，虽俱四大：色、香、味、触，八事为体。而缘前薪故后火方得生，如缘前乳生于后酪，如缘前酒生后酢。乳、酒、酪、酢虽俱八事，而缘乳、酒生于酪、酢。由此理故，故世共说依薪有火。

若依此理火则异薪，后火前薪时各别故。若汝所计补特伽罗如火依薪依诸

蕴者，则定应说：缘蕴而生，体异诸蕴，成无常性。若谓即于炎炽木等暖触名火，余事名薪，是则火薪俱时而起，应成异体，相有异故，应说依义。此既俱生，如何可言依薪立火？谓非此火用薪为因，各从自因，俱时生故；亦非此火名因薪立，以立火名因暖触故。若谓所说火依薪言为显俱生，或依止义，是则应许补特伽罗与蕴俱生，或依止蕴，已分明许体与蕴异。理则应许若诸蕴无补特伽罗，体亦非有，如薪非有，火体亦无。而不许然，故释非理。然彼于此自设难言：若火异薪，薪应不热。彼应定说热体谓何？若彼释言热谓暖触，则薪非热，体相异故。若复释言热谓暖合，则应异体亦得热名，以实火名唯目暖触，余与暖合皆得热名。是则分明许薪名热。虽薪火异而过不成，如何此中举以为难？若谓木等遍炎炽时说名为薪，亦名为火，是则应说：依义谓何？补特伽罗与色等蕴定应是一，无理能遮。故彼所言：如依薪立火，如是依蕴立补特伽罗，进退推征，理不成立。

　　论主破。若依此理，火则异薪。后火前薪，时各别故。又汝计我如火依薪依诸蕴者，则定应说：缘蕴我生，体异诸蕴，成无常性。如何汝言我非异蕴而非无常？又牒转计破：汝若谓即于炎炽木等八事之中，暖触名火，余七事名薪。破云：则是火、薪俱时而起，应成异体，相有异故。又破云：应说依义。此既俱生，如牛两角，如何可言依薪立火？谓非此火用薪为因。所以者何？火之与薪各从过去自同类因俱时生故，亦非此火名因薪立。以立火名因暖触故，非依彼薪。又牒转计破：汝若谓所说火依薪言，为显俱生，或依止义者。破云：是则应许补特伽罗与蕴俱生，或依止蕴，已分明许体与蕴异。此即约喻难法。又理则应许：若诸蕴无，我亦非有。如薪非有，火体亦无。而不许然。彼部不许蕴无、我无，以入无余，蕴无我有。彼宗所计：我在生死，与蕴不一不异。若入无余，与涅槃不一不异。既违己宗，故释非理。然彼犊子于此不异。前文之中自设难言：若火异薪，薪应不热。明知不异。论主征云：彼应定说：热体谓何？若彼释云：热谓暖触，余七名薪。破云：则薪非热，体相异故，何得设难薪应不热？若复释言薪名热，与暖合故薪名热。破云：则应七事异于暖体，亦得热名。以实道理，火名唯目暖触，余七事与暖合皆得热名。是则分明许七事薪亦名为热。虽薪、火异，而过不成。如何此中举以为难？若火异薪，薪应不热。然薪异火，薪亦名热。又汝转计：若谓水等遍炎炽时说名为薪,亦名为火。一体义说。破云：既薪火一,是则应说,依义谓何？我与色等蕴定应是一,无理能遮。故彼所言如依薪立火,如是依蕴立补特伽罗,进退推征,理不成立。

又彼若许补特伽罗与蕴一、异俱不可说,则彼所许三世无为及不可说五种尔焰亦应不可说,以补特伽罗不可说第五及非第五故。

此即第三约五法藏破。"尔焰",此云"所知",旧云"知母"不然。彼犊子部立所知法藏,总有五种：谓三世为三,无为第四,不可说第五。即补特伽罗是不可说摄。彼宗立我,若在生死中,与三世五蕴不可定说一、异,若舍生死入无余涅槃。又与无为不可定说一、异。故说此我为其第五不可说法藏。故牒破云。又彼若许我与五蕴,若一若异俱不可说,则彼所许五种所知,亦应不可说,具有五种,以我与前四法藏不可说为异故；不可说为第五法藏,以与前四法藏不可说为一故。不可说为非第五。非第五者即是前四法藏。既第五、非第五俱不可说,但应建立前四法藏,不应别立第五法藏。又真谛师云：神我若异前四则是可言,不应立第五为不可言。若不异前四,则唯有四。无第五不可言,故不可说第五及非第五。

又彼施设补特伽罗应更确陈为何所托？若言托蕴,假义已成,以施设补特伽罗不托补特伽罗故。若言此施设托补特伽罗,如何上言依诸蕴立？理则但应说依补特伽罗。既不许然,故唯托蕴。若谓有蕴,此则可知。故我上言此依蕴立。是则诸色有眼等缘方可了知故,应言依眼等。

此即第四约所托破。又施设我应更确陈：为何所托？汝若言托蕴,破云：假义已成。以施设我不托我故。汝若言此我托我,破云：如何上言依诸蕴立,理则但应说依补特伽罗？既汝不许我依于我,故唯托蕴。汝若谓有蕴,此我则可知故。我上言此依蕴立者,破云：是则诸色境有眼等缘,方可了知彼色等故。应言色等依眼等立,然五色境虽由根知,不说依根。我亦应尔,虽依蕴知,不应依蕴。

又且应说补特伽罗是六识中何识所识？

此下第五约所识破。此即问也。

六识所识。

犊子部答。

所以者何？

　　论主征。

若于一时眼识识色，因兹知有补特伽罗。说此名为眼识所识，而不可说与色一、异，乃至一时意识识法，因兹知有补特伽罗，说此名为意识所识，而不可说与法一、异。

　　犊子部答。若于一时眼识识色，因兹知有我，言是某甲，说此名为眼识所识，而不可说与色一、异，乃至意识知法等，准此可知。

若尔，所许补特伽罗应同乳等，唯假施设。谓如眼识识诸色时，因此若能知有乳等便说乳等眼识所识，而不可说与色一、异，乃至身识识诸触时，因此若能知有乳等便说乳等身识所识，而不说与触一、异，勿乳等成四或非四所成。由此应成：总依诸蕴假施设有补特伽罗，犹如世间总依色等施设乳等，是假非实。

　　论主例破。若尔计我应同乳等唯假施设，揽四境成，无有别体。谓如眼识识诸色时，因此若能知有乳等，便说乳等眼识所识，以假不离实色之时。亦言识乳等而不可说乳等与色一、异，乃至身识识诸触时。因此若能知有乳等，便说乳等身识所识，而不可说乳等与触一、异。乳等若与色等一者，勿乳等成四。乳等若与色等异者，勿乳等非四所成。故说乳等与彼色等不可说言定一定异，由此应成总依诸蕴。假施设有补特伽罗，犹如世间总依色等，施设乳等是假非实。若依《成实论》，总有四假：一相续假。如身、语业以色、声成。一念色、声不成身、语业，要色、声相续方成身、语业。二相待假。如长、短等相待故立。三缘成假。如揽五蕴成人，揽四境成乳等。四因生假。一切有为法从因所生，皆无自性。今此文中以缘成假，例破缘成假。

又彼所说：若于一时眼识识色，因兹知有补特伽罗，此言何义？为说诸色是了补特伽罗因，为了色时补特伽罗亦可了。若说诸色是了此因，然不可言此异色者，是则诸色以眼及明、作意等缘为了因故，应不可说色异眼等。若了色时，此亦可了，为色能了即了此耶？为于此中别有能了。若色能了即能了此，则应许此体即是色，或唯于色假立于此。或不应有如是分别：如是类是色，如是类是此。若无如是二种分别，如何立有色、有补特伽罗？有情必由分别立故。若于此中别有能了，了时别故，此应异色，如黄异青、前异后等，

乃至于法征难亦然。

　　论主又牒征破。又彼所说若于一时眼识识色，因兹知我，此言何义？两关征定。若说诸色是了此我因，然不可言此我异色者。牒先初关。破云：是则诸色以眼及明、作意等缘为了色因。故应不可说色异眼等。若了色时，此我亦可了者。牒后关。又作两关征定。为色能了识，即了此我耶？为于此中别有能了识。若言色能了即能了此我者，破云：则应许此我体即是色，以了色时亦了我故。或唯于色假立此我，以无别有能了别故。或不应有如是分别：如是类是色，如是类是此我，无别体故。若无如是色、我分别，如何可立有色、有我？有性必由分别立故。若于此中别有能了了此我者，破云：色、我二了既不并生，了时别故。此我应异色，如黄异青。别有能了，体各不同。前异后等，能了亦别，体亦不同，如色即尔乃至于法征难亦然。

若彼救言：如此与色不可定说是一是异，二种能了相望亦然，能了不应是有为摄。若许尔者便坏自宗。

　　又牒救破。若彼救云：如此我与色不可定说是一是异，二种能了相望亦然。色之能了，我之能了。亦不可说定一定异，以所了不定一、异，能了亦非一、异，何得责言为一为异？论主破云：如我与色不可定说是一是异，此我即非是有为摄，是第五不可说法藏收。我之能了与色能了亦不可说是一是异。能了不应是有为摄，应是第五不可说法藏收。若许尔者，便坏自宗。自宗能了是三世法藏有为摄故。

又若实有补特伽罗而不可说色非色者，世尊何故作如是言：色乃至识皆无有我？

　　此下就正破中。第二以教破犊子。经言无我，汝言有我，岂不相违？此引初经牒破。

又彼既许补特伽罗眼识所得，如是眼识于色此俱，为缘何起？若缘色起，则不应说眼识能了补特伽罗。此非眼识缘，如声、处等故。谓若有识缘此境起，即用此境为所缘缘，补特伽罗非眼识缘者，如何可说为眼识所缘？故此定非眼识所了。若眼识起缘此或俱，便违经说，以契经中定判识起由二缘故。

　　论主又引第二经牒计征破。又既许我眼识所得，如是眼识于色境、于此我，于色、我、俱此三中为缘何起？若缘色起，则不应说眼识了我，此我非眼识缘，如声、处等故。汝所执我非眼识缘，非色处故，如声、处等。谓若救云：有一类识，泛缘此青等境起，即用此青等境为所缘缘。破云：补特伽罗非眼识缘者，如何前说我为眼识所缘？由此定非眼识所了。或者已上总是牒救。若眼识起唯缘此我，或缘色、我、俱，便违经说识二缘生。若唯缘我便阙色缘。若缘色、我应由三缘。以经唯说二缘生故。

又契经说：苾刍当知：眼因色缘能生眼识，诸所有眼识皆缘眼色故。

　　论主又引第三经，证识二缘生，非由我起。

又若尔者，补特伽罗应是无常，契经说故。谓契经说：诸因诸缘能生识者皆无常性。若彼遂谓补特伽罗非识所缘，应非所识。若非所识，应非所知。若非所知，如何立有？若不立有，便坏自宗。

　　论主又引第四经破。又若此我是眼识缘，能生眼识，我应无常。经说因缘能生识者皆无常故。犊子不许我是无常。若彼转救我非识缘，破云：应非所识。若非所识，应非所知。若非所知，如何立有我？若不立有我，便坏自宗。自宗立我，第五不可说法藏中摄。

又若许为六识所识，眼识识故，应异声等，犹如色、耳识识故，应异色等，譬如声，余识所识为难，准此。又立此为六识所识，便违经说，如契经言：梵志当知：五根行处，境界各别，各唯受用自所行处及自境界，非有异根亦能受用异根行处及异境界。五根谓眼、耳、鼻、舌、身。意兼受用五根行处及彼境界，彼依意故。或不应执补特伽罗是五根境，如是便非五识所识，有违宗过。

　　论主又引第五经破。将显违经，先立量言：我异六境。又若许我六识所识，汝所执我应异声，眼识识故，犹如色；汝所执我应异色等，耳识识故，譬如声。余识所识一一比量，为难准此。此即难：令我异六境，如何乃言我与六境非定一、异？定讫显违。又立此我六识所识，便违经说。经言：梵志！五根行处各别，境界各别。各唯受用自所行处及自境界。或前约处明，后约界辨。非有异色、根，亦能受用异根行处及异境界。意兼受用五根行处及彼境界，以彼五识亦依意根故。所以意根正能受用十三界，兼能受用五根行处及彼境界。又解：以彼意识依意根故，所以意根与能依识同缘诸法，正缘十三，兼缘五根行处、五根境界。前解为胜。汝意一我六识同取，是则五根亦能兼取异根行处、异根境界。此经复言五根行处境界各别,岂不违经？既违经过,或不应执我是五根境。若非五根境,如是便非五识所识；若非五识所识,虽不违经,有违宗过。以汝宗说我五识所识故。

若尔,意根、境亦应别,如六生喻。契经中言:如是六根行处、境界各有差别,各别乐求自所行处及自境界。

犊子部难。若言五根取别境,不许取于我,第六意根、境亦应别。如六生喻契经中言:如是六根行处、境界各有差别,乃至自境界。此中意说:六生喻经,六根行处,境界各别。理实意根兼能受用五根行处及彼境界,何妨前经五根行处,境界各别,而能兼取异根我境？经言:五根取各别境,未是尽理之言。言六生喻经者,彼经说以绳系鸟、蛇、猪、鼍、野干、弥猴,令不得随意。鸟飞空中喻眼根远见,蛇多住穴喻耳根在深孔内,猪受粪秽臭物喻鼻著香,鼍乐水中喻舌著味,味必因津液通之舌方得味；野干乐住山林草庵喻身著触,弥猴性踔动不停喻意多缘虑。以六众生喻彼六根名六生喻经。

非此中说眼等六根。眼等五根及所生识无有势力、乐见等故,但说眼等增上势力所引意识名眼等根,独行意根增上势力所引意识不能乐求眼等五根所行境界。故此经义无违前失。

论主为彼通六生经,非此中说眼等六根。此经意说第六意识。所以者何？眼等五根及所生五识,无有势力、乐见等故。经言乐求,故知不约彼说,但说眼等五根增上势力所引意识缘色等境。从因为名,名眼等根。独行意根增上势力所引意识缘十三界,亦从因为名,名为意根。既不因彼眼等所引,不能乐求眼等五根所引境界。故此六生喻经义,无违前说,梵志经失。前梵志经据六根体,故说眼等五根境界各别。意根若由眼等引者,亦兼能缘五根行处及彼境界。六生喻经但据六根增上势力所引意识名为六根。随六根引各别缘境,以彼意识随根说六。故说六根名乐求也。前后两经明义各别,故此后经无违前失。

又世尊说:苾刍当知:吾今为汝具足演说一切所达、所知法门,其体是何？谓诸眼色、眼识、眼触。眼触为缘内所生受,或乐或苦,不苦不乐,广说乃至；意触为缘内所生受,或乐或苦,不苦不乐。是名一切所达、所知。由此经文决判一切所达、知法唯有尔所。此中无有补特伽罗,故补特伽罗亦应非所识,

以慧与识境必同故。

论主又引第六经破。所达谓无间道,所知谓解脱道,或所达谓慧所达,所知谓智所知,皆是智慧所达、知法,眼、目异名。此经既说所达、所知唯有尔所,无有我体。故知我体亦非所识。虽达与智是慧非识,以慧与识境必同故,我非所识。

诸谓眼见补特伽罗,应知眼根见此所有,于见非我谓见我故,彼便颠坠恶见深坑。故佛经中自决此义,谓唯于诸蕴说补特伽罗,如人契经作如是说:眼及色为缘,生于眼识,三和合触俱起受、想、思。于中后四是无色蕴,初眼及色名为色蕴。唯由此量说名为人,即于此中随义差别假立名想,或谓有情、不悦、意生、儒童、养者、命者、生者、补特伽罗,亦自称言我眼见色。复随世俗说:此具寿有如是名、如是种族、如是姓类、如是饮食、如是受乐、如是受苦、如是长寿、如是久住、如是寿际。苾刍当知:此唯名想,此唯自称,但随世俗假施设有。如是一切无常、有为从众缘生,由思所造。世尊恒敕依了义经。此经了义,不应异释。

论主又引第七经破。先叙妄计,后引经非。诸犊子部谓眼见我,破云:应知眼根见所有色,于见非我妄谓见我。故彼便颠坠恶见深坑,故佛经中自决此义。谓唯于蕴假说为我,如《人经》说:眼及色为缘,生于眼识。三和合触俱起受、想、思。于中后四所谓眼识及受、想、思,是无色蕴。触揽三成,无别体故,故不别数。论主以经部义破,不同说一切有宗触有别体。初眼及色名为色蕴,唯由五蕴量,假说名为人。契经即于此假名人中,随义差别假立名想。或谓有情,有情识故;或名不悦。劫初时人见地、味等没心不悦故,从此为名;或名意生,从意受生故;或名儒童善子故;或名能养者,或名所养者,或名有命者;或名生者,是生数故;或是能生者,或是所生者,或名补特伽罗,谓数取诸趣故。亦自称言我眼见色,复随世俗说此具寿,谓具足寿命故,有如是天授等名,有如是婆罗门等种族,有如是迦叶波等姓类,乃至世尊恒勅依了义经。此经了义,不应异释。

又薄伽梵告梵志言:我说一切有唯是十二处。若数取趣非是处摄,无体理成;若是处摄,则不应言是不可说。

论主又引第八经破。又薄伽梵告梵志言:我说一切有唯是十二处,摄法皆尽，十二处外更无有法。若数取趣非是处摄，无体理成。若是处摄，汝不应言是不可说第五法藏，以十二处是可说故。

彼部所诵契经亦言：诸所有眼、诸所有色广说乃至。苾刍当知：如来齐此施设一切、建立一切有自体法，此中无有补特伽罗，如何可说此有实体？

论主又引第九经破。彼犊子部所诵契经亦言：诸所有眼、诸所有色广说乃至；诸所有意、诸所有法广说乃至。如来齐此施设一切，建立一切有自体法。此中无我，如何可说我有实体？

频毗娑罗契经亦说：诸有愚昧无闻异生随逐假名计为我者，此中无有我、我所性，唯有一切众苦、法体将正已生，乃至广说。

论主又引第十经证无有我体，如文可知。"频毗"，此云"圆"；"婆罗"，此云"贞实"。

有阿罗汉苾刍尼名世罗，为魔王说：

汝堕恶见趣，于空行聚中，妄执有有情。智者达非有，

如即揽众分。假想立为车。世俗立有情，应知揽诸蕴。

论主第十一引罗汉说证无有我，如文可知。"世罗"，此云小山。

世尊于《杂阿笈摩》中为婆罗门婆拖梨说：

婆拖梨谛听，能解诸结法。谓依心故染，亦依心故净。

我实无我性，颠倒故执有。无有情无我，唯有有因法。

谓十二有支，所摄蕴处界。审思此一切，无补特伽罗。

既观内是空，观外空亦尔。能修空观者，亦都不可得。

论主又引第十二经证无有我。"婆拖梨"是西方小枣名，父母怜子以此标名。就十六句中，初两句先听欲说，后十四句正为解释；就正释中，前两句标章，后十二句别释；就别释中，前两句释依心染，后十句释依心净；就后十句中，前两句总标，后八句别释；"结"谓"蟠结"，难义。从因生法名有因法，余文可知。颂言无我，明无我体。

经说执我有五种失，谓起我见及有情见，堕恶见趣。同诸外道，越路而行。于空性中心不悟入，不能净信，不能安住，不得解脱。圣法于彼不能清净。

论主又引第十三经显我无有。经说：执我有五种失：一谓起我见，二有情见，三堕恶见趣，四同诸外道，五越路而行。于空性中心不悟入，释起我见；不能净信，释有情见；不能安住，释堕恶见趣；不得解脱，释同诸外道；

圣法于彼不能清净,释越路而行。又解言:五失者,一谓起我见及有情见,堕恶见趣,二同诸外道执我,三越正路而行,四于空性中心不悟入,不能净信三宝,不能安住四谛,不得解脱涅槃。五圣法于彼执我身中由惑覆障,不能清净。

此皆非量。

犊子部非。

所以者何?

论主征。

于我部中曾不诵故。

犊子部答。

汝宗许是量,为部、为佛言。若部是量,佛非汝师,汝非释子。若佛言者,此皆佛言,如何非量?

论主两关征责。

彼谓此说皆非真佛言。

犊子部答。

所以者何?

论主复征。

我部不诵故。

犊子部答。

此极非理。

论主非。

非理者何?

犊子部问。

如是经文诸部皆诵,不违法性及余契经,而敢于中辄兴诽拨,我不诵故,非真佛言,唯纵凶狂,故极非理。

论主答。显彼非理。

又于彼部岂无此经谓一切法皆非我性?若彼意谓补特伽罗与所依法不一不异,故说一切法皆非我。既尔,应非意识所识。二缘生识,经决判故。

论主复征。又于彼部岂无此经。谓一切法皆非我性?若彼犊子意,谓此我与所依法不一不异故,说一切所依五蕴法皆非我。破云:既尔应非意识所识，二缘生识，经决判故。若我生意识，应从三缘生。

又于余经如何会释？谓契经说：非我计我，此中具有想心见倒。

论主举经征责犊子。

计我成倒说于非我，不言于我，何烦会释？

犊子部答。计我成倒，说于横计为我，不言于我计我，何烦会释？

非我者何？

论主问。

谓蕴、处、界者。

犊子部答。

便违前说补特伽罗与色等蕴不一不异。

论主出过。便违前说我与色等蕴不一不异。若言蕴、处、界体非我者，如何言我不异蕴耶？

又余经说：苾刍当知：一切沙门、婆罗门等诸有执我等，随观见一切唯于五取蕴起，故无依我起于我见，但于非我法妄分别为我。

论主又出过。经言计我于取蕴起，不言于我，故无依我起于我见，但于非我法妄分别为我，何得说言不言于我？

又余经言：诸有已忆、正忆、当忆种种宿住，一切唯于五取蕴起，故定无有补特伽罗。

论主又出过。经言唯于五取蕴起，不言于我起。故定无我。

（金陵本《光记》卷九十八页一左行二至页二十七左行五）

经部及其发展之八：
《俱舍论记》卷第九十九、一〇〇

若尔，何缘此经复说我于过去世有如是色等？
  此下大文第三通难。犊子难云：若言无我，何缘此经复作是说：我于过去世有如是色等？

此经为显能忆宿生一相续中有种种事。若见实有补特伽罗于过去生能有色等，如何非堕起身见失？或应诽拨言无此经。是故此经依总假我言有色等，如聚如流。
  论主通难。此经为显能忆宿生一相续身中假说于我有种种事。若见实我于过去生能有色等，如何非堕起身见失？然圣知过去，非是有身见，作斯征责。汝或应诽拨言无此经。是故此经依总五蕴相续假我言：有色等如聚，缘成假如流，相续假。无有别体，假立其名。

若尔，世尊应非一切智，无心、心所能知一切法，刹那刹那异生灭故。若许有我，可能遍知。
  犊子部难。若无我者，世尊应非是一切智。无心、心所能知一切法，乃至无我观亦不知自性、相应、俱有法，刹那刹那前后不同，异生灭故。若许有我不刹那灭，多时经停可能遍知。

补特伽罗则应常住，许心灭时此不灭故。如是便越汝所许宗。我等不言佛于一切能顿遍知故名一切智者，但约相续有堪能故，谓得佛名诸蕴相续成就如是殊胜堪能，才作意时于所欲知境无倒智起故名一切智，非于一念顿遍知故。于此中有如是颂：
由相续有能，如火食一切。如是一切智，非由顿遍知。
  论主通难，将通彼难。先破云：我应常住，许心灭时我不灭故。我若不灭，如是便越汝所许宗，我非常故。复正通云：我等不言佛于一切一刹那中能顿遍知故名一切智者，但约前后相续多时有堪能故，谓得佛名诸蕴相续成就如是殊胜堪能一切智德。才作意时，于所欲知境无倒智起名一切智，非于一念能顿遍智名一切智。故于相续中有如是颂：由约前后相续有能，如火渐能烧诸物；非一刹那如是：一切智相续遍知，非由刹那顿遍知也。若依《宗轮论》、大众部等：一刹那心相应般若知一切法。

如何得知约相续说知一切法，非我遍知？

犊子部问。如何得知约相续智说知一切法，非我遍知？

说佛世尊有三世故。

论主答。说佛世尊有三世故。明知约相续说知一切法，非我遍知。彼计世尊以我为体，是第五不可说法藏摄，非三世法藏。故论主答说：佛世尊是三世法藏，约智相续遍知一切，非我遍知。

于何处说？

犊子部问。于何处说佛世尊有三世耶？

如有颂言：

若过去诸佛，若未来诸佛，若现在诸佛，皆灭众生忧。

汝宗唯许蕴有三世，非数取趣，故定应尔。

论主答。如经颂言：三世诸佛灭众生忧，故约相续名佛遍知。汝宗唯许蕴有三世，非数取趣，以数取趣是第五不可说法藏收故，故定应尔。谓定应说约三世法，许约相续说三世诸佛；约智相续遍知一切，非数取趣。若数取趣是世尊体，遍知一切，不应说佛有其三世。

若唯五取蕴名补特伽罗，何故世尊作如是说：吾今为汝说诸重担、取舍重担、荷重担者？

犊子部师又引经难。论主若言唯五取蕴假名我者，何故佛说吾今为汝说诸五取蕴重担，取后重担，舍前重担，现荷重担者？若无有我，于此经中，世尊不应作如是说荷重担等。

何缘于此？佛不应说。

论主却征。何缘于此？佛不应说。

不应重担即名能荷。所以者何？曾未见故。

犊子部答。不应重担，五取蕴体，即名能荷。所以者何？谓曾未见于此重担即名能荷，故知有我名为能荷，蕴是所荷。取舍二种，略而不论。

不可说事，亦不应说。所以者何？亦未见故。又取重担应非蕴摄。重担自取，曾未见故。然经说爱名取担者，既即蕴摄，荷者应然。即于诸蕴立数取趣。然恐谓此补特伽罗是不可说常住实有。故此经佛后自释言：但随世俗说此具寿，有如是名乃至广说。如上所引人经文句，为令了此补特伽罗可说

无常，非实有性，即五取蕴自相逼害，得重担名。前前刹那引后后故名为荷者。故非实有补特伽罗。

  论主为释。就释中先难后释。难云：汝宗所立第五不可说法藏事亦不应说。所以者何？亦曾未见故。又难，例释。难云：能取重担应非蕴摄，重担自取，曾未见故。此中难意：我是能荷即非蕴摄，取是能取，应非蕴摄。例释云：然经说爱因名取果重担者，爱是能取。既即蕴摄，能荷蕴者亦应蕴摄，即于诸蕴上假立数取趣。然佛恐彼犊子部经谓此我体是第五不可说法藏，常住实有，故此经后佛自释言：但随世俗说此具寿，有如是名，乃至广说。众多名字，如上所引入经文句，为令了此五蕴假我。可说无常非实有性，即五取蕴自相逼害得重担名，前前刹那引后后故，故名为荷者。此即前因能荷后果，故非实有补特伽罗。

补特伽罗定应实有，以契经说：诸有拨无，化生有情，邪见摄故。

  犊子部又引经难。显我实有，我定实有。经说拨无，化生有情邪见摄故，化生有情即是实我。拨无邪见，明有实我。

谁言无有化生有情？如佛所言我说有故，谓蕴相续能往后世，不由胎、卵、湿名化生有情。拨此为无，故邪见摄，化生诸蕴，理实有故。又许此邪见谤补特伽罗，汝等应言是何所断？见修所断，理并不然，补特伽罗非谛摄故。邪见不应修所断故。

  论主通难。谁言无有化生有情？如佛所言：化生中有我说有故，谓蕴相续能往后世，不由胎、卵、湿名化生有情。拨此中有为无故邪见摄。化生五蕴，理实有故，义便复征。又许此邪见谤补特伽罗，是何所断？见、修所断。理并不然，汝执实我非四谛摄故非见谛断。又此邪见不应说言修所断故。

若谓经说有一补特伽罗生在世间应非蕴者，亦不应理。此于总中假说一故，如世间说一麻、一米、一聚、一言。或补特伽罗应许有为摄，以契经说生世间故。

  论主又牒计破。若谓经说有一补特伽罗生在世间我一蕴者。破云：亦不应理。经言一我，此于总蕴中假说一我故，如世间说众多极微，名为一麻、一米，多谷、麦等名为一聚，多念音、声名为一言。或汝立我应许有为摄，以契经说生世间故。然宗不许是有为摄。

非此言生如蕴新起。

犊子部救。非此我生如蕴新起。

依何义说生在世间？

论主征问。

依此今时取别蕴义，如世说能祠者生，记论者生，取明论故。又如世说有苾刍生，有外道生，取仪式故。或如世说有老者生，有病者生，取别位故。

犊子部答。言我生者，依我今时舍前别蕴，取后别蕴。非新我生，如世间说习学祠祭得成就者名能祠者生；毗伽罗论名为记论，即是声明论。习学记论得成就者名记论者生。以此二种习明论故名生，彼所习论名为明论。又如世说初出家时名苾刍生，初入外道名外道生。以此二种取自威仪、自法式故名生。或如世说发白面皱名老者生，四大乖违名病者生。以此二种取别位故名生。上所言生据别得法，非初生也。我生亦尔，据取别蕴，非我杂新生。

佛已遮故，此救不成。如《胜义空契经》中说：有业有异熟，作者不可得。谓能舍此蕴及能续余蕴，唯除法假，故佛已遮。

此下论主破，此即引经破。经说有业有异熟，真实作者不可得故。谓能舍此前蕴及能续余后蕴，唯除五蕴相续法假说名为我。故佛已遮蕴外实我。

《颇勒具那契经》亦说：我终不说有能取者，故定无一补特伽罗能于世间取舍诸蕴。

论主又引经破。不说有实能取者，故无实我能取舍蕴。

又汝所引祠者等生，其体是何而能喻此？若执是我，彼不极成。若心、心所，彼念念灭、新新生故，取舍不成。若许是身，亦如心等。

论主又约喻破。又汝所引祠者等生，其体是何而能喻我？汝若执祠者是我，喻不极成，我不许有实我体故；若执祠者是心、心所，彼念念灭，新新生故，取舍不成；若许祠者即是色身，亦如心等，彼念念灭，新新生故，取舍不成。

又如明等与身有异，蕴亦应异补特伽罗。老、病二身各与前别。数论转变，如前已遣。故彼所引，为喻不成。

论主又约喻破。又如明论等与祠者等身异，蕴亦应异我。如何言不异？

老身、病身各与前位身有别异,亦应蕴与补特伽罗异。若言少身、好身转作老身、病身,便同数论转变义宗。数论转变如前已遣。故彼所引祠者生等为喻不成。

又许蕴生非数取趣,则定许此异蕴及常。又此唯一,蕴体有五,宁不说此与蕴有异。

　　　论主又破。许蕴新生非数取趣,则定许我异蕴及常。如何汝宗言不异蕴及非常耶?又我唯一,蕴体有五,宁不说我与蕴有异?

大种有四,造色唯一,宁言造色不异大种?

　　　犊子部反责论主。我一蕴五,令我异蕴。大种有四,造色唯一,宁言造色不异大种?

是彼宗过。

　　　论主答。是彼宗过,非关我事。

何谓彼宗?

　　　犊子部问。

诸计造色即大种论。设如彼见,应作是质:如诸造色即四大种,亦应即五蕴立补特伽罗。

　　　论主答。诸觉天等计诸造色即大种论,设如彼见应作是质:如诸造色即四大种,亦应即五蕴立补特伽罗,如何言我不即蕴耶?

若补特伽罗即诸蕴者,世尊何不记命者即身?

　　　犊子部难。

　　　观能问者阿世耶故,问者执一内用士夫体实非虚,名为命者。依此问佛:与身一异?此都无故,一异不成。如何与身可记一异?如不可记龟毛硬软,古昔诸师已解斯结。昔有大德名曰龙军,三明六通,具八解脱。于时有一毕邻陀王至大德所,作如是说:我今来意欲请所疑。然诸沙门性好多语,尊能直答,我当请问,大德受请。王即问言:命者与身为一为异?大德答言:此不应记。王言:岂不先有要耶?今何异言,不答所问?大德质曰:我欲问疑。然诸国王性好多语,王能直答,我当发问,王便受教。大德问言:大王宫中诸菴罗树所生果味为醋为甘?王言:宫中本无此树。大德复责先无要耶?今何异言不答所问?王言:宫内此树既无,宁可答言果味甘醋。大德诲曰:命者亦无,如何可言与身一异?

论主答。观能问者阿世耶故,问者执一内我实体名为命者。依此问佛与身一异? 我都无故,一异不成。如何与身可记一异? 如不可言龟毛鞭软,龟毛本无何论鞭软。古昔诸师已解释斯蟠结难义。"昔有"已下,指事可知。菴罗树在西方城外生,非王宫有。

佛何不说命者都无?

犊子部问。

亦观问者阿世耶故。问者或于诸蕴相续谓为命者,依之发问。世尊若答命者都无,彼堕邪见,故佛不说。彼未能了缘起理故,非受正法器,不为说假有,理必应尔,世尊说故。如世尊告阿难陀言:有姓筏蹉出家外道来至我所,作是问言:我于世间为有、非有,我不为记,所以者何? 若记为有,违法真理,以一切法皆无我故;若记为无,增彼愚惑,彼便谓我先有今无。对执有愚,此愚更甚。谓执有我则堕常边,若执无我便堕断边。此二轻重,如经广说。依如是义故有颂言:

　　观为见所伤,及坏诸善业,故佛说正法,如牝虎衔子。
　　执真我为有,则为见牙伤,拨俗我为无,便坏善业子。

复说颂言:

　　由实命者无,佛不言一异。恐拨无假我,亦不说都无。
　　谓蕴相续中,有业果命者。若说无命者,彼拨此为无。
　　不说诸蕴中,有假名命者。由观发问者,无力解真空。
　　如是观筏蹉,意乐差别故。彼问有无我,佛不答有无。

论主答。亦观问者阿世耶故,问者或于诸蕴相续假谓命者,依之发问。佛若答无,彼堕邪见,故佛不说。何不为说假名命者? 彼未能了缘起甚深诸法理故,非是能受正法器故。佛不为说假有命者,理必应尔。世尊说故。"筏蹉"此云"犊子"。筏蹉外道请问世尊:我于世间为有、非有? 佛不为记。若记为有违法真理,若说为无增彼愚惑。彼便谓我先有今断,便起断见。以彼断见对执有愚。此愚更甚,以愚重故。谓执有我则堕常边;若执无我便堕断边;执有过轻,执无过重,如经广说:宁起我见如须弥,不起断见如芥子。以起我见能修诸善,故过是轻;以起断见能造众恶,故过是重。故佛不为说无我也。依如是不可说义故,经部中鸠摩逻多有是颂言。初颂总说，后颂别释。观为见所伤，不为说有；及坏诸善业，不为说无，故佛说正法。不急不缓，犹如牝虎衔子相似；缓急得所，太急即伤，太缓即堕。佛若说有我，彼执真我有，则为见所伤，见如牙利能伤人故。此释初句。佛若说无我，彼拨俗我为无，便坏善业子。善业如子名善业子。释第二句。依如是理，故今论主复说颂言，重摄前义。就四颂中，初两句颂前命者与身不一不异，次六句颂前佛何不说命者都无乃至彼堕邪见，故佛不说无。就六句中，前两句总颂，后四句别释。恐彼问者拨无假我，佛亦不说命者都无。谓诸五蕴相续道中，有业有果假名命者。佛若为说无有命者，恐彼问者拨假命者，亦为无故，不说都无。第三行颂前彼未能了缘起理，故非受正法器，不为说假有。世尊不说诸蕴之中有假命者，由观问者无有力能悟解缘起真空理故，故不为说。第四行颂前《筏蹉经》佛观筏蹉意乐差别。彼问世尊有我、无我？佛不答彼有我、无我。

何缘不记世间常等？

犊子部问。何缘世尊不记世间常等四句？

亦观问者阿世耶故。问者若执我为世间，我体都无故，四记皆非理；若执生死皆名世间，佛四种记亦皆非理。谓若常者，无得涅槃，若是非常，便自断灭。不由功力，感得涅槃。若说为常亦非常者，定应一分无得涅槃，一分有情自证圆寂。若记非常非非常者，则非得涅槃，非不得涅槃。决定相违便成戏论。然依圣道可般涅槃，故四定记皆不应理，如离系子问雀死生，佛知彼心不为定记。

论主亦观问者阿世耶故。问者若执我为世间而问世尊：世间常耶、无常耶，亦常亦无常，非常非无常耶？以彼问者实我世间，我体都无故，四答皆非理。故佛不答。若复执言生死五蕴皆名世间，佛四记答亦皆非理。故亦不答。谓若世间常者则不可断，无得涅槃；若是非常便自断灭，不由功力勤劳修道感得涅槃；若答为常亦非常者，于生死中定应一分有情无得涅槃，一分有情自证圆寂；若答非常非非常者，此世间亦应非得涅槃，非不得涅槃。又解：非是非常故则应非得涅槃，非是常故则应非不得涅槃；非常非非常决定相违，便成戏论，何成答问？然依圣道可般涅槃，故四定记皆不应理。如外道离系子以手执雀问佛死、生，佛知彼心不为定记。若答言死，彼便放活；若答言生，彼便舍杀。故佛不答。此亦如是。

有边等四亦不记者，以同常等，皆有失故。

论主例释。若问世间有边等四句，佛亦不记者，以同常等，皆有失故。

宁知此四义同常等？

犊子部问。

以有外道名嗢底迦，先问世间有边等四，复设方便矫问世尊：为诸世间皆由圣道能得出离，为一分耶？尊者阿难因告彼曰：汝以此事已问世尊，今复何缘改名重问？故知后四义与前同。

论主答。以有外道名"嗢底迦"，此云"能说"。先问世间有边等四，世尊不答。后设方便矫问世尊，为诸世间常等皆由圣道，能得出离。为但一分出离，一分不出离耶？尊者阿难在于佛侧，因告彼曰：汝以此事已问世尊世间有边、无边等四，今复何缘改边、无边等四名为常、非常等四？重问世尊：有边是非常，无边是常；亦有边、亦无边是亦常、亦非常；非有边非无边是非常非非常，故知后四义与前同。

复以何缘世尊不记如来死后有等四耶？

犊子部问。复以何缘世尊不记如来死后有、非有，亦有、亦非有，非有、非非有等四句耶？

亦观问者阿世耶故。问者妄计已解脱我名为如来而发问故。

论主答。亦观问者阿世耶故。问者妄计已解脱我名为如来而发问故。以无实我，故佛不答。

今应诘问计有我者：佛何缘记有现补特伽罗，不记如来死后亦有？

论主反诘。今应诘问犊子部师计有我者：佛何缘记有现我，不记如来死后亦有我耶？

彼言恐有堕常失故。

犊子部答。恐堕常失故佛不记。

若尔，何缘佛记慈氏汝于来世当得作佛，及记弟子身坏命终，某甲今时已生某处？此岂非有堕常过失？若佛先见补特伽罗，彼涅槃已便不复见，以不知故不记有者，则拨大师具一切智。或应许不记，由我体都无。若谓世尊见而不说，则有离蕴及常住过。若见、非见俱不可说，则应征言不可说佛是一切

智、非一切智。

  论主难。若尔,何缘佛记慈氏菩萨及记弟子未来世事?此岂非有堕常过失?亦汝若言佛先见我,彼般涅槃已,便不复见我,以不知故不记有者。破云:则拨大师具一切智,以不能知解脱我故。汝或应许不记,由我体都无故。汝若谓佛见解脱我而不记者,破云:则有离蕴过。计入涅槃,蕴灭我不灭故,及常住过,何得说言我与五蕴不异、非常?汝若言已解脱我,佛见、非见我俱不可说,破云:则应征言:不可说佛是一切智,不可说佛非一切智;或应征言:不可说佛是一切智,以不见我故;不可说佛非一切智,以见我故。

若谓实有补特伽罗,以契经言谛故住故,定执无我者堕恶见处故。此不成证,彼经亦说定执有我者堕恶见处故。阿毗达磨诸论师言:执我有无俱边见摄,如次堕在常断边故。彼师所说深为应理,以执有我则堕常边;若执无我便堕断边。前《筏蹉经》分明说故。

  论主又牒计证破。汝若谓有我以契经言审谛而住,定执无我者,堕恶见处故者,破云:此不成证。彼经亦说定执有我者,堕恶见处故,不应计我。对法师言:执我有、无俱边见摄;若执我有即堕常边,若执我无即堕断边。论主许云:彼师所说深为应理,以执有、无堕常、断边。前《筏蹉经》分明说故,引说证成。

若定无有补特伽罗,为可说阿谁流转生死?不应生死自流转故。然薄伽梵于契经中说:诸有情无明所覆,贪爱所系,驰流生死,故应定有补特伽罗。

  犊子部难,引证成。若定无我,为可说谁流转生死?不应自流转故。经说有情无明所覆,贪爱所系,驰流生死,故定有我。

此复如何流转生死?

  论主问。此我复如何流转生死?

由舍前蕴取后蕴故。

  犊子部答。由我舍前蕴,能取后蕴故,说我流转生死。

如是义宗前已征遣。如燎原火虽刹那灭,而由相续说有流转。如是蕴聚假说有情,爱取为缘,流转生死。

  论主指同前破,复述正义。如燎原火虽刹那灭而由前后相续不断,说有流转从此至彼。如是蕴聚上假说为有情,爱取为缘,异熟果起,相续不断,名流转生死。

若唯有蕴,何故世尊作如是说:今我于昔为世导师名为妙眼?

犊子部难。若唯有蕴而无我者,何故佛说今我于昔为世导师?既说今我昔为师言,明知有我。

此说何咎?

论主反责。

蕴各异故。

犊子部答。今蕴、昔蕴前后各异。若无我者,何得说言今我于昔为世导师?

若尔是何物?

论主问。若尔今我于昔为世导师,此是何物?

谓补特伽罗。

犊子部答。

昔我即今,体应常住。故说今我昔为师言,显昔于今是一相续,如言此火曾烧彼事。

论主难。若昔我即今我,体应常住,如何说我非是常耶?难讫通经,故说今我昔为师言,显昔与今是一相续假者。如言此火曾烧彼事,亦显昔火与今时火同一相续火,故言此火曾烧彼事。

若谓决定有真实我,则应唯佛能明了观。观已应生坚固我执。从斯我执、我所执生,从此应生我、我所爱。故薄伽梵作如是言:若执有我便执我所,执我所故于诸蕴中便复发生我、我所爱萨迦耶见。我爱所缚,则为谤佛,去解脱远。

论主又牒计破,叙计正破,引说证成。若如是者则为谤佛,为烦恼缚,去解脱远。

若谓于我不起我爱,此言无义。

论主又牒救破。汝若谓于我不起我爱,但起我见,无爱缚者。破云:此言无义。

所以者何?

犊子部征。

于非我中横计为我,容起我爱,非实我中,如是所言,无理为证。故彼于佛真

圣教中无有因缘,起见疮疱。

论主答。汝若计言:于非我中横计为我,容起我爱,非实我中者,破云:如是所言无理为证,故彼犊子于佛教中无有因缘,忽然横起我见疮疱。

如是一类执有不可说补特伽罗,复有一类总拨一切法体皆非,有外道执有别真我性。此等一切见不如理,皆不能免无解脱过。

论主结,破犊子义便兼显余非。如是一类犊子部执有不可说补特伽罗,复有一类空见外道总拨一切法体皆非有,数、胜论等外道执有别真我性。此等一切见不如理,皆不能免无解脱过。

若一切类我体都无,刹那灭心,于曾所受久相似境何能忆知?

犊子部问。若一切种类我体都无,刹那灭心,于曾所受及远相似境何能忆念?何能记知?昔境似今名相似境。

如是忆知从相续内念境想类,心差别生。

论主答。如是忆念、如是记知从自相续内,有念境想熏成种子名念境想类。此种在心功能差别名心差别。后之忆知从此念境想类种子心中差别功能而生。经部念知无别有体,故想种生。又解:如是忆知从相续身内念境类种、想境类种,境通两处。此文但应言念类种而言想者,想强别标,所以不言知境类者。知由念引,故不别言。故下论云:由此忆念力有后记、知生。又解:忆念从念境类生,记、知从想境类生。以经部知无别体故,此念想种熏在心中,差别功能名心差别。现行忆念及与记、知从彼种生。

且初忆念为从何等心差别无间生?

犊子部问。忆念、记知二种之中,且初忆念为从何等心差别种子前念无间灭,后念无间生?经部因果、前后别时。故从前念种子生后忆念,故作此问。

从有缘、彼作意相似相属、想等。不为依止、差别、愁忧、散乱等缘损坏,功能心差别起。虽有如是作意等缘,若无彼类心差别者,则无堪能修此忆念。虽有彼类心差别因,若无如是缘,亦无能修理。要具二种方可能修。诸忆念生但由于此,不见离此有功能故。

论主答。初忆念生,一由缘生,二由因生。一由缘生者,从有缘彼过去境界,作意力故,为缘生念。过去境界与念境等名为相似,由彼相似境界力故为缘生念;或见今境与昔相似,便能引起缘昔境念,故言相似;或前念似后念故为缘引起。言念相属者,谓属自身作意等缘,简异他身;或因果相属为缘起念,言想等者,等取爱等。从有缘、彼作意等缘力故初忆念起。二由因生者,从所依止身不为差别、愁忧、散乱等缘,损坏功能。心差别因力故初忆念起,忆念起虽有如是作意等缘。若无彼类心差别因,则无堪能修此忆念。虽有彼类心差别因,若无如是作意等缘,亦无能修忆念之理。要具因、缘二种势力,方可能修。诸忆念生,但由于此因、缘力生。不见离此二种因、缘,有别真实我功能忆念故。

如何异心见后、异心能忆？非天授心曾所见境,后祠授心有忆念理。

犊子部难。若无有我,如何前时异心见境,后时异心能忆彼境？非天授心曾所见境,后祠授心有忆念理。"天授"梵云"提婆达多"。天处乞从谓天授与,从所乞处为名,故言天授；"祠授"梵云"延若达多"。因祭祠天而乞得子,故言"祠授"。印度人名天授、祠授,其类寔多,故偏举也。

此难非理,不相属故。谓彼二心互不相属,非如一相续有因果性故,我等不言异心见境、异心能忆,相续一故。然从过去缘彼境心,引起今时能忆念识,谓如前说相续转变差别力故,生念何失？由此忆念力有后记知生。

论主答。此难非理,不相属故。谓彼天授、祠授二心展转相望无因果性,互不相属故。天授心曾所见境,后祠授心不能忆念,非如一人相续身中有因果性,前后相属故。前心曾见,后心能忆。我等不言异心见境,异心能忆,前后相续是一类故,前同类心能忆,然从后过去缘彼境心熏成种子。从此种子引起今时能忆念识,谓如前说：一相续,二转变,三差别力故。生念何失？由此前忆念种子力故,有其后念,记忆知生。

我体既无,孰为能忆？

犊子部问。我体既无,谁为能忆？

能忆是何义？

论主反问。

由念能取境。

犊子部答。

此取境岂异念？

论主又责。

虽不异念，但由作者。

犊子部答。取彼境时虽不异念，但由我作者念方能取境。

作者即是前说念因，谓彼类心差别。然世间所言制怛罗，能忆此于蕴相续立制怛罗名。从先见心，后忆念起。依如是理说彼能忆。

论主述宗通释。作者即是前说念因，非是实我。谓彼念类心差别种，能令后果念取境故，说前念因名为作者。然世间所言：制怛罗能忆。此制怛罗非是实我。此于蕴相续假我立制怛罗名，从先见心熏种为因，后忆念果起。于忆念果上立制怛罗名。故言依如是理说彼能忆。制怛罗是星名，正月出现，正月从此星为名。于此月生故，以此星为名。若执我者于此月生，即说实我名制怛罗。故今通释。

我体若无，是谁之念？

犊子部问。若有我体，可念属是我，第六转成。我体若无，是谁之念？

为依何义说第六声？

论主反问。

此第六声依属主义。

犊子部答。

如何物？属何主？

论主复征。

此如牛等，属制怛罗。

犊子部答。此如牛等物属制怛罗人主。

彼如何为牛主？

论主又问。

谓依彼、彼所乘、构、役等中，彼得自在。

犊子部答。谓依彼、彼所乘、构乳、役使等中，彼制怛罗得自在故名为牛主。

欲于何所驱役于念而勤方便寻求念主？

论主复问。欲于何处驱役于念而勤方便寻求念主我邪？

于所念境驱役于念。

犊子部答。

役念为何？

论主复问。

谓令念起。

　　犊子部答。

奇哉！自在起无理言，宁为此生而驱役此？又我于念如何驱役？为令念起，为令念行。

　　论主又征责。奇哉！自在起无理言，宁为此我生而驱役此念？又解：宁为此念，复作两关征定。又我于念如何驱役？为令念起，为令念行。

念无行故，但应念起。

　　犊子部答。

则因名主，果名能属。由因增上令果得生，故因名主。果于生时是因所有故名能属，即生念因，足为念主，何劳立我为念主耶？即诸行聚一类相续，世共施设制怛罗牛，立制怛罗名为牛主。是牛相续，于异方生，变异生因故名为主。此中无一实制怛罗，亦无实牛，但假施设故言牛主，亦不离因。

　　论主示正义。若令念起名念主者，则念因名主是其所属，念果名能属。由念因增上力，令念果得生，故因名主。果于生时是因所有，故名能属。即生念因足为念主，何劳立我为念主邪？即诸行五蕴聚，是缘成假，前后一类相续，是相属假。世间共施设是制怛罗牛，立制怛罗名为牛主，即此牛主是牛相续。从此至彼于异方生，变异生因故名牛主。此中无一实我制怛罗牛主，亦无实我是牛，但假施设。故言牛主亦不离因。牛是所驱役名果，牛主能驱役名因。同前念主，不离念因。

忆念既尔，记知亦然，如辨忆知孰为能了，谁之识等，亦应例释。且识因缘与前别者，谓根、境等，如应当知。

　　此即例释。明初忆念，其义既尔；释后记知，其义亦然。皆准忆念及与记知。孰为能了？谁之识等亦应例释。粗类大同，非无差别。且识因缘与前别者，谓六根、六境等。如应当知：或识种名因，根等名缘。忆念、记知唯在意地，故与识别。

　　　　　　（金陵本《光记》卷九十九页一右行四至页二十七页左行四）

有作是言：决定有我，事用必待事用者故。谓诸事用待事用者，如天授行必

待天授。行是事用,天授名者。如是识等所有事用,必待所依、能了等者。

此下就别破中,大文第二破数论师。就中,一叙宗,二正破,三通难。此即第一叙宗。数论者言:决定有我,事用必待事用者故。谓诸事用待事用者,如天授行事用,必待天授我。行是事用,天授我名者,如是识等所有了别等事用,必待所依真实我体能了等者。

今应诘彼:天授谓何?若是实我,此如先破。若假士夫,体非一物,于诸行相续假立此名故,如天授能行,识能了亦尔。

此即第二正破。论主破云:今应诘彼:天授谓何?若是实我此如先破。若假士夫五蕴上立,体非一物,于诸行相续假立此天授名故。如假天授说为能行,识了别应知亦尔。但于假我说能了者名,非别实我。

依何理说天授能行?

此下第三通难。数论难:若无实我,依何理说天授能行?

谓于刹那生灭,诸行不异、相续立天授名。愚夫于中执为一体,为自相续异处生因。异处生名行,因即名行者。依此理说天授能行,如焰及声异处相续。世依此说焰、声能行。如是天授身能为识因故,世间亦谓天授能了。然诸圣者为顺世间言说理故,亦作是说。

论主答。谓于刹那生灭,诸行是缘成假,不异相续,是相续假。于二假上立天授名,愚夫于中执为一实我体。此之假我为自相续身,异方生因。后念异处生名行,前念因即名行者。依此理说天授能行,如执灯焰行及传声唤人。从此至彼异处相续,世依此说焰、声能行。如是天授前念身能为后念识因故,世间亦谓天授能了。然诸圣者为顺世间言说理故,亦作是说:天授能了。

经说诸识能了所缘,识于所缘为何所作?

数论问言:经说诸识能了所缘,识于所缘为何所作?

都无所作,但似境生,如果酬因,虽无所作,而似因起,说名酬因。如是识生,虽无所作而似境故,说名了境。

论主答。识于所缘都无所作,但似境生,说能了境,如麦、果等酬麦因等。虽无所作而似因起,说名酬因。如是识生虽无所作而似境故说名了境。

如何似境?

数论问。

谓带彼相。是故诸识虽亦托根生,不名了根,但名为了境。或识于境相续生时,前识为因,引后识起。说识能了,亦无有失。世间于因说作者故,如世间说钟、鼓能鸣,或如灯能行,识能了亦尔。

论主答。谓能缘识上,带彼所缘境界行相,如缘青色能缘识上,带青相现。识似境说识能缘,如镜对质,带质像生,名似本质能照。是故诸识虽亦托根生,识无根相,不似根故,不名了根,但名了境。或识于境相续生时,前识为因,别后识起。说前因识名为能了,亦无有失。世间于因说作者故,如世间说钟、鼓能鸣,能生鸣果故于因立能鸣;或如灯能行,无别能行者,识能了亦尔,无别能了者。

为依何理说灯能行?

数论问。

焰相续中假立灯号。灯于异处相续生时说为灯行,无别行者。如是心相续假立识名,于异境生时说名能了;或如色有色生色住,此中无别有生住者。说识能了,理亦应然。

论主答。火相续中假立灯号。灯于异处,从此至彼相续生时,说为灯行,无别行者。如是心相续上假立识名,于青、黄等异境生时说名能了。如《成实论》一念实识,无能了故。要识相续,别于后念境上生时,相续假识名能了。或如色有体色生,次色住。此中无别有生者、住者。说识能了,理亦应然,无别了者。

若后识生,从识非我,何缘后识不恒似前,及不定次生如芽、茎、叶等?

数论难。此中难意,由有我故。我是自在义,欲得此法前生、此法后生,所以后不恒相似,不定次第。若后识生,从前识生,非从我有,略为二难:一何缘后识不恒似前善、染识等,二既从识生,何缘不先后定次第,生如先芽、次茎、次叶等,次第而生。

有为皆有住、异相故。谓诸有为自性法尔,微细相续,后必异前。若异此者纵意入定,身心相续,相似而生,后念与初无差别故,不应最后念自然从定出。诸心相续亦有定次。若此心次彼心应生,于此心后彼必生故。亦有少分行相等心方能相生,种姓别故,如女心无间,起严污身心,或起彼夫、彼子心等。后时从此诸心相续转变差别还生女心。如是女心于后所起严污心等有生功能。异此无功能，由种姓别故。女心无间，容起多心。然多心中若先数起，明了近起，先起非余，由如是心修力强故，唯除将起位身外缘差别。

　　论主答。言住异者谓住之异。约住明异，即异别名。有为之法皆有异相，后必异前，故不相似。若异此者应无出定。又诸心相续亦有定次，若此心次后彼心应生，于此心后彼心必生，如二十心相生中说。又诸心相续，亦有少分行相等前后相似，方能相生。不生余心，种姓别故。如女心无间，或起庄严身心，或起染污心，或起彼夫心，或起彼子等时。从此诸心相续、转变、差别熏成种，后还生女心。如是女心，于后所起严污心等，有生功能。异此余无生功能，种姓别故。女心无间容起多心。念多心中，或先数起者，或明了近起者。先起非余。又解：或先数起者，或先明了者，或先近起者。先起非余。有解若先数起者，就数起中起明了者，就明了中起近起者。由此义故先起非余。由如是心修力强故，唯除将起位时身，被外缘损坏，差别即不得起。又解：唯除将起位身，遇外缘善、恶差别。逢此胜缘，起即不定。

诸有修力最强盛者，宁不恒时生于自果？

　　数论难。诸有修力最强盛者宁不恒时生自强果？有生劣邪？

由此心有住、异相故。此住异相于别修果相续生中最随顺故。

　　论主答。由此心有住异相故，后渐劣前。此住异相于上、中、下别修果类相续生中最随顺故，所以不恒生自胜果，有生劣果。

诸心品类次第相生，因缘、方隅我已略说。委悉了达唯在世尊，一切法中智自在故。依如是义故有颂言：

　　于一孔雀轮，一切种因相，非余智境界，唯一切智知。

色差别因尚为难了，况心、心所诸无色法因缘差别可易了知。

　　论主谦让，仰推世尊。依如是义，于经部中故有颂言：于一孔雀轮青、黄、赤、白等，有一切种因相。如是如是果从如是如是因生。知此等相非余智境界，唯一切智知，举易况难。一孔雀轮色差别因尚为难了，况心、心所诸无色法因缘差别可易了知？

一类外道作如是执：诸心生时皆从于我。

　　此下就别破中，大文第三破胜论师。就中，一叙宗，二正破，三通难。此即第一叙宗，有一类胜论外道作如是执：诸心生时皆从于我，以彼心是我家德故。

前之二难于彼最切。若诸心生皆从我者，何缘后识不恒似前及不定次生如芽、茎、叶等？

此下第二正破。论主以前数论二难难彼胜论。前之数论所说二难，于彼胜论为难最切。若诸心生皆从于我者，我一自在，何缘后识不恒似前及不定次第生如芽、茎、叶等？

若谓由待意合差别有异识生，理定不然。我与余合，非极成故。又二物合有分限故，谓彼自类释合相言：非至为先，后至名合。我与意合应有分限，意移转故，我应移转。或应与意俱有坏灭。若谓一分合，理定不然，于一我体中无别分故。设许有合，我体既常，意无别异，合宁有别。若待别觉，为难亦同。谓觉因何得有差别？若待行别我意合者，则应但心待行差别能生异识，何用我为？我于识生都无有用，而言诸识皆从我生，如药事成能除痫疾，诳医矫说普莎诃言。若谓此二由我故有，此但有言，无理为证。若谓此二我为所依，如谁、与谁为所依义。非心与行如画如果，我为能持如壁如器，如是便有更相碍失，及有或时别住失故。

牒计别破。汝若谓我由待实句义色意合差别，方有异识生及不定次第。破云：理定不然。我与色意合非极成故，以佛法宗不许有我、色意合故。又以理破。夫二物合必有分限，非无分故。谓彼胜论外道自类释合相言：非至为先，彼后至名合，破云：若我、意合，意有分限，故我应有分限。胜论计我周遍法界，无分限故。又我、意合意移转故，我应移转；或我与意相就和合，我应与意俱有坏灭。然彼宗计我、意俱常。又汝若谓我体遍满，不可遍合。色意俱与一分我合者，破云：理定不然，我体是一，于一我体中无别分故，何得说言与一分合、不与余分合？假设许有合，我体既常，意无别异，还是一常。合宁有异生别识耶？又汝若救言：我待德句义中别觉慧故方生异识，破云：为难亦与待意义同。我既遍满，无有差别。谓觉因何得有差别？生异识耶？又汝若言待德句中行别，我方意合生异识者，破云：则应但心待行差别能生异识，何用我为？又总非我于识生都无有用。而胜论言识皆我生，如药事成能除痫疾已，诳医矫说普莎诃言。"普莎诃"此云"吉祥"。今此痫疾由我咒除。此中亦尔，行足生心，何须别我？又汝若谓此心、行二由我故有，破云：此但有言,无理为证,由我故有。又汝若谓此心、行二我为所依。征云:如谁、与谁为所依义,非心与行如画、如果。我为能持如壁持画、如器持果。若如彼喻,如是便有我与心行更相碍失,同色法故。若如彼喻及有或时别住失故,以画色果与彼壁、器有时别故。然计我体无有障碍,望彼心、行无障碍失。我遍法界望彼心、行无别住失。

非如壁、器,我为彼依。

胜论救。非如壁、器,我为彼心、行依。

若尔,如何?

论主征问。

此但如地,能为香等四物所依。

胜论答。此我但如地,能为香等四物所依。虽彼宗计香是地家德,彼说眼见大地为香等所依。

彼如是言证成无我。故我于此深生喜慰,如世间地不离香等,我亦应尔,非离心行。谁能了地离于香等?但于香等聚集差别,世俗流布立以地名。我亦应然,但于心等诸蕴差别假立我名。

论主破。世间假地无有别体,不离香等假立地名。我亦如是,无有别体,不离心、行假立我名。若依经部假地揽色、香、味、触成此假地。地是缘成假。论主述经部义,故说此地揽四物成,无别有体。若依胜论,离香等外别有地。故喻离心、行外,别有实我。

若离香等无别有地,如何说言地有香等?

胜论难。若离香等四物无别有地,如何可言地有香等?

为显地体有香等别,故即如地说有香等,令他了达是此非余,如世间言木像身等。

论主答。地是假名,香等为体。为显假地体有香等别,故即假地说有香等,令他了达是此香等,非是余物。如木像身,身即是木,离木之外无别像身;地即是香等,离香等外无别有地。

又若有我待行差别,何不俱时生一切智?

论主又牒计征。又若有我待行差别,行既众多,何不俱时生一切智?

若时此行功用最强,此能遮余,令不生果。

胜论答。行有强弱,强者先起,遮劣不生。故不俱时生一切智。

宁从强者，果不恒生？

　　论主复征。强既先生，宁从强者，果不恒生。有时生劣。

答：此如前修力道理，许行非常，渐变异故。

　　胜论答。以内例外，答此妨难。如前论主论修力道理，我许行非常，渐变异故。所以从强者，果不恒生。

若尔，计我则为唐捐，行力令心差别生故。彼行此修体无异故。

　　论主难。若行生生心，我即唐捐。彼胜论行，此佛法修，体无异故。

必定应信我体实有，以有念等德句义故，德必依止实句义故。念等依余理不成故。

　　胜论标宗，劝论主信。必定应信我体实有，以有念等德句义故。夫德必依实句义故，我是实句，为彼念等德句所依。明知有体，我实若无，何成依止实句？九中念等依我，念等依余地等八实。理不成故。

此证非理，不极成故。谓说念等德句义摄，体皆非实，义不极成，许有别体皆名实故。经说六实物名沙门果故，彼依实我，理亦不成，依义如前，已遮遣故。由此所立但有虚言。

　　论主破。此证非理。夫引为证，彼此极成。汝所引证，皆不极成。谓说念等德句义摄，是实家德，体皆非实，义不极成。我许念等有别体故，皆名为实，非无体故。经说六实物名沙门果故，六物谓无漏五蕴及与择灭。于五蕴中念等心、心所法既名实物，明知皆有实体。又彼念等依止实我，理亦不成。依义如前：心行依我中已遮遣故。由此所立，但有虚言。

若我实无，为何造业？

　　此下第三通外难。此即胜论师难也。

为我当受苦、乐果故。

　　论主答。

我体是何？

　　胜论问。

谓我执境。

　　论主答。谓我所执境。

何名我执境？

胜论问。

谓诸蕴相续。

论主答。

云何知然？

胜论问。

贪爱彼故，与白等觉同处起故。谓世有言：我白、我黑、我老、我少、我瘦、我肥，现见世间缘白等觉，与计我执同处而生，非所计我有此差别。故知我执但缘诸蕴。

论主答。一贪爱彼五蕴故，二我执与白等觉同处起故。谓世有言：我白、黑现见世间缘白等觉，与计我执同处而生，非汝所许横计我体有白等别。故知我执但缘诸蕴。

以身于我有防护恩，故亦于身假说为我，如言臣等即是我身。

胜论通释。以身于我有防护恩故，亦于身假说为我。我白、黑等，如言臣等。如言臣等能防护王，王言臣等即是我身。

于有恩中实假说我，而诸我执所取不然。

论主难。于有恩中实假说我，而诸我执所取不然。但缘身等言我白等，非缘别我。

若许缘身亦起我执，宁无我执缘他身起？

胜论难意可知。

他与我执不相属故。谓若身、若心与我执相属，此我执起，缘彼非余，无始时来如是习故。

论主答。他五蕴身与自我执相不相属故。谓若自身及与自心、与我执相属，此我执起，缘彼自蕴，非余他蕴。无始时来如是习故。缘自计我，非缘他计。

相属谓何？

胜论问。

谓因果性。

论主答。于自身中有因果相系属，故名为相属。望他身中无因果性，不名相属。

若无我体，谁之我执？

胜论问。

此前已释，宁复重来？谓我于前已作是说，为依何义说第六声乃至辨因为果所属？

论主答。指同前释。

若尔，我执以何为因？

胜论问。

谓无始来我执熏习，缘自相续，有垢染心。

论主答。谓无始来我执熏习种子，缘自相续，有垢染心，为我执因生此执。

我体若无，谁有苦乐？

胜论问。

若依于此有苦乐生，即说名为此有苦乐，如林有果及树有华。

论主答。若依于此身有苦、乐生，即说名为此身有苦、乐，如林有果及树有花。

苦乐依何？

胜论问。

谓内六处，随其所起，说为彼依。

论主答。谓内六处随其所起苦、乐二种。说内六处为彼苦、乐所依。

若我实无，谁能作业？谁能受果？

胜论问。

作、受何义？

论主反责。

作谓能作，受谓受者。

胜论答。

此但易名，未显其义。

论主复责。前问作、受是何义耶？今答：作谓能作，受谓受者。此但易名，未显其义。

辨法相者释此相言：能自在为名为作者，能领业果得受者名，现见世间于此事业若得自在名为能作，如见天授于浴、食、行得自在故名浴等者。

即胜论师名辨法相者。释此作者、受者相言，别释引证如文。又解：胜论引《毗伽罗论》中辨法相者释此作者相言。

此中汝等说何天授？若说实我，喻不极成。说蕴便非自在作者。业有三种，谓身、语、意。且起身业必依身、心。身、心各依自因缘转，因缘展转依自因缘，于中无一自在起者，一切有为属因缘故。汝所执我，不待因缘，亦无所作，故非自在。由此彼说能自在为名作者相，求不可得。然于诸法生因缘中，若有胜用假名作者，非所执我见有少用故，定不应名为作者。

> 论主破。"此中汝等说何天授？若说实我，喻不极成。说蕴便非自在作者。业有"已下约三种业显非自在乃至于中无一自在起者，一切有为属因缘故。汝所执我其体是常，不待因缘，亦无所作。故非自在。由此道理，彼胜论说能自在为名作者相。上来征责，求不可得。论主复申正义云：然于诸法生因缘中，若有胜用假名作者，非执常我于因缘中见有少用。故定不应名为作者。

能生身业胜因者何？

> 胜论师问。

谓从忆念引生乐欲，乐欲生寻、伺，寻、伺生勤勇，勤勇生风，风起身业。汝所执我此中何用？故于身业我非作者，语、意业起类此应思。

> 论主答。始从忆念展转乃至风起身业，汝所执我此中何用？故于身业我非作者，语、意业起，类身应思。

我复云何能领业果？若谓于果我能了别，此定不然。我于了别都无有用，于前分别生识因中已遮遣故。

> 论主上来破我是作者，今破我是受者。我复云何能领业果得受者名？汝若谓于果我能了别，破云：何此定不然？我于了别都无有用。指同前破。

若实无我，如何不依诸非情处罪、福生长？

> 胜论难。

彼非受等所依止故。唯内六处是彼所依，我非彼依，如前已说。

> 论主答。彼外非情非受、想等所依止故。唯内六处是彼受等所依止故。我非彼受等之所依止，如前已说。

若实无我，业已灭坏，云何复能生未来果？

> 胜论难。若有我体，可造业已能生后果；若实无我，业已灭坏，复云何能生未来果？

设有实我业已灭坏,复云何能生未来果?

  论主反责。

从依止我法、非法生。

  胜论答。彼计德句义中法、非法二,能生诸法,依止实句义中我。从依止我法、非法二,能生诸法。此法、非法能生诸法,如前已说。

如谁、依谁,此前已破。故法、非法不应依我。然圣教中不作是说,从已坏业未来果生。

  论主破。此法、非法依止于我,如谁、依谁,此法非如画、如果。我为能持,如壁、如器等。此前已破。法、非法不应依我。然"圣"已下亦正义。

若尔,从何?

  胜论师问。

从业相续转变差别,如种生果,如世间说果从种生。然果不从已坏种起,亦非从种无间即生。

  论主答。此后果起,从业所熏、相续、转变、差别种生,如种生果。谓如世间说果从种生,然果不从已坏种起,亦非从种无间即生,要经多时转生果。

若尔,从何?

  胜论师问。

从种相续转变差别,果方得生。谓种次生芽、茎、叶等,华为最后,方引果生。

  论主答。此后果起,从种展转付嘱功能相续、转变、差别果方得生。谓种次生芽、茎、叶等,华为最后,展转付嘱功能至后方引果生。此种功能中间不断名相续,前后不同名转变,无间生果名差别。

若尔,何言从种生果?

  胜论师问。

由种展转引起华中生果功能,故作是说。若此华内生果功能非种为先所引起者,所生果相,应与种别。如是虽言从业生果,而非从彼已坏业生,亦非从业无间生果,但从业相续转变差别生。

  论主答。由初种子所有功能展转付嘱,引起华中生果功能。从初为名,故作是说:种能生果。若此华内生果功能非种为先所引起者,所生果相应与种别,不应果麦等似前麦因等。举法同喻云:如是虽言从业生果,而非从彼已坏业生,亦非从业无间生。果但从前业相续、转变、差别种生。

何名相续转变差别?

胜论师问。

谓业为先,后色、心起,中无间断,名为相续;即此相续,后后刹那异前前生,名为转变;即此转变,于最后时有胜功能无间生果,胜余转变,故名差别。

论主答。谓现起业最初为先,后熏成种在色、心中。起此色、心中种,中无间断名为相续,即相续种;后后刹那异前前种名为转变,即转变种。于最后位一刹那时,有胜功能无间生果,胜前转变故名差别。

如有取识正命终时,虽带众多感后有业所引熏习,而重近起数习所引明了,非余,如有颂言:

业极重近起,数习先所作。前前前后熟,轮转于生死。

因解差别,显业先受,如有取识正命终时,虽色、心中带彼众多感后有业所引熏习功能种子:一重业者,今先受果,譬如负债,强者先牵;二近起者,今先受果,如将命终遇善、恶友,生善、恶趣;三数习者,今先受果,如一生来偏习此业。三所引由明了故先起,非余转等业也。如经部中有是颂言:一业极重,二业近起,三种业习数,即先所作。如其次第,配释三前。谓重业前熟,近起前熟,数习前熟,余轻等业后熟。由斯业故转生死。

于此义中有差别者,异熟因所引与异熟果功能,与异熟果已即便谢灭。同类因所引与等流果功能,若染污者对治起时即便谢灭,不染污者般涅槃时方永谢灭,以色、心相续,尔时永灭故。

因解感异熟业,以异熟因对同类因。引果差别,如文可知。

何缘异熟果不能招异熟,如从种果有别果生?

胜论师问。何缘异熟果不能招异熟,如从麦种果有别麦果生?

且非譬喻是法皆等,然从种果无别果生。

论主答。且非譬喻是法皆一等,然从种果无别果生,显喻同法。

若尔,从何?

胜论师问。

生于后果？从后熟变差别所生。谓于后时即前种果遇水、土等诸熟变缘，便能引生熟变差别。正生芽位方得种名，未熟变时从当名说，或似种故世说为种。此亦如是，即前异熟遇闻正、邪等诸起善、恶缘，便能引生诸善有漏及诸不善有异熟心，从此引生相续转变，展转能引转变差别。从此差别后异熟生，非从余生，故喻同法。

　　论主答。彼后果起，从后熟变差别、功能种子所生。谓于后时有前种果，遇水、土等诸熟变缘，便能引生熟变差别、功能。正生芽位方得种名，未熟变时亦名种者，从当名说。未熟变时，或似种故。世说为种，举法同喻。此异熟亦复如是，即前异熟果遇闻正、邪等诸起善、恶缘，于异熟身中，便能引生诸善有漏及诸不善有异熟心，起现在前。从此有异熟心引生所熏种子相续、转变，展转能引最后刹那转变之差别。从此最后差别、功能，后异熟果生，非从余异熟果生。故喻同法。

或由别法，类此可知，如枸橼华涂紫矿汁，相续转变差别为因，后果生时瓤便色赤。从此赤色更不生余。如是应知从业异熟更不能引余异熟生。

　　论主又引喻显。或由别法类此异熟果可知，如枸橼华涂紫矿汁，其汁色赤，在彼花中展转付嘱赤色功能。相续、转变、差别为因，后果生时，瓤便色赤色。从此赤色，更不生余。举法同喻，如是应知从业异熟，更不能引余异熟生。如瓤色赤便不生余。其枸橼子色黄，印度国人欲令子赤以致国王，故涂其花令子赤也。

前来且随自觉慧境，于诸业果略显粗相。其间异类、差别、功能，诸业所熏相续转变至彼彼位彼彼果生。唯佛证知非余境界。依如是义，故有颂言：
此业此熏习，至此时与果。一切种定理，离佛无能知。

　　论主谦让，仰推世尊。前来且随自己觉慧所知境界，于诸业、诸果略显粗相，其间异类、差别、功能，诸业所熏相续、转变种子，随其所应，至彼彼位彼彼果应生。唯佛所知，非余二乘及凡夫境界。依如是义，于经部中故有颂言：此善、恶业此熏习种，至此时中应合与果；此一切种因果定理，离佛世尊无能知者。

已善说此净因道，谓佛至言真法性，应舍暗、盲诸外执恶见所为，求慧眼。

　　此下一部之中大文第三名流通分。依前一解，一就破我品中名流通分。

就三颂初一颂赞道劝舍,第二颂赞道不睹,第三颂显略劝学。此即第一赞道劝舍,我于上来已善说此清净涅槃无漏因。道即因名道,或因是能证因;道是所游无量道,谓佛世尊至理言说;真无漏法性,此即是前无漏因道,或真法性是所游道,真实无我诸法性也。此显道体。不照真理名暗,无慧眼故名盲。应舍暗、盲诸外道等所起邪执。邪执但由恶见所为,应求慧眼除斯僻执,照无我理。

此涅槃宫、一广道,千圣所游无我性。诸佛日言光所照,虽开眛眼不能睹。

此即第二赞道不睹。大涅槃众圣所居名涅槃宫,无我大路趣涅槃宫名一广道。此一广道,千圣所游,即无我性。此无我道,诸佛如日,其言似光。所照无我大道显诸外等由无胜慧,虽开眛眼而不能睹。或无我道,诸佛日言光明所照,虽彼复开僻见眛眼而不能睹。

于此方隅已略说,为开智者慧毒门。庶各随己力堪能,遍悟所知成胜业。

此即第三显略劝学。"方"谓"四方","隅"谓"四隅"。于此无我理教方隅,我已略说。为开智者慧毒利门,如身少破著、少毒药,须臾毒气遍一身中为毒门。今造此论亦复如是:开少慧门,诸有智者能深悟入,如似毒门名慧毒门,从喻为名。庶各随己自力堪能,修三乘行,遍悟所知四谛深理,成诸胜业。

(金陵本《光记》卷一百页一左行五至页二十四右行十)

五、唯识　法相学说

（一）唯识　阿赖耶识缘起

　　由①此应知：实无外境，唯有内识，似外境生。是故契经伽他中说：如愚所分别，外境实皆无，习气扰浊心，故似彼而转。
有②作是难：若无离识实我法者，假亦应无，谓假必依真事、似事，共法而立，如有真火，有似火，人有猛赤法，乃可假说此人为火，假说牛等应知亦然。我法若无，依何假说？无假说故似亦不成，如何说心似外境转？彼难非理，离识我法前已破故，依类、依实假说火等俱不成故。依类假说理且不成，猛赤等德非类有故。若③无共德而假说彼，应亦于水等假说火等名。若④谓猛等虽非类德而不相离，故可假说，此亦不然，人、类、猛等现见亦有互相离故。类既无德，又互相离，然有于人假说火等，故知假说不依类成。依实假说，理亦不成，猛赤等德非共有故，谓猛赤等在火、在人，其体各别，所依异故，无共假说，有过同前。若谓人、火、德相似故可假说者，理亦不然，说火在人，非在德故，由此假说不依实成。又假必依真事立者，亦不应理。真谓自相，假智及诠俱非境故，谓假智、诠不得自相，唯于诸法共相而转。亦非离此有别方便施设，自相为假所依。然假智、诠必依声起，声不及处此便不转，能诠、所诠俱非自相。故知假说不依真事，由此但依似事而转，似谓增益，非实有相，声依增益，似相而转，故不可说假必依真。是故彼难不应正理。然⑤依识变对遣妄执真实我法说假似言，由此契经伽他中说：为对遣愚夫所执实我法，

---

① 此句总结上文，糅安慧释。
② 此一大段糅安慧释，原释缺"假说牛等"至"前已破故"各句。
③ 勘：安慧释此二句意云：若无共法之人而假说为类，此不应理，有太过之失故。
④ 勘：安慧释此句意云：又于类中虽无猛赤，而二法与类不离，故假说人为类者。
⑤ 此下总结，安慧释无文。

故于识所变假说我法名。识①所变相虽无量种,而能变识类②则唯三:一③谓异熟,即第八识,多异熟性故;二谓思量,即第七识,恒审思量故;三谓了境,即前六识了④境相粗故,及言显六合为一种。此⑤三皆名能变识者。能变有二种:一因能变,谓第八识中等流异熟;二因习气,等流习气由七识中善、恶、无记熏令生长,异熟习气由六识中有漏善、恶熏令生长。二果能变,谓前二种习气力故有八识生现种种相。等流习气为因缘故,八识体相差别而生,名等流果,果似因故。异熟习气为增上缘,感第八识酬引业力恒相续故立异熟名,感前六识酬满业者从异熟起名异熟生,不名异熟,有间断故,即前异熟及异熟生名异熟果,果异因故。此⑥中且说我爱执藏,持杂染种能变果识,名为异熟,非谓一切。虽已略说能变三名,而未广辩能变三相,且⑦初能变其相云何? 颂曰:

初⑧阿赖耶识,异熟一切种,不⑨可知执受,处了常与触,

作意受想思,相应唯舍受,是无覆无记,触⑩等亦如是,

恒转如暴流,阿罗汉位舍。

---

① 安慧释此段生起云:未知识变有几,说彼差别,故颂云云。
② 原刻作"虽",今依《述记》卷十二及丽刻改。
③ 此段糅安慧释,原释次在二能变后,并有生起文云:已说三变,未审是何? 释彼差别,故颂云云。
④ 安慧释此句云:各别现似色等境故,盖以现似义(ābhāsa)解释"了别"(vijñāpi),唯识原名"唯了别"者,意当于此。
⑤ 此段糅安慧释,原释以此解能变唯三句,故次在前。又原释云:我法假说所依之识变,又以因性、果性有异。因变者,谓藏识中异熟等流习气之增长;果变者,谓由宿业引满,异熟习气起用故,藏识于余众同分中现行;又等流习气起用故,转识染意皆从藏识现行云云,今糅文晦。
⑥ 安慧释无此文。
⑦ 此句生起,糅安慧释。
⑧ 勘:梵、藏本此句云:此中名藏识。"此中"及"名"安慧均有释,今译文略。
⑨ 勘:梵、藏本此句首有"彼"字,又次舍受句、无覆句、恒转句、罗汉句,均有"彼"字以牒上文藏识,安慧皆有释,今译全略。又此句连下处"了"分为二句,次"常"与"触"至"相应"又为二句,合成第三颂,今译改式。
⑩ 梵、藏本此语只有六韵,合下"恒转"一句二韵乃足半颂,第四颂讫,次"阿罗汉位舍"剩为单句,入第五颂,今译改式。

论曰：初能变识，大、小乘教名阿赖耶，此①识具有能藏、所藏、执藏义故，谓与杂染互为缘故，有情执为自内我故。此即显示初能变识所有自相，摄持因果为自相故，此识自相分位虽多，藏识过重，是故偏说。此②是能引诸界趣生善、不善业异熟果③，故说名异熟，离此命根众同分等恒时相续，胜异熟果不可得故。此即显示初能变识所有果相，此识果相虽多位，多种异熟宽④不共，故偏说之。此能执持诸法种子令不失故名一切种，离此余法能遍执持诸法种子不可得故。此即显示初能变识所有因相，此识因相虽有多种，持种不共是故偏说。初能变识体相虽多，略说唯有如是三相。

一⑤切种相应更分别，此中何法名为种子？谓本识中亲生自果功能差别。此与本识及所生果不一不异，体用、因果理应尔故。虽非一异而是实有，假法如无非因缘故。此与诸法既非一异，应如瓶等是假非实。若尔真如应是假有，许则便无真胜义谛。然诸种子唯依世俗说为实有，不同真如。种子虽依第八识体而是此识，相分非余，见分恒取此为境故。诸有漏种与异熟识体无别故，无记性摄，因果俱有善等性故亦名善等，诸无漏种非异熟识性所摄故，因果俱是善性摄故，唯名为善。若尔，何故决择分说二十二根一切皆有异熟种子，皆异熟生？虽名异熟而非无记，依异熟故名异熟种，异性相依如眼等识。或无漏种由熏习力转变成熟立异熟名，非无记性所摄异熟。此中有义：一切种子皆本性有，不从熏生，由熏习力但可增长。如契经说：一切有情无始时来有种种界，如恶叉聚，法尔而有，界即种子差别名故。又契经：无始时来界一切法等依，界是因义。瑜伽亦说诸种子体无时来，性虽本有，而由染、净新所熏发；诸有情类无始时来，若般涅槃法者，一切种子皆悉具足，不般涅槃法者便阙三种菩提种子。如是等文诚证非一。又诸有情既说本有五种姓别，故应定有法尔种子不由熏生。又瑜伽说：地狱成就三无漏根是种

---

① 此解同《转识论》，又糅安慧释，藏字原作 upanibandha，乃"因果结合"之意，旧解"于中隐藏"，误也。又论释皆缺执藏义。
② 此解大同《转识论》，又糅安慧释。
③ 原刻作"界"，今依《述记》卷十二及丽刻改。
④ 原刻作"实"，今依《述记》及丽刻改。
⑤ 此下广辨一切种相，安慧释无文，《述记》卷十三谓"此中有安慧难"，未详何据。

非现，又从无始展转传来法尔所得本性、住姓，由此等证无漏种子法尔本有，不从熏生；有漏亦应法尔有种，由熏增长，不别熏生。如是建立因果不乱。有义种子皆熏故生，所熏、能熏俱无始有，故诸种子无始成就。种子既是习气异名，习气必由熏习而有，如麻香气华熏故生。如契经说：诸有情心染、净诸法所熏习故，无量种子之所积集。论说内种定有熏习，外种熏习或有或无，又名言等三种熏习总摄一切有漏法种。彼三既由熏习而有，故有漏种必藉熏生。无漏种生亦由熏习，说闻熏习，闻净法界等流正法而熏起故，是出世心种子性故。有情本来种姓差别，不由无漏种子有无，但依有障、无障建立。如瑜伽说：于真如境若有毕竟二障种者立为不般涅槃法姓，若有毕竟所知障种非烦恼者一分立为声闻种姓，一分立为独觉种姓；若无毕竟二障种者即立彼为如来种姓，故知本来种姓差别依障建立非无漏种。所说成就无漏种言，依当可生，非已有体。有义种子各有二类：一者本有，谓无始来异熟识中法尔而有，生蕴、处、界功能差别，世尊依此说诸有情无始时来有种种界，如恶义聚法尔而有，余所引证，广说如初，此即名为本性住种。二者始起，谓无始来数数现行熏习而有，世尊依此说有情心染、净诸法所熏习故，无量种子之所积集，诸论亦说染、净种子由染、净法熏习故生，此即名为习所成种。若唯本有，转识不应与阿赖耶为因缘性。如契经说：诸法于识藏，识于法亦尔，更互为果性，亦常为因性。此颂意言：阿赖耶识与诸转识于一切时展转相生，互为因果。摄大乘说：阿赖耶识与杂染法互为因缘，如炷与焰展转生烧，又如束、芦互相依住，唯依此二建立因缘，所余因缘不可得故。若诸种子不由熏生，如何转识与阿赖耶有因缘义？非熏令长可名因缘，勿善、恶业与异熟果为因缘故。又诸圣教说：有种子由熏习生，皆违彼义。故唯本有，理教相违。若唯始起，有为无漏、无因缘故应不得生，有漏不应为无漏种，勿无漏种生有漏故，许应诸佛有漏复生，善等应为不善等种。分别论者虽作是说：心性本净，客尘烦恼所染污，故名为杂染，离烦恼时转成无漏，故无漏法非无因生。而心性言：彼说何义？若说空理，空非心因，常法定非诸法种子，以体前后无转变故。若即说心，应同数论：相虽转变而体常一，恶、无记心又应是善，许则应与信等相应，不许便应非善心体尚不名善，况是无漏？有漏善心既称杂染,如恶心等性非无漏,故不应与无漏为因,勿善恶等互为因故。若有漏心性是无漏,应无漏心性是有漏,差别因缘不可得故。又异生心若是无漏,则异生位无漏现行应名圣者。若异生心性虽无漏而相有染,不名无漏,无斯过者,则心种子亦非无漏,何故汝论说有异生唯得成就无漏种子?种子、现行性相同故。然契经说:心性净者说心空理所显真如,真如是心真实性故;或说心体非烦恼故名性本净,非有漏心性是无漏,故名本净。由此应信:有诸有情无始时来有无漏种不由熏习,法尔成就,后胜进位熏令增长,无漏法起以此为因,无漏起时复熏成种。有漏法种类此应知。诸圣教中虽说内种定有熏习,而不定说一切种子皆熏故生,宁全拨无本有种子。然本有种亦由熏习令其增盛,方能得果,故说内种定有熏习。其闻熏习非唯有漏,闻正法时亦熏本有无漏种子令渐增盛,展转乃至生出世心,故亦说此名闻熏习。闻熏习中有漏性者是修所断,感胜异熟为出世法胜增上缘;无漏性者非所断摄,与出世法正为因缘。此正因缘微隐难了,有寄粗显胜增上缘方便说为出世心种。依障建立种姓别者,意显无漏种子有无,谓若全无无漏种者,彼二障种永不可害,即立彼为非涅槃法;若唯有二乘无漏种者,彼所知障种永不可害,一分立为声闻种姓,一分立为独觉种姓;若亦有佛无漏种者,彼二障种俱可永害,即立彼为如来种姓,故由无漏种子有、无障,有可断、不可断义。然无漏种微隐难知,故约彼障显姓差别,不尔,彼障有何别因而有可害、不可害者?若谓法尔有此障别,无漏法种宁不许然?若本全无无漏法种,则诸圣道永不得生,谁当能害二障种子而说依障立种姓别?既彼圣道必无生义,说当可生亦定非理。然诸圣教处处说有本有种子,皆违彼义。故唯始起,理教相违。由此应知:诸法种子各有本有、始起二类。然种子义略有六种:一刹那灭,谓体才生无间必灭,有胜功力方成种子,此遮常法,常无转变,不可说有能生用故。二果俱有,谓与所生现行果法俱现和合方成种子,此遮前后及定相离,现种异类互不相违,一身俱时有能生用,非如种子自类相生,前后相违,必不俱有。虽因与果有俱、不俱,而现在时可有因用,未生、已灭无自体故,依生现果立种子名,不依引生自类名种,故但应说与果俱有。三恒随转,谓要长时一类相续至究竟位方成种子,此遮转识,转易间断,与种子法不相应故,此显种子自类相生。四性决定,谓随因力生善恶等功能决定方成种子,此遮余部执异性因,生异性果,有因缘义。五待众缘,谓此要待自众缘合功能殊胜方成种子,此遮外道执自然因,不待众缘,恒顿生果;或遮余部缘恒非无,显所待缘非恒有性,故种于果非恒顿生。六引自果,谓于别别色、心等果各各引生方成种子,此遮外道执唯一因生一切果,或遮余部执色、心等互为因缘。唯本识中功能差别,具斯六义,成种非余。外谷、麦等识所变故假立种名,非实种子。此种势力生近正果名曰生因,引远残果,令不顿绝即名引因。内种必由熏习生长,亲能生果是因缘性。外种熏习或有或无,为增上缘办所生果,必以内种为彼因缘,是共相种所生果故。依何等义立熏习名?所熏、能熏各具四义,令种生长,故名熏习。何等名为所熏四义?一坚住性。若法始终一类相续,能持习气乃是所熏,此遮转识及声、风等,性不坚住故非所熏。二无记性。若法平等,无所违逆,能容习气乃是所熏,此遮善染势力强盛,无所容纳故非所熏,由此如来第八净识唯带旧种,非新受熏。三可熏性。若法自在性非坚密,能受习气乃是所熏,此遮心所及无为法,依他坚密故非所熏。四与能熏共和合性。若与能熏同时同处,不即不离,乃是所熏,此遮他身刹那前后无和合义,故非所熏。唯异熟识具此四义,可是所熏,非心所等。何等名为能熏四义?一有生灭。若法非常,能有作用、生长习气乃是能熏,此遮无为前后不变,无生长用故非能熏。二有胜用。若有生灭势力增盛,能引习气乃是能熏,此遮异熟心、心所等势力羸劣故非能熏。三有增减。若有胜用可增可减,摄植①习气乃是能熏,此遮佛果圆满善法,无增无减故非能熏,彼若能熏便非圆满,前后佛果应有胜劣。四与所熏和合而转。若与所熏同时同处,不即不离,乃是能熏,此遮他身刹那前后无和合义,故非能熏。唯七转识及彼心所有胜势用而增减者具此四义,可是能熏。如是能熏与所熏识俱生俱灭,熏习义成,令所熏中种子生长,如熏苣藤故名熏习。能熏识等从种生时即能为因,复熏成种,三法展转,因果同时,如炷生

---

① 原刻作"持",今依丽刻改。

焰,焰生焦①炷,亦如芦、束更互相依,因果俱时,理不倾动。能熏生种种起现行,如俱有因得士用果,种子前后自类相生,如同类因引等流果。此二于果是因缘性,除此余法皆非因缘,设名因缘应知假说。是谓略说一切种相。

此②识行相所缘云何?谓不可知执受、处、了。了谓了别,即是行相,识以了别为行相故;处③谓处所,即器世间,是诸有情所依处故。执④受有二,谓诸种子及有根身,诸种子者谓诸相名分别习气;有根身者谓诸色根及根依处。此二皆是识所执受,摄为自体,同安危故。执受及处俱是所缘。阿赖耶识因缘力故,自体生时内变为种及有根身,外变为器,即以所变为自所缘,行相仗之而得起故。

此⑤中了者,谓异熟识于自所缘有了别用,此了别用见分所摄。然有漏识自体生时皆似所缘、能缘相现,彼相应法应知亦尔。似所缘相说名相分,似能缘相说名见分。若心、心所无所缘相,应不能缘自所缘境,或应一一能缘一切,自境如余,余如自故。若心、心所无能缘相,应不能缘,如虚空等,或虚空等亦是能缘。故心、心所必有二相。如契经说:一切唯有觉,所觉义皆无。能觉、所觉分,各自然而转。执有离识所缘境者,彼说外境是所缘,相分名行相,见分名事,是心、心所自体相故,心与心所同所依缘,行相相似,事虽数等而相各异,识、受、想等相各别故。达无离识所缘境者,则说相分是所缘,见分名行相,相、见所依自体名事,即自证分。此若无者应不自忆心、心所法,如不曾更境,必不能忆故。心与心所同所依根,所缘相似,行相各别,了别、领纳等作用各异故,事虽数等而相各异,识、受等体有差别故。然心、心所一一生时,以理推征各有三分:所量、能量、量果别故,相、见必有所依体故。如**集量论**伽他

---

① 原刻作"燋",今依慧琳《一切经音义》卷五十一改。
② 此句生起,糅安慧释,次句牒颂。
③ 此二句糅安慧释。
④ 此段糅安慧释,但原释云:执受谓我法分别(遍计自性执着)之习气,以有此故藏识乃得执取二分别果,故为执受。又谓依处自体,即与所依俱有之色根及名,彼相切近同一安危,故为执受。按:此释文两番解执受义,今但存后一说,即不能通种子,疑误。
⑤ 此下广辨"执受、处、了",安慧释无文,《述记》卷十五谓:安慧唯立识自证分,无见相分,未详何据。

中说：似境相所量，能取相自证，即能量及果，此三体无别。又心、心所若细分别应有四分，三分如前，复有第四证自证分。此若无者谁证第二？心分既同，应皆证故。又自证分应无有果，诸能量者必有果故。不应见分是第三果，见分或时非量摄故，由此见分不证第三，证自体者必现量故。此四分中前二是外，后二是内。初唯所缘，后三通二，谓第二分但缘第一，或量、非量，或现或比。第三能缘第二、第四，证自证分唯缘第三，非第二者，以无用故，第三、第四皆现量摄。故心、心所四分合成，具所、能缘，无无穷过，非即非离，唯识理成。是故契经伽他中说：众生心二性，内外一切分。所取、能取缠，见种种差别。此颂意说：众生心性二分合成，若内若外，皆有所取，能取缠缚，见有种种或量、非量，或现或比，多分差别，此中见者是见分故。如是四分或摄为三，第四摄入自证分故；或摄为二，后三俱是能缘性故，皆见分摄，此言见者是能缘义；或摄为一，体无别故，如入楞伽伽他中说：由自心执著，心似外境转，彼所见非有，是故说唯心。如是处处说唯一心，此一心言亦摄心所。故识行相即是了别，了别即是识之见分。所言处者，谓异熟识由共相种成熟力故，变似色等器世间相，即外大种及所造色。虽诸有情所变各别，而相相似处所无异，如众灯明各遍似一。谁异熟识变为此相？有义一切。所以者何？如契经说：一切有情业增上力共所起故。有义若尔，诸佛菩萨应实变为此杂秽土，诸异生等应实变为他方此界诸净妙土。又诸圣者厌离有色，生无色界，必不下生，变为此土，复何所用？是故现居及当生者，彼异熟识变为此界，经依少分说一切言，诸业同者皆共变故。有义若尔，器将坏时既无现居及当生者，谁异熟识变为此界？又诸异生厌离有色，生无色界，现无色身，预变为土，此复何用？设有色身与异地器粗细悬隔，不相依持，此变为彼变亦何所益？然所变土本为色身依持受用，故若于身可有持用便变为彼。由是设生他方自地，彼识亦得变为此土，故器世间将坏初成，虽无有情而亦现有。此说一切共受用者，若别受用，准此应知，鬼、人、天等所见异故。诸种子者谓异熟识所持一切有漏法种，此识性摄故是所缘。无漏法种虽依附此识而非此性摄，故非所缘，虽非所缘而不相离，如真如性不违唯识。有根身者，谓异熟识不共相种成熟力故，变似色根及根依处，即内大种及所造色，有共相种成熟力故,于他身处亦变似彼,不尔,应无受用他义。此中有义①亦变似根,辩中边说:似自他身五根现故。有义唯能变似依处,他根于己非所用故,似自他身五根现者说自他识各自变义。故生他地或般涅槃,彼余尸骸犹见相续。前来且说业力所变外器、内身界、地差别,若定等力所变器、身、界、地自他则不决定。所变身、器多恒相续,变声、光等多分暂时,随现缘力击发起故。略说此识所变境者,谓有漏种十有色处及堕法处所现实色。何故此识不能变似心、心所等为所缘耶?有漏识变略有二种:一随因缘势力故变,二随分别势力故变,初必有用,后但为境。异熟识变但随因缘,所变色等必有实用。若变心等便无实用,相分心等不能缘故,须彼实用别从此生,变无为等亦无实用,故异熟识不缘心等。至无漏位胜慧相应,虽无分别而澄净故,设无实用亦现彼影,不尔,诸佛应非遍智②。故有漏位此异熟识但缘器身及有漏种,在③欲、色界具三所缘,无色界中缘有漏种,厌离色故无业果色,有定果色,于理无违,彼识亦缘此色为境。

不可知者,谓④此行相极微细故难可了知。或⑤此所缘内执受境亦微细故,外器世间量难测故,名不可知。云⑥何是识取所缘境,行相难知?如灭定中不离身识,应信为有。然必应许灭定有识,有情摄故,如有心时。无想等位当知亦尔。

此⑦识与几心所相应?常与触、作意、受、想、思相应。阿⑧赖耶识无始时来

---

① 《述记》卷十六谓此是安慧说,勘:安慧释无文。
② 原刻作"知",今依《述记》卷十六及丽刻改。
③ 此段糅安慧释,原释云:于欲、色界有名、色二种执受,无色界离色贪故无色异熟,唯执受名。
④ 《转识论》释此意云:相及境不可分别,一体无异。
⑤ 此段糅安慧释,原释云:内二执受皆难了知,所受是此,故云不可知。又外器界之了别、行相所缘无尽,故云不可知。
⑥ 此段糅安慧释,原释以余说灭心有识者所言灭定等位,例知识法可有行相所缘难知之义,今文但说行相,有误。
⑦ 此句生起,糅安慧释,次句牒颂。
⑧ 此段糅安慧释,原系解颂常字也。

乃至未转，于一切位恒与此五心所相应，以是遍行心所摄故。触①谓三和，分别变异，令心、心所触境为性，受、想、思等所依为业，谓根、境、识更相随顺故名三和，触依彼生，令彼和合，故说为彼，三和合位皆有顺生心所功能说名变异，触似彼起故名分别。根变异力引触起时胜彼识境，故集论等但说分别根之变异。和合一切心及心所，令同触境，是触自性。既似顺起心所功能，故以受等所依为业，起尽经说受、想、行、蕴一切皆以触为缘故，由斯故说识、触、受等因二、三、四和合而生。瑜伽但说与受、想、思为所依者，思于行蕴为主胜故，举此摄余。集论等说为受依者，以触生受，近而胜故。谓触、所取、可意等相，与受、所取、顺益等相极相邻近，引发胜故。然触自性是实非假，六六法中心所性故，是食摄故，能为缘故，如受等性非即三和。作②意谓能警心为性，于所缘境引心为业。谓此警觉应起心种，引令趣境，故名作意，虽此亦能引起心所，心是主故，但说引心。有③说令心回趣异境，或于一境持心令住，故名作意，彼俱非理，应非遍行，不异定故。受④谓领纳、顺违俱非，境相为性，起爱为业，能起合离，非二欲故。有作是说：受有二种：一境界受，谓领所缘；二自性受，谓领俱触。唯自性受是受自相，以境界受共余相故。彼说非理，受定不缘，俱生触故。若似触生名领触者，似因之果，应皆受性。又既受因应名因受，何名自性？若谓如王食诸国邑，受能领触，所生受体名自性受，理亦不然，违自所执，不自证故。若不舍自性名自性受，应一切法皆是受自性，故彼所说但诱婴儿。然境界受非共余相，领、顺等相定属己者名境界受，不共余故。想⑤谓于境取像为性，施设种种名言为业，谓要安立境分齐相方能随起种种名言。思⑥谓令心造作为性，于⑦善品等役心为业，谓能取境，正因等相，驱役自心令造善等。此五既是遍行所摄，故与藏识决定相

---

① 此解体、业二句糅安慧释，安慧解诸心所多依《集论》，今糅他家故较详也。"三和"等者，原释云：三和合已，识别根之变异，作受所依为业。
② 《转识论》云：心恒勤行名为作意，同此。
③ 此解同安慧释，原释并云：持心者于所缘数引心，此就心定相续，缘时而说，非一一心刹那也。按：此释已为持心之说解难，而今文不加叙破，未详何以。
④ 此解体、业三句糅安慧释。
⑤ 此句糅安慧释，但原释云：于境取相，相谓青、黄等差别作境分齐者，今译"取像"，疑误。
⑥ 此句糅安慧释。
⑦ 此解同《转识论》，论云：思惟筹量可行、不可行，令心成邪、成正名为思惟。

应，其遍行相后当广释。此触等五与异熟识行相虽异，而时依同所缘事等，故名相应。此①识行相极不明了，不能分别违顺境相，微细一类相续而转，是故唯与舍受相应。又②此相应受唯是异熟，随先引业转，不待现缘，任善恶业势力转故，唯是舍受。苦乐二受是异熟生，非真异熟，待现缘故，非此相应。又由此识常无转变，有情恒执为自内我，若与苦乐二受相应，便有转变，宁执为我，故此但与舍受相应。若尔，如何此识亦是恶业异熟？既许善业能招舍受，此亦应然，舍受不违苦乐品故，如无记法，善恶俱招。

如③何此识非别境等心所相应？互相违故。谓欲希望所乐事转，此识任运，无所希望，胜解印持决定事转，此识瞢昧，无所印持，念唯明记，曾习事转，此识昧劣，不能明记，定能令心专注一境，此识任运④，刹那别缘，慧唯简择，德等事转，此识微昧，不能简择，故此不与别境相应。此识唯是异熟性故，善、染污等亦不相应，恶作等四无记性者有间断故，定非异熟。

法有四种，谓善、不善、有覆无记、无覆无记。阿赖耶识何法摄耶？此识唯是无覆无记，异⑤熟性故。异熟若是善染污者，流转还灭应不得成。又此识是善染依故，若善染者互相违故，应不与二俱作所依。又此识是所熏性故，若善染者，如极香、臭应不受熏。无熏习故，染净、因果俱不成立，故此唯是无覆无记。覆⑥谓染法，障圣道故，又能蔽心令不净故，此识非染故名无覆。记⑦谓善恶，有爱、非爱果及殊胜自体可记别故，此非善恶故名无记，触等亦如是者。谓如⑧阿赖耶识唯是无覆无记性摄，触、作意、受、想、思亦尔，诸相应法必同性故。又触⑨等五如阿赖耶亦是异熟，所缘行相俱不可知，缘三种

---

① 《转识论》此段不别分释，即于前遍行受下云受但是舍受。勘：安慧释，以此合次无覆句为一段，别有生起，文云：受有苦等三种，法有善等四种，前但总说藏识有受，未知何受，又不知是善、不善等，故颂云云；次释舍受所以云，所缘等不可知。
② 此下至"非此相应"句糅安慧释，原释以此破别受善、不善业异熟执，故在前解受心所处出。
③ 此下别解余所不相应，安慧释无文。
④ 原刻作"业"，今依《述记》卷十七及丽刻改。
⑤ 此句糅安慧释，原释以此为无覆无记第二解。
⑥ 此段糅安慧释，原释以此为无覆无记第一解。
⑦ 此上原衍"无"字，今依《述记》卷十八及丽刻删。
⑧ 此解同《转识论》，又糅安慧释。
⑨ 此段糅安慧释，原释无此"缘三境"义，而有"舍受相应"义。

境，五法相应，无覆无记，故说触等亦如是言。有义、触等如阿赖耶亦是异熟及一切种，广说乃至无覆无记，亦如是言，无简别故。彼说非理，所以者何？触等依识不自在故，如贪、信等不能受熏，如何同识能持种子？又若触等亦能受熏，应一有情有六种体。若尔，果起从何种生？理不应言从六种起，未见多种生一芽故。若说果生唯从一种，则余五种便为无用；亦不可说次第生果，熏习同时，势力等故；又不可说六果顿生，勿一有情一刹那顷六眼识等俱时生故。谁言触等亦能受熏，持诸种子？不尔，如何触等如识名一切种？谓触等五有似种相名一切种，触等与识所缘等故，无色、触等有所缘故，亲所缘缘定应有故，此似种相不为因缘生现识等，如触等上似眼根等，非识所依，亦如似火，无能烧用。彼救非理，触等所缘似种等相，后执受处，方应与识而相例故。由此前说一切种言定目受熏，能持种义，不尔，本颂有重言失。又彼所说亦如是言无简别故，咸相例者定不成证，勿触等五亦能了别，触等亦与触等相应，由此故知亦如是者随所应说非谓一切。阿[①]赖耶识为断为常，非断非常，以恒转故。恒谓此识无始时来，一类相续，常无间断，是界趣生，施设本故，性坚持种令不失故。转谓此识无始时来念念生灭，前后变异，因灭果生非常一故，可为转识，熏成种故。恒言遮断，转表非常，犹如暴流，因[②]果法尔。如暴流水，非断非常，相续长时有所漂溺；此识亦尔，从无始来生灭相续，非常非断，漂溺有情，令不出离。又如暴流虽风等击起诸波浪而流不断；此识亦尔，虽遇众缘起眼识等而恒相续。又[③]如暴流漂水上下，鱼、草等物随流不舍，此识亦尔，与内习气、外触等法恒相随转。如是法喻意显此识无始因果，非断常义，谓此识性无始时来，刹那刹那果生因灭，果生故非断，因灭故非常，非断非常是缘起理，故说此识恒转如流。

　　过[④]去、未来既非实有，非常可尔，非断如何，断岂得成缘起正理？过去、未来若是实有，可许非断，如何非常？常亦不成缘起正理，岂斥他

[①] 此句生起糅安慧释，原释以一体不变而转及相续而转为问，今作断常，意微有异。
[②] 此解糅安慧释，原释云：因果无间相续，是为暴流。
[③] 此解大同《转识论》，又糅安慧释。原释云：亦如暴流牵引草木、牛粪而去，如是藏识随福等业牵引触等流转。
[④] 此下别破诸部，安慧释无文。

过,己义便成?若不摧邪难以显正。前①因灭位,后果即生,如称两头低、昂时等,如是因果相续如流,何假去、来方成非断?因现有位后果未生,因是谁因?果现有时前因已灭,果是谁果?既无因果,谁离断常?若有因时已有后果,果既本有,何待前因?因义既无,果义宁有,无因无果岂离断常?因果义成,依法作用,故所诘难非预我宗。体既本有,用亦应然,所待因缘亦本有故。由斯汝义因果定无,应信大乘缘起正理。谓此正理深妙离言,因果等言皆假施设,观现在法有引后用,假立当果对说现因,观现在法有酬前相,假立曾因对说现果,假谓现识似彼相现,如是因果理趣显然,远离二边,契会中道,诸有智者应顺修学。有余部说:虽无去、来而有因果恒相续义,谓现在法极迅速者犹有初后、生灭二时,生时酬因,灭时引果,时虽有二而体是一,前因正灭,后果正生,体相虽殊而俱是有,如是因果非假施设,然离断常又无前难,谁有智者舍此信余?彼有虚言,都无实义,何容一念而有二时?生灭相违,宁同现在,灭若现在,生应未来,有故名生。既是现在无故名灭,宁非过去;灭若非无,生应非有,生既现有,灭应现无,又二相违如何体一?非苦乐等见有是事,生灭若一,时应无二;生灭若异,宁说体同,故生灭时俱现在有,同依一体,理必不成。经部师等因果相续,理亦不成,彼不许有阿赖耶识能持种故。由此应信大乘所说因果相续、缘起正理。

此②识无始恒转如流,乃至何位当究竟舍?阿罗汉位方究竟舍。谓③诸圣者断烦恼障,究竟尽时名阿罗汉,尔时,此识烦恼粗重永远离故说之为舍。

此中④所说阿罗汉者通摄三乘无学果位,皆已永害烦恼贼故,应受世间妙供养故,永不复受分段生故。云何知然?<u>决择分</u>说诸阿罗汉、独觉、如来皆不成就阿赖耶故,<u>集论</u>复说若诸菩萨得菩提时顿断烦恼及所知障,成阿罗汉及如来故。若尔菩萨烦恼种子未永断尽,非阿罗汉应皆成就阿赖耶识,何故即彼<u>决择</u>分说不退菩萨亦不成就阿赖耶识?彼说二

---

① 勘:安慧释前解变义云:即因刹那灭时与彼相异之果得生,亦同此义。
② 此二句生起,糅安慧释,次句牒颂。
③ 此二句糅安慧释,原释云:得尽智、无生智者名阿罗汉,于彼位中依止藏识之粗重、无余、永断为舍藏识。
④ 此下广辨阿罗汉舍,安慧释无文。

乘无学果位回心趣向大菩提者，必不退起烦恼障故，趣菩提故，即复转名不退菩萨，彼不成就阿赖耶识，即摄在此阿罗汉中，故彼论文不违此义。又不动地以上菩萨一切烦恼永不行故，法驶流中任运转故，能诸行中起诸行故，刹那刹那转增进故，此位方名不退菩萨。然此菩萨虽未断尽异熟识中烦恼种子，而缘此识我见、爱等不复执藏为自内我，由斯永舍阿赖耶名，故说不成阿赖耶识，此亦说彼名阿罗汉。有义初地以上菩萨已证二空所显理故，已得二种殊胜智故，已断分别二重障故，能一行中起诸行故，虽为利益起诸烦恼，而彼不作烦恼过失，故此亦名不退菩萨。然此菩萨虽未断尽俱生烦恼，而缘此识所有分别我见、爱等不复执藏为自内我，由斯亦舍阿赖耶名，故说不成阿赖耶识，此亦说彼名阿罗汉，故集论中作如是说：十地菩萨虽未永断一切烦恼，然此烦恼犹如咒药所伏诸毒，不起一切烦恼过失，一切地中如阿罗汉已断烦恼，故亦说彼名阿罗汉。彼说非理，七地以前犹有俱生我见、爱等，执藏此识为自内我，如何已舍阿赖耶名？若彼分别我见、爱等不复执藏说名为舍，则预流等诸有学位亦应已舍阿赖耶名，许便违害诸论所说。地上菩萨所起烦恼皆由正知，不为过失，非预流等得有斯事，宁可以彼例此菩萨。彼六识中所起烦恼虽由正知，不为过失，而第七识有漏心位任运现行执藏此识，宁不与彼预流等同，由此故知彼说非理。然阿罗汉断此识中烦恼粗重究竟尽故，不复执藏阿赖耶识为自内我，由斯永失阿赖耶名说之为舍，非舍一切第八识体，勿阿罗汉无识持种，尔时便入无余涅槃。然第八识虽诸有情皆悉成就，而随义别立种种名；谓或名心，由种种法熏习种子所积集故；或名阿陀那，执持种子及诸色根令不坏故，或名所知依，能与染净所知诸法为依止故；或名种子识，能遍任持世、出世间诸种子故，此等诸名通一切位；或名阿赖耶，摄藏一切杂染品法令不失故，我见、爱等执藏以为自内我故，此名唯在异生有学，非无学位不退菩萨有杂染法执藏义故；或名异熟识，能引生死、善、不善业异熟果故，此名唯在异生二乘诸菩萨位，非如来地犹有异熟无记法故；或名无垢识，最极清净诸无漏法所依止故，此名唯在如来地有，菩萨二乘及异生位持有漏种可受熏习，未得善净第八识故。如契经说：如来无垢识是净无漏界。解脱一切障，圆镜智相应。阿赖耶名过失重故，最初舍故，此中偏说。

异熟识体菩萨将得菩提时舍,声闻、独觉入无余依涅槃时舍,无垢识体无有舍时,利乐有情无尽时故,心等通故,随义应说。

然①第八识总有二位:一有漏位。无记性摄,唯与触等五法相应,但缘前说执受处境;二无漏位。唯善性摄,与二十一心所相应,谓遍行别境各五,善十一,与一切心恒相应故,常、乐证知所观境故,于所观境恒印持故,于曾受境恒明记故,世尊无有不定心故,于一切法常决择故,极净信等常相应故,无染污故,无散动故,此亦唯与舍、受相应,任运恒时平等转故,以一切法为所缘境,镜智遍缘一切法故。

云②何应知此第八识离眼等识有别自体?圣教正理为定量故。谓言<u>大乘阿毗达磨契经</u>中说:无始时来界,一切法等③依,由此有诸趣及涅槃证得。此第八识自性微细,故以作用而显示之。颂中初半显第八识为因缘用,后半显与流转还灭作依持用。界是因义,即种子识,无始时来展转相续,亲生诸法故名为因;依是缘义,即执持识,无始时来与一切法等为依止,故名为缘。谓能执持诸种子故,与现行法为所依故,即变为彼及为彼依。变为彼者谓变为器及有根身,为彼依者谓与转识作所依止。以能执受五色根,故眼等五识依之而转;又与末那为依止,故第六意识依之而转,末那意识转识摄故,如眼等识依俱有根,第八理应是识性故,亦以第七为俱有依。是谓此识为因缘用。由此有者由有此识,有诸趣者有善恶趣,谓由有此第八识故执持一切顺流转法,令诸有情流转生死。虽惑业生皆是流转,而趣是果胜故偏说,或诸趣言通能所趣,诸趣资具亦得趣名。诸惑业生皆依此识,是与流转作依持用。及涅槃证得者,由有此识故有涅槃证得,谓由有此第八识故,执持一切顺还灭法,令修行者证得涅槃。此中但说能证得道,涅槃不依此识有故。或此但说所证涅槃,是修行者正所求故。或此双说涅槃与道俱是还灭品类摄故,谓涅槃言显所证灭,后证得言显能得道,由能断、道断、所断惑究竟尽位证得涅槃。能、所断证皆依此识,是与还灭作依持用。又此颂中初

---

① 此段对辨染净第八识,安慧释无文。
② 此下别以教理证有藏识,安慧释有文极略,在后解第十九颂末始出,教证仅举此颂,而无解释;理证亦但取无藏识则流转还灭,不成一义。
③ "等依"原作 smāsraya gnas-pa,但有依字之义,不云等也。

句显示此识自性无始恒有，后三显与杂染、清净二法总别，为所依止。杂染法者谓苦、集谛，即所、能趣生及业惑，清净法者谓灭道谛，即所能证涅槃及道，彼二皆依此识而有，依转识等理不成故。或复初句显此识体无始相续，后三显与三种自性为所依止，谓依他起、遍计所执、圆成实性，如次应知。今此颂中诸所说义离第八识皆不得有，即彼经中复作是说：由摄藏诸法一切种子识，故名阿赖耶，胜者我开示。由此本识具诸种子故，能摄藏诸杂染法，依斯建立阿赖耶名，非如胜性转为大等，种子与果体非一故，能依、所依俱生灭故。与杂染法互相摄藏，亦为有情执藏为我，故说此识名阿赖耶。已入见道诸菩萨众得真现观名为胜者，彼能证解阿赖耶识，故我世尊正为开示。或诸菩萨皆名胜者，虽见道前未能证解阿赖耶识，而能信解求彼转依，故亦为说。非诸转识有如是义。解深密经亦作是说：阿陀那识甚深细，一切种子如暴流。我于凡愚不开演，恐彼分别执为我。以能执持诸法种子及能执受、色、根依处，亦能执取结生相续，故说此识名阿陀那。无姓有情不能穷底故说甚深，趣寂种姓不能通达故名甚细。是一切法真实种子，缘击便生转识波浪，恒无间断犹如暴流。凡即无姓，愚即趣寂，恐彼于此起分别执，堕诸恶趣，障生圣道，故我世尊不为开演。唯第八识有如是相。入楞伽经亦作是说：如海遇风缘，起种种波浪，现前作用转，无有间断时。藏识海亦然，境等风所击，恒起诸识浪，现前作用转。眼等诸识无如大海，恒相续转，起诸识浪，故知别有第八识性。此等无量大乘经中皆别说有此第八识。诸大乘经皆顺无我，违数取趣，弃背流转，趣向还灭，赞佛、法、僧，毁诸外道，表蕴等法遮胜性等乐，大乘者许能显示无颠倒理，契经摄故，如增壹等，至教量摄。又圣慈氏以七种因证大乘经真是佛说：一先不记故。若大乘经佛灭度后有余为坏正法故说，何故世尊非如当起诸可怖事先预记别？二本俱行故。大、小乘教本来俱行，宁知大乘独非佛说？三非余境故。大乘所说广大甚深、非外道等思量境界，彼经论中曾所未说，设为彼说亦不信受，故大乘经非非佛说。四应极成故。若谓大乘是余佛说，非今佛语，则大乘教是佛所说，其理极成。五有、无有故。若有大乘即应信此诸大乘教是佛所说，离此大乘不可得故。若无大乘，声闻乘教亦应非有，以离大乘决定无有得成佛义，谁出于世说声闻乘？故声闻乘是佛所说，非大乘教不应正理。六能对治故。依大乘经勤修行者皆能引得无分别智，能正对治一切烦恼，故应信此是佛所说。七义异文故。大乘所说意趣甚深，不可随文而取其义，便生诽谤，谓非佛语，是故大乘真是佛说。如庄严论颂此义言：先不记俱行，非余所行境，极成、有、无有，对治异文故。余部经中亦密意说阿赖耶识有别自性。谓大众部阿笈摩中密意说此名根本识，是眼识等所依止故，譬如树根是茎等本，非眼等识有如是义。上座部经分别论者俱密说此名有分识，有谓三有，分是因义，唯此恒遍为三有因。化地部说此名穷生死蕴，离第八识无别蕴法穷生死际无间断时，谓无色界诸色间断，无想天等余心等灭，不相应行离色、心等无别自体，已极成故，唯此识名穷生死蕴。说一切有部增壹经中亦密意说此名阿赖耶，谓爱阿赖耶、乐阿赖耶、欣阿赖耶、憙阿赖耶，谓阿赖耶识是贪，总别三世境故，立此四名，有情执为真自内我乃至未断，恒生爱著，故阿赖耶识是真爱著处，不应执余五取蕴等，谓生一向苦受处者于余取蕴不生爱著，彼恒厌逆余五取蕴，念我何时当舍此命、此众同分、此苦身心，令我自在受快乐？故五欲亦非真爱著处，谓离欲者于五妙欲虽不贪著而爱我故；乐受亦非真爱著处，谓离第三静虑染者虽厌乐受而爱我故；身见亦非真爱著处，谓非无学、信无我者虽于身见不生贪著，而于内我犹生爱故；转识等亦非真爱著处，谓非无学、求灭心者虽厌转识等而爱我故；色身亦非真爱著处，离色染者虽厌色身而爱我故。不相应行离色、心等无别自体，是故亦非真爱著处。异生有学起我爱时，虽于余蕴有爱、非爱，而于此识我爱定生，故唯此是真爱著处。由是彼说阿赖耶名定，唯显此阿赖耶识。

（《藏要》本第一辑第二十二种《成唯识论》卷二页十二右行二至卷三页二十七右行八）

（二）法相　百六法

论曰：一切者有五①法，总摄菩萨藏。何等为五？颂曰：
心心所有色，不相应无为。

论曰：心者谓心意识差别名也。问：何等为识？答：识有八种，谓阿赖耶识，眼、耳、鼻、舌、身识，意及意识。阿赖耶识者，谓先世所作增长业、烦恼为缘，无始时来戏论、熏习为因，所生一切种子异熟识为体，此识能执受、了别色根、根所依处及戏论、熏习，于一切时一类生灭，不可了知；又能执持、了别外器世界，与不苦不乐受等相应，一向无覆无记，与转识等作所依因，与染、净转识、受等俱转，能增长有染转识等为业及能损减清净转识等为业。云何知有此识？如薄伽梵说：无明所覆，爱结所系，愚夫感得有识之身，此言显有异熟阿赖耶识。又说如五种子，此则名为有取之识，此言显有一切种子阿赖耶识。又说阿陀那识甚深细，一切种子如瀑流，我于凡愚不开演，恐彼分别执为我。眼识者，谓从阿赖耶识种子所生，依于眼根，与彼俱转。缘色为境，了别为性，如薄伽梵说：内眼处不坏，外色处现前及彼所生作意正起，如是所生眼识得生。又说缘眼及色眼识得生，如是应知乃至身识，此中差别者谓各依自根，各缘自境，各别了别，一切应引如前二经。意者，谓从阿赖耶识种子所生，还缘彼识，我痴、我爱、我、我所执、我慢相应或翻彼相应，于一切时恃举为行或平等行，与彼俱转，了别为性，如薄伽梵说：内意处不坏，外法处现前及彼所生作意正起，如是所生，意识得生。意识者，谓从阿赖耶识种子所生，依于意根，与彼俱转，缘一切共、不共法为境，了别为性。

心所有法者谓②若法从阿赖耶识种子所生，依心所起，与心俱转、相应。彼复云何？谓遍行有五：一作意、二触、三受、四想、五思；别境有五：一欲、二胜解、三念、四等持、五慧；善有十一：一信、二惭、三愧、四无贪、五

---

① 一切事一百六法，从瑜伽意地六百六十法开合而立，标目见《瑜伽》卷一至三，释义则散见各卷，心法见卷一及五十一，心所遍行别境见卷三，善见五十五，烦恼等见五十八，色法见二十七、五十三、五十四，不相应行法见五十二，无为法见五十三、七十七。
② 原刻"心"字上衍"心"字，今依丽刻再雕大藏本删。

无瞋、六无痴、七精进、八轻安、九不放逸、十舍、十一不害;烦恼有六:一贪、二瞋、三慢、四无明、五见、六疑;随烦恼有二十:一忿、二恨、三覆、四恼、五嫉、六悭、七诳、八谄、九侨、十害、十一无惭、十二无愧、十三惛沉、十四掉举、十五不信、十六懈怠、十七放逸、十八失念、十九心乱、二十不正知;不定有四:一恶作、二睡眠、三寻、四伺。作意者,谓从阿赖耶识种子所生,依心所起,与心俱转、相应,动心为体,引心为业,由此与心同缘一境,故说和合,非不和合,如经中说:若于此作意即于此了别,若于此了别即于此作意,是故此二恒和合,非不和合,此二法不可施设,离别殊异。复如是说:心、心法行不可思议。又说由彼所生作意正起,如是所生,眼等识生。触者,谓三事和合,分别为体,受依为业,如经说有六触身;又说眼色为缘,能起眼识,如是三法聚集合故能有所触;又说触为受缘。受者,谓领纳为体,爱缘为业,如经说有六受身;又说受为爱缘。想者,谓名、句、文身熏习为缘,从阿赖耶识种子所生。依心所起,与心俱转、相应,取相为体,发言议为业,如经说有六想身;又说如其所想而起言议。思者,谓令心造作,得失俱非,意业为体,或为和合,或为别离,或为随与,或为贪爱,或为瞋恚,或为弃舍,或起寻伺,或复为起身、语二业,或为染污,或为清净,行善、不善,非二为业,如经说有六思身;又说当知我说今六触处,即前世思所造故业。欲者,谓于所乐境希望为体,勤依为业,如经说欲为一切诸法根本。胜解者,谓于决定境如其所应印解为体,不可引转为业,如经说我等今者心生胜解:是内六处必定无我。念者,谓于串习境令心明记,不忘为体,等持所依为业,如经说:诸念与随念、别念念及忆不忘,不失法心,明记为性。等持者,谓于所观境专住一缘为体,令心不散,智依为业,如经说:诸令心住,与等住、安住、近住及定住不乱不散,摄寂止、等持,心住一缘性。慧者,谓即于所观境简择为体,如理、不如理、非如理、非不如理,悟入所知为业,如经说:简择诸法最极简择,极简择法遍了、近了、黠了,通达审察,聪叡觉明慧行毗钵舍那。信者,谓于有体、有德、有能、心净忍可为体,断不信障为业,能得菩提资粮,圆满为业,利益自他为业,能趣善道为业,增长净信为业,如经说:于如来所起坚固信。惭者,谓依自增上及法增上,羞耻过恶为体,断无惭障为业,如前乃至增长惭为业,如经说:惭于所惭乃至广说。愧者，谓依世增上，羞耻过恶为体，断无愧障为业，如前乃至增长愧为业，如经说：愧于所愧乃至广说。无贪者，谓于有有具厌离无执，不藏不爱，无著为体，能断贪障为业，如前乃至增长无贪为业，如经说无贪善根。无瞋者，谓于诸有情心无损害，慈愍为体，能断瞋障为业，如前乃至增长无瞋为业，如经说无瞋善根。无痴者，谓正了真实为体，能断痴障为业，如前乃至增长无痴为业，如经说无痴善根。精进者，谓心勇无惰，不自轻贱为体，断懈怠障为业，如前乃至增长精进为业，如经说：起精进住有势、有勤、有勇，坚猛不舍善轭。轻安者，谓远离粗重，身心调畅为体，断粗重障为业，如前乃至能增长轻安为业，如经说适悦于意身及心安。不放逸者，谓总摄无贪、无瞋、无痴，精进为体，依此能断恶不善法及能修彼对治善法，断放逸障为业，如前乃至增长不放逸为业，如经说：所有无量善法生起，一切皆依不放逸根。舍者，谓总摄无贪、无瞋、无痴，精进为体，依此舍故得心平等，得心正直，心无发动，断发动障为业，如前乃至增长舍为业，由不放逸除遣染污，由彼舍故于已除遣不染污住，如经说为除贪忧心依上舍。不害者，谓由不恼害诸有情故，悲哀恻怆，愍物为体，能断害障为业，如前乃至增长不害为业，如经说由不害故知彼聪叡乃至广说。贪者，谓于五取蕴爱乐、覆藏，保著为体，或是俱生，或分别起，能障无贪为业，障得菩提资粮圆满为业，损害自他为业，能趣恶道为业，增长贪欲为业，如经说诸有贪爱者为贪所伏蔽。瞋者，谓于有情欲兴损害为体，或是俱生或分别起，能障无瞋为业，如前乃至增长瞋恚为业，如经说诸有瞋恚者为瞋所伏蔽。慢者，谓以他方己计我为胜、我等、我劣，令心恃举为体，或是俱生或分别起，能障无慢为业，如前乃至增长慢为业，如经说三种慢类：我胜慢类、我等慢类、我劣慢类。无明者，谓不正了，真实为体，或是俱生或分别起，能障正了为业，如前乃至增长无明①为业，如经说诸有愚痴者无明所伏蔽。见者，谓五见为体：一萨迦耶见。谓于五取蕴计我、我所，染污慧为体，或是俱生或分别起，能障无我、无颠倒解为业，如前乃至增长萨迦耶见为业，如经说如是知见永断三结，谓身见、戒禁、取疑。二边执见。谓于五取蕴执计断常，染

---

① 原刻作"瞋"，今依丽刻改。

污慧为体,或是俱生,或分别起,能障无常、无颠倒解为业,如前乃至增长边执见为业,如经说迦多衍那一切世间依止二种:或有或无。三邪见。谓谤因、谤果或谤功用或坏实事,染污慧为体,唯分别起,能障正见为业,如前乃至增长邪见为业,如经说有邪见者所执皆倒乃至广说。四见取。谓于前三见及见所依蕴计最胜上及与第一,染污慧为体,唯分别起,能障苦及不净、无颠倒解为业,如前乃至增长见取为业,如经说于自所见取执坚住乃至广说。五戒禁取。谓于前诸见及见所依蕴计为清净解脱,出离染污慧为体,唯分别起,能障如前,无颠倒解为业,如前乃至增长戒禁取为业,如经说取结所①系。疑者,谓于诸谛犹豫不决为体,唯分别起,能障无疑为业,如前乃至增长疑为业,如经说犹豫者疑。忿者,谓于现在违缘,令心愤发为体,能障无瞋为业,乃至增长忿为业。恨者,谓于过去违缘结怨,不舍为体,能障无瞋为业,乃至增长恨为业。覆者,谓于过犯若他谏诲、若不谏诲,秘所作恶为体,能障发露、悔过为业,乃至增长覆为业。恼者,谓于过犯若他谏诲便发粗言,心暴不忍为体,能障善友为业,乃至增长恼为业。嫉者,谓于他所有功德、名誉、恭敬、利养心妒不悦为体,能障慈仁为业,乃至增长嫉为业。悭者,谓积聚悋②著为体,能障无贪为业,乃至增长悭为业。诳者,谓为惑乱他现不实事,心诡为体,能障爱敬为业,乃至增长诳为业。谄者,谓为欺彼故诈现恭顺,心曲为体,能障爱敬为业,乃至增长谄为业,如经说忿、恨、覆、恼、嫉、悭、诳、谄。憍者,谓暂获世间兴盛等事,心恃高举,无所忌惮为体,能障厌离为业,乃至增长憍为业,如经说:无正闻愚夫见少年无病、寿命等暂住而广生憍逸乃至广说。害者,谓逼恼有情,无悲、无愍、无哀、无怜、无恻为体,能障不害为业,乃至增长害为业,如经说诸有害者必损恼他。无惭者,谓于自及法二种增上,不耻过恶为体,能障惭为业,乃至增长无惭为业,如经说不惭、所惭、无惭生起恶不善法乃至广说。无愧者,谓于世增上,不耻过恶为体,能障愧为业,乃增长无愧为业,如经说不愧、所愧、无愧生起恶不善法乃至广说。惛沉者,谓依身粗重,甘

---

① 原刻作"取",今依丽刻改。
② 原刻作"希",今依丽刻改。

执不进以为乐故,令心沉没为体,能障毗钵舍那为业,乃至增长惛沉为业,如经说此人生起身意惛沉。掉举者,谓依不正寻求或复追念曾所经见戏乐等事,心不静息为体,能障奢摩他为业,乃至增长掉举为业,如经说汝为掉动,亦复高举乃至广说。不信者,谓于有体、有德、有能,心不净信为体,障信为业,乃至增长不信为业,如经说若人不住不净信,心终无退失所有善法乃至广说。懈怠者,谓躭著睡眠、倚、卧乐故,怖畏升进自轻蔑故,心不勉励为体,能障发起正勤为业,乃至增长懈怠为业,如经说若有懈怠必退正勤乃至广说。放逸者,谓总贪、瞋、痴,懈怠为体,由依此故心不制止恶不善法,及不修习彼对治法,障不放逸为业,乃至增长放逸为业,如经说:夫放逸者是生死迹乃至广说。失念者,谓于久所作、所说、所思,若法、若义,染污不记为体,障不忘念为业,乃至增长失念为业,如经说谓失念者无所能为乃至广说。心乱者,谓于所修善心不喜乐为依止故,驰散外缘为体,能障等持为业,乃至增长心乱为业,如经说若于五欲其心散乱,流转不息乃至广说。不正知者,谓于身、语、意行不正了住,染污慧为体,能障正知为业,乃至增长不正知为业,如经说有失念者住不正知乃至广说。恶作者,谓于已作、未作善、不善事若染、不染,怅怏追变为体,能障奢摩他为业,乃至增长恶作为业,如经说若怀追悔则不安隐乃至广说。睡眠者,谓略摄于心,不自在转为体,能障毗钵舍那为业,乃至增长睡眠为业,如经说贪著睡眠味如大鱼所吞。寻者,谓或时由思,于法造作;或时由慧,于法推求,散行外境,令心粗转为体,障心内净为业,乃至增长寻为业。伺者,谓从阿赖耶识种子所生,依心所起,与心俱转、相应,于所寻法略行外境,令心细转为体,余如寻说,乃至增长伺为业。由此与心同①缘一境故,说和合、非不和合,如薄伽梵说:若于此伺察即于此了别,若于此了别即于此伺察,是故此二恒和合,非不和合,此之二法不可施设,离别殊异。复如是说:心、心法行不可思议,证有此二阿笈摩者,如薄伽梵说:由依寻伺故发起言说,非无寻伺。诸心法中略不说者,如其所应,广说应知。如识与心法不可思议,是诸心法展转相望,应知亦尔。

---

① 原刻作"伺",今依丽刻改。

色者有十五种，谓地、水、火、风、眼、耳、鼻、舌、身、色、声、香、味、触一分及法、处所摄色。地有二种：一内一外。内谓各别身内眼等五根及彼居处之所依止，坚鞕所摄，有执受性，复有增上积集，所谓发、毛、爪、齿、尘、垢、皮、肉、筋、骨、脉等诸不净物是内地体，形段受用为业；外谓各别身外色等五境之所依止，坚鞕所摄，非执受性，复有增上积集，所谓砾、石、丘、山、树、林、砖等，水等灾起彼寻坏灭，是外地体，形段受用为业，依持受用为业，破坏受用为业，对治资养为业。水亦二种：一内二外。内谓各别身内眼等五根及彼居处之所依止，湿润所摄，有执受性，复有增上积集，所谓洟、泪、涎、汗、膏、髓、痰等诸不净物，是内水体，润泽聚集，受用为业；外谓各别身外色等五境之所依止，湿润所摄，非执受性，复有增上积集，所谓泉、源、溪、沼、巨壑、洪流等，火等灾起彼寻消竭，是外水体，依持受用为业，变坏受用为业，对治资养为业。火亦二种：一内二外。内谓各别身内眼等五根及彼居处之所依止，暖热所摄，有执受性，复有增上积集，所谓能令有情遍温增热，又能消化凡所饮啖，诸如是等是内火体，成熟和合，受用为业；外谓各别身外色等五境之所依止，暖热所摄，非执受性，复有增上积集，所谓炎、燎、村城蔓延①洲渚乃至空回无依故灭，或钻木击石种种求火，此火生已不久灰烬，是外火体，变坏受用为业，对治资养为业。风亦二种：一内一外。内谓各别身内眼等五根及彼居处之所依止，轻动所摄，有执受性，复有增上积集，所谓上下横行，入出气息，诸如是等是内风体，发动作事，受用为业；外谓各别身外色等五境之所依止，轻动所摄，非执受性，复有增上积集，所谓摧破山崖，偃拔林木等，彼既散坏无依故静，若求风者动衣摇扇，其不动摇无缘故息，诸如是等是外风体，依持受用为业，变坏受用为业，对治资养为业。眼谓一切种子阿赖耶识之所执受，四大所造色为境界，缘色、境识之所依止，净色为体，色蕴所摄，无见有对，如眼如是，耳、鼻、舌、身亦尔，此中差别者，谓各行自境，缘自境、识之所依止。色谓眼所行境，眼识所缘，四大所造，若显色、若形色、若表色为体，色蕴所摄，有见有对。此复三种，谓妙、不妙及俱相违。彼复云何？谓青、黄、赤、白，如是等显

---

① 原刻作"筵"，今依丽刻改。

色、长、短、方、圆、粗、细、高、下、正及不正、烟、云、尘、雾、光、影、明、暗、若空一显色，若彼影像之色，是名为色。声谓耳所行境，耳识所缘，四大所造，可闻音为体，色蕴所摄，无见有对。此复三种，谓可意、不可意及俱相违，或因手等相击出声，或由寻伺扣弦拊革，或依世俗，或为养命，或宣扬法义而起言说，或依托崖谷而发响声，如是若自相、若分别、若响音，是名为声。香谓鼻所行境，鼻识所缘，四大所造，可嗅物为体，色蕴所摄，无见有对性。此复三种，谓好香、恶香及俱非香。彼复云何？所谓根、茎、皮、叶、华、果、烟、末等香，若俱生、若和合、若变异，是名为香。味谓舌所行境，舌识所缘，四大所造，可尝物为体，色蕴所摄，无见有对性。此复三种，谓甘、不甘及俱相违。彼复云何？所谓酥①油、沙糖、石蜜、熟果等味，若俱生、若和合、若变异，是名为味。触一分，谓身所行境，身识所缘，四大所造，可触物为体，色蕴所摄，无见有对性。此复三种，谓妙、不妙及俱相违。彼复云何？所谓涩、滑、轻、重、缓、急、暖、冷、饥、渴、饱、闷、强、弱、痒、病、老、死、疲、息、粘、勇，或缘光泽、或不光泽；或缘坚实、或不坚实；或缘执缚、或缘增聚；或缘乖违、或缘和顺。若俱生、若和合、若变异，是名触一分。法处所摄色，谓一切时意所行境，色蕴所摄，无见无对。此复三种，谓律仪色、不律仪色及三摩地所行境色。律仪色云何？谓防护身、语业者由彼增上造作心、心法故，依彼不现行法建立色性；不律仪色云何？谓不防护身、语业者由彼增上造作心、心法故，依彼现行法建立色性；三摩地所行境色云何？谓由下、中、上三摩地俱转、相应心、心法故，起彼所缘影像、色性及彼所作成就色性，是名法处所摄色。

心不相应行者谓诸行与心不相应，于心、心法及色法分位，假施设性不可施设，与心等法若一若异。彼复差别有二十四种，谓得、无想定、灭尽定、无想天、命根、众同分、生、老、住、无常、名身、句身、文身、异生性、流转、定异、相应、次第、势速、时、方、数、和合、不和合，复有诸余，如是种类差别应知。得者此复三种：一诸行种子所摄相续差别性，二自在生起相续差别性，三自相生起相续差别性。无想定者，谓已离遍净欲，未离

---

① 原刻作"蘇"，今依丽刻改。

上地欲,观想如病、如痈、如箭。唯无想天寂静微妙,由于无想天起出离想,作意前方便故,不恒现行心、心法灭性。灭尽定者,谓已离无所有处欲,或入非想非非想处定,或复上进,或入无想定,或复上进,由起暂息想,作意前方便故,止息所缘,不恒现行诸心、心法及恒行一分诸心、心法灭性。无想天者,谓先于此间得无想定,由此后生无想有情天处,不恒用行诸心、心法灭性。命根者,谓先业所引异熟六处住时决定性。众同分者,谓诸有情互相似性。异生性者,此有二种:一愚夫异生性,二无闻异生性。愚夫异生性者,谓无始世来有情身中愚夫之性;无闻异生性者,谓如来法外诸邪道性。生者,谓诸行自相发起性。老者,谓诸行前后变异性。住者,谓诸行生时相续不断性。无常者,谓诸行自相生后灭坏性。名身者,谓诠诸行等法自体想号假立性。句身者,谓聚集诸名显染净义,言说所依性。文身者,谓前二所依字性。流转者,谓诸行因果相续不断性。定异者,谓诸行因果各异性。相应者,谓诸行因果相称性。势速者,谓诸行流转迅疾性。次第者,谓诸行一一次第流转性。时者,谓诸行展转、新新生灭性。方者,谓诸色行遍分齐性。数者,谓诸行等各别相续,体相流转性。和合者,谓诸行缘会性。不和合者,谓诸行缘乖性。

无为者此有八种,谓虚空、非择灭、择灭、不动、想受灭、善法真如、不善法真如、无记法真如。虚空者,谓诸心、心法所缘外色对治境界性。非择灭者,谓因缘不会于其中间,诸行不起灭而非离系性。择灭者,谓由慧方便有漏诸行毕竟不起灭,而是离系性。不动者,谓离遍净欲,得第四静虑,于其中间苦乐离系性。想受灭者,谓离无所有处,欲入灭尽定,于其中间不恒现行心、心法及恒行一分心、心法灭而离系性。善、不善无记法真如者,谓于善、不善无记法中清净境界性。

复次如是五法复有三相应知:一增益相,二增益所起相,三法性相。增益相者,谓诸法中遍计所执自性;增益所起相者,谓诸法中如其所应依他起自性;法性相者,谓诸法中圆成实自性。

(《藏要》本《显扬圣教论》第一卷页一左行十至页九右行七)

附录一 印度非外道的或关于佛教的资料(备存)

1. 什么是神

《中阿含经》卷第二十六 因品想经第十

我闻如是:一时佛游舍卫国,在胜林给孤独园。尔时世尊告诸比丘:若有沙门、梵志于地有地想,地即是神,地是神所,神是地所。彼计地即是神已,便不知地。如是水、火、风、神、天、生主、梵天无烦无热。彼于净有净想,净即是神,净是神所,神是净所。彼计净即是神已,便不知净。无量空处、无量识处、无所有处、非有想非无想处、一、别、若干、见、闻、识、知、得观意所念、意所思。从此世至彼世,从彼世至此世,彼于一切有一切想,一切即是神,一切是神所,神是一切所。彼计一切即是神已,便不知一切。若有沙门、梵志于地则知地,地非是神,地非神所,神非地所。彼不计地即是神已,彼便知地。如是水、火、风、神、天、生主、梵天无烦无热。彼于净则知净,净非是神,净非神所,神非净所。彼不计净即是神已,彼便知净。无量空处、无量识处、无所有处、非有想非无想处、一、别、若干、见、闻、识、知、得观意所念、意所思。从此世至彼世,从彼世至此世。彼于一切则知一切,一切非是神,一切非神所,神非一切所。彼不计一切即是神已,彼便知一切。我于地则知地,地非是神,地非神所,神非地所。我不计地即是神已,我便知地。如是水、火、风、神、天、生主、梵天无烦无热。我于净则知净,净非是神,净非神所,神非净所。我不计净即是神已,我便知净。无量空处、无量识处、无所有处、非有想非无想处、一、别、若干、见、闻、识、知、得观意所念、意所思。从此世至彼世,从彼世至此世,我于一切则知一切。一切非是神,一切非神所,神非一切所。

我不计一切即是神已,我便知一切。佛说如是,彼诸比丘闻佛所说欢喜奉行。

《中阿含经》卷第二十六》

2. 种　姓

《中阿含经》卷第三十七 梵志品阿摄恕经第十
我今问汝,随所解答。摩纳! 颇闻余尼及劒浮国有二种姓:大家及奴。大家作奴,奴作大家耶? 阿摄恕逻延多那摩纳答曰:瞿昙! 我闻余尼及劒浮国有二种姓:大家及奴。大家作奴,奴作大家也。

(《中阿含经》卷第三十七,建七)

3. 出家的生活用具

《中阿含经》卷第二十七 林品林经上第一
学道者所须衣被、饮食、床榻、汤药诸生活具,彼一切求索易不难得。彼比丘依此林住。依此林住已若无正念,不得正念;其心不定,不得定心;若不解脱,不得解脱;诸漏不尽,不得漏尽;不修无上安隐涅槃。然不得涅槃,学道者所须衣被、饮食、床榻、汤药诸生活具,彼一切求索易不难得。彼比丘应作是观我出家。

(《中阿含经》卷第二十七)

4. 各样人生的目的(刹利、婆罗门、沙门等种人)

《中阿含经》卷第三十七 梵志品何欲经第八
我闻如是:一时佛游舍卫国,在胜林给孤独园。尔时生闻梵志中后彷徉,往诣佛所,共相问讯,却坐一面,白曰:瞿昙! 欲有所问,听乃敢陈。世尊告曰:

恣汝所问。梵志即便问曰:瞿昙!刹利何欲、何行、何立、何依、何讫耶?世尊答曰:刹利者欲得财物,行于智慧。所立以刀,依于人民。以自在为讫。生闻梵志问曰:瞿昙!居士何欲、何行、何立、何依、何讫耶?世尊答曰:居士者欲得财物,行于智慧。立以技术,依于作业。以作业竟为讫。生闻梵志问曰:瞿昙!妇人何欲、何行、何立、何依、何讫耶?世尊答曰:妇人者欲得男子。行于严饰,立以儿子,依于无对。以自在为讫。生闻梵志问曰:瞿昙!偷劫何欲、何行、何立、何依、何讫耶?世尊答曰:偷劫者欲不与取。行隐藏处。所立以刀,依于暗冥。以不见为讫。生闻梵志问曰:瞿昙!梵志何欲、何行、何立、何依、何讫耶?世尊答曰:梵志者欲得财物。行于智慧,立以经书,依于斋戒。以梵天为讫。生闻梵志问曰:瞿昙!沙门何欲、何行、何立、何依、何讫耶?世尊答曰:沙门者欲得真谛。行于智慧,所立以戒,依于无处。以涅槃为讫。生闻梵志白曰:世尊!我已知;善逝!我已解。世尊!我今自归于佛、法及比丘众,唯愿世尊受我为优婆塞,从今日始,终身自归,乃至命尽。佛说如是,生闻梵志闻佛所说欢喜奉行。

(《中阿含经》卷第三十七)

5. 天

《中阿含经》卷第十八 长寿王品天经第二

然我不知彼天如是食、如是受苦乐。我复作是念:我宁可得生其光明,因其光明而见形色。及与彼天共同集会,共相慰劳,有所论说,有所答对。亦知彼天如是姓、如是字、如是生;亦知彼天如是食、如是受苦乐。如是我知见极大明净。我为知见极明净故,便在远离独住,心无放逸,修行精勤。我因在远离独住,心无放逸,修行精勤故,即得光明,便见形色。及与彼天共同集会,共相慰劳,有所论说,有所答对。亦知彼天如是姓、如是字、如是生;亦知彼天如是食、如是受苦乐也。然我不知彼天如是长寿、如是久住、如是命尽。我复作是念:我宁可得生其光明,因其光明而见形色。及与彼天共同集会,共相慰劳,有所论说,有所答对。亦知彼天如是姓、如是字、如是生;亦知彼天如是食、如是受苦乐;亦知彼天如是长寿、如是久住、如是命尽。如是我知见极大明净,我为知见极明净故,便在远离独住,心无放逸,修行精勤。我因在远离独住,心无放逸,修行精勤故,即得光明,便见形色。及与彼天共同集会,共相慰劳,有所论说,有所答对。亦知彼天如是姓、如是字、如是生;亦知彼天如是食、如是受苦乐;亦知彼天如是长寿、如是久住、如是命尽也。然我不知彼天作如是如是业已,死此生彼。我复作是念:我宁可得生其光明,因其光明而见形色。及与彼天共同集会,共相慰劳,有所论说,有所答对。亦知彼天如是姓、如是字、如是生;亦知彼天如是食、如是受苦乐;亦知彼天如是长寿、如是久住、如是命尽;亦知彼天作如是如是业已,死此生彼。如是我知见极大明净,我为知见极明净故,便在远离独住,心无放逸,修行精勤。我因在远离独住,心无放逸,修行精勤故,即得光明,便见形色。及与彼天共同集会,共相慰劳,有所论说,有所答对。亦知彼天如是姓、如是字、如是生;亦知彼天如是食、如是受苦乐;亦知彼天如是长寿、如是久住、如是命尽;亦知彼天作如是如是业已,死此生彼也。然我不知彼天、彼彼天中,我复作是念:我宁可得生其光明,因其光明而见形色。及与彼天共同集会,共相慰劳,有所论说,有所答对。亦知彼天如是姓、如是字、如是生;亦知彼天如是食、如是受苦乐;亦知彼天如是长寿、如是久住、如是命尽;亦知彼天作如是如是业已,死此生彼;亦知彼天、彼彼天中,如是我知见极大明净,我为知见极明净故,便在远离独住,心无放逸,修行精勤。我因在远离独住,心无放逸,修行精勤故,即得光明,便见形色。及与彼天共同集会,共相慰劳,有所论说,有所答对。亦知彼天如是姓、如是字、如是生;亦知彼天如是食、如是受苦乐;亦知彼天如是长寿、如是久住、如是命尽;亦知彼天作如是如是业已,死此生彼;亦知彼天、彼彼天中也。然我不知彼天上我曾生中、未曾生中。我复作是念:我宁可得生其光明,因其光明而见形色。及与彼天共同集会,共相慰劳,有所论说,有所答对。亦知彼天如是姓、如是字、如是生;亦知彼天如是食、如是受苦乐;亦知彼天如是长寿、如是久住、如是命尽;亦知彼天作如是如是业已,死此生彼;亦知彼天、彼彼天中;亦知彼天上我曾生中、未曾生中。如是我知见极大明净。我为知见极明净故,便在远离独住,心无放逸,修行精勤。我因在远离独住,心无放逸,修行精勤故,即得光明,便见形色。及与彼天共同集会,共相慰劳,有所论说,有所答对。亦知彼天如是姓、如是字、如是生;亦知彼天如是食、如是受苦乐;亦知彼天如是长寿、如是久住、如是命尽;亦知彼天作如是如是业已,死此生彼;亦知彼天、彼彼天中;亦知彼天上我曾生中、未曾生中也。若我不正知得此八行者,便不可一向说得。亦不知我得觉无上正真之道,我亦于此世间,诸天、魔、梵、沙门、梵志不能出过其上,我亦不得解脱、种种解脱,我亦未离诸颠倒。未生已尽,梵行已立,所作已办,不更受有,知如真。若我正知得此八行者,便可一向说得。亦知我得觉无上正真之道,我亦于此世间。诸天、魔、梵、沙门、梵志出过其上。我亦得解脱、种种解脱。我心已离诸颠倒,生已尽,梵行已立,所作已办,不更受有,知如真。佛说如是,彼诸比丘闻佛所说欢喜奉行。

(《中阿含经》卷第十八)

6. 禅 刺

《中阿含经》卷第二十一 长寿王品无刺经第十三

闻诸鞞舍离丽掣作大如意足,作王威德,高声唱传。出鞞舍离来诣佛所,供养礼事,便作是念:禅以声为刺,世尊亦说禅以声为刺,我等宁可往诣牛角娑罗林。在彼无乱,远离独住,闲居靖处,宴坐思惟。世尊!诸长老上尊、大弟子等共往诣彼于是。世尊闻已叹曰:善哉!善哉!若长老上尊、大弟子等应如是说禅以声为刺,世尊亦说禅以声为刺。所以者何?我实如是说:禅有刺,持戒者以犯戒为刺,护诸根者以严饰身为刺,修习恶露者以净相为刺,修习慈心者以恚为刺,离酒者以饮酒为刺,梵行者以见女色为刺,入初禅者以声为刺,入第二禅者以觉观为刺,入第三禅者以喜为刺,入第四禅者以入息、出息为刺,入空处者以色想为刺,入识处者以空处想为刺,入无所有处者以识处想为刺,入无想处者以无所有处想为刺,入想知灭定者以想知为刺。复次,有三刺:欲刺、恚刺、愚痴之刺。此三刺者漏尽阿罗诃已断、已知,拔绝根本,灭不复生。是为阿罗诃无刺、阿罗诃离刺、阿罗诃无刺离刺。佛说如是,彼诸比丘闻佛所说欢喜奉行。

(《中阿含经》卷第二十一)

7. 二十一心秽。慈悲喜舍四无量。

《中阿含经》卷第二十三 秽品水净梵志经第七

我闻如是：一时佛游欝鞞罗尼连然河岸，在阿耶惒罗尼拘类树下初得道时。于是有一水净梵志，中后彷徉往诣佛世尊。世尊遥见水净梵志来，因水净梵志故告诸比丘：若有二十一秽污于心者必至恶处，生地狱中。云何二十一秽？邪见心秽、非法欲心秽、恶贪心秽、邪法心秽、贪心秽、恚心秽、睡眠心秽、掉悔心秽、疑惑心秽、瞋缠心秽、不语结心秽、悭心秽、嫉心秽、欺诳心秽、谀谄心秽、无惭心秽、无愧心秽、慢心秽、大慢心秽、憍傲心秽、放逸心秽。若有此二十一秽污于心者必至恶处，生地狱中。犹垢腻衣持与染家，彼染家得，或以淳灰，或以澡豆，或以土渍极浣，令净此垢腻衣。染家虽治或以淳灰，或以澡豆，或以土渍极浣令净。然此污衣故有秽色。如是若有二十一秽污于心者必至恶处，生地狱中。云何二十一秽？邪见心秽、非法欲心秽、恶贪心秽、邪法心秽、贪心秽、恚心秽、睡眠心秽、掉悔心秽、疑惑心秽、瞋缠心秽、不语结心秽、悭心秽、嫉心秽、欺诳心秽、谀谄心秽、无惭心秽、无愧心秽、慢心秽、大慢心秽、憍傲心秽、放逸心秽。若有此二十一秽污于心者必至恶处，生地狱中。若有二十一秽不污心者必至善处，生于天上。云何二十一秽？邪见心秽、非法欲心秽、恶贪心秽、邪法心秽、贪心秽、恚心秽、睡眠心秽、掉悔心秽、疑惑心秽、瞋缠心秽、不语结心秽、悭心秽、嫉心秽、欺诳心秽、谀谄心秽、无惭心秽、无愧心秽、慢心秽、大慢心秽、憍傲心秽、放逸心秽。若有此二十一秽不污心者必至善处，生于天上。犹如白净波罗奈衣持与染家，彼染家得，或以淳灰，或以澡豆，或以土渍极浣令净。此白净波罗奈衣，染家虽治，或以淳灰，或以澡豆，或以土渍极浣令净。然此白净波罗奈衣本已净而复净。如是若有二十一秽不污心者，必至善处，生于天上。云何二十一秽？邪见心秽、非法欲心秽、恶贪心秽、邪法心秽、贪心秽、恚心秽、睡眠心秽、掉悔心秽、疑惑心秽、瞋缠心秽、不语结心秽、悭心秽、嫉心秽、欺诳心秽、谀谄心秽、无惭心秽、无愧心秽、慢心秽、大慢心秽、憍傲心秽、放逸心秽。若有此二十一秽不污心者，必至善处，生于天上。若知邪见是心秽者，知已便断。如是非法欲心秽、恶贪心秽、邪法心秽、贪心秽、恚心秽、睡眠心秽、掉悔心秽、疑惑心秽、瞋缠心秽、不语结心秽、悭心秽、嫉心秽、欺诳心秽、谀谄心秽、无惭心秽、无愧心秽、慢心秽、大慢心秽、憍傲心秽。若知放逸是心秽者,知已便断,彼心与慈俱,遍满一方成就游。如是二、三、四方,四维上下,普周一切心与慈俱。无结、无怨、无恚、无诤,极广甚大,无量善修,遍满一切世间成就游。如是悲、喜心与舍俱。无结、无怨、无恚、无诤,极广甚大,无量善修,遍满一切世间成就游。梵志!是谓洗浴内心,非浴外身。尔时梵志语世尊曰:瞿昙!可诣多水河浴。世尊问曰:梵志!若诣多水河浴者,彼得何等?梵志答曰:瞿昙!彼多水河浴者,此是世间斋洁之想、度想、福想。瞿昙!若诣多水河浴者,彼则净除于一切恶。……

(《中阿含经》卷第二十三)

8.《长阿含经》卷第五 第一分典尊经第三

彼时七王即自念言:凡婆罗门多贪财宝,我今宁可大开库藏,恣其所须,使不出家。时七国王即命典尊而告之曰:设有所须,吾尽相与,不足出家。时大典尊寻白王曰:我今以为蒙王赐已,我亦大有财宝。今者尽留,以上大王。愿听出家,遂我志愿。时七国王复作是念:凡婆罗门多贪美色,今我宁可出宫婇女,以满其意,使不出家。王即命典尊而告之曰:若须婇女,吾尽与汝,不足出家。典尊报曰:我今已为蒙王赐已,家内自有婇女众多。今尽放遣,求离恩爱,出家修道。所以然者,我亲从梵童闻说臭秽,心甚恶之。若在家者无由得除。时大典尊向慈悲王。

(《长阿含经》卷第五)

9. 无后世、他世,不更生,无业报之批评

《长阿含经》卷第七 第二分弊宿经第三
弊宿婆罗门常怀异见。为人说言:无有他世,亦无更生,无善恶报……
时弊宿婆罗门即敕侍者:汝速往语诸人:且住,当共俱行。往与相见。所以

者何？彼人愚惑，欺诳世间，说有他世，言有更生，言有善、恶报；而实无他世，亦无更生，无善、恶报。时使者受教已。……

婆罗门言：今我论者，无有他世，亦无更生，无罪、福报。汝论云何？迦叶答曰：我今问汝，随汝意答。今上日月为此世耶？为他世耶？为人、为天耶？婆罗门答曰：日月是他世，非此世也；是天非人也。

（《长阿含经》卷第七）

10. 大祭祀无益

《长阿含经》卷第十五 第三分究罗檀头经第四

时婆罗门欲设大祀，办五百特牛、五百牸牛、五百特犊、五百牸犊、五百羖羊、五百羯羊，欲以供祀。时伽笯婆提村诸婆罗门、长者、居士闻沙门瞿昙释种子出家成道，从俱萨罗国人间游行，至伽笯婆提村北尸舍婆林止。有大名称，流闻天下。如来、至真、等正觉，十号具足。于诸天、世人、魔、若魔、天、沙门、婆罗门中自身作证，为他说法。上中下言皆悉真正，义味具足，梵行清净。如此真人，应往觐现，今我等宁可往共相见。作此语已，即便率相，出伽笯婆提村。队队相随，欲诣佛所。时究罗檀头婆罗门在高楼上。

（《长阿含经》卷第十五）

11. 婆罗门所成就五法

《长阿含经》卷第十五 第三分种德经第三

时种德婆罗门端身正坐，四顾大众，憘怡而笑。方答佛言：我婆罗门成就五法，所言至诚，无有虚妄。云何为五？一者婆罗门七世已来父母真正，不为他人之所轻毁。二者异学三部讽诵通利，种种经书尽能分别。世典幽微，靡不综练。又能善于大人相法，明察吉凶，祭祀仪礼。三者颜貌端正。四者持戒具足。五者智慧通达。是为五。瞿昙！婆罗门成此五法，所言诚实，无有虚妄。佛言：善哉！种德。颇有婆罗门于五法中舍一成四，亦所言诚实，无有虚妄,得名婆罗门耶?

(《长阿含经》卷第十五)

12. 行 乞

《大藏经》(辰二)《杂阿含经》卷第四

如是我闻:一时佛住舍卫国祇树给孤独园。时有年少婆罗门名欝多罗来诣佛所。与世尊面相、问讯慰劳已,退坐一面。白佛言:世尊!我常如法行乞持用,供养父母,令得乐离苦。世尊!我作如是为多福不?佛告欝多罗实有多福。所以者何?若有如法乞求,供养父母,令其安乐,除苦恼者,实有大福。尔时,世尊即说偈言:

　　如汝于父母,恭敬修供养;
　　现世名称流,命终生天上。

佛说此经已,年少欝多罗欢喜随喜,作礼而去。

(《大藏经》(辰二))

13. 佛反对邪命求食

《大藏经》(辰三)《杂阿含经》卷第十八

如是我闻:一时佛住王舍城迦兰陀竹园。时尊者舍利弗亦住王舍城迦兰陀竹园。尔时尊者舍利弗晨朝著衣持钵,入王舍城乞食。乞食已,于一树下食。时有净口外道出家尼从王舍城出,少有所营,见尊者舍利弗坐一树下食。见已,问言:沙门食耶?尊者舍利弗答言:食。复问:云何沙门下口食耶?答言:不也,姊妹!复问:仰口食耶?答言:不也,姊妹!复问:云何方口食耶?答言:不也。姊妹!复问:四维口食耶?答言:不也。姊妹!复问:我问沙门食耶?答我言:食。我问仰口耶?答我言:不。下口食耶?答我言:不。方口食耶?答我言:不。四维口食耶?答我言:不。如此所说,有何等义?尊者舍利弗言:姊妹!诸所有沙门、婆罗门明于事者明于横法,邪命求食者!如是沙门、婆罗门下口食也。若诸沙门、婆罗门仰观星历,邪命求食者!如是沙门、婆罗门则为仰口食也。若诸沙门、婆罗门为他使命,邪命求食者!如是沙门、婆罗门则为方口食也。若有沙门、婆罗门为诸医方种种治病,邪命求食者!如是沙门、婆罗门则为四维口食也。姊妹!我不堕此四种邪命而求食也。然我姊妹!但以法求食而自活也。是故我说不为四种食也。时净口外道出家尼闻尊者舍利弗所说欢喜随喜而去。时净口外道出家尼于王舍城里巷四衢处赞叹言:沙门释子净命自活、极净命自活。诸有欲为施者应施沙门释种子。若欲为福者应于沙门释子所作福。时有诸外道出家闻净口外道出家尼赞叹沙门释子声,以嫉妒心害彼净口外道出家尼。命终之后生兜率天,以于尊者舍利弗所生信心故也。

(《大藏经》辰三)

14. 反对祭祀、杀生。何谓比丘?

《大藏经》(辰二)《杂阿含经》卷第四

如是我闻:一时佛在拘萨罗人间游行,至舍卫国祇树给孤独园。时有长身婆罗门作如是邪盛大会。以七百特牛行列系柱,特、牸、水牛及诸羊犊,种种小虫悉皆系缚。办诸饮食,广行布施。种种外道从诸国国皆悉来集邪盛会所。……

如是我闻:一时佛住舍卫国祇树给孤独园。尔时世尊晨朝著衣持钵,入舍卫城乞食。时有异婆罗门年耆根熟,摄杖持钵,家家乞食。彼婆罗门遥见世尊而作是念:沙门瞿昙摄杖持钵,家家乞食。我亦摄杖持钵,家家乞食,我与瞿昙俱是比丘。尔时世尊说偈答曰:

　　所谓比丘者,非但以乞食。
　　受持在家法,是何名比丘?
　　于功德过恶,俱离修正行;
　　其心无所畏,是则名比丘。

佛说是经已,彼婆罗门闻佛所说欢喜随喜,作礼而去。

(《大藏经》辰二)

15.《成实论》卷一摘抄
十二部经品

……一修多罗,二祇夜,三和伽罗那,四伽陀,五忧陀那,六尼陀那,七阿波陀那,八伊帝目多伽,九阇陀伽,十鞞佛略,十一阿浮多达磨,十二忧波提舍。修多罗者直说语言;祇夜者以偈颂修多罗,或佛自说,或弟子说。……和伽罗那者,诸解义经名和伽罗那。若有经无答无解,如四无碍等经名修多罗,有问答经名和伽罗那。如说四种人,有从冥入冥,从冥入明,从明入冥,从明入明。从冥入冥者,如贫贱人造三恶业,堕恶道等。如是等经名和伽罗那。……伽陀者,第二部说祇夜。祇夜名偈,偈有二种:一名伽陀,二名路伽。路伽有二种:一顺烦恼,二不顺烦恼。不顺烦恼者祇夜中说,是名伽陀。除二种偈,余非偈经,名忧陀那。尼陀那者是经因缘。所以者何?诸佛贤圣所说经法要有因缘。此诸经缘或在修多罗中,或在余处。是名尼陀那。阿波陀那者,本末次第说是也。……伊帝目多伽者,是经因缘及经次第。若此二经在过去世名伊帝目多伽,秦言此事过去如是。阇陀伽者,因现在事说过去事。……鞞佛略者,佛广说经名鞞佛略。……忧波提舍者,摩诃迦旃延等诸大智人广解佛语。有人不信,谓非佛说。佛为是故说有论经。经有论故,义则易解。是十二部经名为佛法。……

16.《成实论》卷二摘抄
四谛品

……又有四识处:色、受、想、行。外道或谓识依神住。故佛说识依此四处。……

17.《成实论》卷二摘抄
有相品

……有人言二世法有,或有言无。问曰:何因缘故说有?何因缘故说无?答曰:有者,若有法是中生心。二世法中能生心故,当知是有。问曰:汝当先说有相。答曰:知所行处名曰有相。难曰:知亦行于无所有处。所以者何?如信解观,非青见青。又所作幻事亦无而见有。又以知无所有故名入无所有处定。又以指按目则见二月。……

18.《成实论》卷三摘抄
四大假名品

问曰:四大是假名,此义未立。有人言四大是实有。答曰:四大假名故有。所以者何?佛为外道故说四大。有诸外道说色等即是大,如僧佉等。或说离色等是大,如卫世师等。故此经定说因色等故成地等大。故知诸大是假名有。又经说地种坚及依坚,是故非但以坚为地。……又佛说八功德水轻、冷、软、美、清净、不臭;饮时调适,饮已无患。是中若轻、冷、软皆是触入,美是味入,清净是色入,不臭是香入;调适无患是其势力。此八和合,总名为水。故知诸大是假名有。又因所成法皆是假名,无实有也。如偈中说:轮等和合故名为车,五阴和合故名为人。又阿难言:诸法众缘成,我无决定处。又若人说坚等是大,是人则以坚等为色等所依。是则有依有主,非是佛法。故知四大皆是假名。……

19.《成实论》卷三摘抄
色名品

问曰:经中说诸所有色皆是四大及四大所因成。何故言诸所有皆是耶?答曰:言所有皆是,是定说色相,更无有余。以外道人说有五大,为舍此故说四大。四大所因成者,四大假名故有,遍到故名大。无色法无形,无形故无方,无方故不名为大。又以粗现故名大,心、心数法不现故不名为大。……

20.《成实论》卷四摘抄
根等大品

问曰:诸外道说五根从五大生,是实云何？答曰:无也。所以者何？虚空无故。是事已明,是故不从五大生也。问曰:诸外道言眼中火大多。所以者何？似业因故。……

21.《成实论》卷五摘抄
闻声品

……又若因声生异声者,亦应因色生水镜中色。如是水月镜像即名为色。然则卫世师经一切皆坏。……

22.《成实论》卷六摘抄
问受品

……问曰:若一切受皆是心法,何故说身受？答曰:为外道故说。外道谓诸受依神故,佛说诸受依止身、心。问曰:何者是身受？答曰:因五根所生受是名身受,因第六根所生受是名心受。……

23.《成实论》卷七摘抄
思品

……又《和利经》中说:尼延子断冷水、受暖水,死时求冷水竟不得而死。生意著天,是则以思冷故生。故知求即是思。……

24.《成实论》卷十摘抄
无明品

……世间有二种语:或明无故说名无明,或邪明故说名无明。……问曰:无明云何生?答曰:若闻思邪因则无明生,如有陀罗骠,有有分者,有精神。诸法不念念灭,无有后身,音、声及神是常。草木等有心,故成如是等邪执,则无明生。……诸外道辈多于因、物中谬。因中谬故说自在天等为世间因。物中谬故说有陀罗骠,有有分等。……

25. 胜　　论

《成实论》卷十三摘抄
破一品
……又僧佉人说五求那是地。……

26. 胜　　论

《成实论》卷十四摘抄
破因果品

说无者言:若有果应因中先有求那而生,先无求那而生。二俱有过,如两手中先无声而能有声,酒因中先无酒亦能生酒,车因中先无车而能成车。故非因中先有求那而生果也。汝若谓因中先无求那而生果者,则如无色风之微尘,应能生色。若尔风则有色,金刚等中亦应有香。又现见白缕则成白氎。黑缕还成黑氎。若因中先无求那而生果者,何故白缕但能成白、不成黑耶?故非因中先无求那而成果也。理极此二而俱有过,是故无果。又若因中有果则不应更生,有云何生?若无亦不应生,无云何生?问曰:现见作瓶云何无果?答曰:是瓶若先不作,云何可作?以其无故。若先已作云何可作?以其有故。问曰:作时名作?答曰:无有作时。所以者何?所有作分已堕作中,所未作分堕未作中,故无作时。又若瓶有作,应若过去、未来、现在。过去不作已失灭故;未来不作以未有故;现在不作以是有故。又因作者故有作业成,是中作者实不可得。所以者何?头等身分于作无事,故无作者。无作者故,作事亦无。又因于果若先、若后、若一时,皆不然。所以者何?若先因后果,因已灭尽,以何生果?如无父云何生子?若后因先果,因自未生,云何生果?如父未生何能生子?若因果一时,则无此理,如二角并出,不得言左右相因。理极此三而皆不然,是故无果。又此因果若一若异,二俱有过。所以者何?若异则应离缕有氎;若一则缕氎无差。又世间不见有法因果无别。又若有果应自作、他作、共作、无因作,是皆不然。所以者何?无有法能作自体。若有自体,何须自作?若无自体,何能自作?又不见有法能作自体,故不自作。他作亦不然。所以者何?眼色于生识无事,故不他作。又无作想,故一切诸法无有作者。如种不作是念:我应生芽;眼、色亦不作是念:我等应共生识。是故诸法无有作想。共作亦不然,有自、他过故。无因作亦不然,若无因亦无果名。若四种皆无,云何有果?若有应说。又此果应若先有心作,若先无心作。若先有心作,胎中小儿眼等身分谁有心作?自在天等亦不能作,先已说业亦无心于作,是业在过去中云何当有心作?是故业亦无心。若先无心作,云何苦他者得苦、乐他者得乐?又有现作业中亦以心分别:应如是作,不应如是作。若无心作,云何有此差别?是故先有心无心。是皆不然。如是等一切根、尘皆不可得,是故无法。

27.《成实论》卷二十 三慧品摘抄

……经中亦说:有离欲外道。又说阿罗迦罗摩、欝头蓝弗舍离欲色,生无色中。……

28.批评外道我执

《阿毗达磨藏显宗论》卷第十三
　　辩缘起品第四之二
无有实我能往入胎。所以者何?如色、眼等自性作业不可得故。世尊亦遮所执实我,是作、受者能往后世。故世尊言:有业、有异熟,作者不可得。谓能舍此蕴及能续余蕴,乃至广说。破四我执如《顺正理》。若尔外道于何所缘而起我执?虽离诸蕴,无别我性为执所缘。然唯诸蕴为境起执,如契经说:诸有执我等随观见,一切唯于五取蕴起。虽无如彼外道所说真实我性,而有圣教随顺世间所说假我。既无实我,依何假说?虽无实我,而于诸蕴随顺世间假说为我。何缘知说我唯托蕴非余?以染及净法唯依蕴成故。谓我实无,且杂染法但依诸蕴刹那相续,由烦恼业势力所为,中有相续得入母胎。譬如灯焰刹那相续转至余方,诸蕴亦尔。且于欲界若未离贪,内外处为缘起,非理作意,贪等烦恼从此而生,劣中胜思及识俱起。起已能牵,当非爱果,亦为无间识等生缘。无间识等观同异类前俱生缘而得起时,或善或染,或无记性。起已复能引自当果,及为无间识等生缘。如是为缘后后次第能牵二果,随应当知。此蕴相续,领纳先世惑业,所引寿量等法。彼异熟势至穷尽时,死识与依俱至灭位,能为中有识等生缘。中有诸蕴由先惑业,如幻相续往所生处。至母腹内中有灭时,复能为缘生生有蕴。譬如灯焰虽刹那灭而能前后,因果无间展转相续得至余方。故虽无我蕴刹那灭,而能往趣后世义成。即此诸蕴如先惑业势力所引次第渐增,于一期中展转相续。复由惑业往趣余世,现见因异果必有殊。故诸引业果量非等,寿果长短由业不同。随业增微所引寿命与身根等,展转相依。于羯逻蓝、頞部昙等后后诸位渐渐转增。何等名为羯逻蓝等?谓蕴相续转变不同,如是渐增至根熟位。观内外处作意等缘,和合发生贪等烦恼,造作增长种种诸业。由此惑业复有如前中有相续转趣余世。应知如是有轮无初,谓惑为因,能造诸业。业为因故而能引生,生复为因起于惑业。从此惑业更复有生。故知有轮旋环无始。若执有始,始应无因。始既无因,余应自起。无异因故现见相违。由此定无无因起法。无一常法少能为因,破自在中已广遮遣。是故生死决定无初,犹如谷等展转相续,然有后边。由因尽故,如种等尽,芽等不生。生死既无,究竟清净。故染及净唯依蕴成,执有实我便为无用。

29. 批评胜论(总同句义、同异句义)

《阿毗达磨藏显宗论》卷第七
辩差别品第三之三

此应显成胜论所执总同句义、同异句义。若胜论执此二句义,其体非一,刹那非常,无所依止,展转差别。设令同彼,亦无多过。非胜论者执眼等根能行色等,即令释子舍如是见,别作余解。故彼所难是朋党言,求正理人不应收采。已辩同分,无想者何?

30. 根之建立

《阿毗达磨藏显宗论》卷第五
辩差别品第三之一

有增上故应立为根,或一切因于生自果,皆增上故应并立根。故迦比罗如童子戏,不应许彼语具等根。已说根义及建立因,当说诸根一一自体。此中眼等乃至男根,前此品中已辩其相。谓彼识依五种净色名眼等根,女、男二根从身一分差别而立,命根体是不相应故,不相应中至时当辩。信等体是心所法故,心所法中至时当辩;乐等五受、三无漏根更无辩处。

31. 宗因喻

《大乘广百论释论》卷十
教诫弟子品第八

数论师等总别无异。勤勇无间所发等因皆即是声,应如声体,不通余故。因体不成,胜论师等计总与别,或异、不异。其不异者,过同前师。异即如前,诸品已破。故异、不异皆不成因。由此故说宗因无异,因体实无。又所立因体若实有,应与宗体或一或异。然不可说因与宗体或一或异,非一异故。犹若军林,是假非真。世俗所摄随顺世间虚妄分别,建立种种宗、因不同,遣诸邪执。邪执既遣,宗、因亦亡。故不可言法同因有。宗、因假立,皆俗非真。复有难言:证法空喻为无、为有?无则不能证诸法空,有则诸法如喻应有。此亦不然。

32. 沙门与婆罗门

《阿毗达磨顺正理论》卷第六十七

辩圣贤品第六之十一

依世俗理则诸沙门异婆罗门。如契经说：应施沙门、婆罗门等。依胜义理则诸沙门即婆罗门。如契经说：此初沙门乃至第四，在正法外无真沙门及婆罗门，乃至广说。以能遣除恶、不善法，与勤止息相极相似。故沙门体即婆罗门。如说能遣除恶、不善法，广说乃至。故名婆罗门。即婆罗门性亦名为梵轮，是真梵王力所转故。佛与无上梵德相应，是故世尊独应名梵。由契经说佛亦名梵，亦名寂静，亦名清凉。寂默、冲虚、萧然名梵。佛具此德故立梵名。既自觉悟，为令他觉，转此授彼故名梵轮。即梵轮中唯依见道。世尊有处说名法轮，以阿若多、憍陈那等五苾刍众见道生时地、空、天神即传宣告：世尊已转正法轮故。如何见道说名为轮？以速行等似世轮故。如圣王轮旋环不息，速行舍取，能伏未伏；镇压已伏，上下回转。见道亦尔，故名法轮，谓圣王轮旋环不息。见道亦尔，无中歇故。如圣王轮，行用速疾。见道亦尔，各一念故。如圣王轮，取前舍后。见道亦尔，舍苦等境取集等故。此则显示见四圣谛。必不俱时如圣王轮。降伏未伏，镇压已伏。见道亦尔，能见未见，能断未断。已见断者，无迷退故，如圣王轮，上下回转。见道亦尔，观上苦等已，观下苦等故。由此见道，独名法轮。尊者妙音作如是说：如世间轮有辐、毂、辋。八支圣道似彼名轮，谓正见、正思惟、正勤、正念似世轮辐；正语、正业、正命似毂；正定似辋，故名法轮。毗婆沙师本意总说一切圣道皆名法轮。以说三转三道摄故。于他相续见道生时，已至转初故名已转。然唯见道是法轮初故说法轮。唯是见道诸天神类，即就最初言转法轮不依二道。然诸师多说见道名法轮，以地、空、天神唯依此说故，曾无说三道皆名法轮故，唯见道具前所说轮义故。虽诸见道皆名法轮，而憍陈那身中先转故。经说彼见道生时名转法轮，非余不转。憍陈那等见道生时说名世尊转法轮者，意显彼等得转法轮。本由世尊，故推存佛，令所化者生尊重故。如是则说如来法轮，转至他身故名为转。若异此者，天神应说。菩提树下佛转法轮，不应唱言世尊今在，婆罗疵斯国转无上法轮。故转授他此中名转。有说此教名为法轮，转至他身令解义故。此但方便非真法轮，如余杂染无胜能故。此中思择四沙门果，何沙门果？依何界得？

附录二　印度哲学的资料
（非外道或有关佛教、另存的）

1.《大乘法苑义林章记》卷第十六

……第四辩废立者略有四义：一《僧祇律》云：为翻外道邪三宝故，《优婆塞戒经》云：若归佛已，宁舍身命终不归依自在天等；若归法已，终不归依外道典籍；若归僧已，终不归依道邪众。《涅槃》、《成实》，说亦同此。……

2. 外道有五种

《显扬圣教论》卷五
一切外道略有五种：一说我外道，二说常外道，三说断外道，四说现法涅槃外道，五说无因外道。……

3. 舍夷国

《中起本经》卷上
还至父国品第六
于是如来将归舍夷。与大比丘僧皆得应真，神静通微。明晓三世众生行源。……

忧陀白佛：佛当还至舍夷国不？佛言当还。

(《中本起经》卷上　第四卷下一部一五四页)

4. 舍夷国六师

《义足经》卷上异学角飞经第十

时梵志六世尊：不兰迦叶、俱舍摩却梨子、先跪鸠堕罗知子、稽舍今陂梨、罗谓娑加遮延、尼焉若提子。是六尊亦余梵志共在讲堂议言：我曹本为世尊，国王、人民所待敬，云何今弃不复见用？悉反承事沙门瞿昙及弟子。

参见：《弥沙塞部和酰五分律》第二十一卷：尔时舍夷国犹遵旧典，不与一切异姓婚姻。……

《弥沙塞部和醯五分律》第二十卷：尔时世尊还归舍夷，未至迦维罗卫城。……

5. 九十六种道

《杂譬喻经》第四卷下三部第五〇〇页

三界之中有九十六种道，世人各奉其所事，冀神有益。此诸小道未晓为福，岂能执德。

6. 与大乘辩论

《杂譬喻经》第四卷下三部第五二三页

时有菩萨名曰喜根，于大众中讲摩诃衍。……喜根菩萨说实相法，言淫、怒、痴与道不异，亦即是道，亦是涅槃。文殊尔时闻而不信，即便舍去，到喜根弟子家，为说恶露不净之法。喜根弟子即时难曰：无所有者法之真也。诸法皆空，云何当有净与不净？头陀比丘默然无对。

（《杂譬喻经》第四卷下三部第五二三页）

彼若自明诸法实相，阿毗昙明诸法有，各各相异勒相无相而说也。

（《杂譬喻经》第四卷下三部第五二七页）

7. 苦行者之上伪妄

《长阿含经·第二分散陀那经》第四

彼苦行者常自计念：我行如此，当得供养、恭敬、礼事。是即垢秽。彼苦行者得供养已，乐著坚固，爱染不舍，不晓远离，不知出要。是为垢秽。彼苦行者遥见人来，尽共坐禅。若无人时随意坐卧。是为垢秽。彼苦行者闻他正义，不肯印可。是为垢秽。彼苦行者他有正问，悋而不答。是为垢秽。彼苦行者设见有人供养沙门、婆罗门，则诃止之。是为垢秽。彼苦行者若见沙门、婆罗门食更生物，就呵责之。是为垢秽。彼苦行者有不净食，不肯施人；若有净食，贪著自食。不见己过，不知出要。是为垢秽。彼苦行者自称己善，毁呰他人。是为垢秽。彼苦行者为杀、盗、淫、两舌、恶口、妄言、绮语、贪取、嫉妒、邪见、颠倒。是为垢秽。彼苦行者懈堕喜忘，不习禅定，无有智慧，犹如禽兽。是为垢秽。彼苦行者贡高、憍慢、慢、增上慢。是为垢秽。彼苦行者无有信义，亦无反复，不持净戒，不能精勤，受人训诲，常与恶人以为伴党，为恶不已。是为垢秽。彼苦行者多怀瞋恨，好为巧伪，自怙己见，求人长短；恒怀邪见，与边见俱。是为垢秽。云何尼俱陀？如此行者可言净不耶？答曰：是不净，非是净也。佛言：今当于汝垢秽法中，更说清净无垢秽法。梵志言：唯愿说之。佛言：彼苦行者不自计念：我行如是，当得供养、恭敬、礼事。是为苦行无垢法也。彼苦行者得供养已，心不贪著，晓了远离，知出要法。是为苦行无垢法也。彼苦行者禅有常法。有人、无人，不以为异。是为苦行无垢法也。彼苦行者闻他正义，欢喜印可。是为苦行无垢法也。彼苦行者他有正问，欢喜解说。是为苦行离垢法也。彼苦行者设见有人供养沙门、婆罗门，代其欢喜而不呵止。是为苦行离垢法也。彼苦行者若见沙门、婆罗门食更生之物，不呵责之。是为苦行离垢法也。彼苦行者有不净食，心不悋惜。若有净食则不染著，能见己过，知出要法。是为苦行离垢法也。彼苦行者不自称誉，不毁他人。是为苦行离垢法也。彼苦行者不杀、盗、淫、两舌、恶口、妄言、绮语、贪取、嫉妒、邪见。是为苦行离垢法也。彼苦行者精勤不忘，好习禅行，多修智慧，不愚如兽。是为苦行离垢法也。彼苦行者不为贡高、憍慢、自大。是为苦行离垢法也。彼苦行者常怀信义，修反复行，能持净戒,勤受训诲,常与善人而为伴觉,积善不已。是为苦行离垢法也。彼苦行者不怀瞋恨,不为巧伪,不怙己见,不求人短;不怀邪见,亦无边见。是为苦行离垢法也。

8. 时间之讨论(兼及生、灭、住)

《大乘广百论释论》卷第五
　　破时品第三之余

复次,有作是言:前说无住有何体者?此说不然。住体虽无,然有不住。诸法自体,不可拨无。应作是言:诸行生灭展转相续,无间灭时有刹那顷无住法体。所以者何?无常力用迁流不住。立之为灭,法体无者。灭何所依?若说法外有无常相为法灭因,亦同此难。我亦不拨诸法皆无,但言汝等所执真实,时所依体皆不可得。所以者何?执有住体与时为依。前已广破,执有生灭与时为依,亦不应理。所以者何?本无今有假说名生,本有今无假说名灭。如是生灭既非实有,云何依此执有实时?复云何知生灭是假?本无今有名生,本有今无名灭。生之与灭皆二合成,如舍如林岂名真实?又生与灭二分所成,半有半无,如何定有?又本无分不名为生,体非有故,如龟、毛等。其今有分亦不名生,体非无故,如涅槃等。又本有分不名为灭,体非无故,如虚空等。其今无分,亦不名灭,体非有故,如兔、角等。一一别分既非生灭,二种和合岂是生灭?假名诸法,是事可然。真实法中无如是义。又于生灭各二分中,本无未来,今无过去,去来二际已灭未生,其体既无,非实生灭。今有本有俱现在摄,岂一刹那生灭并有?不可现在有二刹那,初名为生,后名为灭。时既有别,世云何同?若必尔者,世应杂乱。生时灭未有应名未来;灭时生已无应名过去。又灭灭法令无入过去灭,在现在说名有。生既生法,令有入现在生,应未来说名无。又本无时名为未来,于今有时名为现在;于本有时名为现在,其今无时名为过去。云何二世合成一时而言此时决定实有?如是推征生灭非实,不应依此立有实时。若有为法无实生灭,如何上言无常所迁,暂生即灭,何容有住?无常既无何能迁法,我上所言皆为破执。随他意语非自意,然彼执无常,复执有住。为破彼住,且许无常。今住既无,无常亦破。不应谓我定许无常。我如良医,应病与药。诸有所说皆随所宜,故所发言不应定执。若色等法实有住者,容可审知。是有为性既无有住,复非无为,是故不应执为实有。既色等法非定实有,云何汝等依此立时?世俗可然,非为胜义。

复次,有作是说:若离有为别立住体,能住于法既言有过,即有为法。前前刹那能生后后,名住何失?此亦不然。最后刹那诸有为法不生后果,应无住相。既无住相,应名无为。若尔已前诸有为法,与此同类,应非有为。若有为法后后刹那续前前故名住相者,此亦不然。后念生时若与前念为住相者,生相应无。若尔有为应无四相。若后生时,望前为住。当位名生,二相俱有。是即说生以为住相。名虽有异,用应无别。如是四相,既无别用,何须立此无用相为?最后刹那既无后念,续此而生,应无住相。是故即法住相亦无。

复次,有作是言:令有为法于将灭时能生后果。是住相用由此用故,诸有为法虽不暂停而有住相。此亦不然。最后刹那不生后果,应无住相,过同前说。若谓尔时亦能生后,余缘阙故后果不生。既彼后果毕竟不生,云何知前有能生用?若见前时同类有用,比知最后亦有用者。此亦不然,现见异故。前时诸行有后果生,最后诸行后果不续。得果既别,为因岂同?若同为因,应俱有果。若尔最后,刹那不成。又汝不应前后诸行以同类故更相比决,谓皆为因,勿后无果。例前亦尔。或前有果,例后亦然。又前诸行亦非一向,于将灭时能生后果。入灭定等最后念心,不能生后等流果故。亦不应言望后,亦行为同类因,种类别故。勿阿罗汉入无余心,缘生他识;或无识身名,同类因取等流果,若尔应无永灭度义。若言后心缘生他识,或无识身,非因缘故,无有过者。此亦不然。入灭定等最后念心,望后色、行亦非因缘,云何生彼名住相力?若言色、行望彼后心以同性故,是等流果后心与彼为同类因,是因缘故名住力者。入无余心望他身识及无识身,汝宗亦许有同性义,云何非彼同类因耶?夫因缘者,自类熏习生果功能,非余法也。是故汝立住相不成,非一切法生同类故。又因缘者,世俗假立,如何依彼立实住相?又汝五因取果、与果皆许因缘,云何但说一同类因取果,一用为住相力?又未来世无实有体,云何望彼为同类因?过去、未来非现在世及无为摄,同兔、角等,非实有性。是故因时果未有故,如望兔、角非彼实因。果现前时因已无故,如从龟毛,非彼实果。因果尚非真实有体,依立住相岂得实有?既无住相,时何所依？是故定无实有时体。

复次,云何定知诸法有体而依法体执有实时？若由现见知法有体。此亦不然,见非实故。所以者何？

9.《录存不入章抉择记》

……章劫尽常假者。假字错也,合为隐字。(如外道计劫坏之时父母常微,各各散隐而不减无。……)……

10.《阿毗达磨顺正理论》卷第八十 辩定品第八之四

论曰:世尊正法体有二种:一教二证。教谓契经调伏对法,证谓三乘诸无漏道。若证正法住在世间,此所弘持教法亦住,理必应尔。现见东方证法衰微,教多隐没,北方证法犹增盛故。世尊正教流布尚多。由此如来无上智境,众圣栖宅。阿毗达磨无倒实义此国盛行,非东方等所能传习。二中教法多分依止,持者、说者得住世间,证正法住唯依行者。然非行者唯证法依,教法亦应依行者。故谓有无倒修行法者,能令证法久住世间,证法住时教法亦住。故教法住由持、说、行,但由行者令证法住。故佛正法随此三人,住尔所时便住于世。阿毗达磨此论所依。此摄彼中真实要义。彼论中义释有多途,今此论中依何理释？

11. 龙树与外道

《龙树菩萨传》第五十卷一部页一八五
大师名龙树菩萨者,出南天竺,梵志种也。天聪奇悟,事不再告。在乳哺之中闻诸梵志诵四韦陀典各四万偈,偈有四十二字。背诵其文而领其义。弱冠驰名,独步诸国。世学、艺能、天文、地理、图纬、秘谶及诸道术无不悉练。

12. 火鬘外道

《佛说兴起行经》卷下佛说苦行宿缘经第十

往昔波罗㮈城边,去城不远有多兽邑。中有婆罗门,为王太史,国中第一。有一子,头上有自然火鬘,因以为名。姿首端正,有三十相。梵志典籍,图书谶记,无事不博。外道禁戒及诸算术皆悉明练。

13. 不兰迦叶外道

《中本起经》卷下度波斯匿王品第十

王迷情疑重,质言曰:瞿昙年少,学日甚浅。所以者何?世有婆罗门,修治水火,精勤苦体,不去昼夜。九十六术靡不经涉,年高德远。不兰迦叶等六子辈,名称盖世,犹未得佛,佛者实尊。以是推之,惟疑不信。

14.《佛五百弟子自说本起经》货提品第十九

亲属闻是言	悉共愁忧念	皆会诸道人	对悔过自首
归命诸道人	悔过自首已	请五百道人	供养以饭食
重悔过自首	归命众道人	供养饭食已	心自发愿言
令我与是等	诸尊者合会	如是等得度	我心脱如是
世世所生处	勿令在贫穷	莫令我兴起	贪嫉恶心意
害辟支佛已	犯是恶罪殃	于彼寿终已	堕太山地狱

15.《撰集百缘经》卷第八须漫比丘尼辩才缘

佛在舍卫国祇树给孤独园。时彼城中有一婆罗门名曰梵摩,多闻辩才,明解经论,四韦陀典,无不鉴达。

16. 舍利弗在胎

《撰集百缘经》卷第十长爪梵志缘

有其二子,男名长爪,女字舍利。其男长爪,聪明博达,善能论议。常共其姊舍利。凡所论说,每常胜姊。姊既妊娠,共弟论议,弟又不如。时弟长爪而作是言:我姊先来,共我论议,常不如我。怀妊以来论议殊胜,乃是胎子福德之力。若子生已,论必胜我。我今当宜游方广学四韦陀典、十八种术。

17. 南天竺婆罗门(默然就是输了)

《根本说一切有部毗奈耶出家事》卷第一页一〇二二

尔时中方有一婆罗门子,欲学法术,遍行诸处,渐至南方。其南天竺有大婆罗门,名曰地师,善明四论,世号大师。……有那罗村中婆罗门,解四明论,智慧如火。彼自造论,题名摩吒罗。……客婆罗门,名曰地师,可令先首。彼既先与诵五百颂已,便住默然。时摩吒罗覆诵其颂,出多过失。即便告言:其诵言义,甚不相当,不合道理。地师闻已,便即默然,无所言说。论议之法,默然不答,便是堕负。王告臣曰:谁为得胜?谁是不如?大臣答言:摩吒啰论议得胜。……教其艺业,所谓算计手印,婆罗门行,洗净取灰取土,赞叹四薛陀书。祭祀、读诵,施受六种,悉得成就。……于后(忍澂师校刻本曰有疑剩)有南天竺国,有婆罗门童子名曰底沙,善明无后世论。

附录三 存 档

1. 佛陀立说（首先是戒律）的
准则（最后讲十二因缘）

《长阿含经》卷第十二 第二分清净经第十三

诸比丘！我所制衣，若冢间衣，若长者衣、粗贱衣，此衣足障寒暑、蚊虻，足蔽四体。诸比丘！我所制食，若乞食，若居士食，此食自足。若身苦恼，众患切已，恐遂至死。故听此食，知足而止。诸比丘！我所制住处，若在树下，若在露地，若在房内，若楼阁上，若在窟穴，若在种种住处。此处自足，为障寒暑、风雨、蚊虻，下至闲静懈息之处。诸比丘！我所制药，若陈弃药、酥油蜜、黑石蜜，此药自足。若身生苦恼，众患切已，恐遂至死。故听此药。佛言：或有外道梵志来作是语：沙门释子以众乐自娱。若有此言，当如是报：汝等莫作此言，谓沙门释子以众乐自娱。所以者何？有乐自娱，如来呵责；有乐自娱，如来称誉。若外道梵志问言：何乐自娱瞿昙呵责？设有此语，汝等当报：五欲功德，可爱可乐，人所贪著。云何为五？眼知色，可爱可乐，人所贪著；耳闻声、鼻知香、舌知味、身知触，可爱可乐，人所贪著。诸贤！由是五欲缘生喜乐。此是如来、至真、等正觉之所呵责也；犹如有人故杀众生自以为乐。此是如来、至真、等正觉之所呵责；犹如有人私窃偷盗自以为乐，此为如来之所呵责；犹如有人犯于梵行自以为乐，此是如来之所呵责；犹如有人故作妄语自以为乐，此是如来之所呵责；犹如有人放荡自恣，此是如来之所呵责；犹如有人行外苦行，非是如来所说正行，自以为乐，此是如来之所呵责。诸比丘！呵责五欲功德，人所贪著，云何为五欲？眼知色，可爱可乐，人所贪著；耳闻声、鼻知香、舌知味、身知触，可爱可乐，人所贪著。如此诸乐，沙门释子无如此乐,犹如有人故杀众生,以此为乐,沙门释子无如此乐;犹如有人公为盗贼,自以为乐,沙门释子无如是乐;犹如有人犯于梵行,自以为乐,沙门释子无如是乐;犹如有人故作妄语,自以为乐,沙门释子无如是乐;犹如有人放荡自恣,自以为乐,沙门释子无如是乐;犹如有人行外苦行,自以为乐,沙门释子无如是乐。若外道梵志作如是问:何乐自娱,沙门瞿昙之所称誉?诸比丘!彼若有此言,汝等当答彼言:诸贤!有五欲功德,可爱可乐,人所贪著。云何为五?眼知色乃至身知触,可爱可乐,人所贪著。诸贤!五欲因缘生乐,当速除灭,犹如有人故杀众生,自以为乐。有如此乐,应速除灭。犹如有人公为盗贼,自以为乐。有如此乐,应速除灭;犹如有人犯于梵行,自以为乐。有如此乐,应速除灭。犹如有人故为妄语,自以为乐。有如此乐,应速除灭。犹如有人放荡自恣,自以为乐。有如此乐,应速除灭。犹如有人行外苦行,自以为乐。有如是乐,应速除灭。犹如有人去离贪欲,无复恶法。有觉、有观,离生喜乐,入初禅。如是乐者,佛所称誉。犹如有人灭于觉、观,内喜一心,无觉无观,定生喜乐,入第二禅。如是乐者佛所称誉。犹如有人除喜入舍,自知身乐。贤圣所求,护念一心,入第三禅。如是乐者佛所称誉。乐尽苦尽,忧喜先灭,不苦不乐,护念清净,入第四禅。如是乐者佛所称誉。若有外道梵志作如是问:汝等于此乐中求几果功德?应答彼言:此乐当有七果功德。云何为七?于现法中得成道证。正使不成,临命终时,当成道证。若临命终复不成者,当尽五下结:中间般涅槃,生彼般涅槃,行般涅槃,无行般涅槃,上流阿迦尼吒般涅槃。诸贤!是为此乐有七功德。诸贤!若比丘在学地欲上求,求安隐处,未除五盖。云何为五?贪欲盖、瞋恚盖、睡眠盖、调戏盖、疑盖。彼学比丘方欲上求,求安隐处,未灭五盖,于四念处不能精勤,于七觉意不能勤修。欲得上人法,贤圣智慧增上求,欲知欲见者,无有是处。诸贤!学地比丘欲上求,求安隐处,能灭五盖:贪欲盖、瞋恚盖、睡眠盖、调戏盖、疑盖。于四念处又能精勤,于七觉意如实修行。欲得上人法,贤圣智慧增上求,欲知欲见者,则有是处。诸贤!若有比丘漏尽阿罗汉,所作已办,舍于重担,自获己利,尽诸有结,使正智解脱,不为九事。云何为九?一者不杀,二者不盗,三者不淫,四者不妄语,五者不舍道,六者不随欲,七者不随恚,八者不随怖,九者不随痴。诸贤!是为漏尽阿罗汉,所作已办,舍于重担,自获己利,尽诸有结,正智解脱,远离九事。或有外道梵志作是说言:沙门释子有不住法。应报彼言,诸贤！莫作是说:沙门释子有不住法。所以者何？沙门释子其法常住,不可动转。譬如门阃,常住不动。沙门释子亦复如是:其法常住,无有移动。或有外道梵志作是说言:沙门瞿昙尽知过去世事,不知未来事。彼比丘、彼异学梵志智异,智观亦异,所言虚妄。如来于彼过去事,若在目前,无不知见。于未来世,生于道智,过去世事,虚妄不实,不足喜乐,无所利益,佛则不记。或过去事有实,无可喜乐,无所利益,佛亦不记。若过去事有实、可乐而无利益,佛亦不记。若过去事有实、可乐,有所利益,如来尽知,然后记之。未来、现在亦复如是。如来于过去、未来、现在,应时语、实语、义语、利语、法语、律语无有虚也。佛于初夜成最正觉,及末后夜,于其中间有所言说,尽皆如实,故名如来。复次,如来所说如事事如所说,故名如来。以何等义名等正觉？佛所知见、所灭、所觉,佛尽觉知,故名等正觉。或有是时外道梵志作如是说:世间常存,唯此为实,余者虚妄；或复说言:此世无常,唯此为实,余者虚妄；或复有言:世间有常、无常,唯此为实,余者虚妄；或复有言:此世间非有常、非无常,唯此为实,余者虚妄。或复有言:此世间有边,唯此为实,余者虚妄；或复有言:世间无边,唯此为实,余者虚妄；或复有言:世间有边、无边,唯此为实,余者虚妄；或复有言:世间非有边、非无边,唯此为实,余者虚妄。或复有言:是命是身,此实余虚；或复有言:非命非身,此实余虚；或复有言:命异身异,此实余虚；或复有言:非异命非异身,此实余虚。或复有言:如来有终,此实余虚；或复有言:如来不终,此实余虚；或复有言:如来终、不终,此实余虚；或复有言:如来非终、非不终,此实余虚。诸有此见名本生本见,今为汝记,谓此世常存,乃至如来非终、非不终。唯此为实,余者虚妄。是为本见本生,为汝记之。所谓末见末生者,我亦记之。何者末见末生？我所记者色是我,从想有终。此实余虚。无色是我,从想有终；亦有色亦无色是我,从想有终；非有色非无色是我,从想有终。我有边、我无边,我有边、无边,我非有边、非无边,从想有终。我有乐,从想有终；我无乐,从想有终；我有苦乐,从想有终；我无苦乐,从想有终。一想是我,从想有终；种种想是我,从想有终；少想是我,从想有终；无量想是我,从想有终。此实余虚。是为邪见,本见本生,我之所记。或有沙门、婆罗门有如是论、有如是见:此世常存,此实余虚,乃至无量想是我,此实余虚。彼沙门、婆罗门复作如是说:如是见此实,余者虚妄。当报彼言:汝实作此论,云何此世常存？此实余虚耶？如此语者佛所不许。所以者何？此诸见中各有结使，我以理推：诸沙门、婆罗门中无与我等者，况欲出过此诸邪见？但有言耳，不中共论，乃至无量想是我，亦复如是。或有沙门、婆罗门作是说：此世间自造；复有沙门、婆罗门言：此世间他造；或复有言：自造、他造；或复有言：非自造非他造，忽然而有。彼沙门、婆罗门言世间自造者，是沙门、婆罗门皆因触因缘；若离触因而能说者，无有是处。所以者何？由六入身故生触，由触故生受，由受故生爱，由爱故生取，由取故生有，由有故生生，由生故有老、死、忧、悲、苦恼，大患阴集。若无六入则无触，无触则无受，无受则无爱，无爱则无取，无取则无有，无有则无生，无生则无老、忧、悲、苦恼，大患阴集。又言此世间他造，又复言此世间自造、他造，又言此世间非自造、非他造，忽然而有。亦复如是，因触而有，无触则无。佛告诸比丘：若欲灭此诸邪恶见者，于四念处当修三行。云何比丘灭此诸恶，于四念处当修三行？比丘！谓内身身观，精勤不懈，忆念不忘，除世贪忧；外身身观，精勤不懈，忆念不忘，除世贪忧；内、外身身观，忆念不忘，除世贪忧。受、意、法观，亦复如是。是为灭众恶法。于四念处，三种修行，有八解脱。云何为八？色观色，初解脱；内有色想，外观色，二解脱；净解脱，三解脱；度色想，灭有对想，住空处，四解脱；舍空处，住识处，五解脱；舍识处，住不用处，六解脱；舍不用处，住有想无想处，七解脱；灭尽定，八解脱。尔时阿难在世尊后执扇扇佛，即偏露右臂，右膝著地，又手白佛言：甚奇！世尊！此法清净，微妙第一。当云何名？云何奉持？佛告阿难：此经名为清净，汝当清净持之。尔时阿难闻佛所说，欢喜奉行。

2. 三世有的四种解释（功能与作用）

《阿毗达磨顺正理论》卷第五十二
　　辩随眠品第五之八
尊者法救作如是说：由类不同三世有异，彼谓诸法行于世时，由类有殊，非体有异。如破金器作余物时，形虽有殊而体无异；又如乳变成于酪时，舍味、势等非余显色。如是诸法行于世时，从未来至现在，从现在入过去，虽舍得类，非舍得体。尊者妙音作如是说：由相有别，三世有异。彼谓诸法行于世时，过去正与过去相合,而不名为离现、未相;未来正与未来相合,而不名为离过、现相;现在正与现在相合,而不名为离过、未相。如人正染一妻室时,于余姬媵不名离染。尊者世友作如是说:由位不同,三世有异。彼谓诸法行于世时,至位位中作异异说。由位有别,非体有异。如运一筹置一名一,置百名百,置千名千。尊者觉天作如是说:由待有别,三世有异。彼谓诸法行于世时,前后相待,立名有异,非体非类,非相有殊。如一女人待前待后,如其次第,名女名母。如是诸法行于世时,待现、未名过去,待过、现名未来,待过、未名现在。此四种说一切有中传说最初执法转变,故应置在数论朋中。今谓不然,非彼尊者说有为法其体是常,历三世时法隐法显。但说诸法行于世时,体相虽同,而性类异。此与尊者世友分同,何容判同数论外道?第二、第四立世相杂,故此四中第三最善。以约作用位有差别,由位不同立世有异。如我所辩实有去来,不违法性,圣教所许。若拨去来,便违法性,毁谤圣教,有多过失。由此应知尊者世友所立实有过去、未来,符理顺经,无能倾动。谓彼尊者作如是言:佛于经中说有三世,此三世异云何建立?约作用立三世有异,谓一切行作用未有名为未来,有作用时名为现在,作用已灭名为过去,非体有殊。此作用名为何所目?目有为法引果功能,即余性生时,能为因性义。若能依此立世有殊,或能作余无过辩异,智者应许名鉴理人。若有由迷立世别理,怖他难故弃舍圣言;或了义经拨为不了,许有现在,言无去来;或许唯现仍是假有;或总非拨三世皆无,此等皆违圣教,正理智者应斥为迷理人。诸有谤无实三世者,为无量种过失所涂,多设劬劳,难令解脱。诸说三世实有论师,设有小违,易令解脱。故有智者勿谤言无。然我且依尊者世友,约作用立三世有殊,随己堪能,排诸过难。且彼经主作是难言:若约作用立三世别,彼同分摄眼等诸根,现在、前时有何作用?若谓彼能取果、与果,是则过去同类因等。既能与果,应有作用,有半作用,世相应杂。此难都由不了法性。诸法势力总有二种:一名作用,二谓功能。引果功能名为作用,非唯作用总摄功能,亦有功能异于作用。且暗中眼见色功能为暗所违,非违作用,谓有暗障,违见功能。故眼暗中不能见色,引果作用非暗所违。故眼暗中亦能引果,无现在位,作用有阙,现在唯依作用立故。诸作用灭,不至无为,于余性生能为因性。此非作用但是功能,唯现在时能引果故,无为不能引自果故,唯引自果名作用故。由此经主所举释中,与果功能亦是作用,良由未善对法所宗,以过去因虽能与果,无作用故,世相无杂。然彼经主于此义中,迷执情深,复广兴难。谓广论者不能善通,矫为我宗作理穷释。……

由此约作用辩三世差别,故彼设难由未了宗。如是我宗善安立已,彼犹不了。又责作用云何得说为去、来、今?此难意言:法由作用,可得建立为去、来、今。作用由谁有三世别?岂可说此复有作用?若此作用非去、来、今,而复说言作用是有,则无为故应常非无,故不应言作用已灭及此未有法名去来,对法诸师岂亦曾有成立作用为去来耶?而汝今时责非无理,即未来法作用已生名为现在,即现在法作用已息名为过去。于中彼难岂理相应?非我说去、来亦有作用,如何责作用得有去、来?若说去、来无有作用,应说作用本无今有,有已还无。如仁所言我决定说:诸法作用本无今有,有已还无,作用唯于现在有故。若尔作用是法差别,应说与法为异、不异。若异应言别有自体,本无今有,有已还无。诸行亦应同此作用;若言不异应说如何?非异法体而有差别。又宁作用本无今有,有已还无,非彼法体我许作用。是法差别而不可言与法体异,如何不异而有差别?如何汝宗于善心内有不善等别类诸法?所引差别种子功能,非异善心而有差别,又何种子非同品类?又彼上座即苦受体,如何说有摄益差别?又如诸受领纳相同,于中非无乐等差别。又如汝等于相续住,虽前后念法相不殊,外缘亦同,而前后异。若不尔者,异相应无。如火等缘所合之物,虽前后念粗住相同,而诸刹那非无细异。我宗亦尔,法体虽住而遇别缘。或法尔力于法体上差别用起,本无今有,有已还无。法体如前,自相恒住。此于理教,有何相违?前已辩成体相无异,诸法性类非无差别,体相、性类非异非一。故有为法自相恒存,而胜功能有起有息。若谓我许法相续时刹那刹那自相差别,本无今有,有已还无,汝许有为自相恒住,唯有差别本无今有,有已还无。如何为喻?若我亦许自相本无,或汝亦言自相本有,义则是一,岂应为喻?喻谓彼此分异分同。今于此中所引喻者,谓法相续自相虽同,而于其中非无差别。自相差别,体无有异,且举自相相续恒存。不论法体住与不住,其中差别待缘而有。故非恒时许有差别。汝虽许法本无而生,不许念念有别相起,如何不应为同法喻?然汝许法前后刹那自相虽同而有差别,我亦许法前后位中自相虽同而有差别。故为同喻,其理善成。由此已成作用与体。虽无有异而此作用待缘而生,非法自体待缘生故。本无今有，有已还无，亦善释通契经所说；本无今有，亦善符顺有去来经；亦善遣除，应常住难，以有为法体虽恒存，而位差别有变异故。此位差别从缘而生，一刹那后必无有住。由此法体亦是无常，以与差别体无异故。要于有法变异可成，非于无中可有变异。如是所立，世义善成。经主于中复作是说：若尔所立，世义便坏。谓若作用即是法体，体既恒有，用亦应然。何得有时名为过、未？故彼所立，世义不成。此与我宗不相关预。谓我不说作用即体，如何令用与体俱恒？又我不言用所附体，一切时有即名过、未。如何所立世义不成？汝说云何如我宗说？诸有为法差别作用，未已生位名为未来，此才已生名为现在，此若已息名为过去。差别作用与所附体不可说异，如法相续，如有为法，刹那刹那无间而生名为相续。此非异法无别体故，亦非即法，勿一刹那有相续故不可说无，见于相续有所作故。如是现在差别作用，非异于法，无别体故亦非即法。有有体时作用无故不可说无，作用起已能引果故。依如是义故，有颂曰：

　　相续无异体，许别有所作；作用理亦然，故世义成立。

因果相属，和合相应。心净性等皆可为喻。是故过去、现在、未来体相虽同，性类各别。由是所立，三世义成。经主此中复作是说：彼复应说若如现在法体实有，去来亦然。谁未已生？谁复已灭？谓有为法体实恒有，如何可得成未已生、已灭？先何所阙彼未有故名未已生？后复阙何彼已无故名为已灭？故不许法本无今有，有已还无，则三世义应一切种皆不成立。奇哉！尠福感如是果！所发觉慧大不聪明，不能谛观数无义语，宁于实义及圣教中不设劬劳、思惟、简择，能怀愧戾。于实义中发勇悍心，指存违逆，屡申正理，曾不似闻。今更励声启灭经者，诸大德听非我宗言：过去、未来如现实有，三世实有性各别故。大德不应随己所解，讪谤如理释佛教师。古昔大仙无不皆是一切智者，所垂光明，善释契经，破诸愚暗，令一切智名称普闻。大德何缘与迷圣教及正理者共结恶朋？讪谤如斯具胜功德、增上觉、慧佛圣弟子，陷无量众置恶见坑，幸愿从今绝无义语。如其不绝，深有损伤，违逆牟尼至教理故，定不能证诸法真实。又未审知汝如何解我现在义？言如现在法体实有，去来亦然。然我宗言：诸有为法能引果位名为现在。此引果位先无、后无，前已约斯立三世异。宁言过未，如现实有。又略说者如诸有为，实体虽同而功能别。如是三世实体虽同，于中非无作用差别，以有性类有无量种。故于我宗不可为难。依如是义故有颂言：

如色等皆苦，许多苦性异；三世有亦然，未生有差别。

是故现在、过去、未来三种有性，条然差别。宁如现在、去、来亦然，依有可言有未生灭，约所无故未生灭成。谓于有中先阙作用，彼未有故名未已生；有法后时复阙作用，彼已无故名为已灭。故唯有中有未生灭，由斯建立，三世理成。无中如何可立三世？谓若过、未其体都无，谁未已生？谁复已灭？故依彼立三世不成。又无不应名言依故。经说三世皆是言依，故知去来亦实有体。彼又轻调对法者曰：许体恒有，说性非常，如是义言所未曾有。依如是义故有颂言：

许法体恒有，而说性非常；性体复无别，此真自在作。

彼于非处为轻调言：以佛世尊亦作是说：如来出世。若不出世，如是缘起法性常住。而佛复说缘起无常，岂佛世尊亦可轻调？许法常住，复说无常。如是义言所未曾有。若据别义说常、无常，是故不应轻调佛者。岂不于此例亦应然？法体恒存，法性变异。谓有为法行于世时，不舍自体，随缘起用。从此无间所起用息，由此故说法体恒有，而非是常，性变异故。如何讥是自在所为？对法诸师容作是调：许有三世拨无去来，如是义言所未曾有。虽言过、未，有据曾、当，而但异门说现在有，非关过、未，如先已说。依如是义故有颂曰：

虽许有三世，拨已灭未生；有更无第三，岂非天幻惑？

经主于此复作是言：又应显成雨众外道所觉邪论。彼作是说：有必常有，无必常无；无必不生，有必不灭。此亦非处置、贬斥言。已灭、未生约异门说，俱许通有及非有故。谓去、来世色等诸法，有有生灭所知法性，及有前生俱行果性，而无现在能引果性。有引果用名为现在，过去、未来无如是性。此岂同彼雨众所说？唯有现在一念论宗，必定不能离同彼过。以说现世决定唯有，过、未二世决定唯无；非许去来亦容是有，非许现在亦容是无。故同彼宗，过极难离。若谓现有转成过无，从未来无转成现有。此亦非理，有无别故。非有与无可转成一，如何现有转成过无？如何未无转成现有？非汝现在是有亦无，非汝去来是无亦有；现在唯有，去来唯无，有无条然，宁相转作。是故唯汝同雨众宗。然我所宗决定唯有，定唯无者皆不可生。现在马角不可生故，若谓马角由无因故不可生者，理亦不然，招马果业应是角因，许角及身俱本无故。非无与无可有差别？彼因何故一有一无？经主此中复作是说：若执实有过去、未来，则一切时果体常有。业于彼果有何功能？此亦不然，体虽恒有，而于位别有功能故。谓业能令果起殊胜，引果作用是业功能，作用已生名现在位。故于位别，业有功能。若业能令无转成有，招马果业何不为因？能令本无马角成有。

3. 世亲时代佛教内部所争诸问题

《阿毗达磨藏显宗论》卷第一（《大正藏》29 卷 777—778 页）

众贤 造

玄奘 译

序品第一

……

有于思择增上慢人谓佛世尊非一切智，于所请问别异而答，谓作是言：此不应记，诸别异答，无知起故；又于前际说不可知。此即自显，是无知故；又不先觉孙陀利缘及纵彼朋造诸恶故，又于战遮婆罗门女所起谤毁不能遣故，又先听许提婆达多于佛法中而出家故，又于外道嗢达洛迦先自不知命存亡故，又不预定波咤釐城当有如斯难事起故，又不悬记自佛法中当有部执十八异故，又说诸业有不定故，外道谤词略述如是。彼诸外道固执在怀，一切智尊虽设种种善权化导，而未能令于正等觉生净信解。具胜福慧求真理人，方能测量一切智海，今我勇锐发正勤心，如理顺宜且少开悟。言于请问，别异而答，谓作是言：此不应记，诸别异答，无知起者。此不应理，其所立因非决定故。且应详审。为佛世尊于所请问，由无知故言不应记，为观问者怀聪叡慢，非卒能令如理信解，故虽了达而不为记。如有矫问：诸石女儿为黑为白？终不为记。岂别有方能祛彼疾？如是外道执我为真，矫问如来死后为有、为无等事。世尊告言：此不应记。佛意说：我实无故不应记别。此显若法都非实有，不应于中为差别问。或佛世尊善权方便，为令调伏故不为记。此不为记是调伏因，非由无知作别异答。又不应谓佛无辩才，彼问论道所不摄故。若彼所问论道摄者，佛不为记可无辩才。非于此中如理难问，少分可得，何容乃谓佛无辩才？又听法者心不慇故，执我见故，根未熟故。世尊无方可令信解,故于所问置而不记,故不应以不记所问谓大仙尊非一切智。言于初际说不可知,此即自显是无知者。此亦非理,无法不应为智境故。于有法境智若不生,可谓如来非一切智。本无初际智何所知?无故不知,岂成无智?若尔,何故不但说无?此说不容更立因故。若谓应立不可知因。此亦不然,非决定故。或法虽有缘阙不知,故不可知非无因性。若立无性为不知因,即毕竟无可为同喻,为容因故说不可知。若谓无因有不成失,此不应理,非不成故。生死初际若定非无,即初际身无无因起。初无因者,后亦应无,以先后身无异因故。若许尔者,即诸所行净、不净业皆应无果。既不许然,即先所立初际无故,非不成因。若谓生死无初际故,应如虚空无后际者。亦不应理,外种同故。如外谷、麦后因前生,虽无初际,遇火、水等诸烧烂缘而永坏灭。如是生死、烦恼业因展转相生,虽无初际,而由数习贪、瞋、痴等对治力故,生死诸蕴毕竟不生,即为后际,空无生故。后际可无,生死有生,岂无后际现见生法定有终时?生死既生,理必归灭。故说初际是不可知,无故为因。其义善立,故不应以不知初际。谓佛世尊非一切智,言不先觉孙陀利缘及纵彼朋造诸恶者。此亦非理。虽先觉知,为避多过故不自显。若佛先言:我无此事,为此事者自是余人,即彼朋流恶心转盛,诸中庸者咸共怀疑。如是过愆为佛为彼。又大人法不显他非,佛是大人岂扬他恶?又显彼恶令无量人憎背世尊,障入正法。又佛观见自身、他身有招谤毁、短寿定业,又为开慰末世苾刍。佛观当来正法将没,多闻、持戒众望苾刍,少有不遭谤毁而死。为欲令彼自开慰言:我大仙尊!一切烦恼、过失、习气,皆永拔根,名称普闻。至色究竟尚被嚣谤,况我何人因此心安修诸善业?由观如是得失决定,是故世尊不先自显。又过七日其事自彰,显佛尊高过归外道。故不应以不自显因谓佛世尊非一切智,即由此故应知已释,不自披遣战遮谤因,所以听许提婆达多于佛法中而出家者,此有深意。佛观彼人不出家者,定当得作力转轮王,害无量人灭坏佛法,蹟坠恶趣,难有出期。由度出家殖深善本,非出家者所不能殖。为护多人令无损害及遮众恶,故许出家。言于外道嗢达洛迦先自不知命存亡者。此亦非理,念即知故。非于余境余识生时,即能了知所余识境。佛心先在说法事中,未观彼人命存亡事。后欲知彼才举心时,即如实知其命已过。若欲知彼而不能知,可谓如来非一切智。心属余境,此境未缘,即谓无知。斯不应理,言不预定波吒鳌城当有如斯难事起者,亦不应理,密预定故。先密意说:若免脱余,余复为余之所损害,谓佛先觉,若守护余,余必为余之所损害。于三难事各令自守,余不能损。故密意说:此即预定难事必然。何谓世尊非一切智?言不悬记自佛法中当有部执十八异者。此亦非理,已悬记故。如说当来有苾刍众,于我言义不善了知,部执竞兴互相非毁。世尊于此略说内、外二种防护:内谓应如黑说、大说,契经所显观察、防护;外谓应如六可爱法,契经所说敛摄、防护。又见集法契经中言:于我法中当有异说。所谓有说唯金刚喻定,能顿断烦恼。

或说择灭、涅槃二法为体;

或说不相应行,无别实物;

或说表业尚无,况无表业?

或说一切色法,大种为体;

或说前后相似,为同类因;

或说色处唯用,显色为体;

或说触处唯用,大种为体;

或说唯有触处,是有对碍;

或说触处、身处,是有对碍;

或说唯五外处,是有对碍;

或说眼识能见;

或说和合能见;

或说意界、法界,俱常、无常;

或说一切色法非刹那灭;

或说不相应行有多时住;

或说无想、灭定皆现有心;

或说等无间缘亦通色法;

或说一切色法无同类因;

或说异熟生色断已更续;

或说傍生、饿鬼、天趣亦得别解脱戒;

或说心无染污亦得续生;

或说一切续生皆由爱、恚;

或说律仪、不律仪分受,亦全受;

或说傍生、饿鬼有无间业；
或说无间、解脱二道俱能断诸烦恼；
或说意识相应、善、有漏慧，非皆是见；
或说身边二见皆是不善，亦他界缘；
或说一切烦恼皆是不善；
或说无乐舍受；
或说唯无舍受；
或说无色界中亦有诸色；
或说无想天殁皆堕恶趣；
或说一切有情无非时死；
或说诸无漏慧皆智见性；
或说无有去来，一切现在别别而说；
或说色心非互为俱有因；
或说羯剌蓝位一切色根皆已具得；
或说诸得顶法者皆不堕恶趣；
或说诸善、恶业皆可转灭；
或说诸无为法非实有体；
或说诸世间道不断烦恼；
或说唯赡部洲能起愿智，无诤无碍重三摩地。
或说心、心所法亦缘无境。

诸如是等差别、诤论，各述所执数越多千，师弟相承度百千众，为诸道俗解说、称扬。我佛法中于未来世当有如是诤论不同，为利为名，恶说恶受，不证法实，颠倒显示。即于此部过、现、当来亦有如是诤论、差别。世尊如是分明悬记，而诸弟子不顾圣言，各执所宗，互相非毁。过属弟子，岂在世尊？不可由斯谤一切智言。说诸业有不定者，理亦不然，有此业故，定应许有能感异熟不定业性。此若无者，修道、断结则为唐捐，以一切业定得果故。不应由此所说诸因或复余因，谤一切智。世尊成就不可思议希有功德，高广名称。非理毁谤，获罪无边。诸有智人皆应信佛，具一切智故先敬礼。

附录四 有关资料汇编

1. 关于用彤先生编选
《印度佛教汉文资料选编》的说明

汤一介

香港城市大学专任讲师屈大成君在香港浸会大学召开的《二十一世纪与中国——当代中国发展热点问题》学术讨论会上,宣读了他的论文《汤用彤有关印度佛教的研究》,在论文中他说:"《汉文印度佛教史资料选编》,不少介绍汤用彤学术成就的著作都提及这书,但新近出版的《汤用彤全集》没有收入,也没有交代其下落,本文未能参考。"并于此处有一很详细的"注",说明他看到的介绍用彤先生的各种材料,都提到编选有此《资料选编》。对此,我要作点说明。用彤先生确实编选了这部《印度佛教汉文资料选编》,但在出版《汤用彤全集》时,没有来得及整理,故未收入。其实《汤用彤全集》严格地说只能叫《汤用彤学术论著集》或《汤用彤学术论著文集》。因为当时限于条件,有不少有价值的材料都未收入,如用彤先生与胡适的通信(有一部分已发表于我写的《用彤先生与胡适(一)》、《用彤先生与胡适(二)》中,刊于《中国哲学史》杂志,2002年第4期);如他在国外发表的论文,或读书笔记;又如他写的《中国佛教史讲义》(因与《汉魏两晋南北朝佛教史》有重复)以及用英文写的有关西方哲学的讲稿和讲课提纲等等。特别是用彤先生于1949年后写的表态文章,如发表在1951年6月16日《学习》杂志上的《关于武训和电影〈武训传〉的笔谈》、发表在1951年1月1日《新建设》上的《新年笔谈》等等,以及他的"思想检查"和在各种会议上的应景发言稿均未收入。关于后面这一部分,我之所以未收入,考虑这些对于一个学者的学术研究成果来说并不重要,但现在想想这部分或者对于了解用彤先生的为人处世和当时中国社会的情况或许更有价值,有的同志也对我说应把这部分编入,因为这些对于了解所谓"知识分子思想改造"到底是怎么回事应有很大帮助。因此,如果将来能出版真正的《汤用彤全集》,我将对用彤先生的表态文章和"思想检查"一并收入,并作一些必要的分析和说明。我想,如果把用彤先生的全部文字材料都编入《汤用彤全集》,那将不是七卷,或许可以编成十一二卷。这里且不去谈它了。《印度佛教汉文资料选编》用彤先生已于佛典中编选出来了,约四十万字,但我们没有来得及一一核对,更无力对这些资料加上标点和作必要的校勘,因此,没有收入《汤用彤全集》中。如果可能,我将对《汤用彤全集》加以续补,使之成为一真正名副其实的《全集》,但这决不是三、五年内可完成的。据我了解用彤先生在北京大学等校曾经讲过"印度佛教"课,收在《汤用彤全集》第三卷中有《印度佛教概论(讲课提纲)》一份,可以证明,而且在他写完《印度哲学史略》后,也曾打算写一部《印度佛教史》,这点我们也可以从收入《全集》第三卷的《印度哲学讲义》的两章(即第五章原始佛教和第七章印度佛教之发展)看出,他原来要对印度佛教展开来写的。对用彤先生来说,由于他对汉译佛典有很好的掌握,而且也注意到可以利用藏译佛典,特别是他能掌握梵文和巴利文,故而研究"印度佛教"有比其他人更为优越的条件。我们从找到的有关材料中,可以看到他在研究中很注意利用巴利文的材料,例如用彤先生译著的《佛教上座部九心轮略释》、《南传〈念安般经〉译解》等都是关于巴利文佛典的问题,在他的《汉魏两晋南北朝佛教史》中也可以看到他对巴利文佛典的利用。在用彤先生早年(1922—1938)撰写《汉魏两晋南北朝佛教史》时,他曾作了大量的读佛典的《札记》(现存六十一本,应有六十二本或更多,这是因为在"文化大革命"中有所散失),其中有一本是专门搜集的《印度哲学史资料》,这本资料中也包含《印度佛教史资料》。1954年,用彤先生患脑溢血,此后十年至1964年去世,都是在家中看书,又积累了二十余本《读书札记》(大部分已收入《汤用彤全集》第七卷中)。他读书,先把有用的材料记录在一张卡片中,然后叫他的助手抄写,现在我手头掌握的《印度佛教汉文资料选编》就是卡片和抄写的材料。但所有都未经核对,也未作校勘和标点,因此加工需花相当的时间。用彤先生编选的《印度佛教汉文资料选编》,我认为至少有以下几个方面的特点:(1)他曾批评日本学者高井观海的《小乘佛教概论》,指出:

> 叙述小乘佛教各学派最难而最需要注意者有二事:一为各部学说之不同,一为诸部间变迁之线索。就各宗之异义研究,则旨在显其特殊

之精神,如迦旃延一切有,则言一切法三世有皆有自性;经部反一切有,则主一切法非三世有而蕴处假界实,因此二宗对于心色不相应行等各自成系统之理论。就部执间之线索言,则旨在表明佛陀教化之一贯精神,如一切有部言一切诸法皆有自性,大乘方广主一切诸法皆无自性,言虽径庭而义实相成,盖谈空谈有,固均发挥佛陀三法印之玄趣也。近代学者往往特别注重佛法各宗之不同,而诸部遂似为互相凿枘之派别,而不能窥佛法全体之真相。

据此,用彤先生批评《小乘佛教概论》说:"高井氏之书,取材未广,陈义欠精,然用功已称甚勤,但若以上述二事绳之,则既不能于各部均显示其特点,又不能就佛法全体上明诸异说之根源,则小乘佛学整个面目之陈露,实犹待于后人之继续尽力也。"(2)用彤先生最早注意到佛教初期的一场大争论,他的《印度哲学史略》中说:"有从弟提婆达多者(按:指释迦牟尼之从弟),初为信徒,后不慊于佛教之和易,判教独立,佛弟子一时颇诱惑。其徒党至我国晋时,沙门法显游履印土,见其犹有存者,唐时玄奘亦见其寺庙。"(最早此书于1945年由重庆独立出版社出版,1960年又由中华书局出版,1988年中华书局编辑《汤用彤论著集》时,本书又作为论著集第四种于1988年出版)在《汉文佛经中的印度哲学史料》(此资料是用彤先生于20世纪20年代阅读汉文佛经时抄录的材料,于20世纪50年代后期直至先生逝世前,作了大量补充,并分类编辑成稿,2000年收入《汤用彤全集》中)中引有三条关于提婆达多的史料,《阿毗达磨藏显宗论》中说:"言邪道者,提婆达多妄说五事为出离道"云云;《阿毗达磨大毗婆沙论》中说:"破法轮者,谓立异师异道,如提婆达多,言我是大师,非沙门乔答磨,五法是道,非乔答磨所说八支圣道"云云;《根本说一切有部百一羯磨》中说:"此言随觉者,谓是随顺提婆达多所有伴属。言非随觉者,即佛弟子"云云。可见当时争论之激烈。①

---

① 季羡林先生在《佛教开创时期一场被歪曲被遗忘的"路线斗争"——提婆达多问题》(1987年)中说:"唯独有一我认为是佛教初期的一场重大的斗争问题,却从来没有人提过。只有现在常常使用的一个新名词:'路线斗争'约略表达这场斗争的重要性。这就是提婆达多问题。"《学海浮槎——季羡林自述》中也说:"(提婆达多)在印度佛教史上,应该说是一个异常重要的问题,但是,据浅见所及,东西各国佛教史的学者,没有那一个把它作为一个重要问题提出来过。"

就这点看,用彤先生可以说是最早注意到印度佛教史上的一场大争论的学者,不仅是因为他读书广博,而且眼光也颇为敏锐。(3)用彤先生特别注重"比较哲学"(比较文化)之研究,他在《印度哲学史略》的"绪论"中说:"据今人常论,治印度学说有二难焉:国情不同,民性各别,了解已甚艰,传译尤匪易。固有名辞(或西洋哲学译名)多不适用,且每易援引泰西哲学妄相比附,遂更淆乱失真,其难一也。学说演化,授受复杂,欲窥全豹,须熟知一宗变迁之史迹,更当了然各宗相互之关系。而印度以通史言,则如纪事诗已难悉成于何时;以学说言,则如佛教数论实未得定其先后,其二难也。"而于印度哲学则亦有困难者,盖因印度哲学亦如印度佛教一样往往是"亦宗教,亦哲学",所以研究有着特殊的困难,在"绪论"中又说:"印度学说宗派极杂,然其要义,其问题,约有共同之事三:一曰业报轮回,二曰解脱之道,三曰人我问题。……从无始来,人依业转,脱离苦海,自为急义。解脱之旨虽同,而其方不一:曰戒律,……曰禅定,……曰智慧,印度智慧,绝非西洋之所谓理智,乃修证禅定之所得。人生烦恼根本无明,智慧为其对治。各宗多主智慧解脱。戒律禅定终的在得智慧,以其断惑灭苦也。曰信仰笃信神权,依之解脱。或因祭祀(此指印度教祭祀),或用咒语,希图往生极乐世界。"所以我们在研究各种哲学学说(或各种不同之文化传统)切记不可牵强附会,20 世纪 50 年代后,我们用苏联日丹诺夫关于哲学的定义和以苏联教科书为样板来研究中国哲学史,致使中国哲学全失其真,是我们不能忘记之教训。

2. 佛典举要

汤用彤 著　　赵建永 整理校注①

整理说明:1926 年汤用彤先生与范文澜、蒋廷黼、黄钰生等教授被南开大学学生会主办的《南大周刊》请为顾问。② 该刊主编开篇语中讲,他们"除指导一切外,并须自己做文章"。③ 汤用彤应邀撰《佛典举要》发表于《南大

---

① 校注中汤一介先生、友人高山杉益我良多,谨致谢忱。
② 顾问名单见《南大周刊》第 28—35 期封三。
③ 包寿眉:《本刊的过去与将来》,《南大周刊》(1926 年)第 34 期,第 3 页。

周刊》第34期(二周年纪念号,第55—60页)。笔者在为博士论文《汤用彤研究》查找资料时,新近于南开大学图书馆善本室发现此文,尚未来得及收入《汤用彤全集》。文中所列书目择取审慎,独具匠心,其解说简明扼要,文约义丰,注重印度佛教与中国佛教的关系,显示出汤用彤由梳理印度佛教史到中国佛教史的治学思路,反映了他在这方面多年的积累和思考。这是现存汤用彤所发表的涉及中国佛教史领域的最早文章,故弥足珍贵。前言部分叙述写作缘起。正文先略述佛藏的种类及其编纂史,再概述体现佛教源流变迁的根本经典,包含着丰富的历史文化识见。最后介绍中国重要佛教论著及中国佛教史料。文中推重梁启超、欧阳竟无所做的研究,以及支那内学院的佛典校勘工作。1922年内学院初创,汤用彤即在欧阳门下学唯识。次年他受聘兼任内学院研究部梵文和巴利文导师,讲授"金七十论"、"释迦时代之外道"等课,讲义后整理成文刊于《内学》杂志。

  该文密切关注国内外佛教研究的最新进展。对于日本正在编修的《大正藏》,汤用彤一方面指出,其书未必像日本学者所说的那样已极搜集校刊之能事;另一方面,他在我国文献惧绝的财力均乏之秋,睹邻国"洋洋大观"的"巨典"出世,又发深省自励。由此可见,不甘日本学者专美于前是汤用彤治中国佛教史的重要动力。20世纪30年代以前,国人所著中国佛教史多脱胎于日人著作。汤用彤这篇文章及其在南开完成的"中国佛教史"讲义初稿,表明我国的现代佛教学术研究开始走上独立发展的道路。汤用彤的著述既注意借鉴日人佛学研究之长,又不惟其马首是瞻,奠定了他在该领域的崇高地位,对日本学界造成极大冲击。"9·18"事变后,见民族危机日深,他撰《大林书评》,批驳日本权威学者在中国佛教史研究中的谬误,理据确凿,实事求是地指出他们在中国古籍断句、校勘、考证等方面的错误,借以抒发抗日爱国之情。正像任继愈先生所论:"汤先生作为一个功底深厚的中国学者,最有发言权,并善于利用我们的发言权,为国争光。"①新中国成立后,汤用彤明确提出其心怀已久的宏愿:我们要编出一部比日本《大正

---

① 任继愈:《〈汤用彤全集〉序二》,《汤用彤全集》第1卷,石家庄:河北人民出版社,2000年版。

藏》更好的大藏经，"来供全世界的学者应用"。① 为此，他写过一份《关于中华大藏经目录的意见书》②。当时文化部副部长齐燕铭表示支持，并委托潘梓年开会讨论此事。陈垣、吕澂、周叔迦等老一代学者与会。会议决定由吕澂编出"目录"，分送各位专家征求意见。惜"反右"等运动中断了这项有望取代并超越日本《大正藏》的编纂工程。

原文印排，错落甚多，现重新校订。确定为错印之处，皆据文义予以校正。疑为错字、衍文者，以（　）标出；改正、增补之文字，外加【　】。汤用彤当时作为学衡派核心成员，不使用新式标点。今依现行汉语规范加以分段并标点，如，原文无顿号、书名号，今补加。文中所列书名标＊号者为幸存至今的汤用彤藏书，由汤一介先生保存在北京大学治贝子园中。

夏历之四月八日，为俗传之浴佛纪念。其后二日，周刊主政者，向余索二周年纪念号文稿，谓为应交卷之末日。余久应之，而推诿至今，甚愧无以应。归检旧作，校改需时；欲另有所作，又（昔）【惜】无时日。遂略抄佛经书目，赘以说明，以为初学者之助。书目之作，贵在选择精审，亦非长时深思不可。读书应知非一夜之力所能达。余草此篇之夜，适全校为毕业班开欢送纪念会。余于箫竹管弦声中，独居斗室，急迫书此，未始非个人之纪念也。③

现在佛教典籍重要者，存于四种文字：第一，巴利文之佛藏，系小乘。第二，梵文所留佛典，多大乘。第三，西藏文包容最富，较吾国汉文所有者尤完备。第四，中国文，举后汉以来译著，总名大藏经。藏经之名，起于经律论三藏之分类。实则现有大藏，范围多逸出三者之外。全藏经之刊行，第一次在九七一（之）【至】九八三年之中，即起于宋太祖开宝四年，成于太宗太平兴国八年，凡五千零四十八卷。此本我国不存，而日本有其残部。现今国中所

---

① 汤用彤：《改善科学院和高等学校的关系——在科学院学部会议上的发言》，《光明日报》1957年5月28日。
② 汤用彤：《关于中华大藏经目录的意见致哲学社会科学部并转潘老》，《汤用彤全集》第7卷，石家庄：河北人民出版社，2000年版，第659—661页。
③ 当时汤用彤住在校内丛树环绕的百树村（今思源堂以西，专家楼一带）一间简朴幽雅的西式平房，故称"斗室"。毗邻其平时讲课的秀山堂等学生活动的中心场所。故而撰文时能听到传来的乐声，于是将其作为送别毕业生的纪念。

流通者：一为龙藏版，各大寺院间有之，为清雍正、乾隆时所刻；二为频伽精舍版，为沪商犹（大）【太】人哈同出资所刻①；三为日本弘教书院小字版，明治十八年前刊成；四为《卐字藏》，成于明治三十八年前；五为《卐字续藏》，竣功于大正元年，即近来商务印书馆所影印者也，南开图书馆有之②；六为《大正一切经》③，都为一万二千八百六十四卷。总其成者，高楠顺次郎，其所作缘起有曰："幸蒙朝野同心提倡，缁素戮力匡里。精益求精，慎诸又慎。东宫之天平古写，庆许拜观；西竺之梵贝灵文，欣同参考。上溯唐宋元明历朝宝藏，博征日华韩巴各地真经。地若敦煌秘库，于阗奇书，不惮采集之艰难，悉作校雠之资料。汰其纰谬，聚其精华。寻其流而得其源，如饿过膳。倮其真而益其美，似锦添花。洋洋大观，实昭代足征之文献；煌煌巨典，真旷世希有之奇珍。"虽其书未必已极搜集校刊之能事，然此种"洋洋大观"在我国财力均乏之秋，文献惧绝，睹邻国"巨典"出世，能不发深省乎？我国现在之刊行佛书机关，亦有多处，率皆因于人力、财力财绌。为之校勘精审者，为南京支那内学院。④

《长阿含经》＊二十二卷

《中阿含经》＊六十卷

《佛说义足经》二卷

释僧肇谓，阿含乃"万善之渊府，总持之林苑"。⑤ 其言以历史言之，则实甚当。盖阿含有四：谓《杂阿含》＊、《长阿含》、《中阿含》、《增一阿含》是

---

① 英籍犹太人哈同（Hardoon，1851—1931）是当年上海首富，热心中国文化。哈同夫人罗迦陵建佛堂频伽精舍，发起修成《频伽精舍校刊大藏经》，也称哈同大藏经。初版印制少，且多流失。此藏至今仍较完好的保存在北大燕南园汤用彤故居。
② 《卐字续藏》（7144卷）系日本藏经书院1912年刊印，所收多为中国久佚的珍籍要典。但不久存书失火，流传不多。1923年，商务印书馆影印了五百部。1937年7月，日军轰炸南开大学，图书馆化为瓦砾场，藏书大部分没能运出。《卐字续藏》与之俱焚。
③ "一切经"是"大藏经"的别称。汤用彤1938年到昆明后两箱《大正藏》丢失于运途中，现只剩24卷。
④ 汤用彤藏书里有大量金陵刻经处及内学院所出之书，其间多有他的校勘、批注。目前尚在整理中。
⑤ 出自僧肇《长阿含经序》："阿含，秦言法归。法归者，盖是万善之渊府，总持之林苑。其为典也，渊博弘富，韫而弥广。明宣祸福贤愚之迹，剖判真伪异齐之原，历记古今成败之数，墟域二仪品物之伦。道无不由，法无不在。譬彼巨海，百川所归，故以法归为名。"

也。阿含为最初佛经,欲知释迦所说之真相,不可不读阿含;欲知佛教诸派别之渊源,不可不读阿含。《长阿含》及《中阿含》,解释丰茂,初学者宜读之。《义足经》,亦为最早佛经之要典。①

《善见律毗婆沙》十八卷

律者禁律,具见教会之组织及规则。《善见律》或多古义,而一切有部之诵律,则甚完备。昙无德部之《四分律》,则于我国之律宗,最有关系。

《解脱道论》＊十二卷

《舍利弗阿毗昙》＊三十卷

《发智论》＊二十卷

《大毗婆沙论》二百卷

《三弥底部论》三卷

《异部宗轮论述记》＊

小乘论之最早者,吾国所传甚少。最早者为《解脱道论》,然原译不佳,刊本亦劣,不易卒读。《舍利弗阿毗昙》亦甚早,不易读。惟《解脱道论》之异本,已有英译,名为 The Way of Purity,②英伦巴利圣典协会印行。一切有部论之主干为《发智论》,其解释有二百卷,名《大毗婆沙》。梁任公曾略论之,见其《近著》第一辑中。详读《毗婆沙》,并可出(译)【绎】佛教小乘诸派学说之大凡。十八部之书,留在中文典者,当首称正量部《三弥底部论》。研究各部异义应用之异籍:一为巴利之"说事论",已由巴利圣典协会译印,名为 Points of Controversy③;一为唐人窥基之《异部宗轮论述记》。

【《俱舍论》】

《顺正理论》八十卷

《俱舍论记》＊六十一卷

《成实论》＊十六卷

---

① 内学院单刻这部经,有很深的学理原因。这部经是极少数从巴利文译成汉文的佛典,很珍贵,但汉译文文字有不少问题,不易读通。
② 即觉音论师的巴利文《清净道论》。"The Way of Purity" 汉译意为《净化之路》。
③ "Points of Controversy" 汉译意为《论辩要点》。

世亲明经部义，著全论细释之，①可见其时学说前后变迁。众贤反对世亲，而作《顺正理论》。陈理井然，为欲知有部最终学说必读之书。《俱舍》、《成实》，均可见小乘、大乘之渊源。宜黄欧阳竟无先生为二书作序，均为初学者应先读之文。《俱舍论记》玄奘弟子普光所记。二书均应读南京支那内学院刊本。②

《因明入正理论疏》六卷

初学因明者，宜读熊子真先生之《因明大疏删注》*，惜尚未刊布。现今所用之《因明大疏》，为金陵刻本，错误颇多，不便初学，惟舍此亦无入手之书可读。③

《中论疏》*二十卷

《百论疏》*九卷

《成唯识论》*十卷

《摄大乘论释》*二十卷，无性、世亲会译【本】④

《广五蕴论》一卷

《百法明门论》*一卷

性宗、相宗典籍，浩如烟海，取择既难，而选便于初学者更难。惟《百论》破邪显正，谈理精悍，或为性宗入门必读之书。《成唯识》集十家学之大成，为相宗要典。《五蕴》、《百法》则向列为初学之书。至若《中论》，则龙树

---

① 指《俱舍论》，特别是释论部分。这里的书目应有《俱舍论》，盖因手民误以为与《俱舍论记》相重而漏印。
② "二书"指《成实论》和普光的《俱舍论记》。《成实论》是欧阳竟无于民国五年冬在金陵刻经处时所校刻。
③ "因"指推理，"明"即智慧。因明是印度哲学的古典逻辑，也包含着丰富的认识论。由于佛教因明后来成为印度因明学发展的主导，因明也就成了佛教逻辑学的专名。受西方逻辑学影响，汉传因明研习于19世纪末复苏，五四后逐步形成唐代之后的又一个高潮。玄奘传人窥基的《因明入正理论疏》是因明学重要典籍，为其晚年集大成之作（故又被尊为《大疏》），但初学者不易理解。于是汤用彤向大家推荐熊十力在1925年岁末完稿，行将出版的《因明大疏删注》作为入手之书。熊十力对原书删繁就简，加以注释，他的因明思想主要体现于其中。该书1926年7月由上海商务印书馆出版，对因明研习起到积极推动作用。1926年5月29日刊发的《佛典举要》大概是现知学术界最早关注熊十力这一重要著作的文章。
④ 无著造《摄论》，世亲和无性先后造释论，这里提到的"会译"，应是民国时江北刻经处刻的一个会译本。汤用彤藏书中现存金陵刻经处的世亲释《摄大乘论》三册。

学之主干,《摄论》则唯识学之源泉,均所必详参者也。至若《华严》*、《般若》*、《深密》、《楞伽》*,乃二宗根基。护法、清辩之书,为二宗重裔,虽为要籍,或不宜令初学者读之。《大乘起信论》*,(成)【诚】为伪作,日人论讨极多,详见梁任公所著论,载《东方杂志》中。

以上所列,均举佛学之根本典籍,(快)【抉】择自多遗漏。惟在初学者能渐通其凡,已可发挥不尽。至若佛教史料,重要者之在藏中者,为:

《佛所行赞》五卷

《释氏通鉴》二十二卷

《历代三宝记》十五卷

《高僧传》①初集十四卷、二集三十卷、三集三十卷

《玄奘西域记》十二卷

《宏[弘]明集》*十四卷

至若我国佛教著述,在历史上占重要位置者:

如三论宗之

《三论玄义》*二卷

《肇论》*三卷

如天台宗之

《法华玄义》二十卷

《摩诃止观》*二十卷诸书。

如法相宗之

《法苑义林》*十八卷

《成唯识论》或应属此。

如贤首宗之

《华严玄谈》二十八卷

如净土之《决疑》、法华之《义记》等。

---

① 《高僧传》为汤用彤随身必携之书。他毕生刻意搜集齐了几乎各种版本的僧传。《读慧皎〈高僧传〉札记》(《史学杂志》1930年第2卷第4期)是其中国佛教史研究发表的首篇专文。现存他所常用之《高僧传》几近韦编三绝,其用功精勤如是。

此①则须在已知根本典籍之后,乃可涉入。盖探其本,自易明其流,知大义,自不堕歧路,故本篇于此,更不备举。

(整理者单位:天津市社会科学院哲学研究所)

3. 汤用彤先生谈印度佛教哲学

汤用彤　讲授　武维琴　整理

按:汤用彤先生于1954年秋患脑溢血症,在他病情好转的情况下,曾为北大哲学系部分师生讲《印度佛教哲学》,并编有一部《印度佛教汉文资料选编》,供阅读参考。武维琴同志是用彤先生当时的研究生,本文是他据旧日笔记整理的。

最初可能有一时期,原子论风行,六师、佛教都讲原子论,承认有外物,是一种素朴实在论。这时期不知多长,也没有充分证据,我是这样想的。后来佛家渐渐用心来解释。什么是四大,自性是什么;识见还是根见(识见即不经根而见。世友根见,有部中已有识见,《成实》、唯识皆识见);能不能见,见的是四大还是桌子,等等,围绕这些问题,佛家逐渐否认四大心外实有。

一切有部对外在世界还客气些,他承认一切法皆"持其自性,为他作缘",肯定"一切法自性摄"。但自性究竟是什么性质,就又是一个问题。如说地、水、火、风的自性为坚、湿、暖、动,都成为"触"(感觉)了。除"自性"问题上应有保留外,在"一切法"问题上也应有所保留:心法也是自性摄么!

《杂心论》是晋朝流行的佛教大纲,这本书就属佛教的一切有部。

佛教有二十部。部者,教派也。一切有部是主张一切皆有的教派。它

---

① 应指"至若我国佛教著述,在历史上占重要位置者"来说。内学院的功绩之一,在劝阻初读佛学的人,一上来就碰天台华严的章疏。这与汤用彤学必探本究源的治学精神是一致的。

和以前中国见到的佛教不一致。以前是大乘空宗,认为一切诸法无自性。它则提出有自性。但不能说一切有部是唯物主义。问题在于有(存在)是物质的还是心理的。一切有部是实在主义,但这种实在不是物质。一个问题有两方面,太强调一方面就会走向反面。太强调自性,认为一切色、声、香、味等都独立自存,事物就不存在了,就没有自性了。如英国洛克强调第二性质而有后来的贝克莱的主观唯心主义。一切有部发展为经部,经部后来又发展为法相唯识学说,这就像从培根到洛克,到贝克莱,又到康德这样一种发展过程。一切诸法皆有自性是实在主义,但不一定是唯物主义。

  印度的佛教在各代和各地都不一样的。一切有是在公元前后一世纪左右的二百年时间中发展起来的。那时中国汉族向西部发展,前、后《汉书》提到有个大月氏,一切有部就在那里最盛行。那个地方叫大夏,《汉书》中叫罽宾(亦译迦尸弥罗或克什米尔)的,便是一切有部最流行的地方。印度和中国在此处有交通,汉武帝时派张骞出使大夏,他在那里看到有中国四川的竹杖。大月氏的皇帝叫"天子",可见早就受中国的影响。

  一切有,一是从时间上说的,过去、未来、现在的法都是有,即三世有,三世皆存在;再就是从种类上说的,一切种类的法都是有,都自己存在。一切有部一共有七十五法。

  法又叫法相,名相,名数。印度最早把生命、人生分为若干方面,若干种,这就是法相,也就是范畴。范畴来源于《书经》中的洪范九畴。洪者大也,范就是法。人类认识到了一定时候都要把世界分为好多方面,最初是存在,有和无等。洪范九畴和印度法相一样,是认识到一定程度的一种概括,当然不科学,不过不是不能了解,要彻底了解就不一定了。十八界就是这种名相的一种分类。五阴,五蕴,十二入(或十二处),都是名相,名数,都是从不同角度给世界的分类。印度讲得最多的就是十八界的分类。《杂心论》一开头就讲到界品等三种分类。汉朝安世高译的《阴持入经》就是讲五阴(阴)、十八界(持),界就是持的意思。阴持入就是阴界入,到唐朝叫蕴处界。阴即蕴,不好懂,蕴者积聚,用通常话说就是一堆。把人生、宇宙分成五堆,叫五阴或五蕴。在五堆中,每一堆有许多同性质的东西。五阴即色、受、想、行、识五堆。

色者,物质。Rupa,原意为"现",物质的东西现在你面前。Rupayati 系动词,即:"现出来"。物质的东西现出来最主要是颜色,故 Rupa 可译为"物质",也可译为"颜色",或"色"。这是最重要的哲学范畴,或名相。了解一个名词有两个方面,一是了解它在书中是什么意思,但最重要的是看它实际上是怎么回事,Rupa 实际上指的是什么。如贝克莱也说物质,可是他的物质不是一种独立于人的意识、不以人的意志为转移的东西,而是一种主观的心理。佛教中有的宗派说色是实有,有的说假有,有的说名义上有,唯识则说没有。佛教开始可说是一种素朴实在主义,《俱舍论》已发生问题,《成实论》说假有,更有问题,至《唯识论》就说没有了。这个过程是消灭物质的过程。如何消灭?就是使它心理化。贝克莱跟这是一样的,使物质心理化。

四大地、水、火、风,都是极微。《沙门果经》中即有四大之说。除四大外,还有五大说,地、水、火、风、空(《金七十论》)。释迦最初是承认极微学说,讲的是四大(有的书说五大)。物质有两方面,一是构成物质的元素,是能造色;另一是所构成的东西,是所造色。前者即为极微,后者为具体物。在所造色中,有所谓"境"或"尘",即色、声、香、味、触,也叫五唯。究竟五大、四大是根本的,还是所见所闻是根本的?是四大能造,还是五唯能造?上座部认为四大实有,是能造,我们看到的颜色等不过是由四大所构成的、所派生的,是所造。即物质是根本的,心理现象是派生的。到一切有部,就有这样的问题:到底四大为何物?婆薮(世亲)的实在主义只肯定有这个东西,不管它是什么。到《成实论》,地、水、火、风成了坚、湿、暖、动(或轻)。上座部中已有此说,《成实论》则讲得很多,说这其实是四种性质,是我们的感觉,是"触"(touch sensation),所以四大是假有。唯识则说世界不过是识所变,和贝克莱一样,存在就是被感知。

《成实论》这样说就和《金七十论》差不多。《金七十论》说五唯生五大,跟一切有部相反。唐窥基就指出过。《法苑珠林》中也说《成实论》是数论。

以上所讲较简单,但可澄清一个问题,即最早的佛教是唯心主义,至多有一点唯物主义因素;它说明一切有部的"有"到底是物质的还是心理的,哪一个是第一性的,哪一个是派生的。一切有的"色"是物质。可是物质归根到底被说成是我们感觉的一种。一切有部承认四种元素或原子,地,水,火、风，可是把它说成是坚、湿、暖、动。为了说明这一点，我们再分析一下上座部的色蕴（《清净道论》14章）。它的色蕴分两大部分：

（甲）大种 地、水、火、风 4个

（乙）大种所造 24个

    1眼　2耳　3鼻　4舌　5身

    6色　7声　8香　9味（　）缺"触"

    10女根　11男根　12命根　13无表色

    14身表　15语表

触没了，原来地、水、火、风就是触（坚、湿、暖、动），现在有地、水、火、风，就不用触了。

《清净道论》本身没解释为什么没有触，我们的分析是如此。

这证明释迦牟尼死后二三百年，上座部已把地、水、火、风说成是触。

其次的证明是一切有部的《杂心论》，它没把地、水、火、风放在"色蕴"中。《杂心论》不说地、水、火、风，与《清净道论》不说触，是一回事。

一切有部发展出《俱舍论》，《俱舍论》是中国佛经中较有名的书，有法、英等译本，《俱舍论》中也说"四大以触为体"。

有部太强调一切法自性摄，弄得刹那灭、三世有无等问题不好解决，致有经部出来。有部还有现象和本体两个方面，但把两者对立起来，弄出许多矛盾。经部把这两者合起来，实际是取消了本体这一方面，留下现象。

有部有四大论师，其中有一位叫觉天（佛陀提婆），是一切有部中最早反叛的人，可以说是经部的先驱，佛教视之为外道。他的主张是"色唯大种，心所即心"。心和心相应行，不是两个，是一个；大种地、水、火、风与大种所造之四尘也不是两个，而是一个。他不知是否受空宗影响，把实体挖掉，无心也无物。他的主张的实质就是取消实体，是一种现象主义倾向。原来以为他是取消现象，保留实体；后来觉得恐系相反。在《顺正理论》、《显宗论》中都提到觉天。据《俱舍光记》讲，觉天是经部。前两三年，我发现这个材料，想好好研究，做一篇文章，可老是有病。

《成实论》有无相品及二世有无品，说有缘无境智，这是转向空宗的重要契机。我们看到是有,实际上是无——这就是现象主义。三世有无问题争论的主要意义在于缘无境智,这主要是个认识论问题。

《法华玄论》(《大正藏》三十四卷 366 页),其中有鸠摩罗什翻译《成实论》后对其弟子僧睿讲的话。罗什说中国人把《成实》看成大乘是太肤浅了,大乘空比《成实》要厉害得多。

《俱舍论》讲(知觉活动中)"诸法但有功能,实无作用"。这实际上是用"功能"代替了物质的原因,很似于休谟的因果论,即我们先见到有黑云,后见有雨,便说有因果;其实黑云与雨没有决定关系,只是现象,只是我们看到的这回事。后来康德进一步立出范畴说,说因果性是我们先天就有的,外物本无因果性,是我们加于外物的。功能说实际上也是这样,用捉摸不到的功能代替了物质的因果关系。功能说是为了弥补刹那灭的缺陷而提出来的。

心不相应行,非心非物,一切有部讲得很多。这是经部通向唯识的关键。《成实》、《俱舍》大讲,以后就不多讲了,只是提一下,而大讲唯识了。对心不相应行的讨论是消灭物质的过渡阶段,它证明物质是不存在的。

关于结、缚、缠、随眠等,是佛(不知是一个还是几个)原来所说,但具体意思未言明。后人拘于圣说,详加辨析,弄出种种名目,以至其内容愈积愈多愈杂,十分繁琐。(中国儒家也有类似的情况,对"仁"的解释至今还在争论。)对这些概念,我们可以在文字上弄清它的意思,但要说出实际上是什么就很难,这里有许多是神秘主义的,但也不是毫无意义。

大众等四部主张缠是现行的心理状态,是 mental,而随眠则是潜在的力量,是一种下意识(sub-consciousness),或者说是种子,可以看作心不相应行法(看作无表也可),它有作用,使人轮回流转,然而不表现出来。争论之点在于随眠是实有还是 mental。

随眠又译为使,是一种东西,人们意识不到它。《俱舍论》说这是假施设有(假施设有 = 权有 = 方便有)。心不相应行就是这类东西。比如生住异灭,佛家原来假定有一种力量使诸法生住异灭。在一切有部 75 法中,这些都是实有。经《成实论》、《俱舍论》，心不相应行法被说成为权有而非实有。既然这个能变成权有，剩下的其他的法也就同样可以非实有了。这就是《俱舍论》以后的事。正如西方哲学中洛克说第二性质非实有，贝克莱也就抓住这点说第一性质也非实有。

经部是 Madhava 所讲四派之一，我以为是很重要的，是一切有进到唯识中间的很重要的过渡阶段。这个变化是受空宗影响的结果。

为什么说《成实》、《俱舍》属经部？是因为中国书中是这样说的。最初说这话的是中国陈朝的和尚慧恺，他写了《阿毗达摩俱舍释论序》。说《成实》是经部还有别的地方，而慧恺说的最清楚。他说中国当时经部的书只有《成实》，现在真谛所译之《俱舍》亦属经部。慧恺又叫智恺，是真谛的学生，是《俱舍论》的大家，他是跟真谛学唯识的，较可靠。真谛从印度经扶南来中国，慧恺又是他的最好的弟子，靠得住。说《成实》是经部的还有多家。说《俱舍》是经部也有问题，好多人说《俱舍》是萨婆多部。《俱舍》是世亲著的，他这个人原来是有部，受无著影响（这要考证，总之，受大乘空宗影响），著《俱舍论》，以经部正有部。资料中的序（《成实论》金陵刻经处本序文）是欧阳竟无写的（1916年）。他于1920年左右组织支那内学院。当时中国有搞佛学的思潮，杨仁山最有名，他有四大弟子：欧阳竟无、谭嗣同、苏曼殊、太虚（？）。他曾被派到驻英公使馆做事，碰到南条文雄，大谈佛学。南条告诉他，日本有很多中国佛学的书，杨仁山便发生兴趣，他的弟子欧阳便从日本搞回法相唯识的书，专搞法相唯识。杨仁山则是搞《华严》、《起信》等。这是西方资产阶级唯心主义与东方古代封建思想的结合，复古。欧阳的序还是有用的，他讲了怎么看《成实论》，我不完全懂，但他告诉我们一个线索，根据这个线索就可以对经部的东西弄得清楚点。我有这个愿望，现在可是不行了。中国人是应该弄的。中国有这么多材料，日本关于《俱舍论》有很多书，中国也有很多，不知丢失了多少。

世亲著《俱舍论》时，面子上是有部和尚，但骨子里受大乘影响，发生变化，对一切有部好多学说不以为然。作《俱舍论》时，明的说自己是萨婆多部，实际是经部，为的是怕出事，说不定有生命危险。因此就有争论，说他是有部，根据就是他自己明明就这么说。可是唐朝窥基、普光都说他虽明说如此,而实际不是。

　　经部又称譬喻师,众贤《顺正理论》中有许多材料。譬喻师一般讲是经部,具体讲就是《俱舍论》。这也证明,世亲《俱舍论》是经部。众贤《显宗论》(显宗就是显佛教的宗)第一卷开头讲佛教里讨论义理问题一大串,都是世亲当时争论的主要问题,很有价值。《俱舍光记》、《法宝疏》、窥基的书,《大乘义章》,对于经部,中国的材料很多。《内学》杂志有一篇文章对经部资料有一个总结。除此而外,日本人也有不少材料,主要根据中国资料,《大正藏》中有。近二十年日本有什么资料不清楚。

　　要弄清经部,要注意以下材料:
　　罗什时期的材料;
　　吉藏时期的材料(包括真谛);
　　玄奘及其弟子的材料;
　　印度保存的材料(如 Madhava 等)。

　　(作者是北京商务印书馆编审,原刊于《中国哲学史》2002 年第 4 期)

4. 汤用彤先生对印度佛教思想的研究

武维琴

　　早在本世纪 20 年代,汤用彤先生对印度哲学尤其对印度佛教思想就已经作了非常深入的研究。他的《印度哲学史略》中论佛教的一章,文字虽极简略,实际上却包含了他研究印度佛教思想的最主要的成果。他原打算另写一部印度佛教史专著来详细加以发挥,可惜未能实现,以致他的许多观点未能为人们所充分了解。值得庆幸的是,汤先生在晚年完成了他在印度佛教史研究方面的另一大工程,这就是汉文印度佛教史料的整理与编纂,《史略》中的观点在这里通过材料本身得出说明和论证。这部史料无论对于研究印度思想还是了解汤先生的观点,都具有十分重要的意义。众所周知,印度佛教文献在印度本土留传不多,绝大部分保存在汉文和藏文佛经里,尤其是从部派佛教到大乘佛教的发展,离开汉文和藏文资料便绝难弄清楚。所以汤先生这部资料的编成,应该说是佛学研究方面的一个很重要的进展。

该资料不久将由商务印书馆出版。

一

汤先生治印度佛学的一个最大特点,也是他在这方面的主要贡献所在,就是对印度佛教思想整体联系和根本精神的把握。由于资料方面的限制,西方学者很少对印度佛教思想作综合的全面的研究,而汤先生从一开始就致力于揭示佛乘各派学说的内在联系和贯串其中的根本精神,以显示全部佛教哲学是一个内部有着有机联系的统一整体。他一向认为,人们只有把握了佛教思想的总体联系,才能对各家各派学说作出确切的说明,给予恰如其分的评价。汤先生在一篇评价日本学者佛学著作的文字里,对这点有很精辟的说明,兹照录如下:

"叙述小乘佛教各学派最难而最须注意者有二事:一为各部学说之不同,一为诸部间变迁之线索。就各宗之异义研究,则旨在显其特殊之精神,如迦旃延执一切有,则言一切法三世有皆有自性;经部反一切有,则主一切法非三世有而蕴处假界实,因此二宗对于心色不相应等各有自成系统之理论。就部执间之线索言之,则旨在表明佛陀教化之一贯精神,如一切有部言一切诸法皆有自性,大乘方广主一切诸法皆无自性,言虽迳庭而义实相成,盖谈有谈空,固均发挥佛陀三法印之玄趣也。近代学者往往特别注重佛教各宗之不同,而诸部遂似为互相凿枘之派别,而不能窥佛法全体之真相。"(《评〈小乘佛教概论〉》)

不难看出,汤先生的评论所涉及的远不止于小乘佛学研究,他所关注的是整个佛学研究所应持的立场和态度。他的批评意见明显表明,他更强调的是"诸部间变迁之线索"的把握。《印度哲学史略》中论佛教之发展一章,就突出地贯串着这样的精神,全部文字都在说明各部间的联系和转化:原始佛教是怎样产生的,与他宗不同之特殊精神何在,又因何出现部派佛教,分野何在,它们又是如何向大乘过渡的。所用文字不多,而印度佛教一千余年的思想历程却脉络清晰地呈现在我们面前。研究者们早就注意到,大乘空宗从大众部来,唯识从有部来。汤先生则不仅指出这两个系列的发展各自经历了哪些中间环节,而且还说明这两条线索并非各自孤立,平行发展,而是互相交织，密不可分。如成实、俱舍，各自从有部来，又都接受空宗影响，这才发展为经部理论，并共同导向唯识。在看似互相对立的各佛教宗派背后，汤先生总是着力于揭示，它们受着共同原则的支配，是统一整体的不同环节。如果不是充分占有材料，对所论对象有真切的了解，是很难作出这种分析的。

从把握全局着眼，汤先生在研究工作中所特别重视的不是各宗各派最终主张什么，而是这些主张的来龙去脉，它们所经历的变化过程，它们的活的运动。跟一般佛教史料罗列各家各派观点不同，汤先生的史料着力于发展线索的揭露。他最为关切的是那些过渡环节。所以翻开汤先生所选编的印度佛教史料，人们不免会产生一种很不平衡的感觉：作为印度佛教思想发展顶峰的，也是在后来发生过很大影响的唯识学说仅了了数页，而不太为人们所重视的经部理论几占全部资料的一半，竟数倍于唯识。只有从全局着眼，才能明白这样安排的深意所在。在佛教哲学四大派别中，经部前承有部，中间接受空宗影响，后发展为唯识，恰好处于一个承前启后的关键位置，变化最为复杂，学者们的看法也最为分歧。把这一派的演变弄清楚了，从部派佛教到大乘佛教过渡的来龙去脉也就一目了然了。而唯识学说只是这种发展的一个必然结果，本无须多加解释。汤先生的研究工作常独辟蹊径，发前人之所未发，常常就是这样一种全局考虑的结果。我们知道，有部的大论师中，唯有觉天没有著作留下来，只在他人著作中偶有记载，因而几乎没有得到认真的研究。而汤先生根据有关此人的资料，却看到了佛教哲学中一种新倾向的崛起，认定此人正是引向经部并最终导致唯识的关键人物，酝酿撰专文论述。可惜由于健康原因，未能如愿，仅留下一些简要提示。

东西方研究者中常有一个十分流行的看法，认为一切有部具有唯物主义倾向，有的甚至将该部列为唯物主义的一个派别，而与佛教其他派别对立。持此看法的根据是有部主张"心外实有"，而且佛教其他派别也确曾将该部"作用生灭，法体恒有"的主张与数论的自性转变学说相提并论，予以同样批判。汤先生认为这是一种误解，是对佛教的根本精神未能把握所致。他对一切有部的主张作了非常深入的考察，揭示出被有部宣称为实有的"四大"——地、水、火、风在他们那里其实皆"以触为体"，"以坚湿暖动为性"，触者感觉，实有的原来是一堆感觉材料。这是一种取消实体、消解物质的主张，不过是"色空"理论的深化。这种非实体化的路线为此后佛教各派所继承，贯串佛教哲学始终。此后佛教各派之批判有部，不过是为了更彻底地贯彻这条路线而已。因此，在汤先生看来，印度佛教思想的发展，从根本原则上说是一以贯之的。根据一些表面现象把各派对立起来，势必不能把握佛教思想发展的内在机制。

二

汤先生研究印度佛学的另一特点是对认识论问题的突出重视。从前面所述也已可以看出，他对印度佛教思想发展的看法，在很大程度上是以认识论研究为依据的。印度佛教哲学从小乘演变为大乘，其间所经历的曲折变化，他常从认识论上加以说明，以有部到唯识的发展而言，他在《印度哲学史略》中就曾指出，这与它们的知觉学说有关。他写道："关于知觉学说，一切有部主缘实体，经部主缘假，且可缘无。再后自可有见相不离之唯识学说。由是言之，上座部系统由一切有部进而为法相唯识之学固亦是一贯也。"后来他把这一点说得更为明白，他说：一切有部发展为经部，经部后来发展为法相唯识学说，这就像培根——洛克——贝克莱——康德这样一种过程。显而易见，这后一种发展过程几乎完全是认识论方面的研究。汤先生这样的论断当然是以对文献资料的缜密研究为根据的，这从他所选编的印度佛教史料可以看得很清楚，这部资料选录了一切有部、般若空宗、经部和法相唯识围绕认识论问题的几乎所有重要的论述，而贯串其中的一条主线就是上面所谈的这样一种发展过程。从认识论上来揭示印度佛教思想发展的内在脉络，或许正是这部资料的重要价值之所在。

汤先生还就这部资料中所涉及的若干重要问题作过不少提示，它们或许能使我们对包含在资料中的基本观点有更清楚的了解。具体地讲，比如一切有部，承认心外实有，还提出"缘无则心不生"为其认识论上的根据，强调了根(感官)和境(对象)在认识中的重要作用，致使许多人误认其为唯物主义。汤先生指出，在有部的观点中包含着现象与本体的矛盾。一个关键的问题是，有部把感性知觉当作唯一可靠的认识，认为它"但取自相，唯无分别"，因而最为真实，而对思维活动则采取一种完全不信任的态度，认为思维活动是一种"分别智",断言"分别是假"。结果实体的有在失去认识论上的根据,导致对实体的分解。所谓"心外实有",汤先生总是要人们注意实有的是什么,是实物,还是感觉?如果是感觉,说它们"一切皆是自性所摄",就等于承认感觉具有独立的存在。这无论如何不能叫做唯物主义,在哲学路线上倒更接近于马赫的"感觉的复合",汤先生称之为"现象主义"。他认为由此才有觉天对有部基本立场的背离。对于觉天的立场,汤先生作过细致的研究,认为他的"色唯大种,心所即心"的主张并不像前人所解释的那样,是"无有心所,但有心王",恰好相反,汤先生认为这是只要现象,不要本体。觉天因此而开了经部的先河,关于经部学说,众说纷纭,汤先生根据我国保存的资料,认为它具有过渡性质,典型主张应以《成实论》和《俱舍论》为代表,两者构成了从有部到唯识的中间环节。前人认为成实"从经部所出,接入大乘般若",汤先生认为是成实接受空宗影响。《成实论》进一步贯彻现象主义的主张,认为四大由四尘所组成,亦应属假有,得出了"四尘实,四大假"的结论。它还以过去未来不能被直接感知为由,倡言"过未无,现世有",又否定了有部的"法体恒有"的主张。针对有部缘无不能生识的说法,它提出"知亦行于无所有处","不可以知所行处故名为有",在认识论上更趋于主观唯心主义。汤先生指出,成实承认有"缘无境智",是转向唯识的重要契机。而这恰恰又是"一切皆是自性所摄"所招来的结果。不过最受汤先生注意的还是成实以及俱舍对心不相应行法的分析。这一类"法"非心非物,多属事物抽象本质的概括,站在片面感觉论的立场,自然也在否定之列。无论是《成实论》还是《俱舍论》,都对心不相应行法作了很多分析,两者皆着力于证明心不相应行法非实有,而为权有。我国有些佛学研究前辈认为佛家对心不相应行法的分析在整个佛教哲学中并无多大意义,只是玩弄名词,耗人脑力。汤先生的看法完全不同,他着眼于认识论,认为成实、俱舍对心不相应行法的分析是转入大乘的关键。他常将其与英国经验论否定抽象相比,认为这为彻底否定外部世界的存在创造了前提。跟《成实论》相比,《俱舍论》在某些方面更接近唯识。《俱舍论》也将过去未来宣布为"缘无境识",但它由此更发展了刹那灭学说,认为诸法生已即灭,"灭既不待因,才生已即灭"。汤先生认为这是直接导向唯识的很重要的一步。因为这种说法取消了事物间的一切联系和作用,通常对事物生灭过程所作的因果解释,因此而失去了根据。《俱舍论》用以代替对事物作因果解释的是种子说,声言"诸法但有功能,实无作用。"就是说,事物的产生并不是由于有某种在先的原因的作用,而是种子(潜能)现行(实现)的结果。心由心种生,色由色种生,它们都根源于种子自身的生果功能。因此,例如眼睛见物,在《俱舍论》看来,就不是根、境、识相互作用的结果。恰好相反,在这种情况下,根、境、识三法互无联系,只是各自前因(种子)引后果(现行)而已。不仅如此,《俱舍论》还认为,"现行者有体,余不现行者但有种子未有体相。"这些变现一切而又无体相的种子事实上成了最高本原。我们知道,它们后来构成了阿赖耶识的主要内容。总之,对于印度佛教思想的发展,特别是这里所说的从有部到唯识的发展,汤先生都力图从认识论上加以说明,而且常与英国经验论的发展模式相比较,有充分资料显示,他这样做是成功的。

三

对于印度佛教思想的研究,或者更准确地说,对于整个印度哲学的研究,汤先生还有更深一层的考虑。以上所说,严格说来,只是按照现代西方学术水准对印度佛教思想所作的了解,它对于认识印度古代思维所达到的成就固然十分重要,若要把握印度思维自身所特有的东西,就仍显得不够。这就涉及到如何认识比较研究方法的问题。我们要想对汤先生的研究工作有更全面的了解,不可不注意他对比较方法的看法。

用比较方法研究印度哲学,特别是把古代印度佛教思想与近代认识理论进行比较,西方学者早有尝试,俄国著名佛教研究专家舍尔巴茨基就曾在这方面做过大量工作,对于沟通印度佛教与西方思想起了很大作用,我们从汤先生的工作中多少也能看到他的影响。但像汤先生这样从总体规模上对印度佛教思想发展的全过程进行认识论上的比较研究,在西方学者前此的研究中似乎未曾见。在这方面,汤先生确为我们树立了一个成功的范例。然而我们又发现,汤先生似乎并不是这种研究方法的一个十分热心的提倡者,他对人们运用这种方法所提出的批评远多于鼓励。原因在于,人们太多地滥用了这种方法,而不顾运用这种方法所必需的前提,那就是,必须充分地占有资料,对比较双方作尽可能全面深入的了解,结果把比较变为比附,将不同文化混为一谈。据汤先生看来,这已是"世界学者之通病",是"时学浅隘"的表现。他指出:"时学浅隘,故求同则牵强附会之事多,明异则入主出奴之风盛。世界宗教哲学各有真理,各有特质,不能强为撮合。"他以叔本华为例,指出:"叔本华一浪漫派之哲学家也,而时人佥以为受印度文化之影响,其实氏之人才非如佛之罗汉,氏言意志不同佛说私欲,其谈幻境则失吠檀多真义,苦行则非佛陀之真谛。印度人厌世,源于无常之恐惧。叔本华悲观,乃意志之无厌。"(均见《评近人之文化研究》)在这些批评的背后实际上是比较研究中的一个带根本性的问题,即西方文化在比较研究中的地位和作用问题。因为近代以来,所谓比较研究归根结底是与西方文化进行比较,从它求得说明。从前面的介绍可以看出,汤先生十分注意汲取近代西方的学术成果,用到自己的研究工作中,但他又总是强调,不同文化有不同特质,不应指望用一种文化对其他各种文化作出说明。尤其是像印度哲学这一与西方思想有极大差异的文化,更不能靠单纯套用西方思想求得说明。汤先生曾论及治印度哲学的困难,其中之一就是很难在印度思想中,找到与西方思想对应的东西,人们找到的往往已经不是印度思想。他说:"据今人常论治印度学说,有二难焉:国情不同,民性各别,了解已甚艰,传译尤匪易。固有名辞(或西洋哲学译名)多不适用,且每易援引泰西哲学妄相比附,遂更淆乱失真,其难一也。学说演化,授受复杂,欲窥全豹,须熟知一宗变迁之史迹,更当了然各宗相互之关系。而印度以通史言,则如纪事诗已难悉成于何时;以学说言,则如佛教数论实未能定其先后,其难二也。"(《印度哲学史略》绪论)这里对盲目套用西方哲学范畴提出了明确的批评。所谓失真,即失其本真,抹煞了印度哲学自身所固有的特点。这显然不是无的放矢。汤先生要求的是对史料的全面掌握,所谓"精考事实,平情立言。"求同也好,立异也好,都必须以史料的翔实考证为依据。牵强附会的比附,戴帽子、贴标签之类简单化作法,在汤先生那里是见不到的。一个术语的使用,一种思想的界定,都是反复推敲的结果。

对于把印度的思想派别称为哲学,汤先生有许多保留。在他的专门论述印度各派哲学的《印度哲学史略》中,人们难得见他使用"哲学"这一术语。在个别几处不得已使用这一术语的地方,他总加上许多说明,以免人们产生误解,给研究造成不便。我们知道,哲学与智慧是分不开的。西方哲学重智慧,把它作为认识的最高追求。印度各宗也重智慧,却与西方哲学中所研究的那种认识活动无关。汤先生指出:"印度各宗均以智灭苦,佛家智慧亦最尊。其所谓智慧非为平常知识,乃彻底之觉悟,而得之禅定者。得者于此绝对信仰,成为第二天性。美人髑髅,富贵朝露,凡庸识之,反为格言,圣哲通之,见诸事实,非仅知之也。"(《印度哲学史略》"奥义书之教理"一节)所以汤先生认为,在印度,哲学也就是宗教,因此也可以说是"非哲学"。不独佛教如此,其他各宗亦然,只有顺世论可以说是例外。这些派别的哲学都与禅定或瑜伽有着不可分的联系。一个有智慧的人必定是在禅定的修证上有很深造诣的人,而禅定的过程恰恰就是要排除西方所谓理智的过程。印度佛教哲学,如果可以叫做哲学的话,有相当一部分内容就是跟这类活动相联系的,这些显然无法纳入西方认识论的框架。在研究佛教认识论的时候,如果忽视了这一点,甚至设想印度佛教大师们所研究的就是近代西方哲学家们所提出的那些问题,那就完全误解了印度哲学。西方常有学者将某位佛教大师称为"印度的康德"或西方其他哪位哲学家的化身,这从汤先生的立场看来,显然是不能接受的。它只能"淆乱失真",阻碍研究的深入。汤先生曾经说过:"印度佛教思想,有许多是我们可以了解的,但也有许多跟禅定有关,是我们难于了解的,有些甚至是根本无法了解的。"这是提醒我们正视这项研究工作的难度,不可简单处之,当然,这也是他那个时代的实际情况。尽管禅定与印度哲学尤其是印度佛教思想有着不可分的联系,人们却无法对它进行研究,即使印度哲学中有相当一部分问题始终是个不解之谜,这无论如何不能不说是个缺憾。今天我们似乎有相当的理由可以相信,情况正在发生变化,由于人体科学的创立,一向被排除在学者们视野之外的佛教定学,正日益受到人们的关注,汤先生生活的时代所无法解决的课题,很可能在不远的将来获得突破。我们期望这一天早日到来。

(作者1956—1961年为北京大学哲学系本科生,1961—1965年初为中国哲学史专业研究生,后为商务印书馆编审。本文原刊于《北京大学哲学系简史》)

5. 汤用彤有关印度佛教的研究

屈大成

汤用彤是世界公认的佛学研究大家。著有《汉魏两晋南北朝佛教史》、《隋唐佛教史稿》、《魏晋玄学论稿》、《印度哲学史略》等,皆成经典著作。① 对于汤氏的中国佛教研究成果,讨论颇多;本文论介他有关印度佛教的研究。

汤氏在《印度哲学史略》"绪论"曾表示,印度佛教与中国学术有特殊之关系,应独立成书。② 他原亦打算写一部印度佛教史专著,惜未能成事。③ 因此今天未能较全面和有系统地知道汤氏有关印度佛教的看法和观点。而现存汤氏的著述,多少有论及或涉及印度佛教,以下依年代先后列举:

1.《佛教上座部九心轮略释》(1924年)

这是汤氏根据觉音《清净道论》、《阿毗达磨义集论》,及近人论著,对《成唯识论掌中枢要》所引述上座部所立九心轮的一段文字的阐释。

2.《南传〈念安般经〉译解》(1928年)

这是巴利文本《念安般经》的汉译文,汤氏并附上《解脱道论》的话为释文,另有译者按语。

3.《印度哲学史略》第五章"佛教之发展"(原是1929年的讲义,经修改于1945年出版)

4.《印度哲学讲义》第五章"原始佛教"和第七章"印度佛教之发展"(任教北大时代的讲义)

这两种著作,论述了印度佛教的发展概况,尤重原始佛教和部派佛教。

5.《印度佛学概论》(抗战时期授课纲要)

这是讲课提纲,分短引、佛学之特点、材料、佛说、佛教之转变、般若空宗、瑜伽有宗七节。简列要点,篇幅短小。第七节"瑜伽有宗"说见《乙亥读

---

① 这里主要介绍汤氏生平里跟佛教有关的事项。而汤氏生平详情,可参看《反观人生的玄览之路——近现代中国佛学研究》,贵州人民出版社,1994年版,页207~225;孙尚扬:《汤用彤》,台北:东大图书公司,1996年版。
② 参看《印度哲学史略》,《汤用彤全集》(下简称《全集》)卷3,页7。
③ 参看武维琴:《汤用彤先生对印度佛教思想的研究》,页162。

书札记》第二册,但这札记已佚。因此第七节内容不可得见。

6.《评"小乘佛教概论"》(1937年)

这是汤氏对高井观海(1884—1953)《小乘佛教概论》的书评。

7.《"佛典选读"叙目》(1938—1939年间)

这是汤氏学生石峻所保留的一份研习印度佛教的简单书目,列举了《阿含经》、《俱舍论》、《般若经》、《中论》等十八项资料的名称。

8.《法相唯识学》(40年代)

这是讲演提纲,分唯心与唯识、功能无作用(无为)、依大空而建立三节,简列要点,并附图解。

9.《汉文佛经中的印度哲学史料》(宫静等依遗稿整理,1994年出版)

汤氏这书主要抄录印度哲学资料,其中"四吠陀书和佛教之比较"、"经部"、"化地部"、"提婆达多学说"、"提婆达多以及各种婆罗门的主张及行为"、"提婆达多事实及学说"、"马鸣关于'受后有'"七项,属佛教条目。

10.《汉文印度佛教史资料选编》

不少介绍汤用彤学术成就的著作都提及这书,但新近出版的《汤用彤全集》没有收入,也没有交代其下落,本文未能参考。① 本文主要根据第3和第4种著作,分六节论介汤氏有关印度佛教的研究;为保留原著神粹,当中多引述作者的原话。

---

① 麻天祥说:"1954年,汤氏……在尽可能的条件下做了一些资料整理工作,以之为后学提供学习和研究条件。其中有……《汉文印度佛教史资料选编》"(氏著:《汤用彤评传》,页48)。孙尚扬说:"用彤还广泛收集了汉文佛经中关于印度佛教的资料。据悉,商务印书馆亦将印行这部资料"(氏著:《汤用彤》,页271)。汤氏学生武维琴介绍汤用彤对印度佛教思想的研究时,也用到这书。《全集》卷7收入汤氏的《读书札记》,包括"读《续藏》杂抄"、"成实论师资料抄"、"佛史资料摘抄"等,当中有涉及部派佛教和唯识宗的资料。笔者初以为这札记或即是《汉文印度佛教史资料选编》。可是,《全集》"编者后记"表示汤氏一直想修改和补充《隋唐佛教史稿》,因此这些札记注意的是佛教宗派问题(《全集》卷7,页684)。又钱文忠指《读书札记》"主要是为研究隋唐佛教史积累资料"(参看氏著:《〈汤用彤全集〉第七卷〈读书札记〉与〈隋唐佛教史〉》,《中国哲学史》2001年第2期,页22)。这样看来,这札记似乎不是《汉文印度佛教史资料选编》,故本文不用。(补记:本文完成后,得汤一介教授告知,原来《汉文印度佛教史资料选编》还在整理中,《全集》未收。)

一、研究资料

巴利文佛典和梵文佛典是印度佛教的原始资料。汤氏曾学习巴利文和梵文多年,但他没有过分偏重这两种语文的佛典,而指出汉文佛典和藏文佛典也是研究印度佛教的重要材料:

> 经近代学者考证,公认锡兰所传巴利文佛藏记载最为近古。及至佛法演变既久,宗义分歧,欲整理搜讨,则中国所译佛经实保留资料最多。现存佛典绝大部分收在汉文或藏文大藏经中,梵文所存者颇少,但自为可供参证之极重要材料。至若佛教密宗典籍,则自以我国西藏所存为巨擘。①

汤氏认为,梵文佛典固然重要,但存世者不多,因此要整理各派教理及追溯其来龙去脉,汉文和藏文资料甚要紧。此外,有关密宗的资料,西藏所存的尤多。汤氏编辑《汉文印度佛教史资料选编》,想是要把汉文资料的价值揭示出来。

二、释迦牟尼及其教学

汤氏认为,佛教虽非印度的正统宗教,但实足以代表印度的精神,信徒且遍布东亚;而佛教之所以这样兴皇,乃由于释迦牟尼的人格及其教学,均有过人之处。② 有关释迦牟尼的生平,汤氏指出其生卒年,众说纷纭,考证困难;而在释迦牟尼的众多事迹中,汤氏特别谈到其从弟提婆达多跟释迦牟尼意见不合,自成一派,流传千年:

> 有从弟提婆达多者,初为信徒,后不慊于佛教之和易,叛教独立,佛弟子一时颇受诱惑。其徒党至我国晋时,沙门法显游履印土,见其犹有存者,唐时玄奘亦见其寺庙。③

---

① 《印度哲学史略》,《全集》卷3,页59。
② 参看《印度哲学史略》,(《全集》卷3,页58、62,《印度哲学讲义》,《全集》卷3,页179。
③ 《印度哲学史略》,《全集》卷3,页58~59。

汤氏还于《汉文佛经中的印度哲学史料》中,辑有关于"提婆达多"的三条资料(抄录自《阿毗达磨显宗论》、《大毗婆沙论》、《根本说一切有部百一羯磨》)。季羡林论文《佛教开创时期的一场被歪曲被遗忘了的"路线斗争"——提婆达多问题》(1987)起始说:

> 唯独有一个我认为是佛教初期的一场重大的斗争问题,却从来没有人提出来过。只有现在常常使用的一个新词:"路线斗争"约略能表达出这场斗争的重要性。这就是提婆达多问题。①

最近季氏回忆他的学术生涯,也特别提及这问题:

> (提婆达多)在印度佛教史上,应该说是一个异常重要的问题。但是,据浅见所及,东西各国治佛教史的学者,没有哪一个把它作为一个重要问题提出来过。②

汤氏比季氏更早注意到提婆达多一系,可见他发掘问题的识见。

对于释迦牟尼的教学,汤氏分宗旨、观察方法、要义三方面作介绍,特重其跟其他沙门、婆罗门教学的不同。在宗旨方面,有两点:

1. 释迦着重断苦绝欲的修行法门,不谈空洞无关人生解脱之理论,并批评外道的迷信咒术。

2. 释迦主张戒、定、慧的修养——戒律以持身绝外缘、禅定以治心坚性、智慧以灭痴去苦。并且不重神通、不尚苦行和不纵情欲。对于戒、定、慧三学,汤氏指出持戒为修定的准备、智慧是修定的结果,三者关系密切:

> 综计佛所谓三学,戒实为定之预备,慧则其最终结果。而所谓三学,戒实为定之预备,慧则其最终结果。③

在观察方法方面,释迦提出五蕴、十二入、十八界、十二因缘等观念分析,从各方面透视宇宙人生的真相;而如实知见宇宙人生的真相,为契入真相,名"如实知见"、"如是知"。在要义方面,包括三法印、四谛、无我、业报、中道等。在三法印("诸行无常、诸法无我、诸行皆苦")中,汤氏以无常为释迦的

---

① 季羡林:《季羡林文集》卷7,第278页,江西教育出版社,1995—1998年。
② 参看氏著:《学海浮槎——季羡林自述》,第191页,山西人民出版社,2000年版。
③ 《印度哲学讲义》,《全集》卷3,页187。

基要教法,最值得重视:

> 因诸行无常,故痛苦生。因五蕴非常,故曰无我。是以无常一义,最宜玩味。……综计释迦伟大之教法,无不在无常义之真确认识。①

又四谛向被视为佛教的核心观念,汤氏指出苦、集、灭、道四谛的名目,或非佛陀所创,但其内容可包揽释迦觉悟时的全体内容:

> 论者谓四谛原非佛陀之创说,上古医方盖有病集灭道之说。而婆罗门各宗,多有四谛之说。但四谛名辞,或非佛创,而四谛内容,则可包摄佛成道时内观之全体。②

又佛教主张无我,引起谁是业报轮回的主体的疑惑。汤氏对这微妙的问题,特作解释,指出众生乃五蕴的聚合,生灭相续,业力于中引生果报,非常非断:

> 盖释迦虽立无我,而仍深信轮转业报之说。业报者就福善祸淫之说,而谓作业此生,依其自然牵引力,受果来世。作业必异熟,故前后生灭相续不绝,如火燎原,薪尽火传,五蕴散灭,因业另聚,非常见亦非断见。③

三、结集和部派佛教

释迦牟尼入灭后,佛教徒对于戒律和教说,意见纷纭,引致结集的出现。后来教徒异说纷起,部派并立,有关结集的事迹,记载不一。汤氏认为,相传的结集事迹、次数等,虽不可尽信,却非子虚乌有之事:

> 结集历史,因极不可信,惟结集之所以举行,必因对于戒律及学说有不同之意见,而聚众制定,俾得齐一。佛没后异说渐起,而致诸部分立,则结集之事虽不能决定其次数事实,然而亦未可视为全属子虚也。(同上,页62)

有关部派的分立,汤氏根据巴利文、藏文及汉文的文献,归纳出五说:

---

① 《印度哲学史略》,《全集》卷3,页61。
② 《印度哲学讲义》,《全集》卷3,页184。
③ 《印度哲学史略》,《全集》卷3,页61~62。

1. 巴利文《大史》及锡兰文《部集论》等所载的说法。

2. 中国所传及西藏文世友《异部宗轮论》及其注疏,均大略与世友原作相差不远。是为一说。

3. 西藏文《异部分别论》中有二说,一说与上一项的大同,另一大异。

4. 5. 西藏文《印度佛教史》除上述第 2、3 项的说法外,又举出另外两种说法。

汤氏对于上五说,表列了首两说。① 又汤氏表示有关部派的传说众多,而各部为彰显己宗,加以附会,考证起来甚为困难:

> 分部之历史传说不一,盖或由各部自张其军,故有附会。而经时既久诸部势力消长,学说变迁,自或亦起不同之传说,今日若欲考证各部分裂之历史盖甚难也。②

汤氏指出,部派佛教中部之原字,意思为说法。例如说一切有部,意为言一切有的说法。因此佛教分裂成不同的派别,缘于意见的分歧;而由于对戒律看法有出入,各派教徒行为也不同。汤氏强调,分部立派并非象征了僧团的分裂,传统所谓十八部实属同一僧伽:

> 部之原字,义即为说。说一切有者,实即言一切有说,亦即谓一切有部,故部者原实仅意见之纷歧。其于戒律意见之不同自亦有行为之不同,然所谓十八部者究属同一僧伽,分部固非破僧也。③

至于分部的原由,汤氏认为关键在于对教理有不同看法,其中有四问题最重要:

1. 佛陀论

释迦在世时,对于其自身的性质,没有详加诠释。释迦入灭后,教徒思念不已,传出许多释迦的本生、瑞应故事,对于释迦的事迹加以神话化。有的教徒或以释迦为现实的存在,有的以释迦为超乎常人,令出现上座、大众两部的分化。

2. 阿罗汉

---

① 参看《印度哲学讲义》,《全集》卷 3,页 190~192。
② 《印度哲学讲义》,《全集》卷 3,页 192。
③ 《印度哲学史略》,《全集》卷 3,页 63。

传统佛教以阿罗汉为修行的终极目的。其后有些教徒以为阿罗汉还有局限(例如是大天提出的五事),并非究极。又随着菩萨观念的发展,教徒以为修行目的不在阿罗汉果,而是成佛。由是引致系派的分裂。

3. 诸法所依

释迦牟尼主唱无我,但又相信轮回,故谁来忆识、诵习、恩怨、造业、受报,很成疑问。教徒们提出补特伽罗、根本识、有分识、穷生死蕴、一味蕴等不同观念,作为解决办法,由是引生分歧。

4. 诸法的分析

释迦长于法数的分析。如分析法相,有蕴、处、界的类别;分析心法,有各种心所的区分;分析人生的历程,有十二因缘的分段等。教徒继承这学风,整理诠释佛说,对于蕴处界是假是实、心性是净是染、三世法是有是无等问题,群起诤论。①

在众部派中,汤氏指出大众部、犊子部、一切有部、经部最为重要。吕澂(1896—1989)编著的《印度佛教史略》(1924)论述了前三者,②汤氏的介绍也是抄录自这书。而汤氏特别注意到经量部,③指出这部的宗义,乃上破有部,而其"法体假实、诸法所依"两说,则下接大乘。就"法体假实"说,汤氏指出,经部主张过去、未来二世之有皆无实体,因此对它们的认识,并无外在的实体可攀缘,这跟唯识无境的说法有点相似:

经部既言去来二世非实有体,故凡对于去来二知识所缘实无,故一切有部说智皆缘有境,而经部人说有缘无智,此以智识不直接缘外有实体,盖已与唯识之说甚相近矣。④

又经部论师室利罗多(约4世纪)主张众生具细意识,为未成佛因位时、生死轮回的主体,而这细意识的实我为胜义补特伽罗,乃无始无终的本体,这跟唯识宗所立的阿赖耶识相类似:

---

① 参看《印度哲学史略》,《全集》卷3,页64~66;《印度哲学讲义》,《全集》卷3,页192~195。
② 参看吕澂:《印度佛教史略》,页37~41,上海:商务印书馆,1930年第2版。
③ 武维琴指出汤氏所编的《汉文印度佛教史资料选编》中,有关经部理论的资料占一半篇幅,可见汤氏对这派的重视。参看武维琴:《汤用彤先生对印度佛教思想的研究》,页164。
④ 《印度哲学讲义》,《全集》卷3,页202。

> 室利罗多,主张细意识,即微细之四蕴为色心两者之根本,在生死轮回中永无间断……又立胜义补特伽罗为微细之实我……细意识乃未成佛时即因位时之我体,胜义补特伽罗则通凡夫位无始无终之本体也。此即有似唯识之阿赖耶识。(同上,页203)

此外,汤氏谈到研究部派佛教的要诀:既要注意各部派学说的不同,指出它们的教学特点;又要顾及各部派的教学也有相辅相成的方面,这样方能把佛教的大貌勾画出来:

> 叙述小乘佛教各宗派最难,而最须注意者有二事:一为各部学说之不同,一为诸部间变迁之线索。就各宗之异义研究,则旨在显其特殊之精神,如迦旃延执一切有,则言一切法三世有皆有自性;经部反一切有,则主一切法非三世有而蕴处假界实,因此而二宗对于心色不相应行等各有自成系统之理论。就部执间之线索言之,则旨在表明佛陀教化之一贯精神,如一切有部言一切诸法皆有自性,大乘方广主一切诸法皆无自性,言虽径庭而义实相成,盖谈有谈空,固均发挥佛陀三法印之玄趣也。近代学者往往特别注重佛教各宗之不同,而诸遂似为互相凿枘之派别,而不能窥佛法全体之真相。①

四、大乘佛教

汤氏着重揭示大乘佛教跟部派佛教的关联。例如他指出,大乘佛教重智慧和他力往生的取向,乃部派佛教学理及佛陀观的演进结果:

> ……大众部有部等之发展,而晚出之经部当亦在迦腻色迦王时前后行世。即在其时,而有大乘教之兴起。盖乃合上言二者,而续行进展,发生之学说也。分别言之,则一方有小乘诸部学理之演化,而大乘教亦重智慧。一方因神教之涨大,复有佛陀观之演进,而有主张崇拜祈祷他力往生等思想之大乘说。②

---

① 《评〈小乘佛教概论〉》,《全集》卷5,页363。
② 《印度哲学讲义》,《全集》卷3,页205。

大乘佛教主要有中观(空宗)和瑜伽行(唯识)两大派系。汤氏认为,空宗出自大众部,唯识宗乃由上座部、经部演化而来。空宗先出、瑜伽行派后起:

> 佛学变迁虽极繁赜,但实可分为二大系统,一则自小乘之大众部以至大乘之空宗,二则小乘之上座部演化以至经部(经量),再进为大乘法相唯识之有宗。
>
> 中观大乘在大众诸部之后,出世较早,即龙树时也。瑜伽师在经部之后,出世较迟,则世亲时也。①

接着汤氏作较详细的说明。汤氏指出,释迦牟尼所立的无常、无我、因缘生灭诸义;大众部主张过去、未来之有没有实体、一说部主张世间法和出世间法没有实体、说假部主张十二处不真实、属多闻部的《成实论》主张人、法两空。凡此皆为空宗的源流:

> 佛说之根本义原由无常而说无我,又由无我而有因缘和合生灭义。大众部主过、未无体、刹那生灭;一说部说世、出世法,皆无实体,说假部谓十二处非真实。此外,谓属于多闻部之《成实论》明人、法二空。……再上则有大乘中观之妙有空,并性相皆空。此盖明为一系之发展,大乘大众部以讫空宗固是一贯也。②

就唯识学派的五位百法,汤氏指出,说一切有部执七十五法为实有,至经部认为部分法并不实有,加上受到空宗的影响,再经改订,进而成唯识百法的系统:

> 一切有部执七十五法实有,至经部而认为其一部分非实有,且谓过去未来之法亦非实有。又原信此宗者至经部出世时有极受空宗学说之影响者,乃就一切有部之旧有体系加以订定,而置其全部于空宗之基础上,乃成立法相唯识之学。故吾人如由法相之百法上溯至一切有部之七十五法其关联至为明显也。③

汤氏又说:

---

① 《印度哲学史略》,《全集》卷3,页67;《印度哲学讲义》,《全集》卷3,页205。
② 同上注。另参看《印度哲学讲义》,《全集》卷3,页205。
③ 《印度哲学史略》,《全集》卷3,页68。

> 此外则(1)因上座部主本体实有,而引出有分识、穷生死蕴、一味蕴诸说,此下则接法相宗之阿赖那识。(2)关于知觉学说,一切有部主缘实体,经部主缘假,且可缘无,再后自可有见相不离之唯识学说。由此言之,上座部系统由一切有部进而为法相唯识之学固亦是一贯也。①

汤氏认为,上座部主张本体实有,引生出有分识、穷生死蕴、一味蕴等说法,为阿赖那识说的先驱。又一切有部主张知觉所攀缘的为实体,经部则主张攀缘的为假体、无体,下开唯识派相不离识的说法。

对于空宗和唯识学的教学,汤氏的介绍乃节录自吕澂的《印度佛教史略》,不赘引。最后,汤氏总结说,唯识宗以有为依他起的存在,故有而非实,即是空。这跟空宗实不相左而是相呼应:

> 八识由因缘所生,是有为而无常。现行相续,宛然显此世间。凡夫遍计所执,不悉其依他起性。既性为依他起,则虽宛然,是有而非实。于依他起上离诸妄想分别,则见真如实性,所谓圆成实性也。夫因缘和合而生,诸法宛然,有而非实,是空义说。无著之有宗,因不离龙树之空宗也。②

五、因明及其他

汤氏《印度哲学讲义》第七章"印度佛教之发展"说:"至若因明,则俟附见于正理论。(第十一章)密宗,则属之于印度教。(第十四章)"(同上,页189)《汤用彤全集》只收入这讲义的第五章"原始佛教"和第七章"印度佛教之发展",不见其他章节。不过,汤氏《印度哲学史略》第十章"正理论"兼述及佛教的因明学,从中可窥见汤氏对于因明的看法。汤氏有关密宗的讨论,无缘得见。

正理论为印度教的流派之一,其学说的主要内容即因明学,汤氏于中兼论及佛教的因明学。在第一节"正理论之原委",汤氏谈到佛教因明学的始源及发展,并列出佛教徒的因明著作有:

---

① 《印度哲学史略》,《全集》卷3,页68。另参看《印度哲学讲义》,《全集》卷3,页205。
② 《印度哲学讲义》,《全集》卷3,页209。

1. 《集量论》，陈那著，存西藏文本
2. 《正量门论》，陈那著，存中译本
3. 《因明入正理论》，商羯罗主著，存中译本
4. 《正理方隅》，法称著，存梵本
5. 《正理方隅注》，法上著，存梵本

在第二节"正理论之学说"中，汤氏指出正理学跟佛教因明的不同：正理论把现量分为无分别现量（纯粹直接了知、离名言）和有分别现量（对外物的具体经验、具名言）两种，并以为两者都属真知。佛教只以为现量有五分别一种。至于有分别现量，佛教斥之为非量。两教的分歧，缘于双方形而上学的不同：

> 佛家谓物之自相为其所固有，此外增益共相等等系由分别心所增益而非实有。而正理宗师则承胜论之形而上学，于物之自身，固许为实有，此外并许德业共相等亦为实有，因其与佛家之形而上学不同，故其知识学说亦相歧异。①

佛教认为仅事物的自相为实有，其余共相等附加的观念不是实有；正理论则主张连德（事物的静的特性）、业（事物的动的特性）等共相也是实有，由是正理论认为有分别现量也是真知。又正理论有关比量的讨论及错误知识的分析，汤氏指出这是受到陈那诸师所影响：

> 自正理经之后，正理与胜论两宗关于比量虽有论述，然实至佛家陈那大师出世此学面目乃得一新。正理宗关于比量新说虽不自认为得自佛家，但现在学者多认为系受陈那影响，盖其立说精神多与新因明相同也。……。中土古籍谓足目创标真似（因明大疏）。以今观之，正理初期宗师虽于知识多有论列，然于似知所言甚少。错误知识之分析，实亦经佛徒详论以后乃渐复杂，而其最后完成学说亦当受陈那大师诸书之影响。（同上，页140、144）

此外，汤氏指出，正理论谈似因过有五类，陈那只分三类；陈那立有宗过和喻过，正理论则不立。

---

① 《印度哲学史略》，《全集》卷3，页138。

六、研究心得

从上可见,汤氏着重探讨印度佛教思想的演变脉络及各派系间的关系。最后,汤氏屡谈到研究印度佛教的心得和体会,可资参考。他指出,印人不重历史记载,佛教派系众多,典籍汗牛充栋,既牵涉几种语文,也未有妥善整理。因此论述佛教发展史,难度甚大:

> 印度为无历史记载之国家,佛教发展之实状,因甚难言。况派别繁多,典籍著数国文字,尤浩于烟海,尚未整理完成,佛教史更不易谈。①

其次,印中国情不同,因此了解和传译印度的观念甚为困难,汤氏不同意随便挪用西方观念,胡乱比附,因为这样会反令原义模糊不彰:

> 国情不同,民性各别,了解已甚艰,传译尤匪易,固有名辞(或西洋哲学译名)多不适用,且每易援引泰西哲学妄相比附,遂更淆乱失真。②

汤氏虽尚客观研究,但他没有忽视佛教毕竟是宗教信仰,他理解到印度佛教思想一些内容,不少跟禅定有关,局外人是很难以至是无法了解的:

> 印度佛教思想,有许多是我们可以了解的,但也有许多跟禅定有关,是我们难于了解的,有些甚至是根本无法了解的。③

因此,研究佛教时,须注意到佛教作为宗教和哲学双重身份:

> 佛法,亦宗教,亦哲学。宗教情绪,深存人心,往往以莫须有之史实为象征,发挥神妙之作用。故如仅凭陈迹之搜讨,而无同情之默应,必不能得其真。哲学精微,悟入实相,古哲慧发天真,慎思明辨,往往言约旨远,取譬虽近,而见道深弘。故如徒于文字考证上寻求,而乏心性之体会,则所获者其糟粕而已。④

---

① 《印度哲学讲义》,《全集》卷3,页189。
② 《印度哲学史略》,《全集》卷3,页7。
③ 转引自武维琴:《汤用彤先生对印度佛教思想的研究》,页170。
④ 《汉魏两晋南北朝佛教史》跋,《全集》卷1,页655。牟钟鉴曾对此有详细的剖析。参看氏著:《研究宗教应持何种态度——重新认识汤用彤先生的一篇书跋》,收入汤一介编:《国故新知:中国传统文化的再诠释》,页66~72。

汤氏认为,佛法既是宗教,也是哲学。因此研究佛教时,须顾及这两方面的特性:佛教史迹的记述,有宗教上的含义,不可单就记述的不实,而一概抹煞,须加同情的了解。佛教经典的言辞,道理深邃,不可只寻章择句,而须有心性的体会。贺麟曾分析汤氏治学的方法有二:探究一哲学家的思想,要将其跟时代全部思想互相引证,以求确解;并须设身处地,同情地了解古人。贺氏可谓确切把握到汤氏的研究心法:

> 第一为以分见全,以全释分的方法。他贵在汇通全时代或一个哲学家整全的思想。他每因片言只字,以表证出那位大师的根本见解,并综合一人或一时代的全部思想,以参证某一字句某一章节之确切的解释。第二,他似乎多少采取了一些钱穆先生所谓治史学者须"附随一种对其本国已往历史之温情与敬意"的态度。他只是着眼于虚心客观地发"潜德之幽光",设身处地,同情了解了古哲,决不枉屈古人。既不抨击异己之古人,亦不曲解古人以伸己说。①

(作者是香港城市大学中国文化中心专任讲师,原刊于《中国哲学史》2002年第4期)

6. 汤用彤哈佛大学时期宗教学文稿探赜②

赵建永

宗教学是以理性、客观的方法对宗教进行学术研究。现代意义上的宗教学产生于19世纪70年代的欧洲。学界对于宗教学理论传入中国的早期情况,往往语焉不详③。汤用彤先生留学时的宗教学手稿及归国后的相关讲义,直接从西方引进当时诞生不久的"宗教科学"(Science of Religions),是填补这一空白的珍贵记录。汤用彤在哈佛大学做研究生期间(1919—

---

① 贺麟:《五十年来的中国哲学》,页22~23。
② 本文完成,多蒙汤一介先生提供资料并指导,乔清举教授和友人高山杉给予教正,特此致谢。
③ 学界一般认为,西方宗教学在改革开放后才系统输入中国。参见吕大吉:《〈西方宗教学名著提要〉序》,载《西方宗教学名著提要》,南昌:江西人民出版社,2002年版。

1922,注册名用"Yung-Tung Tang"),接续以往的研究①,深入系统学习宗教学,师从白璧德②、兰曼③、佩瑞④诸泰斗,所受的严格学术研究方法训练奠定了他的治学基础和研究方向。此间所写手稿现存宗教学、哲学、逻辑学三辑(共五册,16开本,现藏北京大学哲学系中国哲学文化研究所)⑤。其中《宗教学专辑》一册(212页)专门研讨各种宗教学理论,征引相关文献多逾百种⑥。此辑中翔实的史料可使我们回溯早期宗教学研讨的重点,从而有助于把握当时初露端倪的一些学术转向。若要全面了解汤用彤关于西方宗教学的系统研究,从而把握其佛教中国化研究的丰厚知识底蕴和治学方法,这些珍贵的手稿无疑具有重要价值。这些一直未被学界所及知,无疑是一个很大的缺憾。为便于学界进一步整理发掘,笔者不揣浅陋,先评述《宗教学专辑》的

---

① 汤用彤在美国汉姆林大学哲学系时(1918—1919),已研读不少宗教学典籍。参见赵建永:《汤用彤留学汉姆林大学时期哲学文集探微》,《世界哲学》2008年第3期。
② 欧文·白璧德(1865—1933),美国新人文主义文学批评运动的领袖,被学衡派奉为精神导师。他的学说与中国儒家有多方面的认同,他培养了吴宓、梅光迪、汤用彤等一代中国学人,开启了新人文主义与儒学沟通的新阶段。
③ 兰曼(C. R. Lanman,1850—1941),美国东方学界领头人,主编"哈佛东方学系列"丛书31卷:任美国东方学会会长、哥廷根科学院、俄罗斯帝国科学院院士等。其《梵文读本》培养了数代北美梵文学者,至今仍广为使用。据哈佛大学成绩单,汤用彤从1920年到1922年一直在选修兰曼开设的"印度语言学"(Indic Philology)课程,成绩都是"A"级。当时中国留学生中有"哈佛三杰"的说法——汤用彤、陈寅恪和吴宓,前两人都亲炙于兰曼。吴宓记述,汤用彤"清末在北京五城中学时,即与同学梁漱溟君同读印度哲学之书及佛教经典。去年到哈佛,与陈寅恪同从 Lanman 教授学习梵文与巴利文(Pali,小乘经文,类中国小说之文字),于是广读深造,互切磋讲论,并成全国此学之翘楚矣"。吴宓:《吴宓自编年谱》,北京:三联书店,1998年版,第205页。
④ 佩瑞(Ralph Barton Perry,1876—1957)为新实在论领军人物,曾任美国哲学会主席。据黄心川先生说,佩瑞是汤用彤的指导教授。(参见孙尚扬:《汤用彤》,台北:东大图书公司1996年,第26页。)汤用彤留学时期文稿及归国后讲义对佩瑞之阐述甚多。
⑤ 参见赵建永:《汤用彤哈佛大学时期哲学文稿辨析》,《哲学动态》2006年第4期。
⑥ 主要引用有:宗教学之父(英)麦克斯·缪勒《比较宗教学》(F. M. Müller, *Comparative Science of Religions*)、摩尔《宗教史》(G. F. Moore, *History of Religions*)、泰勒《原始文化》(Tylor, *Primitive Culture*)、弗雷泽《各种族的神话》(J. G. Frazer, *Mythology of All Races*)、安德鲁·兰《习俗与神话》(Andrew Lang, *Custom and Myth*)、休谟《宗教的自然历史》(D. Hume, *The Natural History of Religion*)、涂尔干《图腾的效力》(E. Durkheim, *Totemic Force*)、斯宾塞《礼会学原理》(H. Spencer, *Principles of Sociology*)、罗斯《世界宗教通览》(Alexander Rose, *View of All the Religions of World*)、莱德《宗教哲学》(Ladd, *Philosophy of Religion*)、黑斯廷斯编《宗教、伦理百科全书》(*Encyclopaedia of Religion and Ethics*)等。

基本纲要,再简介两册《哲学专辑》中有关宗教部分的内容,以求教于大方。

从《宗教学专辑》来看,汤用彤对宗教学的认识相当全面而深刻。他关注当时宗教学的最新研究动态,采用考古学、人类学、语言学、心理学和神话学等学科方法,对宗教学各类重要问题进行学术性探讨。其中包括宗教的起源、本质和功能,宗教与科学、哲学、艺术的关系,尤其是他对宗教与伦理道德关系的特别关注,表现出他深切的人文主义关怀。汤用彤采用了比较宗教学的研究方法,考察视野相当广阔,涉及世界历史上几乎所有重要宗教:古埃及宗教、古巴比伦宗教、古希腊(罗马)奥尔弗斯教、犹太教、基督教、伊斯兰教、祆教(Zoroastrianism)、印度教(Hinduism)、佛教、儒教、萨满教、道教、日本神道教等等,尤为留意不同宗教之间由冲突到融合的变迁之迹。他对宗教信仰观念、宗教情感、宗教体验、教仪、组织等进行比较分析,并与中国传统宗教观念相对比,还时常注意比较缪勒、泰勒、费尔巴哈等人的宗教学说,并给出自己的分析和看法。各项论述表明,他的宗教观主要是以缪勒、摩尔、詹姆斯、涂尔干、白璧德及其哈佛时导师佩瑞的宗教思想为基础加以阐发的。这部专辑在中国人系统研究宗教学方面具有首创意义,标志着我国现代意义上的宗教学科的起步。

该辑第一篇是《宗教史纲要》("Outline of History of Religions",手稿共8页。本文括号内汉文皆笔者试译),其内容纲目如下:

Ⅰ. Knowledge of Foreign Religions(外国宗教知识)
  1. Greek Period(希腊时期)
  2. Roman Period(罗马时期)
  3. Mediaeval Period(中世纪时期)
  4. Modern Period(近世时期)

Ⅱ. Theory of Religions:Its Origin(宗教理论的起源)
  1. Greek Theory(希腊的理论)
  2. Maimonides:Astrological Belief(迈摩尼德斯:占星信仰)
  3. Sabaism(拜星教)
  4. Moderm Period(近世时期)

Ⅲ. Theories of the Origin of Religion(宗教起源诸理论)
  1. Agnosticism:Parotagoras(不可知论:普罗泰戈拉)

  2．Utilitarian：Religion as Invention（功利论：宗教被看作人为创造）

  3．Fear：Democritus（恐惧：德谟克利特）

  4．Religious Faculty：Muller（宗教的功能：缪勒）

  5．Cause-theory（起因论）

  6．Feeling-theory：Schleiermacher（情感理论：施莱尔马赫①）

Ⅳ．Stages of Development（发展诸阶段）

  1．Self-preservation（自我保存）

  2．Personification and Apprehension（人格化和理解）

  3．Beginning of Worship，etc（拜神仪式的开端及其他）

Ⅴ．Animism（泛灵论）

  1．Tylor：Two Cause（泰勒：两个原因）：ⅰ．Deed，etc（死亡等）ⅱ．Dreams（做梦）

  2．Andrew Lang：Cause：Waking Hallucinations（安德鲁·兰：原因：清醒的幻觉）

  3．R. R. Marrett：Pre-animistic Conception（马瑞特：前泛灵论的观念）

  4．W. Wundt：Two Series（冯特：两个系列）

  5．See Dulkheim's Criticism（看涂尔干之批判）

  6．Crawley：Visual Image（克劳雷：视觉意象）

  7．Animism，not Religious up to the Stage of Demonism（尚未进至鬼怪崇拜的宗教阶段的泛灵论）

Ⅵ．Shaman（萨满）

---

① 汤用彤非常注重从情感理论的角度来研究宗教产生的心理学基础。他哈佛时期的长文《康德后之唯心论》有专章论述现代新教神学之父、宗教情感论首倡者施莱尔马赫。他在《当前哲学趋势》中认为整个宗教系统建构于情感价值基础之上，经验事实并不能动摇它。他中央大学时期讲义"西方近代哲学史"（History of Modern Philosophy）第七章"启蒙运动的理想"（Ideals of the Enlightenment）第二节"休谟的宗教哲学"（Hume's Philosophy of Religion）中说："信仰是由生命进程中产生的情感、希望和恐惧所引起"（Belief called out by feelings which arise in the course of life，by hope and fear.）。1923 年汤用彤在《学衡》发表的译作《亚里士多德哲学大纲》"美术哲学"一节讲："亚氏谓祭酒神（Bacchus）等之狂乐，可舒宗教激剂情感，而使情出于正，其用意亦与论剧相同也。"（《汤用彤全集》第 5 卷，河北人民出版社 2000 年版，第 582 页）强调宗教的情感寄托功能，并寻求情感与理性的平衡是汤用彤与吴宓、刘伯明等学衡派成员的共识。

1. The Phenomenon(现象)
2. Origin:Belief in Animism and Power of Controlling Powers(起源:信仰泛灵论和控制神魔的力量)
3. The Phenomenon of Divination and Oracles(占卜和神谕现象)
4. Mass Possession(大众控制)

Ⅶ. Fetishism(拜物教)
1. Phenomenon(现象)
2. Stages:Pre-animistic and Animistic(不同阶段:前泛灵论与泛灵论)

Ⅷ. Totemism(图腾崇拜)
1. Spencer:Ancestor's Names(斯宾塞:祖先的名号)
2. Spencer and Gillen:Hunting Life(斯宾塞和盖伦:狩猎生活)
3. Frazer:Tracing to Conception Totemism(弗雷泽:追溯图腾崇拜的观念)
4. Wunlt:Product of Animism(冯特:泛灵论的产物)
5. Dukheim:Tribal Concentration and Dispersion(涂尔干:部落的集合与散布)
6. Jevons:Clans Chose Animal as Alliances(杰文斯:部落选择动物作为联盟)
7. Joy:Probably of Several Origins(乔伊:多起源猜测)

Ⅸ. The Cult of the Dead(丧礼)
Ⅹ. The Emergence of the Gods(诸神之出现)
Ⅺ. The Cultus(祭仪)
Ⅻ. Myth(神话)

汤用彤撰写该文时,宗教学家摩尔教授(George Foot Moore,1851—1931,美国著名神学家、东方学家、《旧约》专家,精通希伯来文献)在哈佛主讲宗教史。据哈佛大学成绩单,汤用彤 1921 年起选修此课,成绩为"A"。《宗教史纲要》与这门课程的相关性有待进一步研究。通过汤用彤作于汉姆林大学哲学系的论文集,可知他初到美国已熟读摩尔的《宗教史》(*History of Religions*)等宗教学典籍。《宗教学专辑》对摩尔之说亦多有评述。从全册内容的整体联系来看,此《纲要》应为研究总纲,其余各篇多就其中有关问题展开具体而深入的研讨。

在首篇综论宗教史之后，第二编文章《宗教的起源与发展》("Origin and Development of Religions",77 页)围绕宗教起源的各种问题而展开。例如:"最早期人类的宗教是什么？他们崇拜什么？为何崇拜它？究竟为何崇拜？"(What is the religion of oldest people? What did they worship? Why they worship this? Why they worship at all?)等问题都是此文探讨的重点。他指出此类宗教缘起问题"最近才凸显出来"(arises into prominence only recently)。对于宗教人类学开山之作——泰勒的《原始文化》,文中写道:"此书关于宗教起源的理论刚被时人广泛接受。"("Tylor, *Primitive Culture*, whose theory of origin of religion is widely accepted until very recent time.")文中述及儒家的宗教性问题:"自然律即道德律，像儒教可被称为伦理的宗教。这里习俗和礼法都被视为神圣的约束力。"(Nature order is moral order, e.g. Confucianism, ethical religion as it is called. The customs, laws are here considered divine sanction.)

该文还讨论宗教的演进历程，并从中尝试寻找其发展规律。他特别强调外来宗教因素的输入开阔了视野(the introduction of foreign religious elements is brought about with open eyes):"希腊和罗马时代庞大的商贸系统为各族文明和宗教的融合提供了良机。不少外来之神输入罗马，由此进入不同宗教信仰的调和时期。基督教兴起后，一些外国异教信仰被传教士所知晓;与伊斯兰教的接触引入新的知识;在犹太教、伊斯兰教和基督教共存的西班牙，宗教论争让其他宗教的信条得以显露;十字军东征使西方与伊斯兰教的联系更近一层;蒙古之征开拓出其殖民地到亚洲大陆的通途，如马可·波罗所记……绕过好望角海路的开辟，美洲新大陆的发现都促进了交流;至于近代西方对外国宗教的系统研究开始于 150 年前。"(The gigantic trading system in Hellenistic Ages and Roman Period occasioned the fusion of Tribal civilization, and religions. Some foreign Gods were imported into Rome.[Period of Syncretism]After the rising of Christianity, the accounts of foreign pagan religions were given by missionaries. The contact with Mohammedanism brought new knowledge. The religious controversy in Spain, where Jewish, Mohammedan, Christian were found, brought out the creeds of other religions. The crusades made the west in contact with Muslimism of a higher plan. The Mogul conquest opened the cloned land route over the Asiatic continent, e.g. Marco Polo…The opening of the sea way around Cape of Good Hope, the Discovery of America, intensified the intercourse. The systematic modern study of foreign religions began only 150 years ago.)文章勾画出不同宗教相互认知的发展轨迹，未尽之处，又于下文加以发挥。

第三篇《西方世界对外来宗教认识的历史》("History of Knowledge of Foreign Religions in the Western World",6 页)一文内容纲目如下：

Ⅰ. New Impulse for Such Studies since Renaissance(文艺复兴后此类研究的新动力)

 1. Greek, Roman, Due to Revival of Learning(希腊、罗马，归因于学术的复兴)

 2. Greek and Latin Account of Egypt, Persia, India(埃及、波斯、印度的希腊文和拉丁文记载)

 3. Study of the Bible, Opened by Reformation(通过宗教改革打开的圣经研究局面)

 4. Hence Judaism(因此犹太教)

 5. Travelers and Discoveries(旅行者及其发现)

 6. Missionaries(传教士们)

Ⅱ. Astral Theory of Origin of Religions(宗教起源的星象理论)

Ⅲ. Euhemerism(神话即历史论)

Ⅳ. Fetishism(拜物教)

Ⅴ. Symbolism of Crenzer(克瑞泽的符号论)

Ⅵ. State of Knowledge(认知状况)

Ⅶ. The Discoveries of Religion(宗教诸发现)①

 1. Eastern Religions(东方宗教)

 2. Cretean Civilization(克里特文明)

 3. Knowledge of Roman and Greek Sects(关于罗马和希腊教派的认识)

 4. Study Shows the Interlacing of Tables, Unearthing of "Lower-mythology"

---

① 此处原注："See Gooch, *History and Historians*"，应指著名英国历史学家古奇的史学史名著《十九世纪之史学与史家》(G. P. Gooch, *History and Historians in Nineteenth Century*, Boston, first published in 1913)。此书在 20 世纪 20、30 年代中国史学界流传颇广。

（研究呈现出多种平台的交错，"低级神化"的发掘）
5. Anthropology(人类学)

Ⅷ. Courses the Scholars Pursued(学者从事的研究之路)
1. Philological Researches, Inscriptions, Texts, Archeology, etc.(语言学的研究、碑铭、文本、考古学等)
2. Max Müller, "Comparative Science of Religions"——His Defects(麦克斯·缪勒的《比较宗教学》及其不足)
3. Müller's Opponents(缪勒的反对者)
4. Relation, and Religion, Social and Political Organization, and Economies(关系、宗教、社会与政治组织、诸种经济)

Ⅸ. Origin of Religion, and the Primitive Form(宗教起源及原始形式)
1. Homeric and Vedic Primitive Form(荷马时代的和吠陀的原始形式)
2. Australian Block as Primitive Form(作为原始形式的澳洲区)
3. Comte's Stage of Religion—all Three Mistakes(孔德之宗教阶段——三种皆误)

该文对西人认知外国宗教过程的各类文献广搜精求。这为他后来研究外来佛教中国化问题，总结中外文化接触移植规律打开了思路。文中所引书有摩尔《19世纪宗教史》(G. F. Moore, *The History of Religions in* 19th *Century*, 1904)、罗林森英译的希罗多德《历史》(George Rawlinson, *History of Herodotus*, 1859)、坎贝尔《希腊文学中的宗教》(Lewis Campbell, *Religion in Greek Literature*)等，还提到"1652年，亚历山大·罗斯所著《世界宗教通览》为异教研究力辩之始"(Alexander Rose, *Views of All the Religions of World*, 1652. With a very apologetic preface for a study of Paganism.)。此时汤用彤已十分注重比较宗教学方法的学习和运用，日后他融会中国传统考据方法，自创出"考证比较诠释体"①的研究范式，开辟了中国佛教史学科，并奠定了我国道教学研究的基础。

带着上述问题，汤用彤所作以下读书笔记，内容详略不等。其中宗教史学方面笔记有：杰文斯《早期宗教中神的观念》(F. B. Jevons, *The Ideas of God*

---

① 麻天祥：《汤用彤评传》，南昌：百花洲文艺出版社，1993年版，第89页。

in Early Religions)、《宗教史导论》(F. B. Jevons, *Introduction to History of Religions*)、乔伊《宗教史导论》(C. H. Joy, *Introduction to the History of Religion*)各 1 页。宗教人类学方面有:摘录考丁顿《美拉尼西亚》(R. H. Codrington, *The Melanesian*, Oxford, 1891)中关于 mana(存在于原始部落传说的超自然力)问题的笔记。泰勒《原始文化》笔记(Tylor, *Primitive Culture*),6 页①。安德鲁·兰《巫术与宗教》(Andrew Lang, *Magic and Religion*),2 页。刘易斯·斯宾塞《神话学导论》(Lewis Spence, *An Introduction to Mythology*, 1921),3 页。这是此册中引用的最新文献,反映出汤用彤对欧美宗教学最新研究进展的密切关注。文中提到"神话"的定义为:"神话是通常用原始思维来表达的对于神或超自然存在的叙述"(A myth is an account of the deeds of a god or supernatural beings, usually expressed in terms of primitive thought.)。

  汤用彤十分关注宗教的社会因素,在细致考察了宗教的原初形式后,进而研究宗教的社会文化功能。他在宗教社会学方面的读书笔记有:韦伯《宗教团体理论与个体》(C. J. Webb, *Group Theories of Religion and the Individual*)1 页。宗教社会学创始人涂尔干《宗教生活的基本形式》(Emile Durkheim, *The Elementary Forms of the Religious life*, Tr. J. W. Swain, 1915)7 页。他指出此书主旨是:"宗教具有鲜明的社会性,宗教表征的是集体性的实在。"("The general conclusion of the book which the reader has before him is that religion is something eminently social. Religion representations are collective representations which express collective realities.")。

  汤用彤既采用了人类学学派从外部事实描述的方法,也非常重视心理

---

① 该篇纲目整理翻译如下:(手稿原文用天干为序)
  (甲)Mythology(神话学)
  (乙)Animism(万物有灵论)
  (丙)Future Life:Two Divisions of Future Life(未来生活:两种区分)
    1. Transmigration, 2. Future life(轮回,来生)
  (丁)Spirits(精灵)
  (戊)The Evolution of the Spirits up to Deities(精灵进化到神性):
  Two Keys:1. Spiritual beings modeled upon conception of human souls;2. Purpose to explain nature on theory of "animated nature"(关键有二:1. 精神上的存在模仿人类灵魂观念;2. 为了解释"生动的自然"理论的本质)。

学派从内在心理分析入手的方法。宗教心理学方面他写有：冯特《民俗心理学原理》(W. Wundt, *Elements of Folk Psychology*)读书笔记,5 页[①]。宗教心理学与现代心理学基本同步发展,现代心理学先驱亦为宗教心理学的奠基者。现代心理学创建人冯特(W. Wundt,1832—1920)的《民俗心理学原理》有相当篇幅专门研究宗教问题。"民俗心理学"原是心理学专门术语。它的出现引发了广泛的哲学、宗教问题,现已成欧美哲学使用率极高的概念之一。在汉姆林大学时汤用彤已学过冯特的《心理学大纲》(*Outlines of Psychology*)、宗教心理学奠基人詹姆斯的《宗教经验种种》(*The Varieties of Religious Experience*)等宗教学、心理学经典;1920—1922 年又于哈佛每学期连续选修心理学课程。他十分注重从心理学的角度分析宗教文化的起因。像前文《宗教的起源与发展》中"原始心理学"(Primitive Psychology)一节主要阐述人类心理发展的早期历史和冯特关于宗教起源的理论,并时常将其与泰勒、摩尔等人学说加以比较。相对来说,我国宗教史成果最多,而宗教心理学研究目前几乎是空白[②]。

应用以上宗教学理论,汤用彤撰写了《斯宾诺莎与中世纪犹太教哲学》("Spinoza and Mediaeval Jewish Philosophy")一文,提纲如下：

Ⅰ. Introduction(导论):1. Purpose(目标) 2. Spinoza's Sources(斯宾诺莎思想的来源)

Ⅱ. Spinoza and his Predecessors(斯宾诺莎和他的前辈们)

---

① 该篇纲目整理翻译如下：
  Ⅰ. Earliest Belief in Magic and Demons(最初信仰巫术和鬼神)
  Ⅱ. The Totemic Age(图腾时代)
    1. The Origin of Totemic Idea(图腾观念的起源)
    2. The Law of Taboos(禁忌规则)
    3. Animism(泛灵论)
    4. Origin of Fetish(偶像起源)
    5. Ancestor-worship(祖先崇拜)
  Ⅲ. The Age of Heroes and Gods(英雄和神之时代)
  Ⅳ. The Development to Humanity: World Religions(向人文方向的发展:世界宗教)
② 何光沪:《中国宗教学百年回顾》,《中国社会科学院院报》2003 年 3 月 18 日。

Ⅲ. Spinoza's Metaphysics(Short Treatise①)(斯宾诺莎《简论》中的形上学)

Ⅳ. Spinoza's Metaphysics(Ethics)(斯宾诺莎《伦理学》中的形上学)

  犹太教研究在我国十余年来尚处起步阶段,而汤用彤80多年前即率先探索了这一领域②。文中重视犹太哲学的研究价值,认为:"哲学是哲学性批判的产物,所以我们认识一个哲学家不能不了解他的思想来源"(Philosophy is the product of philosophical criticism, so we can't know a philosopher without knowing his sources.)。汤用彤以客观研究原文本的方法(to study Spinoza' texts in an objective way)分析了希伯来文化对斯宾诺莎的深刻影响,如早年受严格的犹太文化教育,从希伯来文献中获得知识。斯宾诺莎的学说是在批判继承以往哲学的基础上提出的,他是"一个解放了的犹太人"(a liberalized Judaism)。由此可见汤用彤对西方哲学与宗教之源头颇为留心。这些都是他主张"学必探源"的例证。本册相关研究还有斯宾诺莎《伦理学》("*Ethics*")笔记、《中世纪的形上学》("Mediaeval Metaphysics")。③、

---

① 书名全称为:*Short Treatise on God, Man and Human Welfare*。该书上有汤用彤的亲笔批注,今存陈家琪先生处。汤用彤所授《大陆理性主义》一课常讲此书要旨(《汤用彤全集》第5卷,第415—418页)。该书后由听他这门课学生的陈修斋先生妥为保藏。陈修斋指导陈家琪写斯宾诺莎的硕士论文时又给了他。参见陈家琪:《我的秘密书架》,《粤海风》2007年第3期。

② 汤用彤汉姆林大学时论文《中世纪的神秘主义》已探讨了犹太教哲学和希腊哲学的碰撞与融合,重点以犹太教哲学家菲罗的整合性努力来说明。1919年4月8日他所作课外论文《斯宾诺莎、洛克和康德的知识论》有一节考察斯宾诺莎学说产生的文化背景,写道:"斯宾诺莎作为犹太人,自幼所受犹太文化的熏陶奠定了他全部思想的基础。如,东方性和神秘主义倾向。"

③ 该篇纲目整理翻译如下:
 Ⅰ. Being(存在)
  1. Approach(方法)
  2. General Nature(通常的性质)
  3. Classification(分类)
  4. Development of the Theory(理论的发展)
  5. Aristotelian Cosmology(亚里士多德学派的宇宙论)
 Ⅱ. Creation(创造)
  1. The Problems(问题)
  2. Solution Ⅰ. (解答一)
  3. Solution Ⅱ. (解答二)
  4. Another Theory(另一理论)
 Ⅲ. Spinoza's Proofs of the Existence of God(斯宾诺莎的上帝存在证明)
  1. Mediaeval Proofs(中世纪的证明)(转下页)

《属性》("Attributes")①等写作提纲。《宗教学专辑》后半部分转向了对社会学、心理学、伦理学、形上学等与宗教学相关的交叉学科的探讨,关注宗教对于社会文化、伦理道德、终极关怀和精神家园建设的价值资源,显示出学衡派成员宗教观的渐趋成熟。这说明汤用彤所首肯的宗教,不是某一具体教派,而是其中所蕴含的一种人类崇高的精神追求,体现出他文化思想的独特个性。

汤用彤哈佛时期的《哲学专辑》里也有不少关于宗教的研究。第一册中《论作为道德标准的功利:从休谟到密尔的英国功利主义批判研究》

（接上页）2. Spinoza's First Proof(斯宾诺莎的第一证明)

3. Spinoza's Second Proof(斯宾诺莎的第二证明)

4. Spinoza's Third Proof(斯宾诺莎的第三证明)

5. Spinoza's Fourth Proof(斯宾诺莎的第四证明)

① 该篇纲目整理翻译如下:

Ⅰ. The Origin of Question(问题的由来)

1. Logic Interpretation of Scripture Phraseology(经文措辞的逻辑解释)

2. Reality of Logical Relations(合理关系的事实)

3. Anti-nominalistic View of Universals(共相的反唯名论观点)

4. Avicennean Definition of Absolute Simplicity(阿维森那关于绝对简单性的定义)

Ⅱ. Question of Logical Judgment(逻辑判断问题)

1. A = A is tautology, ≠ judgment(A 等于 A 是同意重复,不是判断)

2. God = good, and God must different from good.(上帝是善,上帝又必有别于善)

3. Aristolelean:Predicates must be Universal(亚里士多德学派:谓词必须是普遍原则)

Ⅲ. Anti-nominalistic View of Universals(共相的反唯名论观点)

1. General Arabic rejection of Realism and Nominalism.(通常阿拉伯人拒绝实在论和唯名论)

2. All conceptualist, in sense of being Aristotelian.(所有概念论者,就某种意义来说是亚里士多德主义者)

3. Aristotle(亚里士多德)

4. How real? And how unreal? Answer follow(多大程度真? 多大程度假? 回答如下)

5. General Arabic and Jewish View(通常阿拉伯人的和犹太人的看法)

6. A tumbling block(一道难题)

7. General Solution(通常的解答)

8. Definite Solutions(确定的解决方案):(1) Avicenna(阿维森那)(2) Averroe(阿维洛伊)

Ⅳ. Problem of Existence of God(上帝存在的问题)

该专辑各篇多有详细提纲,恐繁不具录。

("'Utility' as the Moral Criterion: A Critical Study of the English Utilitarianism from Hume to J. S. Mill")一文第四章功利主义与"约束力"之宗教问题的较量(Utilitarianism vs Religion-Problem of "Sanction")评述休谟(David Hume)、塔科(Abraham Tucker)、边沁(Jeremy Bantham)、密尔(Stuart Mill)等人关于宗教"约束力"的制裁问题:"快乐"作为道德标准,能否有充足"强制"力量保障行为道德? 亦即,功利主义的"快乐"新权威能否很好地替代上帝之旧权威? 文中认为,英国功利主义是18世纪神学与伦理学相分裂的产物。而上帝权威消退后,西方社会产生严重道德危机。保守派仍然坚守旧有理论。折衷派试图使神学合理化,并把道德建立在这种新基础之上。激进派用功利论方法反抗旧宗教,并探寻一种新伦理体系。为挽救道德之沦丧,汤用彤主张在适当保存外在上帝权威的同时,应更注重发扬内在良知直觉的作用。他20世纪20年代讲义《19世纪哲学》(19th Century Philosophy)重点讲授了功利主义的宗教观和斯宾塞的宗教学说。

《哲学专辑》第二册第一篇《康德后之唯心论》("Post-Kantian Idealism")认为:"德国唯心论之父康德有两个问题:科学或外部世界的知识如何可能? 宗教、伦理如何能取得与科学相提并论的合法性? 康德后的唯心论有其鲜明特征,相当不同于实在论的柏拉图哲学、神秘主义的普罗提诺、独断论的莱布尼兹和主观论的贝克莱。"(Kant, the father of German Idealism, has two problems, how is science or knowledge of external world possible? What validity can be attached to religion, ethics in consistence with science? The Post-Kantian Idealism has its distinct characteristics, quite different from realistic Platonism, from mystic Plotinus, from dogmatic Leibniz and subjective Berkeley and has two period.)文中详论康德对前人的批判继承及其后费希特①、谢林、施莱尔马赫、黑格尔、叔本华、青年黑格尔派(施特劳斯、施蒂纳等)、新黑格尔主义(布拉德雷、罗伊斯)等唯心体系演进之轨迹,兼论他们的宗教观,并与费尔巴哈的唯物论、马克思历史唯物主义加以比较。如:"宗教观

---

① 汤用彤文中涉及费希特的宗教观在罪恶问题(problem of evil)上与狄俄尼索斯教、佛教、斯多亚派、新柏拉图主义的比较。他认为,原始佛教与费希特哲学的基本预设虽然都以欲求为恶,但费希特并未像佛教那样走向厌世的道路。

念是对人的意识的表达"(The religious idea is expression of consciousness of man)。"马克思对历史的诠释是唯物主义的,因其以物质需求为一切之基础,精神需求是物质需求的反映。他批判了费尔巴哈的宗教观。施蒂纳只是更进一步,而且也总是带有阶级意识。"(Marx, in his interpretation of history, is materialistic, for he bases everything on our material needs, of which the spiritual needs are reflex. He criticizes the Feubarch's religion of mankind. Stirner only does further and always also with class-consciousness.)当时国人鲜知马克思学说,至于马克思宗教观研究近始提出①,而汤用彤当年已关注及此。第二篇是长篇报告:《当前哲学趋势》("Present Philosophical Tendencies")评析当时哲学各流派,对宗教在现代社会中地位和作用及其与科学的关系亦有探讨,还设专节讲"唯心论的宗教哲学"(Idealistic Philosophy of Religion)。② 汤用彤南开大学时期讲义《现今哲学》(Contemporary Philosophy)对此文讨论的宗教问题多有发挥。

  上述留美所学③成为汤用彤后来授课讲义的主要源泉。1922年夏,汤用彤回国即在宗教学方面进行开拓性的引进工作。现知他所开40余门课程中,宗教学占相当比重。汤用彤开创性的宗教史著作,既采用传统国学的考据方法,又运用西方实证的科学思维,对中国宗教史学的发展有重大意义。吕大吉认为,陈寅恪、陈垣等人对中国宗教史学的研究"都没有超出局部范围而达到对佛教史、道教史和中国宗教史的整体把握。在这一点上汤用彤有其特殊的贡献"④。这一评价是根据汤用彤已刊著作做出的,而通过现存汤用彤154册未刊稿更可知他对世界不同宗教文化交流史的全局性掌

---

① 参看吕大吉:《从近代西方比较宗教学的发展谈马克思宗教学的性质和体系构成》,载《从宗教到宗教学——吕大吉学术论文选集》,北京:宗教文化出版社2002年版。
② 该文参考文献引用有1918年《哈佛神学评论》登载的《新实在论》一文(Hormle, "New Realisim and Religion", *Harvard Theological Review*, Vol. XI, 1918, pp. 145—170.)。该刊1908年创办,是美国最悠久的宗教和神学的权威学术期刊之一。
③ 汤用彤在哈佛单独为吴宓讲授《欧洲哲学大纲》(1919)、《印度哲学及佛教》(1920.8)皆手写概略及应读书目。对此吴宓评价"简明精要,宓受益至多"。连同其他听讲笔记、论文,吴宓"编订成一甚厚且重之巨册。题目 Harvard Lecture Series, Vol. V(1920—1921)。"吴宓:《吴宓自编年谱》,北京:三联书店,1998年版,第208页。吴必晚年自编年谱时此册尚存,若能查知下落,可以更系统的了解他们对西学和印度学的掌握情况。
④ 吕大吉:《中国现代宗教学术研究一百年的回顾与展望》,《江苏社会科学》2002年第3期。

握。其中汉文未刊稿(81册)基本上是宗教文化史研究成果,体现出他未及完成的印度佛教通史、中国佛教通史、道教史和儒道释三教关系史的研究思路、计划和框架。他引介并采用跨文化、跨学科的现代方法,进行了终生不懈的研究、教学和译介工作,在宗教研究领域的拓展及研究方法上,多有创获,对中国宗教学术的产生和发展做出奠基性贡献,并在世界宗教研究之林举足轻重。其考证之精深,视野之广博,方法之系统,时至今日仍无人企及。

汤用彤培养的学生向达、陈康、季羡林、任继愈、石峻、黄心川、汤一介、王森、王明、邓子琴诸先生,都继承发扬了他博大精深的宗教研究体系某些方面的优良传统。缘何汤用彤能开创中国佛教史学科,并在宗教史研究中独步学林?对他的宗教学手稿的整理研究为我们揭示其治宗教史之动机和方法提供了线索。回顾并系统总结汤用彤宗教学研究的成就和方法,对更好地促进我国宗教学科的健全和繁荣发展有重要意义。上述宗教学手稿,笔者正在整理、翻译之中,连同另外五本留学时期的文稿①及其宗教哲学讲义,拟收入《汤用彤全集》补编②之第8卷,期望能为宗教学、中国宗教思想史、西学东渐史、中国现代学术史和汤用彤思想的研究,提供第一手的研究文献。

(原载《世界宗教研究》2009年第1期)

7. 回忆汤用彤先生的治学精神及其两篇逸稿

石 峻

一

国内外著名博学的学者,哲学史、宗教史研究的专家,前北京大学副校长,哲学系主任教授汤用彤先生(1893—1964),终生从事于高等教育事业和科学研究工作。他先后在东南大学、南开大学以及北京大学(包括一度

---

① 汤用彤留学手稿照片,见《世界哲学》2007年第4期封三"汤用彤先生英文课业论文手稿图片"。其中精装本《1918—1919年写于汉姆林大学的论文集》上边的线装本即是《宗教学专辑》。

② 参见赵建永:《汤用彤未刊稿的学术意义》,《哲学门》2004年第2册。

由北大、清华、南开三校临时设立在昆明的"西南联合大学"),讲授有关中国、印度和西方的专门哲学课程,涉猎知识领域之广,在同时国内知名的学者之间,是并不多见的,称得上是名符其实的一位"学贯中西"的大家。他虽然学识如是渊博,但又能精深独到,讲学著书,从不流于空泛。即使在考证学术史上的专门问题,也真是一丝不苟,可以在小处见大,决不简单地是琐碎材料的堆砌,"为考证而考证",这就是所以特别难能可贵啊!

汤先生治学态度非常谨严,可以说是既谦虚而又贵独创,乃至对于文字写作,也特别崇尚精练,有时一篇短文的定稿,同样字斟句酌,从不草率。

谈到他的教学,更是认真负责,充分准备,所以讲得条理清晰,并能深入浅出。凡是由他开设的任何一门课程,从头到尾,多有全盘计划,先后层次,异常分明,所以很少内容重复。

他平日在指导学生写作论文,十分注意因材施教,循循善诱,通常是并不首先将他自己的心得,作为结论,强加于人,一定待作者研究,遇到困难,提出问题时,再及时指点,所以给人印象特别深刻,收效非常显著。

由此可见,汤先生确实还是一位有丰富经验的导师、教育家。

汤先生的重要学术著作,有《汉魏两晋南北朝佛教史》上下卷,《印度哲学史略》和《魏晋玄学论稿》等多种。

按照汤先生个人的研究计划,本是要在出版《汉魏两晋南北朝佛教史》之后,全力增订完成《隋唐佛教史》一书,但在1937年,因卢沟桥事变发生,随学校(北大)辗转迁徙来到我国大后方的云南,先在蒙自,后去昆明。由于他本人的大量图书资料封存在北平,手头上可供参考的东西太少,才改行决定暂时先作"魏晋玄学"的研究,但是这种工作,也由于时间、条件和其他方面的影响(如兼任北大文科研究所所长等),并没有能最后完成。解放后由中华书局印行的《魏晋玄学论稿》,就是他已写成有关这一方面的内容,其余部分,有在西南联大课堂上讲过的,也来不及全部写成(现在汤一介同志正在从事整理)。但是这册书,虽然篇幅不大,却很能代表他在解放前的研究心得。结合外来佛教思想的演变来阐明中国古代哲学思想史的发展规律,这是汤先生一贯的立场和基本的观点。立足在中国,放眼于世界。

汤先生早年之所以发奋研究佛教思想史,是在五四新文化运动之后,接受了西方进步资产阶级学术观点的影响,将佛教当作印度社会历史的产物,它是与非佛教的正统思想在斗争中形成和发展的,同时认为各派佛教理论也都不是个一成不变的信仰,有所谓"外道"思想的影响,原本是各种"沙门"团体之一。后来各地不同的派别之间,也是广泛存在着内部矛盾的。他从来不把佛教看作一种孤立的社会现象,这是汤先生之所以在研究中国佛教史之前,先研究印度佛教史,在研究印度佛教史的同时,作《印度哲学史略》一书的指导思想。

汤先生是一个在思想上不断要求进步的大学者,他一向不固步自封,有"实事求是"的科学态度,从不满足于已有的成就。所以到晚年接受马列主义之后,非常迫切地要求改写他过去的著作,后来虽因年老多病,未能实现,但在一切旧著的新印本中,几乎都附上自我批评的"前言"或"后记",态度十分认真,这才是汤先生一生治学谨严的真精神。

二

现在再谈到在30年代末和40年代初汤先生的两篇逸稿。

首先是关于研究印度佛教哲学思想史一篇入门的书目。它产生的经过是这样的,那是大约在1938—1939年间,汤先生决定在西南联大哲学系开设"佛典选读",因为参考书不够,在课外让我回答同学们的疑问,是一种接近现在大学所谓"辅导"的工作,但又不是正式的上课。我请求汤先生给我开一个必读"书目",好配合他的讲授,并事先有所准备,他满口答应了,这就是第一篇逸稿产生的经过,当时汤先生写下的标题是:《"佛典选读"叙目》,全文如下:

《"佛典选读"叙目》

(甲)依一切有部义,解释佛学名辞。

(一)《入阿毗达磨论》

(乙)明佛学之发展,分为四段:(1)佛说,(2)上座一切有部之学,(3)空宗破一切有说诸法实相,(4)有宗法相学。

(二)《中阿含·箭喻经》(佛说之宗旨)

(三)《长阿含·沙门果经》(佛说出家之利益)

（四）《长阿含·三明经》（佛说何谓梵行）

（五）《长阿含·布吒婆楼经》（佛说无我）

（六）《入阿毗达磨论》（上座本部一切有学说纲要）

（七）《阿毗昙心论》（一切有部说一切诸法皆有自性）

（八）《杂阿毗昙心论》（一切法有自性，一切法三世有）

（九）《俱舍论》一（世亲受空宗影响破"得"为实有法）

（十）《俱舍论》二（世亲破四相之实有）

（十一）《成实论》（诃梨跋摩受空宗影响破三世实有）

（十二）《中论》第八"破作作者"（空宗下同）

（十三）《中论》第四破五阴实有

（十四）《中论》二十五说涅槃

（十五）《般若经》第二分《巧便品》节钞（破相）

（十六）《般若经》第二分《佛法品》（无性为自性）

（十七）《般若经》第二分《空性品》（说空性）

（十八）《三无性论》（有宗立法空）

以上这篇佛典《叙目》，非常简明。我认为颇能代表汤先生对于印度佛教思想史的一种基本看法，它不同于过去一般人开列的佛学书目，是经过用心研究的，至少有以下几个特点：

（1）不是单纯从过去对中国思想影响的大小来选定的，所以好些大家经常提到的经论，如《法华经》、《华严经》、《涅槃经》、《维摩诘经》、《成唯识论》等，这里都没有提到。

（2）它是注重印度佛教哲学中心思想的变迁，凡是跟这个基本线索关系不大的著述，也全付阙如。

（3）除原始佛教思想外，留心上座一切有部在理论上的发展，比较突出大乘空宗学说的影响，乃至大乘有宗从三性到"三无性论"的关系。

……

此外，在阅读有关原始佛教思想资料，根据汤先生的口头指示。对于《长阿含》及《中阿含》部分，叫我最好参照英译巴利文本《佛陀对话集》（*Dialogues of the Buddha*, Tr. by T. W. Rhys Davids,《长部》）和《佛陀对话续集》

(*Further Dialogues of the Buddha*, Tr. by Lord Chalmers,《中部》)。在依一切有部解释佛学名辞如果对《入阿毗达磨论》有看不懂的地方,可以参考汉译日本人著的该书《通解》。至于《中论》语法结构,不妨暂时借助清代管礼昌作的《润文略解》。其中《大般若经》第二分,可用经过校订的《藏要》本。

＊　　＊　　＊

现在再谈汤先生另一篇逸稿产生的经过。大约在1944年前后,英国牛津大学的汉学家休士先生(E. R. Hughes)来华,他就是翻译冯友兰先生《新原道》(又名"中国哲学之精神")一书成英文的。曾在国外编选过一本汉代以前的中国哲学文选,原名叫《Chinese Philosophy in Classical Times》,1942年出版在英国的《人人丛书》(Everyman's Library)中,当时跟我们同住在昆明郊外的龙泉镇,北大文科研究所的宿舍内,提出想继续编译那种书的第二册,即我国魏晋南北朝隋唐时代的哲学文选,请汤先生代为选目,双方讨论时,由我记录,先是中文稿,后由汤先生亲自译成英文,现在中文底稿早已散失了。英文稿当时抄写了两份,一份交休士先生,另一份由我保存。休士先生后来回国并没有完成这项预定的工作计划。但这是中英学术交流史上的佳话,一件值得纪念的轶事。所以现在我再从汤先生的英文稿译回汉文。虽然不可能做到跟原件完全一致,但是大体内容相符,仍然可供参考。全篇逸稿如下:

"中国哲学"

(从第三到第十世纪)
目　　录

导言——第三到第十世纪中国哲学概论

年表(哲学大事)

前论部分

汉代经学的"清理"(Purification)

第一节　旧经义的清理:论文选自以下(各家)
  1. 杨雄(公元前 53—公元 18 年)
  2. 桓谭(公元前 40—公元 32 年?)
  3. 王充(公元 27—公元 97 年)

第二节　(魏晋)新哲学的过渡:刘劭(—公元 245 年)《人物志》选

第一分
王弼(公元 226—249 年)哲学

第一章　王弼《易经注》(选)
第二章　王弼《老子注》(选)

第二分
郭象(—公元 312 年)哲学

第三章　(魏晋)新哲学及其反响:嵇康(—公元 262 年)文选、裴頠(—公元 300 年)及其他人(著作选)
第四章　郭象《庄子注》(选)

第三分
在汉代旧学基础上的一些新的(思想)体系

第五章　葛洪(—公元 330 年)《抱朴子》(选)
第六章　张湛(—公元 330 年)《列子注》(选)
第七章　佛教学者道安(公元 312—384 年)及其弟子慧远(公元 334—416 年)著作选

第四分
僧肇(公元 384—414 年)哲学

第八章　僧肇《物不迁论》
第九章　僧肇《不真空论》

第五分
竺道生（—公元434年）哲学

第十章　方法论与形上学：(竺道生)文选

第十一章　"圣人"观念

1. 竺道生与其他佛教徒文选
2. 诗人谢灵运（公元384—433年）《辩宗论》

第六分
南朝（公元317—589年）各种哲学理论的斗争与融合

第十二章　辩儒、道、佛三家之间的基本同异，论文主要选自《弘明集》

第十三章　儒家（思想）的新面貌，皇侃（公元488—545年）《论语义疏》选

第七分
北朝佛教的中心问题——"阿赖耶识"（Ālayavijñāna）

第十四章　(隋)慧远（公元523—592年）《大乘义章》选

第八分
南朝佛教的中心问题——佛性论

第十五章　《大般涅槃经集解》选

第十六章　"三论宗"大师吉藏（公元549—623年）《三论玄义》选

第九分
唐代的伦理与政治思想

第十七章　王通（公元584—618年）与陆贽（公元754—805年）等人文选

第十分
唐代佛教的唯心主义——天台宗

第十八章　智𫖮（公元531—597年）著作选

第十九章　湛然（公元717—782年）著作选

第十一分
　　唐代佛教的唯心主义（续）——法相宗
第二十章　窥基（公元632—682年）《法苑义林章》选

第十二分
　　唐代佛教的唯心主义（续）——华严宗
第二十一章　法藏（公元641—712年）著作选
第二十二章　宗密（公元780—841年）《原人论》选

第十三分
　　　　　禅　宗
第二十三章　六祖慧能《坛经》选
第二十四章　后期禅宗（思想资料）选

后论部分
　　佛教的衰落——宋初（公元960—1126年）若干佛教徒著作选，用示佛教信仰者逐步转移成为儒家思想（的途径）。

　　这是汤先生五十岁上下四十年前的一篇旧稿，虽然非常简单，但是它体现了外来佛教思想在我国古代传播、发展、对抗、融合以至衰落的全部过程，这是我国封建社会各种统治思想相互消长变化的连环画，包含了极为丰富的具体内容，有很多值得认真总结的经验和教训。汤先生在这里不是简单地从事提倡过去的任何一种统治思想来反对另一种统治思想，而是从它们的相互影响之中来探讨其总的发展规律，并初步地勾画出一个轮廓。在这里，他从来没有割断历史，企图将某些封建教条当作一成不变的信仰，这是它之所以对于中国哲学史专门研究工作者，在今天仍不失为富有参考价值的文献。

　　（原载《燕园论学集——汤用彤先生九十诞辰纪念》，北京大学出版社，1984年第1版，第50—60页。）

《印度佛教汉文资料选编》整理说明

自2009年初受汤一介先生委托整理汤用彤先生的遗作《印度佛教汉文资料选编》，经过半年多的努力，现在终于完成了。

诚如汤一介先生所说："汤先生已出版的著作不多，《汉魏两晋南北朝佛教史》、《印度哲学史略》、《魏晋玄学论稿》（文集）、《往日杂稿》（文集）。另外还有解放前发表而未收入后两文集的论文近十篇。解放后，他虽长期在病中，仍写了近十篇论文发表在各报刊上。汤先生尚有几种没有发表的遗著，即《隋唐佛教史稿》、《魏晋玄学讲义》、《校点高僧传》，以及所编的《汉文印度哲学史资料》、《汉文印度佛教史资料》等。由于他终身埋头研究学问，还留下了六十八本读书札记，其中解放前的四十三本，解放后的二十本。"①这可能是在公开出版物中第一次提到在汤用彤先生的尚未出版的遗著中包含一部《汉文印度佛教史资料》，虽然并未引起太多学者的注意。

汤一介先生多年来一直致力于整理出版汤用彤先生的著作，迄今为止大规模出版汤用彤著作的项目有两个（次）：一是1981年由中华书局出版的"汤用彤论著集"，将汤先生已刊、未刊的学术著作整理编辑为六册，即：1.《汉魏两晋南北朝佛教史》;2.《隋唐佛教史稿》;3.《汤用彤学术论文集》（包括《魏晋玄学论稿》、《往日杂稿》、《康复札记》三部分）;4.《印度哲学史略》;5.《魏晋玄学讲义》;6.《饾饤札记》。一是自2000年起由河北人民出版社开始出版的七卷本《汤用彤全集》。这一次出版的规模远远超过1981年由中华书局陆续出版的"汤用彤论著集"，汤一介先生在《汤用彤传略》中所提及的、当时没有发表的遗著《隋唐佛教史稿》、《魏晋玄学讲义》、《校点

---

① 汤一介：《汤用彤传略》，载《中国现代社会科学家传略》（第一辑），《晋阳学刊》编辑部编，山西人民出版社，1982年第1版，第60页。此文作于1980年6月21日。

高僧传》以及所编的《汉文印度哲学史资料》均已被收入《汤用彤全集》。然而,汤用彤先生所编选的《汉文印度佛教史资料》依然没有被收入,汤一介先生解释其原因道:"没有来得及整理,故未收入。其实《汤用彤全集》严格地说只能叫《汤用彤学术论著集》或《汤用彤学术论著文集》。……。如果可能,我将对《汤用彤全集》加以续补,使之成为名副其实的《全集》。"①

关于这部《印度佛教汉文资料选编》的编选时间,汤一介先生说:"1954年,用彤先生患脑溢血,此后十年至1964年去世,都是在家中看书,又积累了二十余本《读书札记》(大部分已收入《汤用彤全集》第七卷中)。他读书,先把有用的材料记录在一张卡片中,然后叫他的助手抄写,现在我手头掌握的《印度佛教汉文资料选编》就是卡片和抄写的材料。"②也就是说这部《印度佛教汉文资料选编》是于1954年左右编选的。在由汤先生当时的研究生武维琴先生所整理的《汤用彤先生谈印度佛教哲学》一文的按语中说:"汤用彤先生于1954年秋患脑溢血症,在他病情好转的情况下,曾为北大哲学系部分师生讲《印度佛教哲学》,并编有一部《印度佛教汉文资料选编》,供阅读参考。"③这段按语也提供了旁证。

关于编选这部《印度佛教汉文资料选编》的初衷,我们看不到汤先生的直接论述,但对于编选《汉文佛经中的印度哲学史料》,用彤先生还是有所说明的:"佛经翻译成中国文字(主要的是汉文和藏文)是经过很长久的时间(也来自不同地方)。因此,关于印度哲学在中国文字中所留下的资料是可以推测印度哲学各时代发展的大体情况,并也可推测得印度各地域流行的学派的不同,如汉译长阿含、中阿含都是由罽宾人(迦湿弥罗)翻译的。根据印度上座部传说释迦涅槃之年为公元前五四四年(近年由世界各教派确定一九五六年为佛涅槃二千五百年的纪念),从公元前六世纪佛教在印度兴起,其后扩展到印度境外,经中央亚细亚而传入中国,至少在公元前一世纪中国已有正式记载,延至东晋时在中国佛经翻译已经很多。但是对于佛经三藏(小乘)尤其是经和律,中国僧人甚觉得尚不完备,必须补全,然而

---

① 汤一介:《关于用彤先生编选〈印度佛教汉文资料选编〉的说明》,已收入本书。
② 同上。
③ 《汤用彤先生谈印度佛教哲学》,原载《中国哲学史》2002年第4期,已收入本书。

其时印度已有了大乘佛教（龙树系在公元后二、三世纪），因此，在四、五世纪之中，小乘经（即上述之四阿含）以及大乘中观学派龙树提婆的著作（中论、百论）就大量的翻译成汉文了。到了这个时候，不但小乘佛教已分了许多学派（十八部），意见纷歧，而且小乘教派（尤其是一切有部及经部）亦受大乘之影响而有成实论、俱舍论，并且大乘佛教本身也新发展而为无著、世亲及陈那等的瑜伽师宗（唯识因明），再后（五、六世纪）而有清辩（般若灯论作者）、护法（广百论释论作者）。从龙树到护法这段时间，不但大小乘各派中互有争论，而且大乘佛教和婆罗门各宗（尤其胜论和数论）亦互相攻击。因此，大乘两派的著作汉文译本内引用了不少的二、三世纪到五、六世纪印度哲学学说，而且这些作品大多数在印度已经失传，故对其所包含的印度哲学资料应广为收集，并应依派别及年代整理出来，实可供中外学者研究印度哲学参考之用。此外，除上述情形，我们还应注意下面两方面的资料：其一，这些从晋到唐的翻译家中，也有对于当时印度流行的哲学有一些知识，他们也曾经译出一些印度哲学的著作（数论的金七十论，胜论的胜宗十句义论），并且传授他们这方面的知识给中国僧人，因而中国佛教章疏（如吉藏、窥基等的著作）中也记载了些印度的学说。其二，汉文译经，中唐以后比较少，并且对印度哲学的记述已极少见，但是自此时西藏译经甚盛，其所译著中应有汉文佛藏中所未载的材料（主要是六世纪以后的），这也是可以注意的。总而言之，中国佛教汉文翻译和著作中保存了不少印度哲学的资料，过去中外人士已多有发掘。现在为着促进对印度哲学方面的研究，我正在编一汉文中的印度哲学资料汇编。——在大藏经中广泛抄集，无论经论或章疏中的有关资料长篇或零片均行编入。目的为今后研究印度哲学者之用，不作任何加工，只于资料注明出处或译者人名年代等。"①

汤先生的这段论述揭示：（1）"中国佛教汉文翻译和著作中保存了不少印度哲学的资料"，"这些作品大多数在印度已经失传，故对其所包含的印度哲学资料应广为收集"，"实可供中外学者研究印度哲学参考之用"。（2）把这些资料"依派别及年代整理出来"，"在大藏经中广泛抄集，无论经论或章疏中的有关资料长篇或零片均行编入。目的为今后研究印度哲学者之

---

① 汤用彤：《印度哲学史略》"重印后记"，中华书局1960年版，第193—194页。

用,不作任何加工,只于资料注明出处或译者人名年代等。"这些资料因其在印度大多数已经失传,因此具有独特的文献价值;整理的方法是不作过多的加工,只注明出处、译者人名、年代等,按照派别及年代编排。这两点实际上都同样适用于我们现在所整理的《印度佛教汉文资料选编》。

然而,我们更应注意到《印度佛教汉文资料选编》与《汉文佛经中的印度哲学史料》的区别。后者确确实实是一部"汉文中的印度哲学资料汇编",凡是与印度哲学相关的资料,无论是正统六派哲学,还是沙门思潮,无论是总体论述,还是专门深论,无论"长篇或零片均行编入",只是按派别、年代编排,并不包含编选者的整体的思考。而《印度佛教汉文资料选编》只是涉及佛教这一个派别的,汤先生早在撰写《印度哲学史略》时就已经对印度佛教做了深入的研究,"在他写完《印度哲学史略》后也曾打算写一部《印度佛教史》。"①他在《印度哲学史略》"绪论"中说:"至若佛法典籍浩博,与我国学术有特殊之关系,应别成一书,本编中遂只稍涉及,未敢多论焉。"如果说这里说得还不太明确的话,我们再看该书第五章"佛教之发展"的末尾,他写道:"佛教全部教理最为浩博,千头万绪难以略说。而佛教固我国学术之一部分,尤应加详。故此书只简述为此章,而印度佛教史当另为一书焉。"

不知何故,后来汤先生始终也没有写成《印度佛教史》,只在解放后为我们留下了这部《印度佛教汉文资料选编》。如任继愈先生所强调的:"汤先生十分注意一个学者的史识,他经常说,做学问,除了广泛占有资料外,还要有科学的识见,他经常用 insight 这个词。没有史识,光是资料的汇集,不能算作史学著作。"②我们也要以同样的眼光来看待这部《印度佛教汉文资料选编》。"跟一般佛教史罗列各家各派观点不同,汤先生的史料着力于发展线索的揭露。他最为关切的是那些过渡环节。"③在汤先生看来,经部正是由部派佛教发展到大乘佛教的一个关键环节,"是一切有进到唯识中间

---

① 汤一介:《关于用彤先生编选〈印度佛教汉文资料选编〉的说明》。
② 任继愈:《汤用彤先生治学的态度和方法》,载《燕园论学集》,北京大学出版社,1984 年,第 47 页。
③ 武维琴:《汤用彤先生对印度佛教思想的研究》,原载《北京大学哲学系简史》,第 211—219 页。该文已收入本书。

的很重要的过渡阶段。这个变化是受宗影响的结果。"①因此,我们可以看到在这部书中,"经部及其发展"分八个部分,占全部资料选编的几乎一半篇幅,而唯识部分只占了几页。

另外,"汤先生研究印度佛学的另一特点是对认识论问题的突出重视。……。印度佛教哲学从小乘演变为大乘,其间所经历的曲折变化,他常从认识论上加以说明。以有部到唯识的发展而言,他在《印度哲学史略》中就曾指出,这与它们的知觉学说有关。他写道:'关于知觉学说,一切有部主缘实体,经部主缘假,且可缘无。再后自可有见相不离之唯识学说。由是言之,上座部系由一切有部进而为法相唯识固亦是一贯也。'……这部资料选录了一切有部、般若空宗、经部和法相唯识围绕认识论问题的几乎所有重要的论述,而贯穿其中的一条主线就是上面所谈的这样一种发展过程。从认识论上来揭示印度佛教思想发展的内在脉络,或许正是这部资料的重要价值之所在。"②因此,"这部史料无论对于研究印度思想还是了解汤先生的观点,都具有十分重要的意义"③。

现在就《印度佛教汉文资料选编》整理情况作一说明。如汤一介先生所说:"他读书,先把有用的材料记录在一张卡片中,然后叫他的助手抄写,现在我手头掌握的《印度佛教汉文资料选编》就是卡片和抄写的材料。"④汤一介先生交给我的就是这些材料,总共有15个公文袋;公文袋为灰色牛皮纸袋,由于时代久远而发黄,上面有"材料"、"类别"、"目次"等字样,还有编号,公文袋最下方落款是"东方哲学史教学小组"。前13个公文袋,"材料"(即名称)一栏均写着"印度佛教汉文资料选编",下面的"材料 目次"一栏中按顺序号抄写着本部分所选佛经的经名。这13个公文袋在其"类别"一栏中分别写着"甲、原始佛教"(第1号);"乙、分部及一切有部(二之一)"(第2号),"乙、分部及一切有部(二之二)"(第3号);"丙、般若空宗(二之一)"(第4号),"丙、般若空宗(二之二)"(第5号);"丁、经部及其发展(八之一)"(第6号),"丁、经部及其发展(八之二)"(第7号),"丁、经部及其

---

① 《汤用彤先生谈印度佛教哲学》,原载《中国哲学史》2002年第4期,第94页。
② 同上。
③ 同上。
④ 汤一介:《关于用彤先生编选〈印度佛教汉文资料选编〉的说明》。

发展(八之三)"(第8号),"丁、经部及其发展(八之四)"(第9号),"丁、经部及其发展(八之五)"(第10号),"丁、经部及其发展(八之六)"(第11号),"丁、经部及其发展(八之七)"(第12号),"丁、经部及其发展(八之八)"(第13号)。公文袋里边是汤用彤先生让其助手抄写的有关佛经的内容,有标题,有页码,抄写在下方有"北京大学"字样的稿纸上,每页500字。这些内容构成《印度佛教汉文资料选编》的主体部分。还有两个公文袋,没有编号,一个在"材料"栏中写着"印度非外道或关于佛教的资料",在"类别"栏中写着"备存△"的字样,其中实际包含两方面的内容,一是关于印度佛教的零碎的、片断的资料,另外一部分内容是关于"印度哲学的资料,非外道或有关佛教的,另存的"。另外一个公文袋在"材料"栏中写着"印度佛教汉文资料选编","类别"栏中写着"存档"。抄录是关于印度佛教的比较完整的资料。我们把这两个没有编号的公文袋中所抄录的内容作为附录收在本书中。本书的第三部分内容是根据汤一介先生的设想,把有关汤用彤先生印度佛教的当代研究文献收录在这里。

我们在点校中基本上是以《大正藏》为底本,同时在遇到用字用词不一致的情况下多采纳汤先生的原抄录本。但《大般若波罗蜜多经》卷五百九十三、卷五百九十四,《中论》、《成唯识论》、《显扬圣教论》都是从欧阳竟无先生所编的"藏要"中抄录的,我们在点校时自然都是以"藏要"本为底本,同时将这些佛教经论的"藏要"本注释全部收录,只是把尾注改为脚注。另外,编号为第13的公文袋中实包含"经部及其发展(八之八)"和"唯识、法相学说"两部分内容,可能是出于节约之考虑被放在一个公文袋中。"唯识、法相学说"部分很清楚,选录《成唯识论》、《显扬圣教论》的部分内容,而"经部及其发展(八之八)"没有在公文袋上注明所选的《俱舍论》(附光记)所摘录的内容,而在公文袋第12"经部及其发展(八之七)"中却明确注明摘录《俱舍论》(附光记)的《破我执品》(即第九十八卷),因此我们推测"经部及其发展(八之八)"应是所摘录的《俱舍论》(附光记)第九十九、第一〇〇卷。另外,明明注明摘录的是《俱舍论》(附光记)第九十八、第九十九、第一〇〇卷,而实际上只摘录了《俱舍论》的内容,《光记》的相关注疏却不见踪影,为弥补此憾,我们将与这三卷相对应的《光记》的注疏内容一并加入,予以标点,特此说明。

最后,关于整理的分工情况做一说明:除"般若空宗之一"部分的初校为强昱先生所完成外,其余部分均为李建欣所做。

点校工作殊非易事,其中甘苦非亲力亲为者不能知之,虽已付出相当大的心力,但错误肯定难免,望读者诸君不吝赐教!

整理者　于 2009 年 12 月